はじめに

高校生全員が学ぶ「情報Ⅰ」が実施され，大学入学共通テストにも出題されることになりました。これは，多くの大学で，文理を問わず，すべての学生が身に付けるべき素養として「数理・データサイエンス・AI教育」が実施されていることにも関係しています。「情報」は，大学教育を受ける上で必要な基礎的能力の一つして位置付けられ，すべての大学で「情報」の力は重視されていくことになるでしょう。

多くの高校では1年生あるいは2年生で「情報Ⅰ」を学び，探究的な学習や他教科等での活用を行い，最終学年で入試に向けた仕上げの学習をすることになります。我々は，その学習のために

①重要な知識がコンパクトにまとまっている
②必要十分な数の実戦問題が収録されている
③複数の分野をまたいだ融合問題にも対応できる
④本番さながらの模擬問題で実力を試せる
⑤わかりやすい別冊解答がある
⑥ QRコードによる解説動画の提供が行われる

などが必要と考えました。情報科の先生は，各学校で1人か2人の場合が多いので，生徒が自分で学習を進めていくことを考えると，わかりやすい別冊解答と難しめの問題に対応する解説動画は絶対に必要です。本書は，そのような構成で作成しています。

大学入学共通テストの「情報Ⅰ」は，従来の「情報関係基礎」の延長ではありません。特に長文の問題に対応するには，従来の「情報関係基礎」の問題を手直ししたものでは対応できません。そのため，今回はすべての問題をオリジナルで作成しております。これは，非常に困難を伴う作業ですが，必要なことと考えました。

また，プログラミングの表記は，すべて日本語を用いた「共通テスト用プログラム表記」に統一しました。大学入学共通テストは，この表記で出題されます。「情報Ⅰ」を学ぶ際は，様々なプログラミング言語で学習を進めたことと思います。その際に身に付けた応用力やプログラミング的思考を，実際の大学入試で活かすには，入試で使われている表記に慣れておく必要があります。

さらに，データ活用については，ヒストグラムや四分位数といった中学校で学習した内容の活用，散布図の読み取りや相関係数の解釈といった問題も出題されます。これらの問題は，実際にデータを活用した経験がないと解くのが難しいでしょう。しかし，データを活用した経験が少なくても，繰り返し問題を解くことによって，それを補うことは可能です。解答と合わせて読むことによって理解も深まるでしょう。そのような形で本書を活用していただければよいと思います。

知的財産権や個人情報保護，情報モラルや情報デザイン，問題の発見・解決の方法なども，マーク式に合わせた出題が行われます。これらに関する知識が十分であっても，その意義を理解して活用することができても，出題形式に慣れておかないと実力は発揮できません。

本書で学ぶことによって，希望の大学へ進む力としていただくとともに，大学や社会で必要な情報活用能力を育んでいただき，情報社会をリードする人材として活躍していただくことを願っています。

京都精華大学　鹿野利春

本書のQRコンテンツについて

別冊解答のQRコードでは，直接問題の解説動画にジャンプしますが，右のQRコードまたは下のURLにアクセスすると，解説動画や1問1答アプリなどのコンテンツの一覧（目次）が表示されますので，本冊・別冊のどちらからでもアクセスしてご利用ください。

https://www.jikkyo.co.jp/d1/02/jo/kt-jo1

※コンテンツ使用料は発生しませんが，通信料は自己負担となります。

実戦問題・融合問題　問題リスト

分野	番号	問題タイトル	難易度	目安	速習
1章 情報社会の問題解決	1	情報の特性	★★	6分	✓
	2	メディアの特性	★	5分	✓
	3	問題解決	★★	7分	✓
	4	法規による安全対策（不正アクセス禁止法）	★	5分	✓
	5	情報漏えい	★	5分	✓
	6	個人情報	★★★	7分	
	7	プライバシー・肖像権・パブリシティ権	★	4分	
	8	産業財産権	★★★	7分	
	9	著作権	★★	9分	✓
	10	クリエイティブコモンズ	★★	5分	✓
	11	情報セキュリティ	★★★	14分	✓
	12	暗号化	★★★	18分	
2章 コミュニケーションと情報デザイン	13	コミュニケーション／メディアリテラシー	★	5分	
	14	情報デザイン	★	8分	✓
	15	カラーバリアフリー	★	4分	
	16	情報の構造化と可視化	★★★	10分	✓
	17	配色	★★	10分	✓
	18	HTML と CSS	★★★	10分	
	19	デジタル化・情報量	★★	12分	✓
	20	2進数	★★★	15分	✓
	21	文字のデジタル化	★★	10分	
	22	音のデジタル化	★★★	15分	✓
	23	画像のデジタル化	★★★	15分	✓
	24	図形の表現	★	4分	
	25	動画の表現	★	3分	
	26	圧縮	★★	8分	✓
3章 コンピュータとプログラミング	27	論理回路・真理値表	★★	8分	✓
	28	組合せ回路	★★	12分	
	29	コンピュータの構成	★★	10分	✓
	30	仮想コンピュータでの動作	★★★	12分	
	31	CPU の処理能力	★★★	15分	
	32	演算誤差	★★★	15分	
	33	モデル化	★★★	12分	
	34	待ち行列	★★★	10分	✓
	35	フローチャート	★	7分	✓
3章 コンピュータとプログラミング	36	状態遷移図と状態遷移表	★★	6分	
	37	アクティビティ図	★★	8分	✓
	38	プログラムの基本構造	★	10分	✓
	39	数当てゲーム	★	5分	
	40	Fizz Buzz ゲーム	★★★	15分	
	41	21ゲーム	★★	6分	
	42	2次元配列	★★★	15分	✓
	43	バトルゲーム	★★★	15分	
	44	線形探索	★★	10分	✓
	45	二分探索	★★★	12分	✓
	46	バブルソート	★★	10分	✓
	47	選択ソート	★★	10分	✓
	48	挿入ソート	★★★	12分	✓
	49	アルゴリズムの比較	★★★	18分	✓
	50	サイコロの確率	★★	7分	✓
	51	ランダムウォーク	★★★	10分	✓
	52	モンテカルロ法による円周率の計算	★★★	7分	
	53	モンティホール問題	★★★	15分	
4章 情報通信ネットワークとデータの活用	54	ネットワークとプロトコル	★★	10分	✓
	55	LAN を構成する機器	★	8分	✓
	56	インターネットとIP アドレス	★	4分	✓
	57	ドメイン名と DNS	★	4分	✓
	58	集中処理と分散処理	★★	5分	
	59	サーバの利用	★	4分	✓
	60	メールの送受信の仕組み	★★	8分	✓
	61	POS システム	★	5分	
	62	様々な情報システム	★	5分	
	63	データベース	★★★	15分	
	64	データ	★★	12分	✓
	65	情報通信機器と利用目的の関係	★★★	12分	✓
	66	サンダルの売上分析	★★★	12分	✓
	67	生活時間の分析	★★★	15分	✓
	68	生徒会のアンケート調査	★★★	15分	✓
融合問題	1	公開鍵暗号方式			
	2	パリティビット			

2025 情報Ⅰ

実戦攻略
大学入学共通テスト問題集

第1章 情報社会の問題解決

重要用語check

1 情報社会と問題解決

(1) 情報と情報の特性

・**データ**…事実や事柄などを数字や文字，記号を用いて表現したもの。

・**情報**…データを目的に応じて整理し，意味や価値を付加したもの。

・**知識**…情報を分析し，問題解決に役立つように蓄積したもの。

・**残存性**…他に与えても元のところからなくならない性質。

・**複製性**…簡単に複製できる性質。

・**伝播性**…短時間に広く伝わる性質。

(2) メディアとその特性

・**表現メディア**…文字，記号，音声，図，表，静止画，動画など

・**伝達メディア**…空気，光，電線，電波など

・**記録メディア**…紙，光学ディスク，フラッシュメモリなど

(3) 情報社会と問題解決

・**人工知能（AI）**…人間の知的な活動の一部をコンピュータにさせることを目的とする技術や研究分野。

・**IoT**…Internet of Things の略。身の回りのあらゆるものがインターネットにつながる仕組み。

(4) 問題解決の考え方と手順

・**トレードオフ**…一方を達成するために，他方を犠牲にしなければならない関係。

・**問題解決の手順**

①**問題の発見**…身の回りのどこに問題があるのかを明らかにする。

②**問題の明確化**…問題解決の目標とゴールを設定する。

③**解決案の検討**…情報を収集，整理・分析し，複数の解決案を作成する。

④**解決案の決定**…解決案を決定する。

⑤**解決案の実施と評価**…解決案を実施し，評価する。

2 情報セキュリティと法規

(1) 法規による安全対策

・**不正アクセス禁止法**…アクセス権限のないコンピュータへのアクセスを行うことを禁止する法律。

・**個人情報保護法**…個人情報の流出を防ぎ，個人情報保護に積極的に取り組むことを促進するための法律。

(2) 情報漏洩

・**スパイウェア**…コンピュータ上にあるデータなどを外部に流出させてしまうソフトウェアの総称。

・**フィッシング**…正規の Web ページを装って暗証番号などを入力させ，それらを盗み取る詐欺。

・**コンピュータウイルス**…保存されたデータを改ざんしたり外部に流出させたりする悪質なプログラム。

・**ソーシャルエンジニアリング**…日常生活の中から情報通信技術を使用せずに機密情報を入手する行為。

・**ヒューマンエラー**…人為的な過失。

(3) 個人情報とその活用

・**個人情報**…生存する個人に関する情報で，単独または複数の情報を組合せて個人を特定できるもの。

・**個人識別符号**…DNA の塩基配列や指紋などの身体的特徴や，マイナンバーなど個人に割り当てられる番号。

・**要配慮個人情報**…人種，信条，病歴，犯罪歴など，その取り扱いに特に配慮を要する個人情報。

(4) プライバシー

・**プライバシー権**…むやみに他人に知られたくない私生活上の個人的な情報を公開されない権利。

・**肖像権**…自らの肖像を許可なく撮影・利用されないように主張できる権利。

・**パブリシティ権**…有名人が自身の名前や肖像を商品化したり，宣伝に使用したりする権利。

(5) 個人情報の活用

・**オプトイン方式**…関連する商品やサービスの広告などを，あらかじめ受信を承諾した人にのみ提供する方式。

・**匿名加工情報**…特定の個人を識別できないように個人情報を加工したもの。

3 知的財産権

(1) 知的財産権と産業財産権

・**知的財産権**…知的な創作活動から生産されたものを他人が無断で使用して利益を得られないように，創作した人に一定期間与えられる権利。

・**産業財産権**…産業に関する新しい技術やデザインなどについて開発した人に与えられる独占的権利。**特許庁**に出願し認められた時点で権利が得られる。

・**特許権**…発明を保護する権利。

・**実用新案権**…物品の形状，構造などの考案を保護する権利。

・**意匠権**…斬新なデザインを保護する権利。

・**商標権**…商品やサービスのマークを保護する権利。

(2) 著作権と著作物

・**著作物**…思想または感情を創作的に表現したものであって，文芸，学術，美術または音楽の範囲に属するもの。

・**著作権法**…著作物の公正な利用に留意しつつ，著作者などの権利の保護を図ることで，文化の発展に寄与することを目的とする法律。

(3) 著作者の権利と伝達者の権利

・**著作権**…著作物が創作された時点で自動的に権利が与えられる。

・**著作者人格権**…著作者の人格的な利益を保護するための権利で，著作者の死後は消滅する。

・**著作権（財産権）**…著作者の経済的な利益のための権利で，保護期間は原則著作者の**死後70年**まで。

・**著作隣接権**…著作物の公衆への伝達者に与えられる権利で，演奏や放送を行った時点で権利が発生する。

(4) 著作権の例外規定の例

・**私的使用のための複製**…家庭内で私的な目的で使用するために，著作物を複製できる。

・**引用**…公正な慣行に合致し，正当な範囲内であることを条件に，自分の著作物に他人の著作物を掲載できる。

(5) 著作物の利用

・**クリエイティブ・コモンズ・ライセンス**…著作物の自由利用のために守るべき条件を著作権者が意思表示するもの。

4 安全のための対策と技術

(1) 情報セキュリティの3要素

・**機密性**…許可された者だけが情報にアクセスできること。

・**完全性**…情報が破壊や改ざん，消去されていないこと。

・**可用性**…必要なときに情報にアクセスできる状態であること。

(2) 本人の確認（認証）

・**ユーザID**…個人を識別するための文字列。

・**パスワード**…本人を確認するための秘密の文字列。

・**生体認証**…指紋や静脈，虹彩など人体の特徴を用いた認証。**バイオメトリクス認証**ともいう。

(3) 情報の保護

・**暗号化**…通信中のデータが流出したときなどに情報が読み取られないようにすること。

・**マルウェア**…コンピュータシステムに何らかの危害を加える悪意を持って作成されたプログラム。

・**ファイアウォール**…ネットワークへの不正な侵入や攻撃を検出，遮断するシステム。

・**フィルタリング**…有害なWebページを閲覧できないようにする仕組み。

(4) 安全のための情報技術

・**VPN**…インターネットにおいてデータの暗号化などで仮想的な専用ネットワークとして利用する仕組み。

・**パリティビット**…送受信するデータに付加する**誤り検出**のためのビット列。

(5) 暗号化技術

・**共通鍵暗号方式**…同一の鍵である**共通鍵**を用いてデータの暗号化と復号を行う方式。

・**公開鍵暗号方式**…対になった二つの異なる鍵を使用し，**公開鍵**で暗号化，**秘密鍵**で復号を行う方式。

・**SSL/TLS**…共通鍵暗号方式と公開鍵暗号方式を組合せて使用する暗号化プロトコル。

・**デジタル署名**…送信者の本人確認を行う手法。公開鍵の持ち主を証明する**電子証明書**を**認証局**が認証する。

実戦問題

1 情報の特性

難易度 ★★☆　目安 6分　速習 ✓

アメリカのリチャード・S・ワーマンの提言によると，「データ」と「情報」と「知識」は明確に区別できるものであるとされる。以下はそれぞれの意味や例を表す。

・データ…事実や事柄などを数字や文字，記号を用いて表現したもの（例：気温，降水量，テストの点数）
・情報…データを目的に応じて整理し，意味や価値を付加したもの（例：気温のグラフ，降水量の表，成績一覧表）
・知識…情報を分析して，問題解決に役立つように蓄積したもの（例：北半球と南半球の気温を表したグラフの差異）

台風に関するデータは公開されており，2022年に発生した台風の一部を最低気圧で昇順となるように並べ，以下の表1のようにまとめた。

表1　台風情報の一覧表（一部）

号	名称	発生日時	消滅日時	最低気圧（hPa）	最大風速（m/s）
台風1号	マラカス	2022/04/08 09:00	2022/04/15 21:00	945	45
台風12号	ムイファー	2022/09/08 03:00	2022/09/16 09:00	950	45
台風3号	チャバ	2022/06/30 09:00	2022/07/03 15:00	965	35
台風13号	マールボック	2022/09/11 21:00	2022/09/15 15:00	965	35
台風20号	ネサット	2022/10/15 15:00	2022/10/20 09:00	965	40
台風2号	メーギー	2022/04/10 03:00	2022/04/11 09:00	996	20
台風21号	ハイタン	2022/10/18 09:00	2022/10/19 21:00	1004	18

問1　表1から読み取れるもので，「情報」ではなく「データ」となっているものとして最も適当なものを，次の⓪～④のうちから一つ選べ。［ア］

⓪　2022年に最初に発生した台風の発生日は4月である。
①　2022年に最後に消滅した台風の発生日は10月である。
②　2022年の台風1号は最低気圧が945hPaである。
③　2022年の最低気圧が970hPaを下回った台風は少なくとも五つある。
④　発生日時から消滅日時まで最も短かったのはメーギーとハイタンである。

問2　表1から読み取れることとして最も適当なものを，次の⓪～③のうちから一つ選べ。［イ］

⓪　台風の最低気圧が高くなるほど，発生から消滅までの日数は短くなる。
①　台風の最大風速が速くなるほど，発生から消滅までの日数は短くなる。
②　台風の最低気圧と最大風速は反比例の関係にある。
③　台風が2か月以上発生しなかった期間がある。

問3　残存性，複製性，伝播性について，理解や対応として最も適当なものを，次の⓪～④のうちから一つ選べ。［ウ］

⓪　台風に関する資料をPDFファイルで公開したが，早めにダウンロードしなければ公開データが劣化してしまう。
①　公開していた台風情報に関する間違いが指摘されたが，すぐに公開していたページを修正したため，誤情報は伝播しなかった。
②　台風情報をWebページで公開したので，データはサーバに移り，自分たちの手元からデータはなくなった。
③　誤った台風情報を発信しても完全に消すのは容易だが，Webページの公開内容は複数の目で確認した。
④　Webページを公開する際，過去のページをアップロードしないよう古いファイルは削除しておいたため，伝播性についてリスクを回避できた。

実戦問題

2 メディアの特性

難易度 ★★★　目安 5分　速習 ✓

問1　情報を人々に伝えるためのメディアが**含まれない文章**を，次の⓪～⑤のうちから一つ選べ。［ア］

⓪　新たなサービスを始めるために，新聞の広告欄にポスターを掲載して周知を図る。
①　すでに顧客がいる状態なのでサービスを広く認知してもらうため，口コミをSNS上で拡散してもらう。
②　顧客をさらに増やしたいので，広告費を払ってテレビCMを放映する。
③　自社の認知度を上げるために，動画を作成しWebページ上に公開する。
④　従来のサービスを改良するために，アンケートを用いて社員から意見を集める。
⑤　社内の方針の共有を図るために，社内ラジオを始める。

問2　次の文章はAさんのある日の授業後の行動をつづったものである。文章を読み，Aさんの行動にかかわることで使用していると判断できない伝達のためのメディア，または記録のためのメディアを，後の⓪～④のうちから一つ選べ。［イ］

ホームルームが終わり，授業後の時間になった。この後の予定を考えるAさんは，「今日はカレーが食べたい」と思ったので，それを母にスマートフォンのメッセージアプリを使ってメッセージとして送信した。その後大型書店へ寄ってから帰宅をするためにバスの時間について調べることにした。

以前，インターネット上で調べたバス停の時刻表は，スクリーンショットをして写真として保存済みだったため，フォトアプリから写真を見て学校を出る時間を計算したら，学校を出るまでには少し時間に余裕があった。だから，授業中にプリントで配布された課題に取り組み，それを提出してからバス停へ向かった。大型書店はたくさんの本があるのでとても楽しみだ。

⓪　紙　①　電波　②　フラッシュメモリ　③　光　④　空気

問3　次の表は，普段私たちがよく利用する二つのメディアの特徴についてまとめたものである。表1の空欄［ウ］～［キ］に入れるのに最も適当なものを，後の⓪～⑤のうちから一つずつ選べ。

表1　メディアに関するまとめ

名称	特徴	具体例	課題・デメリット
マスメディア	受信者と発信者が明確で，一方向的である。	テレビ	［ウ］，［エ］，［オ］
		雑誌	［オ］，［カ］
		紙の新聞	［オ］
ソーシャルメディア	インターネットを利用して誰でも手軽に情報を発信し，相互のやり取りができる。	ブログ	アクセス数を集めるのに時間がかかり，情報の伝達範囲が狭いことがある。
		SNS	［キ］
		オンライン百科事典	アカウント登録すれば誰でも編集することができる事典もあり，情報が正確でないことがある。

［ウ］～［キ］の解答群

⓪　多くの人に同時に情報を伝えることは難しい。
①　情報の流れが双方向でないため，受け手の反応をすぐに反映させることができない。
②　情報をいち早く伝えることは不向きである。
③　他人が自分になりすまして，ありもしない情報を発信されてしまう。
④　同期型のメディアであるため，発信された情報の検索は困難である。
⑤　発信された情報を蓄積することは難しい。

実戦問題

3 問題解決

難易度	目安	速習
★★★	7分	✓

次の太郎さんと花子さんの会話文を読み，後の問い（問１～４）に答えよ。

太郎：今日のテーマは「業務改善」と「新しいことの企画」，という問題解決だったよね。
花子：校内やクラス，学年の問題点を改善できればいいよね。今起こっている問題って，何があるのだろう。
太郎：個人的な問題ならすぐにあるけどな。もうすぐ受験生なのに，日頃の勉強がまったくできないんだよ。このままだと最初の模試で大変なことになっちゃう。
花子：確かに，この時期にやれていないのは大変なことだから興味深い内容ね。勉強については太郎さんだけでなく多くの高校生が問題としているから調査してみるのは面白そう。
太郎：そういえば，この間ネットを見ていたら全国の高校生の学習時間調査なんてものを見つけたよ。
花子：その調査の結果から，何か自分たちの生活を変えるヒントを見つけられないかな？
太郎：おっ，まさに問題解決ってやつだね！
花子：とりあえず，問題解決のプロセスにのっとって調べてみましょう。

問１　次の**あ**～**お**は問題の発見，問題の明確化，解決案の検討，解決案の決定，解決案の実施と評価という問題解決のプロセスの内容を表したものである。問題解決のプロセスとして正しい手順に並べたものを，次の⓪～④のうちから一つ選べ。［ ア ］

あ：収集した情報を整理・分析する。
い：決定した解決案が効果的であったかどうか評価する。
う：現状の把握と分析を行い，問題を把握する。
え：解決案を視覚的，効果的に表現する。
お：何ができたら問題解決したことになるのか考える。

⓪　あ→う→お→え→い　　①　あ→お→う→い→え　　②　う→お→あ→え→い
③　う→お→あ→い→え　　④　う→あ→お→え→い

花子：文部科学省の調査を見つけたわ。全国の高校１年生向けに平日の学習時間を調査したものがあるのね。私たちの学校でも独自に調査しているからそれらのデータを比べてみましょう。データは表１にまとめたわ。６時間以上と回答した人はどの学年の人も０人だったので，表１からは省略したわ。
太郎：全国データと比較となると人数が違いすぎるから，図１にある［ イ ］ための帯グラフを作ったよ。
花子：ありがとう。これは比較をしやすくなったわ。「全国１年」というのが文部科学省の調査のもので，「１年」，「２年」，「３年」と書かれているところは私たちの学校のデータになるのね。表１や図１から読み取れることとしては，［ ウ ］ことがいえるわね。

表１　学習時間調査のまとめ

	全国１年	１年	２年	３年
しない	23.8%	30.1%	20.1%	5.4%
０時間以上１時間未満	30.7%	31.8%	19.7%	5.5%
１時間以上２時間未満	28.4%	27.4%	35.2%	10.9%
２時間以上３時間未満	12.8%	8.9%	19.6%	9.5%
３時間以上４時間未満	2.2%	0.6%	3.6%	14.6%
４時間以上５時間未満	0.7%	0.2%	0.3%	21.1%
５時間以上６時間未満	0.5%	1.0%	0.3%	18.7%
無回答	0.9%	0.0%	1.2%	14.3%

（参考元…文部科学省「家庭や学校における生活や意識等に関する調査」報告書）

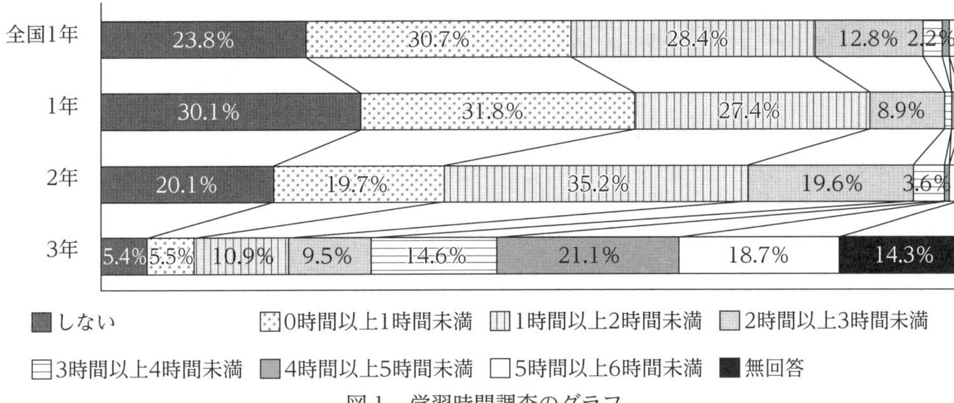

図１　学習時間調査のグラフ

問２　空欄［イ］・［ウ］に入れるのに最も適当なものを，次の解答群のうちから一つずつ選べ。

［イ］の解答群

⓪　全体の中での構成比を見る
①　構成比を比較する
②　データの散らばり具合を見る
③　量の大小を比較する

［ウ］の解答群

⓪　３年を除くすべての調査において，学習しない生徒の割合は２番目以上に多い
①　全国１年の場合，２時間以上学習時間を確保している人の割合が，15％以上いる
②　全国１年と１年を比較したとき，学習時間が２時間未満の人の割合は，全国１年の方が0.1％高い
③　３年の学習時間が３時間未満の人の割合は，１年の学習しない人の割合より低い
④　１年，２年，３年を比較したとき，３時間以上学習している人の割合は，学年ごとに高くなっていない

太郎：私たちの学校の１年生は，全国の高校生に比べると勉強をしていない人の割合が高いんだね。
花子：ここを課題としてクリアできれば，自分たちの夢にも近づけることができるし，学校の大学合格実績も高くなりそうだね。勉強の妨げになっているものが何かあるかもしれないね。
太郎：いろんな項目と学習時間との相関係数を算出して調査してみよう。
花子：調べていくうちに，まるで［エ］ことのように，トレードオフの状態も見つかるかもしれないね。

問３　上の空欄［エ］には，トレードオフの説明として適当な文が入る。最も適当なものを，次の⓪～③のうちから一つ選べ。

⓪　スマートフォンを触りたいからスマートフォンを触りながら勉強する
①　勉強と部活動の両立をしているが，思うように成績が上がらない
②　部活動で成果を出すために練習を頑張ったためとても眠いので，仮眠を取ってから勉強する
③　部活動で成果を出すために自主練習の時間を作ったが，勉強時間を確保することができない

太郎：ここまで大変だったけど次にやることとしては，過去に⓪先行事例（先行研究）がないかを調べておく，①高校生に関するあらゆるアンケートを実施する，②ロジックツリーなどを使い，思い付く限りの解決策をあげる，などかな。
花子：③検討する際に，ブレーンストーミングで多様な意見を出し合うのもいいよね。④統計データを加工して，情報の整理分析を行う，⑤案についての自己評価と外部評価を行う，などもいいかもしれない。
太郎：よし，もう少し頑張ろうか！

問４　上の会話文中の下線部⓪～⑤のうち，解決案の検討の段階として**適当でないもの**を一つ選べ。［オ］

実戦問題 4

法規による安全対策(不正アクセス禁止法)

難易度 ★☆☆　目安 5分　速習 ✓

「不正アクセス禁止法」(正式名称:不正アクセス行為の禁止等に関する法律)とは,不正アクセス行為の禁止などを規定した法律である。この不正アクセス禁止法で禁止されている五つの行為は,次の通りである。

(a) 不正アクセス行為をすること
　他人のIDやパスワードを使って,アクセスが制限されているコンピュータにインターネット経由で不正にログインする［い］とプログラムの欠陥,脆弱性を突き,不正にシステムに侵入・利用する［ろ］の二つの行為が規制対象である。なお,実際に［は］で,不正アクセス禁止法違反で検挙されるケースのほとんどがこの規定の違反である。

(b) 不正アクセスをする目的で,他人のパスワードなどを取得すること
　システム管理者のふりをして電話をかけ,パスワードを聞き出す行為などが該当する。

(c) 正当な理由なく,他人のパスワードなどを勝手に第三者に教えること
　社内ネットワークのID・パスワードを会社の許可なく他人に教えたり,業者に販売したりする行為などが該当する。

(d) 不正アクセスをする目的で不正取得したパスワードなどを保管すること
　不正アクセスをする目的で不正に入手したパスワードをパソコンなどに記録・保管した場合に該当する。

(e) 不正にパスワードなどの入力を要求すること
　サイトの管理者になりすまして,パスワードを入力するよう不正に求めることは禁じられている。これは,いわゆる［イ］行為である。

問1 空欄［い］〜［は］に入れるのに最も適当なものの組合せを,次の⓪〜⑤のうちから一つ選べ。［ア］

	い	ろ	は
⓪	アクセス制御	システム攻撃	被害がなくても処罰の対象
①	アクセス制御	システム攻撃	被害がない場合は処罰の対象外
②	セキュリティホール攻撃	なりすまし	被害がなくても処罰の対象
③	セキュリティホール攻撃	なりすまし	被害がない場合は処罰の対象外
④	なりすまし	セキュリティホール攻撃	被害がなくても処罰の対象
⑤	なりすまし	セキュリティホール攻撃	被害がない場合は処罰の対象外

問2 空欄［イ］の行為に対して,利用者が講じるべき最も適当な措置は何か,行為と措置の組合せを次の⓪〜⑤のうちから一つ選べ。

	行　為	措　置
⓪	フィッシング	推測されやすいパスワードを設定しない。
①	ランサムウェア	パスワードを使い回さない。
②	スパイウェア	ウイルス対策ソフトウェアを利用する。
③	フィッシング	メールやSMSに記載されたリンク先のURLを安易にクリックしない。
④	ランサムウェア	各種ソフトウェアのアップデートを適切に行う。
⑤	スパイウェア	不特定多数が利用するコンピュータでは,重要な情報を入力しない。

問3 不正アクセス禁止法により処罰の対象となる行為はどれか,次の⓪〜④のうちから一つを選べ。［ウ］

⓪ 不正アクセスをする目的で,他人の利用者IDとパスワードを取得したが,これまでに不正アクセスは行っていない。

① 標的とする人物に不正に現金を振り込ませるため,親族になりすまし,振込先の口座番号を掲載した電子メールを送った。

② ブラウジングをしていたところ,意図せず他人の利用者IDとパスワードをダウンロードしてしまい,コンピュータに保管してしまった。

③ 推測が容易であったため,攻撃者に侵入される原因となったパスワードの実例を,情報セキュリティ研修の資料に掲載した。

④ 大量の電子メールを送信し,他人のメールサーバに障害を起こさせた。

実戦問題

5 情報漏えい

難易度	目安	速習
★★★	5分	✓

第1章

情報漏えいとは，内部に留めておくべき情報が何らかの原因により外部に漏れてしまうことをいう。企業の場合，顧客や取引先などの情報，社員の個人情報や人事情報，新商品の開発資料や営業秘密などの経営にかかわる情報などが該当する。情報漏えいが発生した場合，社外にも被害が広がり，重大な事案に発展する可能性があり，漏えいさせた企業自身にも多くの影響とリスクをもたらす。2022年の東京商工リサーチの調査では，情報漏えいが発生する原因として，図のようなものが報告されている。

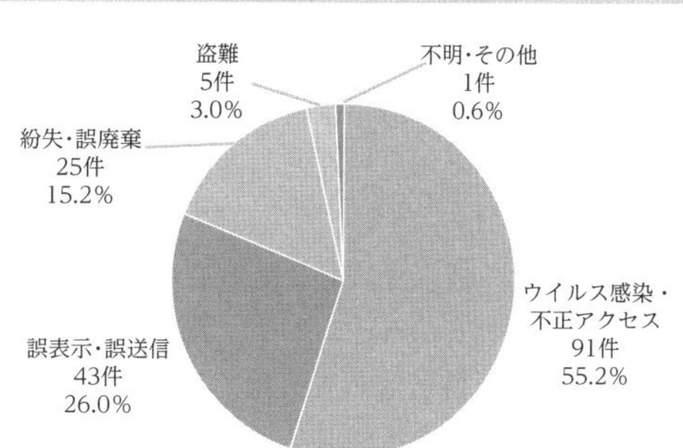

図　情報漏えい・紛失事故件数(原因別)

情報セキュリティ対策は，今や企業が経営を維持するためには不可欠で，その優先度は高まっている。同時に，人為的な過失を防ぐには，社内ルールの徹底を柱にすえ，人的な投資にも取り組むことが避けられなくなっている。

問1　次の行為が，どのような情報漏えい・紛失事故につながっていくか，最も適当なものを，次の⓪～⑤のうちから一つずつ選べ。

メールの宛先，CC，BCC の設定ミス［ア］　私物のコンピュータの社内への持ち込み［イ］

記録媒体の社外への持ち出し［ウ］

［ア］～［ウ］の解答群

⓪ ウイルス感染　① 紛失　② 誤表示　③ 不正アクセス　④ 誤廃棄　⑤ 誤送信

問2　情報漏えいの原因は，外部からの攻撃だけでなく，ヒューマンエラーなどの企業内部の問題もある。そこで，外部からの脅威から守るセキュリティ対策と内部のヒューマンエラーへの対策とについて述べた次の意見のうち最も適当なものを，次の⓪～④のうちから一つ選べ。［エ］

⓪ 原因のほとんどが外部からの攻撃なので，外部からの脅威から守る対策を優先すべきである。
① 記録媒体の紛失なので，記憶容量の少ない媒体を利用すればよい。
② 内部のヒューマンエラーが多いので，情報セキュリティに関する研修会を毎月行えばよい。
③ 内部のヒューマンエラーを減らせれば，ほとんどの情報漏えいを防ぐことができる。
④ 外部からの脅威から守るセキュリティ対策と内部のヒューマンエラーへの対策の両方を実施する。

問3　情報漏えいを防ぐものとして，スパイウェア対策も重要である。次に示すスパイウェアについて，その内容と不正行為をそれぞれ一つずつ選べ。

	アドウェア	キーロガー	リモートアクセスツール	トロイの木馬
内容	［オ］	［カ］	［キ］	［ク］
不正行為	［ケ］	［コ］	［サ］	［シ］

［オ］～［ク］の解答群

⓪ コンピュータを遠隔から操作するソフトウェア
① 有益なソフトウェアを装い，裏で悪意ある行動をするマルウェア
② 広告表示を目的とする無料のソフトウェア
③ ユーザのキーボード操作を監視・記録するソフトウェア

［ケ］～［シ］の解答群

⓪ リモートアクセス可能な経路を設置し，情報の窃取(こっそり盗み取ること)などを行う。
① 入力情報からアカウント情報などを窃取し，不正アクセスを試みる。
② フィッシング詐欺などへの誘導を狙うものが増えている。
③ 不正にユーザの端末を操作して，情報の窃取などを行う。

実戦問題

6 個人情報

難易度	目安	速習
★★★	7分	

株式会社実教コーポレーションでは，新入社員向け研修を行っていた。

佐藤：今日は個人情報保護法に関する研修です。鈴木さん，個人情報とは何か，説明してください。

鈴木：名前や生年月日などの個人に関係する情報だと思います。

佐藤：正確には生存する個人に関する情報で，単独または組み合わせて特定の個人を識別できるものをいいます。では，運転免許証に記載されている免許証番号は，個人情報だと思いますか。

鈴木：番号ですから…，いや，警察で個人を特定できるから個人情報かな…

佐藤：免許証番号は個人情報です。その中でも特別な分野に分類される個人識別符号と呼ばれるもので，免許証番号の他に［い］などの番号や，［ろ］などをデータ処理できるように変換したものもこれに該当します。

佐藤：さらに個人情報の中には，人種や信条など，本人に対する不当な差別や偏見などが生じないように取り扱いに特に注意が必要な「要配慮個人情報」もあります。

鈴木：人種ですが，「日本人」などの国籍は該当するのですか。

佐藤：単純な国籍は，法的な地位に過ぎないので要配慮個人情報には該当しません。該当する例としては，「在日○○人」，「○○地区出身」，「日系○世」などがあげられます。

鈴木：では，「肌の色」は？

佐藤：それだけでは人種を推測させるだけに過ぎないため，要配慮個人情報に該当しません。

鈴木：同じように考えると，［イ］ということや［ウ］ということですね。

佐藤：その通りです。要配慮個人情報の記述を推測させるに過ぎない情報は，要配慮個人情報に該当しないというところがポイントです。とはいえ，要配慮個人情報は，通常の個人情報よりもより慎重に扱う必要があって［エ］されています。

佐藤：では次の時間は，事業者間におけるデータ取引などの利活用が可能な A 匿名加工情報について研修します。

問1 空欄［い］・［ろ］に当てはまる組合せで最も適当なものを，次の⓪～⑧のうちから一つ選べ。［ア］

⓪ い：携帯電話番号，ろ：血液型
① い：携帯電話番号，ろ：指紋
② い：携帯電話番号，ろ：病歴
③ い：クレジットカード番号，ろ：血液型
④ い：クレジットカード番号，ろ：指紋
⑤ い：クレジットカード番号，ろ：病歴
⑥ い：個人番号（マイナンバー），ろ：血液型
⑦ い：個人番号（マイナンバー），ろ：指紋
⑧ い：個人番号（マイナンバー），ろ：病歴

問2 空欄［イ］・［ウ］に入れるのに適当なものを，次の⓪～⑤のうちから二つ選べ。

⓪ 特定の政党が発行する新聞などを購読しているという情報は，要配慮個人情報に該当する
① 特定の政党を支持するという情報は，要配慮個人情報に該当しない
② 特定の宗教を信ずるという情報は，要配慮個人情報に該当する
③ 特定の宗教に関する書籍の購買履歴は，要配慮個人情報に該当しない
④ 犯罪行為を撮影した防犯カメラ映像は，要配慮個人情報に該当する
⑤ 犯罪の経歴の情報は，要配慮個人情報に該当しない

問3 空欄［エ］に入れるのに最も適当なものを，次の⓪～③のうちから一つ選べ。

⓪ オプトアウトによる第三者提供は制限
① オプトインによる第三者提供は禁止
② オプトアウトによる第三者提供は禁止
③ オプトインによる第三者提供は制限

問4 下線部Aについて，匿名加工情報を作成する事業者は，個人情報を適切に加工する必要がある。次の加工の中で，**適当な加工といえないもの**を，次の⓪～④のうちから一つ選べ。［オ］

⓪ 特定の個人を識別することができる記述などの全部または一部を削除する。
① 個人識別符号の全部を削除する。
② 特定の個人を識別することができる記述などの全部を暗号化する。
③ 個人情報と他の情報とを連結する符号を削除する。
④ 特異な記述などを削除する。

実戦問題

7 プライバシー・肖像権・パブリシティ権

難易度	目安	速習
★★★	4分	

第1章

私たちの暮らしの中では，「個人情報」と「プライバシー」という言葉は，あまり区別することなく使われている。しかし，この二つの言葉は深く関係しているが，厳密には意味が異なる。

個人情報保護法における「個人情報」とは，生存する個人に関する情報で，氏名，生年月日，住所などにより特定の個人を識別できる情報のことである。一方，「プライバシー」は，個人や家庭内の私事・私生活，個人の秘密，また，それらが他人から干渉・侵害を受けない権利という意味があるほか，最近では，自己の情報をコントロールできる権利という意味も含めて用いられることがある。

プライバシーと個人情報の違いを考える際，よく例としてあげられるのが，郵便物の封書である。封書の宛名や差出人欄は［い］であるが，封書の中身は［ろ］とされることが多い。

問1 文章中の空欄［い］・［ろ］に当てはまるものと，その一例の組合せとして最も適当なものを，次の⓪～⑦のうちから一つ選べ。［ア］

⓪ い：個人情報，例　日記　　ろ：プライバシー，例　通話履歴
① い：個人情報，例　日記　　ろ：プライバシー，例　電話番号
② い：個人情報，例　顔写真　　ろ：プライバシー，例　通話履歴
③ い：個人情報，例　顔写真　　ろ：プライバシー，例　電話番号
④ い：プライバシー，例　通話履歴　　ろ：個人情報，例　日記
⑤ い：プライバシー，例　通話履歴　　ろ：個人情報，例　顔写真
⑥ い：プライバシー，例　電話番号　　ろ：個人情報，例　日記
⑦ い：プライバシー，例　電話番号　　ろ：個人情報，例　顔写真

問2 個人情報とプライバシーの関係を図で示したときに最も適当なものを，次の⓪～③のうちから一つ選べ。［イ］

⓪ 個人情報　プライバシー

① 個人情報　プライバシー

②
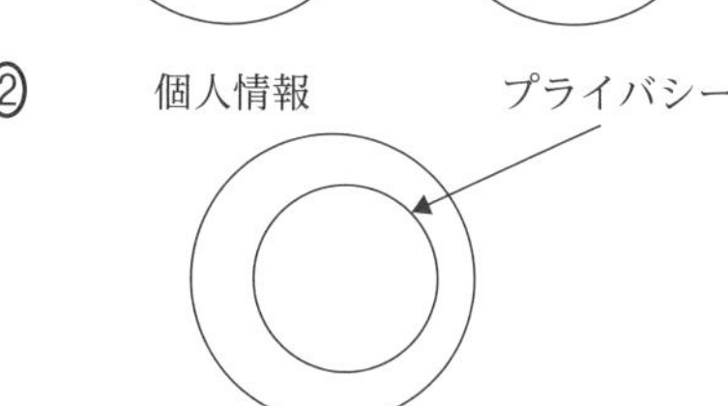

③ 個人情報　プライバシー

問3 プライバシーの侵害の例として，無断で個人の写真をSNSへアップされた場合がある。これは，肖像権の侵害としても扱われる。ところで，この肖像権と似た権利にパブリシティ権があるが，両者には違いがある。このことについて述べたA～Eから適当なものの組合せを，次の⓪～⑨のうちから一つ選べ。［ウ］

A　有名人は，公に知られている人物なので，肖像権は持たないがパブリシティ権は持っている。
B　一般人は，肖像権の侵害を受けることがあっても，パブリシティ権の侵害は受けない。
C　肖像権により人格的利益が保護され，パブリシティ権により財産的利益が保護される。
D　肖像権とパブリシティ権を同時に持つ人間は存在しない。
E　肖像権は有名人の権利で，パブリシティ権は一般人の権利である。

⓪ AとB　① AとC　② AとD　③ AとE　④ BとC
⑤ BとD　⑥ BとE　⑦ CとD　⑧ CとE　⑨ DとE

実戦問題

8 産業財産権

難易度	目安	速習
★★★	7分	

ビジネスを展開していくうえで特に重要となるのが「産業財産権」である。産業財産権とは，特許権，実用新案権，意匠権，商標権の総称で，これらには，新しいアイディアを考案した人の権利を守るとともに，模造品の防止などを通じて取引上の信用を維持する機能がある。

発明による新たな技術によって商品を生み出した場合，その技術を他者に真似されることを特許権によって防ぐことができる。

また，商標権は，商品の出所を明らかにする識別機能がある商標を他者に使用させたり模倣させたりしない権利である。消費者は，この商標が使われているならばこの会社の商品に違いないと，安心して購入できる。

しかし，消費者は必ずしも商標だけをもって，商品を識別しているわけではない。商品そのものの形状やデザインが特徴となり，商標を見ずとも「あの会社のあの商品だ」と認識することもある。そこで，このような商品そのものの形状やデザインを保護することも大変重要になる。商品のブランド名やロゴマークを登録していたとしても，他者がそっくりな形状・デザインの商品を違う商標で売り出すことを防ぐことは難しいからである。この「商品そのものの形状やデザインを保護する」権利を意匠権と呼ぶ。

問1　特許権と実用新案権の違いについて述べたこととしてA～Eの中から正しいものはどれか。当てはまるものの組合せとして最も適当なものを，後の⓪～⑨のうちから一つ選べ。 ア

A　どちらも，自然法則を利用した技術的思想の創作である。

B　自然法則そのものは実用新案として認められないが，特許として認められる。

C　実用新案の対象は，物の形状や構造に関するアイデアに限定されているので，コンピュータプログラムなどの形がないものや製造方法そのものは登録することができない。

D　特許権は特許庁の所管であるが，実用新案権は経済産業省が所管している。

E　実用新案権は審査を行わないため権利化が早いので，保護期間が特許権より長い。

⓪　AとB　①　AとC　②　AとD　③　AとE　④　BとC

⑤　BとD　⑥　BとE　⑦　CとD　⑧　CとE　⑨　DとE

問2　商標には立体的形状も登録可能であり，これを立体商標と呼ぶ。この立体商標と，形状やデザインを保護する意匠権を比較した意見の中で最も適当なものを，次の⓪～③のうちから一つ選べ。 イ

⓪　どちらも，会社の商品の取引上の信用を維持することができるから，両者に違いはない。

①　立体でない商標では，商品そのものの形状を保護できないが，立体商標であれば意匠権と同じように保護できるので両者に違いはない。

②　立体商標であっても，その目的は商品の識別であり，意匠権は新しいデザインの保護を目的としているから両者に違いはある。

③　立体商標は，商品そのものでないこともあるので，意匠権とは異なる。

問3　商標は音楽，音声，自然音などからなり，聴覚で認識される音商標も登録可能である。そのためには，その商標に識別力が必要であり，音商標においては，以下の場合は識別力がないと判断され，登録できない。

A　商品が通常発する音　　B　サービスの提供にあたり通常発する音

C　きわめて単純で，かつ，ありふれた音

D　広告などで，注意を喚起したり，印象付けたりするために効果音として使用される音

音商標として登録される可能性が最もあるものを，次の⓪～④のうちから一つ選べ。 ウ

⓪ 「焼き肉の提供」のサービスについて，『ジュー』と肉の焼ける音

① 「炭酸飲料」の商品について，『シュワシュワ』という泡のはじける音

② 「医薬品」の商品について，『ピンポン』という音

③ 「食品」の商品について，オリジナルメロディーに会社名の歌詞が付いた音

④ 「テレビゲーム」の商品について，主人公がアイテムを取ったときの『チャリーン』という音

実戦問題

9 著作権

難易度	目安	速習
★★★	9分	✓

問1 次の文章を読み，空欄に入れるのに最も適当なものを，後の⓪～⑨のうちから一つずつ選べ。

音楽教室の［ア］で使う楽曲について，音楽教室が著作権使用料を支払う必要があるかどうかが争われた裁判で，2022年10月24日，最高裁判所は，生徒の演奏は対象にならないとする判決を言い渡し，先生の演奏にかぎり教室側に使用料を徴収できるという判断が確定した。この裁判は，楽曲の著作権を管理する［イ］が2017年，音楽教室に楽曲の使用料を請求する方針を示したことに対し，およそ250の音楽教室の運営会社などが「支払う義務がない」と主張して訴えを起こしたものであった。

二審では，先生と生徒の演奏を分けて考え，先生の演奏は，「音楽教室が［ウ］にあたる生徒に聞かせる目的で行っている」と徴収を認めたが，生徒については「みずからの技術向上のために自主的に演奏している」として徴収の対象にはならないと判断し，最高裁では生徒の演奏について音楽教室から使用料を徴収できるかが争われた。最高裁判所の判決は，生徒の演奏は，技術向上が目的でそのための手段にすぎず，先生の指示や指導も目的を達成できるように助けているだけで，演奏はあくまで［エ］なもので，音楽教室が演奏させているわけではないと判断し，生徒の演奏について音楽教室から使用料をとることはできないとする判決を言い渡した。

著作権法では，楽曲の作曲者や作詞者に［オ］があると定めており，その承諾を得ずに［ウ］の前で楽曲を演奏した場合，著作権の侵害にあたる。

［ア］～［オ］の解答群

⓪ レッスン　① 個人的　② 大衆　③ 文化庁　④ 発表会
⑤ 演奏権　⑥ 自主的　⑦ 公衆　⑧ 楽曲権　⑨ 日本音楽著作権協会

問2 次の３人の会話文を読み，後の問い（(1)～(3)）に答えよ。

佐藤さんの高校では文化祭での出し物が各学年で決まっており，２年の佐藤さんのクラスは演劇をすることになっている。そこで，文化祭クラス係の佐藤さんと鈴木さんは，情報科の先生に相談をしていた。

佐藤：先日のホームルームで，AとBの二つまでに絞り込むことができましたが，鈴木さんといろいろと調べていたら分からないことが出てきました。

先生：どんなことかな。

鈴木：ミュージカルのAは，上演時間が２時間余りで，文化祭の上演時間の30分に収めるためには内容を変えなければいけないのです。ところが，内容を勝手に変えてしまうと著作権の侵害になるというのです。

佐藤：でも著作権の例外規定があって，［カ］を目的としない上演なら，著作物を自由に使えるのではなかったのではないでしょうか。

先生：そうだね，授業でも勉強したように，［カ］目的でなければ著作者に許諾を得ずに演劇を上演できるね。しかし著作権が制限される場合でも，［キ］権は制限されないことに注意しなければいけないよ。

鈴木：その権利に，内容を勝手に変えられない権利が入っているのですね。

佐藤：そっかあ，確か［ク］権ですね。

先生：そう，だから事前に著作権者に連絡して許可を得る必要があるのだよ。もう一つはどんな状況なのかな。

鈴木：Bは，インターネットで探した脚本無料公開サイトの脚本です。高校の場合，申請さえすれば無料で利用できるそうです。また，上演時間30分のものを選んだので，脚本を変更する必要もありません。

佐藤：ただ，脚本があまり知られていないところが気になる点です。その分，ポスターや昼の放送などで事前に宣伝する必要があるのではないかと考えています。

先生：なるほど，ではそれぞれのメリットとデメリットをクラスのみんなに説明して決めるといいね。

(1) 空欄［カ］～［ク］に入れるのに最も適当なものを，次の⓪～⑨のうちから一つずつ選べ。

［カ］～［ク］の解答群

⓪ 著作人格　① 利己　② 同一性保持　③ 翻案　④ 営利
⑤ アレンジ　⑥ 著作権者　⑦ 主体性保持　⑧ 著作者人格　⑨ 営業

この相談の後，ホームルームで，クラスの演目はBに決定した。そこで二人は先生へ報告にやって来た。

鈴木：先生，演目はBに決まりました。いろいろとアドバイスありがとうございました。これから，それぞれの役割分担で準備していきます。

先生：それはよかった。ところで，どんな役割があるのかね。

佐藤：出演者の他に，ポスターなどを作成する宣伝係，劇中の音楽を選ぶ音楽係や踊りの振付を考える振付係，衣装を用意する衣装係，小道具係や大道具係などです。

鈴木：実は，音楽係から相談を受けたのですが，劇に使う音楽は図書館のCDかインターネットの音源を使おうと考えているそうなのです。音楽係は，文化祭での利用なので著作権者に許可を得なくても演奏できるから問題ないと思うけど大丈夫かな，と言っていました。

先生：ほお，それは面白いね。音楽係が許可なく演奏できるとしている理由はどんなものなのかな。

鈴木：確か，脚本利用のときの理由と同じです。

先生：惜しい，その理由だけでは不十分だな。一方はそれでもいいけど，もう一つは違う理由で許可なく利用できる。何だと思うかな？ヒントは，A図書館のCDの利用とインターネットの音源の利用の違いにあるよ。

佐藤：え～っ，授業みたい。

(2)　下線部Aについて，先生の説明を以下に示した。空欄 ケ ～ シ に入れるのに最も適当なものを，次の⓪～⑥のうちから一つずつ選べ。

ケ の利用は，脚本の利用と同様の例外規定にあたります。このとき制限される著作権は， コ 権です。一方， サ の利用では，一般的には シ する必要がありますが，脚本の利用と同様の例外規定にはその行為は含まれません。この場合は，学校の授業として シ できるという例外規定によるものなのです。

ケ ～ シ の解答群

⓪ 演奏　① インターネットの音源　② 公衆送信　③ 放送　④ 図書館のCD
⑤ 複製　⑥ 翻案

無事に文化祭が終わって，二人は先生へ報告にやって来た。

佐藤：文化祭が無事に終わりました。いろいろとアドバイスありがとうございました。

先生：観させてもらいましたが，クラスが一丸となって大変素晴らしい劇でしたね。

鈴木：ありがとうございます。実は，今日は最後の相談をしに来ました。

先生：どんなことかな。

鈴木：佐藤さんがクラスの演劇を動画で撮影していたのですが，みんなが配布して欲しいというのです。文化祭は学校の授業の一環だから，著作権に関する手続きはいらないのではないか，という考えなのです。

先生：なるほど，ところで佐藤さんは，何のために動画を撮影していたのかな。

佐藤：あいにく私の家族が文化祭に来られなかったので，家で観るために撮影していました。

先生：そうだね，利用目的によって，手続きの必要な場合とそうでない場合があるね。

(3)　演劇の動画を撮影して次のような利用をする場合，それぞれの著作権手続きの要不要について，最も適当な組合せを，次の⓪～⑧のうちから一つ選べ。 ス

a　家族のために撮影し，家で動画を視聴する。
b　クラスのみんなに配るために撮影し，無料で配布する。
c　クラスのみんなに配るために撮影し，DVDにして配布する。その際，DVD代はみんなからもらう。
d　撮影し，学校のWebサイトにアップロードする。

	a	b	c	d
⓪	要	要	不要	不要
①	要	不要	要	不要
②	要	不要	要	要
③	要	要	不要	要
④	不要	要	不要	不要

	a	b	c	d
⑤	不要	要	要	不要
⑥	不要	要	要	要
⑦	不要	不要	要	不要
⑧	不要	不要	要	要

実戦問題

10 クリエイティブコモンズ

難易度	目安	速習
★★★	5分	✓

高校生の山田さんは，自宅で喫茶店を経営している父親と，メニュー表を新しくするために話をしていた。

父親：今のメニュー表は，文字だけでイメージが湧きにくいので，写真を載せたらどうかと思うのだが。

山田：いいね，でも写真を撮るのは難しくないかな。

父親：そうなんだよ。それにすべての料理を作るのも，ちょっともったいない気もする。

山田：そういえば，インターネットで無料の写真を検索して，イメージに合うものを載せたらどうかな。

父親：それはいいな，では探してみよう。

山田：このサイトの写真はどうかな，クリエイティブ・コモンズ・[ア]表示がそれぞれ付いている。

父親：それはいったい何だい。

山田：写真を撮った人が，その利用に関して意思表示をする仕組みだと，情報の授業で勉強したよ。

父親：そうか，ではナポリタンの写真はP～Sのどれがいいかな。

山田：でも，写真Qや[イ]は使うことができないよ。[い]が付いているので，喫茶店営業のために使うことはできないんだ。それと，[ウ]も使うことができない。メニュー表に載せるためには，写真の一部を切り取らなければいけないので，[ろ]が付いたものは使えない。

父親：では，[エ]にしよう。イメージ的にもピッタリだ。

山田：そうそう，[は]が付いているので，[オ]や[カ]を表示しなくてはだめだよ。忘れないでね。

表　写真P～Sの表示

	写真P	写真Q	写真R	写真S
表示	CC BY NC	CC BY NC ND	CC BY ND	CC BY SA

問1　空欄[ア]～[カ]に入れるのに最も適当なものを次の⓪～⑨のうちから選べ。ただし，[オ]と[カ]は順不同である。

[ア]～[カ]の解答群

⓪ 写真P　① 写真Q　② 写真R　③ 写真S　④ ライセンス
⑤ コンテンツ　⑥ 作者名　⑦ 出典　⑧ 引用　⑨ 作品名

問2　空欄[い]～[は]に適当なアイコンを解答群から選び，それぞれ[キ]～[ケ]へ答えよ。

[キ]～[ケ]の解答群

⓪ 表示　① 非営利　② 継承　③ 改変禁止　④ CCライセンス

問3　この表示の付いた作品を元にして，新しい作品を作った。この新しい作品には，どのような表示を付けられるか，最も適当な組合せを，次の⓪～④のうちから一つ選べ。ただし，元の作品の表示はBY-NCであり，表中の「○」は表示を付けられることを示し，「×」は表示を付けられないことを示す。[コ]

	BY	BY-NC	BY-NC-ND	BY-NC-SA	BY-ND	BY-SA
⓪	×	×	○	○	×	×
①	○	○	×	×	○	○
②	×	○	○	○	×	×
③	○	×	×	○	○	×
④	×	○	×	○	×	×

実戦問題

11 情報セキュリティ

難易度	目安	速習
★★★	14分	✓

次の生徒（S）と先生（T）の会話文を読み，後の問い（問1～9）に答えよ。

T：近年は，インターネット上でのセキュリティ対策の意識向上が求められていますね。Sさんは，自身にかかわるインターネット上でのセキュリティ対策として何か思い浮かぶものはありますか？

S：最初に思い浮かんだのは，IDとパスワードで<u>A 認証</u>することについてです。自分がやっているゲームやSNSでは，よくログインを求められます。また，対策ということではないですが，少し前に見たニュースで今日本国内の多くの企業がランサムウェアの被害に遭っているということを知りました。

T：ゲームやSNSといったサービスを利用するには，その権利を有していなければなりませんからね。ちなみにSさんは，パスワードの使い回しをしていないですか。

S：大丈夫です，していません。管理はとても大変ですが，ニュースで<u>B ブルートフォース攻撃（総当たり攻撃）</u>について知ってからは，不正アクセスが身近に起こり得ることだと知り，注意して使用しています。

T：恐ろしいですよね。ブルートフォース攻撃とは，理論的に考えられるパスワードの全パターンを入力するという，実に単純なものです。最近では，リバースブルートフォース攻撃（逆総当たり攻撃）と呼ばれる手法も出てきています。よく使われるパスワードを固定して，あらゆるIDを組み合わせて行う不正アクセスの手法ですね。パスワードの定期的な変更が逆によくないといわれますね。どちらにしろ，安易なパスワードにせず，さらにはそれを使い回さなければ安全性を高められます。ランサムウェアについては，ある年の情報セキュリティ10大脅威ランキングの第1位となり，大きな話題となりました。実は，日頃のちょっとした意識を高めるだけで<u>C ランサムウェアの感染対策</u>をすることができます。他にも，セキュリティの例はたくさんありますが，その前提として，情報セキュリティとは何かを明確にしておく必要があります。その定義としては三つありますが，それが何か分かりますか？

S：機密性，完全性，可用性ですね。

T：その通りです。それぞれの説明としては，機密性が［オ］，完全性が［カ］，可用性が［キ］です。これらを守るために様々な対策が取られています。先ほど言っていた不正アクセスは，外部からの不正アクセスを防ぐことですが，当然，内部から外部へのアクセス制限を行うこともできます。<u>D マルウェア</u>への意識も忘れずに，三つのバランスを取りながら対策していく必要がありますね。

問1 下線部Aにかかわる説明として適当なものを，次の⓪～④のうちから二つ選べ。［ア］・［イ］

⓪ 安易なパスワードにならないようにパスワードはとにかく長くした方がよいが，忘れてしまうといけないので数字や英字，記号を複数使用することは控えた方がよい。

① 二要素認証の一種にワンタイムパスワード認証という方法がある。1回限りの使い捨てパスワードを使って認証するが，複数人がまったく同じ時間にワンタイムパスワードを発行するとパスワードが重なってしまうので注意する必要がある。

② 生体認証の中には顔認証や虹彩認証があるが，顔認証は年齢による変化で認証されなくなることがある。しかし，その点虹彩認証は年齢による変化はないので，年齢による変化で認証されないことがない。

③ 認証はボットによる不正ログインも防ぐ必要がある。最近では，画面上に表示される画像をパズルに見立てて，そのパズルを完成させることで，人間によるアクセスだと認証確認を行うものもある。

④ 一つのIDに対して様々なパスワードの入力を試すと，アカウントがロックされる手法があるが，これはプログラムを用いてより早く連続で行えばロックを回避することができる。

問2 下線部Bに関して，一つのパスワードを試すのに0.1秒かかるとして，0～9の数字を使った3桁のパスワードを総当たりで試した場合に，最大何秒でパスワードを解除することができるか，最も適当なものを，次の⓪～⑥のうちから一つ選べ。［ウ］

⓪ 1秒　① 2.7秒　② 10秒　③ 27秒　④ 72.9秒　⑤ 100秒　⑥ 729秒

問3　下線部Cに関して，以下はランサムウェアに感染しないための対策として行った行為である。対策として正しいものの組合せはどれか。最も適当なものを，次の⓪～⑥のうちから一つ選べ。［エ］

あ　常にセキュリティ対策ソフトを最新のものにしたうえで起動させ，怪しいWebサイトなどを見ない。

い　すべてのメールを開かないようにすることはできないので，内容が不明な添付ファイルやリンクを開く前に送信元への確認を行うなど，真偽を確かめたうえで開くようにする。

う　被害軽減のためにデータのバックアップをとる。また，バックアップをスムーズに行うために常にネットワークにつないだ状態で保管する。

⓪ あ　① い　② う　③ あとい　④ あとう　⑤ いとう　⑥ あといとう

問4　空欄［オ］～［キ］に入れるのに最も適当なものを，次の⓪～④のうちから一つずつ選べ。

［オ］～［キ］の解答群

⓪　企業組織や個人などの動きを追跡すること
①　情報へのアクセスが認められた人が，必要なときに中断することなく，情報にアクセスできる状態のこと
②　情報が破壊，改ざんまたは消去されていない状態のこと
③　情報が後に否定されないように証明しておくこと
④　情報に対するアクセス権限を徹底して保護・管理すること

問5　次の対応は，機密性，完全性，可用性を高めるために考えられる具体的な対応である。A～Fの対応は，どの性質を高めるためか。最も適当な組合せを，次の⓪～③のうちから一つ選べ。［ク］

A　外部へ持ち出してよい情報とそうでない情報の管理をする。
B　ログ（データ通信やコンピュータ・ファイルの利用状況など，履歴や情報の記録）を残す。
C　バックアップを取ったり，情報を保管するルールを作ったりする。
D　ファイルにアクセスできる人を制限する。
E　同じシステムを二つ準備しておく二重化や冗長化をする。
F　停電してもサーバが正常に終了し，機能を損なわないように無停電電源装置を使用する。

	機密性	完全性	可用性
⓪	A，D	B，C，F	B，C，E，F
①	A，F	B，C，D，E	B，C，E
②	A，B，D	A，C，E，F	C，D，E，F
③	B，C	C，D，F	A，B，D，F

問6　下線部Dに関して，マルウェアの例として最も適当なものを，次の⓪～③のうちから一つ選べ。［ケ］

⓪　特定の種類のファイルに寄生して感染を広げるもので，トロイの木馬と呼ばれる。
①　便利なツールとしてインストールされるが，実態は他人のコンピュータに侵入するプログラムで，アドウェアと呼ばれる。
②　気付かないうちに，個人情報などを収集し，第三者に送信するもので，スパイウェアと呼ばれる。
③　感染したコンピュータのデータを読み出せないようにしたり，システムを利用不能にさせたりするもので，ワームと呼ばれる。

Sさんは，T先生とのやり取りの後，不正アクセスやアクセス制限について調べ，簡潔にまとめた。

不正アクセス対策としては，ファイアウォールという仕組みがある。ファイアウォールとは［コ］のことである。外部のネットワークに接続した環境にとっては，必須といえるサイバーセキュリティ対策である。

アクセス制限の身近な例としては，例えば表1のようなアクセス権の設定を行うことがある。表2のようなアクセス許可の表は，誰が利用可能であるか分かりやすい。また，インターネット利用時に<u>Eフィルタリング</u>をすることも重要なことである。

利便性を求めるだけでなく，情報漏えいの危険性に意識を向けることも忘れずに生活していきたい。

表1　アクセス権の設定

アクセス権の種類	読込	フォルダやファイルを開く権限　など
	書込	読込の権限とフォルダやファイルの作成と上書きの権限　など
	変更・削除	読込や書込の権限と，フォルダやファイルを削除する権限　など
アクセス権の設定	許可	該当する権限を与える
	拒否	該当する権限を与えず，許可よりも拒否が優先される
アクセス権設定のルール		・グループに与えられた権限は，グループのメンバー全員に継承される ・フォルダに権限を設定すると，その中のファイルやフォルダは，通常，親フォルダの権限を継承する ・許可と拒否が競合した場合，読込よりも書込，書込よりも変更・削除が優先される

表2　アクセス許可

	読込		書込		変更・削除	
	許可	拒否	許可	拒否	許可	拒否
佐藤			●			
鈴木		●		●		
高橋	●					
田中					●	
総務部	●			●		
営業部			●			

問7　空欄［　コ　］に入れるのに最も適当なものを，次の⓪～③のうちから一つ選べ。

⓪　火災のときに被害を最小限に食い止める防火壁
①　ネットワークの通信において，その通信をさせるかどうかを判断し，許可・拒否する仕組み
②　ハードウェアの基本的な制御のために，コンピュータなど機器に組み込まれたソフトウェア
③　外部からコンピュータに侵入しやすいように，「裏口」を開けたり閉じたりするプログラム

問8　表1と表2より読み取れる内容として最も適当なものを，次の⓪～④のうちから一つ選べ。［　サ　］

⓪　4人がどの部にもグループにも属さない場合，ファイルを読み込むことができるのは1名である。
①　佐藤が総務部に所属する場合，読込も書込も権限がある。
②　高橋が営業部に所属する場合，読込はできるが書込はできない。
③　佐藤と鈴木が営業部に所属する場合，2人とも書込をすることができる。
④　田中はどの部署に所属していても読込と書込の権限がある。

問9　下線部Eや青少年のインターネット利用に関する文章として最も適当なものを，次の⓪～③のうちから一つ選べ。［　シ　］

⓪　高校生におけるインターネット利用の危険性は，社会へ出る前にしっかりと啓発しておく必要がある一方，フィルタリングサービスを利用するとその危険性を知る機会が減るため，フィルタリングの利用は抑えるべきである。
①　青少年が所有する端末のフィルタリング利用率は非常に高いが，保護者の所有する端末を利用する青少年も多いため，保護者の所有する端末にもフィルタリングサービスの導入を進めるべきである。
②　トラブルを減らすためには，フィルタリングサービスの導入促進だけではなく，家庭内ルールの啓発やそもそもインターネットの利用を禁止するようにするべきである。
③　子どもがフィルタリング機能の設定を変更することは可能だが，その際保護者が変更の通知などを行う設定にするべきである。

実戦問題

12 暗号化

難易度	目安	速習
★★★	18分	

次の３人の会話文を読み，後の問い（**問１～９**）に答えよ。

ヒカル：私たちの班は，なぜセキュリティが必要になったのかを探せばいいんだよね。
チヒロ：セキュリティの歴史について調べてみれば，何か見つけられるかもしれないわね。
イツキ：インターネットで「セキュリティの歴史」と調べると，20世紀にコンピュータと共に発展してきているね。
チヒロ：でも情報の伝達ということを考えれば，教科書にもある通り，さらに昔までさかのぼれるよ。
ヒカル：ヒエログリフとかスキュタレー暗号だね。「暗号」はセキュリティに関してキーワードかもしれない。
イツキ：シーザー暗号なんかは有名だよね。例えば「［ア］」という文字を右に３文字ずらすと「DQCX」になる。これだとぱっと見，何の単語なのか分からないし，どれだけずらしたかが分からないと判別に時間がかかるね。
チヒロ：でもこれだと，結局アルファベットの数の分全部ずらせば意味のあるものを見つけられそうね。アルファベットは全部で26文字だから，最大でも［イ］通り試せばいいわけよ。
ヒカル：でもこれ，全部同じだけずらすからそうなってしまうわけだよね。１文字ずつ，ずらす文字数を変えていけばもっと難しくなるよね。まあ，コンピュータを使えばそれもすぐなんだろうけど。
チヒロ：面白いわね。例えば，A～Eの５文字に対してだと，Aなら一つずらし，Bなら二つずらしと，文字によってずらす数を変えて考えるのね。ずらし方の組合せを考えることになるから，最大［ウ］通り試さないといけなくなり，人間がやろうとすると簡単には答えを導き出せないわね。
イツキ：日本でも上杉暗号という暗号が使われていたみたいだね。右のような対応する表１を用いて，横に並ぶ数，縦に並ぶ数の順に対応する文字を平文として表現していたらしい。「［エ］」という文字を「二七　四五　四三」とするみたいに。
ヒカル：第一次世界大戦のときなんかは，イギリスがドイツの暗号を解いたらしいけど，すぐにはそれを公表しなかったらしいよ。イギリスが暗号を解いたと公表してしまうと，ドイツがまた新しい暗号を開発してしまうからということらしい。

表１（タテ↓　←ヨコ）

七	六	五	四	三	二	一	
ゑ	あ	や	ら	よ	ち	い	一
ひ	さ	ま	む	た	り	ろ	二
も	き	け	う	れ	ぬ	は	三
せ	ゆ	ふ	ゐ	そ	る	に	四
す	め	こ	の	つ	を	ほ	五
ん	み	え	お	ね	わ	へ	六
	し	て	く	な	か	と	七

イツキ：解かれにくい暗号にする必要があるし，それを他者に知られない工夫も必要だね。現代では，ここまで調べた内容のことを，共通鍵暗号方式と呼ぶんだって。
ヒカル：ということは現代でも，あるファイルをソフトを用いて共通鍵で暗号化して送信し，その共通鍵を受信者に渡す。受信者は，受け取った暗号化されたファイルと共通鍵を用いて利用するということだね。
チヒロ：でもここまで調べた暗号は，情報を送信する側と受信する側が，ちゃんとその法則を知っていないと成り立たない話だよね。暗号化の規則を直接教えられるなら，そもそものデータを直接渡してしまえばいい話になるわ。それに，インターネットを通して共通鍵を渡そうとしても，第三者に共通鍵を知られてしまうとまったく意味がなくなっちゃう。
イツキ：確かにその通りだね。それに，相互にやり取りをする人が増えるほど，共通鍵の数が増えるから大変なことになるね。自分を含めて２人でやり取りする場合共通鍵は１個でいいけれど，それが３人になれば３個，４人になれば［オ］個と増えていくから，10人でやり取りしただけで［カ］個にもなってしまう。データ量が増えて管理が大変そうだ。
ヒカル：今調べてみたけど，もう一つ，公開鍵暗号方式と呼ばれるものがあるね。図１のような流れのことだね。
チヒロ：この方法を使えば，暗号化の規則についての問題は解決するし，やり取りする人数が多くなれば共通鍵暗号方式より鍵の数は少なくなるわ。
イツキ：自分を含めて２人でやり取りする場合は，公開鍵と秘密鍵をそれぞれが用意するから４個の鍵が必要だね。３人の場合は［キ］個，４人になれば［ク］個と増えていくから，10人の場合は［ケ］個になる。確かに，人数が多くなると共通鍵暗号方式よりも必要な鍵の数は減るね。
ヒカル：公開鍵暗号方式には，数学の素因数分解の仕組みが使われているんだね。RSA暗号が有名らしいよ。

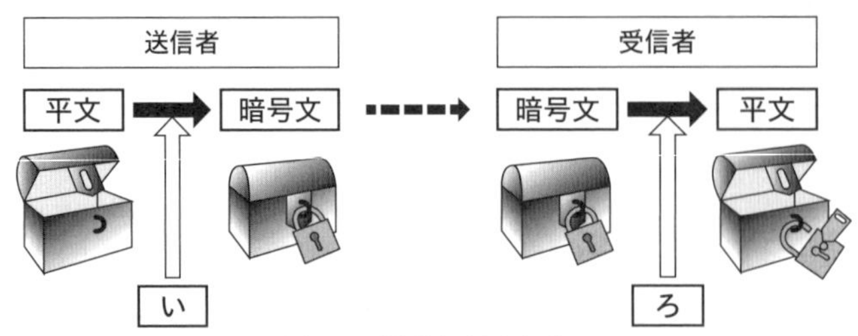

図1　公開鍵暗号方式

問1　空欄［ア］・［エ］に入れるのに最も適当なものを，次の⓪～⑦のうちから一つずつ選べ。

⓪ EIGO　① ANKO　② ANGO　③ ANZU
④ ひきた　⑤ かとう　⑥ あきた　⑦ かのう

問2　空欄［イ］・［ウ］に入れるのに最も適当なものを，次の⓪～⑥のうちから一つずつ選べ。

⓪ 24　① 25　② 26　③ 27　④ 96　⑤ 120　⑥ 720

問3　空欄［オ］～［ケ］に入れるのに最も適当なものを，次の⓪～⑦のうちから一つずつ選べ。

⓪ 3　① 4　② 6　③ 8　④ 10　⑤ 20　⑥ 45　⑦ 90

問4　上の図1の空欄［い］・［ろ］に入れるのに最も適当な組合せを，次の⓪～⑤のうちから一つ選べ。［コ］

	い	ろ
⓪	受信者の共通鍵	受信者の共通鍵
①	受信者の秘密鍵	受信者の公開鍵
②	受信者の公開鍵	受信者の秘密鍵
③	送信者の共通鍵	送信者の共通鍵
④	送信者の秘密鍵	送信者の公開鍵
⑤	送信者の公開鍵	送信者の秘密鍵

問5　共通鍵暗号方式や公開鍵暗号方式の特徴について述べている文章として最も適当なものを，次の⓪～③のうちから一つ選べ。［サ］

⓪ 共通鍵暗号方式は，鍵が一つであることで暗号化にかかる処理を複雑にしているため処理速度が遅い。
① 共通鍵暗号方式は，第三者によって共通鍵が複製されると安全性が確保されない。
② 公開鍵暗号方式は，暗号化にかかる処理が複雑であるが，鍵が二つあるため処理速度が早い。
③ 公開鍵暗号方式は，公開鍵を公開した際に第三者に複製されると安全性が確保されない。

チヒロは実際に共通鍵がどのように使われているのか気になり，SSL/TLSの仕組みについて調べた。SSL/TLSは共通鍵暗号方式と公開鍵暗号方式を組合せたセッション鍵方式が活用されている。セッション鍵方式の説明として，チヒロは次のようにまとめた。

送信者（利用者）と受信者（Webサーバ）の他に，認証局と呼ばれる第三者の存在が必要となる。まず，利用者はWebサーバに接続要求をする。するとWebサーバ側はあらかじめ認証局に届け出をしていたサーバの［は］と電子証明書を利用者に送付する。認証局への届け出は，Webサーバが法的に実在するかどうかを証明するために必要な手続きである。ここで認証されたWebサイトのURLには，「https://」が使われる。［は］と電子証明書を受け取った利用者は，認証局へ電子証明書の照会を行い，データを暗号化するための［に］を作成する。作成した に を用いてデータを暗号化すれば，受信者に安全にデータを送信できる。しかしこのとき，Webサーバに に をどのように渡すかが問題となる。ここで，先ほど受け取った は を用いて に を暗号化して受信者に渡す。受信者は， ほ を持っているはずなので，それを用いて に を使用することができ，利用者と受信者が他の誰に知られることもなく に を用いた暗号通信を行うことができる。このような方法をセッション鍵方式と呼ぶ。

問6 空欄 は ～ ほ に入れる組合せとして最も適当なものを，次の⓪～③のうちから一つ選べ。 シ

	は	に	ほ
⓪	共通鍵	秘密鍵	公開鍵
①	秘密鍵	公開鍵	共通鍵
②	公開鍵	共通鍵	秘密鍵
③	共通鍵	公開鍵	秘密鍵

イツキはデジタル署名について調べを進めた。次の手順**あ**～**お**は，デジタル署名の仕組みを簡単に説明した文章である。

手順**あ** 平文から要約文を作成する。　手順**い** 要約文を暗号化する。
手順**う** 平文に暗号化した要約文を添付して送る。
手順**え** 暗号化された要約文を暗号化される前の状態に戻す。
手順**お** 要約文を照合する。

問7 手順**い**と手順**え**に使用する鍵の組合せとして最も適当なものを，次の⓪～⑤から一つ選べ。 ス

	手順い	手順え
⓪	送信者の秘密鍵	送信者の公開鍵
①	受信者の共通鍵	受信者の秘密鍵
②	受信者の秘密鍵	受信者の公開鍵
③	受信者の秘密鍵	送信者の共通鍵
④	送信者の共通鍵	送信者の共通鍵
⑤	受信者の公開鍵	受信者の秘密鍵

問8 デジタル署名の説明として最も適当なものを，次の⓪～③のうちから一つ選べ。 セ

⓪ 暗号を解かれてしまったとき，第三者による改ざんを修正する技術。
① 送信されたデータが本人のものであることを証明する技術。
② 暗号を解かれてしまったとき，第三者による改ざんを発見し，改ざん場所を特定する技術。
③ 送信されたデータが誰のものであるかを特定する技術。

問9 ヒカルは3人で調べた内容をまとめた文章を作成した。その内容として最も適当なものを，次の⓪～③のうちから一つ選べ。 ソ

⓪ セキュリティの一種である暗号は情報の漏えいを防ぐために作られた技術であり，そのためにいくつかの暗号方式が生み出された。さらに，なりすましや改ざんを防ぐために，暗号方式を応用した技術が作られた。
① セキュリティの一種である暗号はなりすましを防ぐために作られた技術であり，そのためにいくつかの暗号方式が生み出された。さらに，情報の漏えいや改ざんを防ぐために，暗号方式を応用した技術が作られた。
② セキュリティの一種である暗号は認証には必要不可欠な技術であり，そのためにいくつかの暗号方式が生み出された。さらに，それら暗号方式に合わせて数多くの種類の認証局が作られた。
③ セキュリティの一種である暗号は情報の隠蔽を防ぐために作られた技術であり，そのためにいくつかの暗号方式が生み出された。さらに，より多くの人とインターネット上でスムーズにやり取りするために，暗号方式を応用した技術が作られた。

第2章 コミュニケーションと情報デザイン

重要用語check

1 情報デザインの基礎

⑴ コミュニケーションの形態

- **直接コミュニケーション**…相手と対面して行われる。
- **間接コミュニケーション**…離れた相手と行われる。
- **同期型コミュニケーション**…双方向のやり取りが同時に行われる。
- **非同期型コミュニケーション**…双方向のやり取りが異なる時間で行われる。

⑵ メディアリテラシーと情報デザイン

- **メディアリテラシー**…マスメディアで報じられた情報を様々な視点で分析・評価し，情報の真偽を正しく判断する能力，また文字や画像など様々なメディアを活用して効果的な形態で表現する能力。
- **情報デザイン**…効果的なコミュニケーションや問題解決のために行われるデザインの基礎知識や表現方法，およびその技術。

⑶ 情報へのアクセスを確保するためのデザイン

- **ユニバーサルデザイン**…すべての人が使いやすくなるように考えられたデザイン。
- **ユーザビリティ**…製品やサービスを利用して目的を達成する際の使いやすさ。
- **アクセシビリティ**…幅広く情報へのアクセスを確保するユーザビリティ。

⑷ 使いやすさのデザイン

- **ユーザインタフェース**…ユーザの操作に応じて必要な情報をやり取りする部分，およびそのための仕組み。
- **アフォーダンス**…ものが存在することによって，人が何らかの行為を可能とする関係。
- **シグニファイア**…可能とされた行為の中から，特定の行為へ誘導するためにデザインされたもの。

⑸ 配色の工夫

- **色の三要素**…**色相**（色の違い），**明度**（明るさ），**彩度**（鮮やかさ）からなる。
- **色相環**…色相を環状に配置した図。
- **類似色**…色相環において隣り合う色。
- **補色**…色相環において向かい合う位置にある色。
- **同系色**…同じ色相で明度・彩度が異なる色。

2 情報デザインの活用

⑴ プレゼンテーションの流れと構成

- **導入（序論）**…プレゼンテーションを行うテーマの概要や現在の課題などについて述べる。
- **展開（本論）**…プレゼンテーションの具体的な内容について，客観的な事実を基に順序立てて示す。
- **まとめ（結論）**…プレゼンテーションの内容をまとめ，重要な点を改めて示す。

⑵ Web ページと HTML ／ CSS

- **Web ページ**…**ブラウザ**を使って表示されるデータのまとまりで，文字，音声，動画などの要素で構成される。
- **Web サイト**…共通した**ドメイン名**の **URL** を持つ複数の Web ページの集まり。
- **Web サーバ**…ブラウザからの要求に応じて Web ページのデータを送信するためのコンピュータ。
- **ハイパーリンク**…Web ページやコンテンツなど Web 上の様々な情報を相互に結び付けるリンク。
- **HTML**…HyperText Markup Language の略。Web ページの見出しや本文などの構造を記述するための言語。
- **CSS**…Cascading Style Sheets の略。HTML 文書のフォントや配色などの装飾を指定するための仕組み。

⑶ Web ページの構成

- **ヘッダ領域**…ロゴやサイト名などを載せる。
- **ナビゲーション領域**…Web サイト内で移動するためのメニューボタンを載せる。
- **メイン領域**…イメージ画像，キャッチコピー，リード文などを載せる。
- **コンテンツ領域**…Web ページの主となる情報を載せる。
- **フッタ領域**…Copyright や問い合わせ先などを載せる。

3 デジタル化された情報とその表し方

⑴ 2進数・10進数・16進数

・**10進数→n進数**…商が0になるまでnで割り続けた余りの部分。

・**n進数→10進数**…各桁の数字にその桁の重みを掛け，その結果の総和を求める。

・**16進数→2進数**…各桁を4桁の2進数へ変換し，その数値を並べる。

・**2進数→16進数**…下位から4桁ずつ16進数へ変換し，その値を並べる。

⑵ 補数の表現

・**補数**…ある自然数に対し，加えると1桁増える最も小さな数。
　→2進数では各桁の0と1を反転し，1を加えて求められる。

⑶ 実数の表現

・**浮動小数点数**…**符号部**，**指数部**，**仮数部**から構成され，数値を指数表記で表す。

⑷ 文字のデジタル化

・**文字コード**…文字や記号を，2進数でどのように表すか取り決めたもので，**JIS コード**，**シフトJIS コード**，**EUC**，**Unicode** などの種類がある。
→1バイトでは，$2^8=$ **256種類**の文字や記号を表すことができる。
→2バイトでは，$2^8\times2^8=256\times256=$ **65536種類**の文字や記号を表すことができる。

4 メディアのデジタル化

⑴ 音のデジタル化

・**周波数**…1秒間に含まれる波の数。単位を**ヘルツ**（**Hz**）で表す。

・**周期**…1個の波が伝わる時間。単位を**秒**（**s**）で表す。

・**音のデジタル化の手順**
①**標本化**…波を一定の時間間隔に分割し，量（**標本点**）として取り出す。**サンプリング**ともいう。
②**量子化**…電圧に対しても一定の間隔に分割し，標本点の値に最も近い段階値で表す。
③**符号化**…量子化した数値を2進数の0と1の組合せに置き換える。

・**PCM 方式**…標本化→量子化→符号化の流れで音をデジタル化する方式で，**パルス符号変調方式**ともいう。

・**標本化定理**…元のアナログ波形の最大周波数の2倍より大きい標本化周波数で標本化すればよい。

⑵ 画像のデジタル化

・**画素**…画像を構成する最小の単位であり，**ピクセル**ともいう。

・**光の三原色**…ディスプレイなどは，**赤(R)**，**緑(G)**，**青(B)** の光の組合せで，様々な色を表現している。

・**画像のデジタル化の手順**
①**標本化**…画像を一定の間隔で読み取り，明るさの値を取り出す。
②**量子化**…各画素の明るさを，最も近い段階値の明るさで数値化する。
③**符号化**…量子化した数値を2進数の0と1の組合せに置き換える。

・**解像度**…画像の細かさを表し，単位は **dpi**（dots per inch）で表す。

・**階調**…色や明るさの濃淡変化の段階数。例えば，4ビットで16階調，8ビットで64階調となる。

・**ラスタ形式**…画素の濃淡で画像を扱う形式。拡大すると**ジャギー**（ギザギザ）ができる。

・**ベクタ形式**…座標や数式を使用し，直線や曲線などの図形の組合せで表現する。

⑶ 動画のデジタル化

・**動画**…静止画を連続的に表示したもの。

・**フレーム**…動画を構成する1枚1枚の画像。

・**フレームレート**…1秒あたりに再生するフレーム数で，単位は **fps**（frames per second）で表す。

⑷ データの圧縮

・**圧縮**…データの持つ情報を保ったまま，データ量を小さくする処理。

・**可逆圧縮**…圧縮前後のデータが完全に同じになる方式。

・**非可逆圧縮**…多少のデータの変更を認め，圧縮効率を高めた方式で，音，画像，動画などの圧縮に用いる。

・**展開**…圧縮したデータを元のデータに戻す処理。**解凍**，**伸張**，**復元**などともいう。

実戦問題 13

コミュニケーション／メディアリテラシー

難易度 ★★★　目安 5分　速習

問1　コミュニケーションについて書かれた次の文章を読み，後の問い（(1)～(3)）に答えよ。

コミュニケーションを効果的に行うためには，相手の話をよく聞き，相手の立場や状況を理解し，また自分の考えや感情をはっきりと伝えることが大切である。そのためには，互いの状況に応じたコミュニケーション手段を適切に選択する必要がある。

例えば，相手が離れた場所にいて，いつメッセージを確認するか分からない状況下で，こちらは特に急いで要件を伝える必要はない場合，コミュニケーション手段は［い］を利用するのがよい。また，相手が離れた場所にいて，いつでもメッセージを確認できる状況下で，こちらは急いで要件を詳しく伝える必要がある場合，コミュニケーション手段は［ろ］を利用するのがよい。

これらの状況は，コミュニケーションの相手と自分の空間的および時間的な位置付けをもとに，右のようなマトリクス表にまとめることができる。空間的位置付けでは，相手と自分が直接対面している直接コミュニケーションか相手が離れたところにいる間接コミュニケーションに，また時間的な位置付けでは，相手からすぐ反応がある同期コミュニケーションか相手がいつ受信したか分からない非同期コミュニケーションに分類できる。

	直接	間接
同期	⓪	①
非同期	②	③

(1)　空欄［い］・［ろ］に入る最適なコミュニケーションの組合せを，次の⓪～⑤のうちから選べ。［ア］

⓪　い：電話　ろ：対面の会話
①　い：チャット　ろ：電子メール
②　い：伝言　ろ：対面の会話
③　い：電子メール　ろ：電話
④　い：電子メール　ろ：チャット
⑤　い：伝言　ろ：電子メール

(2)　次のコミュニケーション手段は，それぞれ上のマトリクス表のどの部分に分類されるか，次の⓪～③のうちから一つずつ選べ。ただし，同じ選択肢を複数回，使用してもよい。

電話［イ］　対面の会話［ウ］　チャット［エ］　伝言［オ］　電子メール［カ］

(3)　(2)のマトリクス表の中で，該当するコミュニケーション手段が一つもない箇所がある。それは右上のマトリクス表の⓪～③のうちどれか選べ。［キ］

また，その理由を下のように述べることができる。空欄に入れるのに最も適当なものの組合せを，後の⓪～⑦のうちから一つ選べ。［ク］

理由：この分類は，空間的位置付けでは，［は］であり，時間的な位置付けでは，相手がいつ受信したか分からない［に］である。一般的には，［は］で，［に］であることはないので，この位置に分類されるコミュニケーションはない。

⓪　は：同期　に：直接
①　は：同期　に：間接
②　は：非同期　に：直接
③　は：非同期　に：間接
④　は：直接　に：同期
⑤　は：直接　に：非同期
⑥　は：間接　に：同期
⑦　は：間接　に：非同期

問2　インターネットには多くの情報が存在している。また，誰でも自由に情報を発信することができる。そのため，情報の信ぴょう性が保証されているとはいえない。そこで，メディアなどからの情報を主体的に読み解く能力が必要になる。次のうち，その能力・行動として適当なものを三つ選べ。［ケ］・［コ］・［サ］

⓪　公共機関の Web ページで掲載されている情報には誤りがないので，信ぴょう性があるといえる。
①　A と B の Web ページそれぞれでも同様のことが書かれていたので，信ぴょう性があるといえる。
②　Web ページの情報源について調べ，信ぴょう性を確認することは大切である。
③　インターネット上には，意図的なフェイク情報があることを認識している。
④　情報の発信者について調べることは，信ぴょう性を確認するうえで大切である。

実戦問題

14 情報デザイン

難易度 ★★★　目安 8分　速習 ✓

問1 次の文章を読み，後の問い（(1)～(2)）に答えよ。

現代社会において，障がい者や高齢者などが情報を送受信することは大切だが，それを妨げる障壁はまだ多い。この障壁を取り除くことを情報バリアフリーという。例えば，視覚障がい者が，新聞などの文字が読み取れないという状態から，音声読み上げソフトウェアを使って新聞の Web サイトの情報を知ることができるなどがあげられる。また，年齢，言語，国籍，身体能力などに関係なく，すべての人にとって使いやすい製品や生活しやすい環境を設計することも大切であり，これをユニバーサルデザインという。この一例として，言語に頼らないで情報を伝えることができる A ピクトグラムがある。

(1) 次の⓪～⑤のうち，情報バリアフリーについて述べたものを［ア］，ユニバーサルデザインについて述べたものを［イ］に入れよ。

⓪ 特定の人に対して，支障なく情報にアクセスできるようにすることである。
① 特定の人に対して，はじめから利用しやすく設計する考え方である。
② すべての人に対して，はじめから利用しやすく設計する考え方である。
③ すべての人に対して，支障なく情報にアクセスできるようにすることである。
④ 特定の人が，同じように利用できる度合いのことである。
⑤ すべての人が，同じように利用できる度合いのことである。

(2) 下線部Aについて，似たものとして「アイコン」がある。この説明として最も適当なものを，次の⓪～④のうちから一つ選べ。［ウ］

⓪ ピクトグラムは物事の機能を簡単な絵柄で記号化したものであるが，アイコンは文字を使わずに情報を伝達するために作成された絵文字のことである。
① ピクトグラムは予備知識がなくてもその国の言語が分からない人でも理解が容易であるが，アイコンはそのものだけでは何を表しているのか明確ではなく，補足説明が必要な場合が多い。
② ピクトグラムはパソコンやスマートフォンなどの画面上で使われることが多くて色の制限はないが，アイコンは誰が見ても理解できるように単純化され，色は2色程度で表現されている。
③ ピクトグラムは品質を保証するマークや企業の商標などを表し，言葉が通じなくとも意味が伝わるが，アイコンは補足説明が必要な場合が多い。
④ ピクトグラムは表現される対象がひと目で分かりにくい場合には文字を併用するが，アイコンでは併用することはない。

問2 次の会話文を読み，後の問い（(1)～(2)）に答えよ。

高校生の松井さんと山田さんが，牛丼店「うし牛」の券売機について話をしていた。

松井：あのさ，「うし牛」の新しい券売機って使いにくくない？
山田：そうだね。画面は大きいけど，一度に表示されるメニューが多すぎて選びにくいよね。
松井：そのうえ，文字が小さいし，画像も小さくて見にくいし，タッチパネルが反応しないこともあるし…
山田：お年寄りとか，あきらめて帰っちゃう人もいるって聞いたよ。
松井：そうなの？何だかかわいそうだね。
山田：そういえば，ボタンのアイコンに文字がないから，何のボタンなのか分かりにくいんだよね。
松井：だよね，この前，間違えてキムチ牛丼を買っちゃったよ。情報の授業で勉強したけれど，このような機械の使いやすさのことをユーザビリティというんだよね。
山田：その低下の原因として，ユーザインタフェースが使う人の B 特性に合っていないことがあげられるんだ。

(1)　下線部Bについて，二人がいくつかの問題点をあげている。その問題点は，情報の出力部分（エ）とデータの入力部分（オ）に大きく二つに分けられる。会話の中に出てくるそれぞれの項目数はいくつか，数値をそれぞれ答えよ。

(2)　会話から，高校生の二人にとって使いにくい券売機であるが，お年寄りにとっても使いにくいことが分かる。この「お年寄りにとっても使いにくい」ことを解消するためには，どのような考え方が必要か，最も適当なものを，次の⓪～④のうちから一つ選べ。 カ

⓪　メニューが多すぎるので，メニューの数を減らせばよい。
①　文字が小さいので，文字を大きくするとよい。
②　ボタンのアイコンに文字を表示し，何のボタンなのかを分かるようにする。
③　メニューのジャンルごとに，色分けして見やすくする。
④　タッチパネルの感度を調整したり，場合によっては物理的なボタンに変更したりする。

問3　次の会話文を読み，後の問い（(1)～(2)）に答えよ。

家族で旅行中の高校生アツシさんは，昼食をとるために寄ったレストランで，トイレに行った。

母　：戻ってくるのが遅かったわね。
アツシ：トイレの入口がね，うまく開けられなかったんだよ。
母　：ドアの鍵が閉まっていたの？
アツシ：ドアに取っ手が付いていたんだけど，普通，取っ手が付いてたら手前に引くよね。ところが，いくら引いても開かなかったんだよ。何と，横にスライドするドアだった。
父　：方向を示す矢印はなかったの？
アツシ：なかったよ。だから迷ってたんだ。使用中なのかなって。
父　：こんな取っ手かい？（と言って，図1のような絵をナプキンに父が描いた）
アツシ：そうそう，これこれ，普通引くよね。
父　：そうだね，この場合の取っ手は，引くように思わせるよね。ドアというものは，押したり引いたり横にスライドしたり，いろいろな開け方がある。このことを キ というんだよ。これに対し，正しい行為を誘導するために，取っ手などを取り付けることを ク というんだ。だから，このお店のトイレのドアは， ク が C うまくいかなかったんだね。

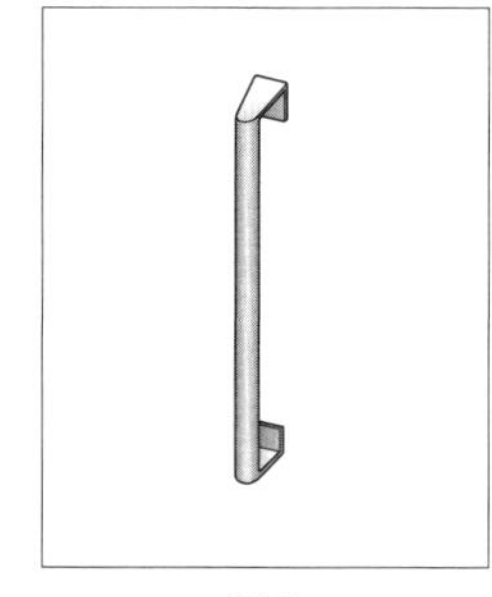
図1

(1)　文章中の空欄 キ ・ ク に入れるのに最も適当なものを，次の⓪～⑥のうちから一つずつ選べ。

キ ・ ク の解答群

⓪　マッピング　①　シニフィアン　②　シグニファイア　③　サイン
④　アフォーダンス　⑤　アフォガード　⑥　ユニバーサルデザイン

(2)　下線部Cの通り，この場合，正しい行為に人を導くことができなかった。では，どのようにすればよかったのだろうか。ユニバーサルデザインの考えを考慮し，最も適当なものを，次の⓪～⑤のうちから一つ選べ。
ケ

⓪　取っ手の近くに，「→」という貼り紙を貼る。
①　取っ手の近くに「右に引く」という貼り紙を貼る。
②　取っ手の近くに「みぎにひく」という貼り紙を貼る。
③　取っ手を窪みのある形状（図2参照）に取り換える。
④　取っ手の近くに，「PULL」という貼り紙を貼る。
⑤　取っ手を握りやすい形状（図3参照）に取り換える。

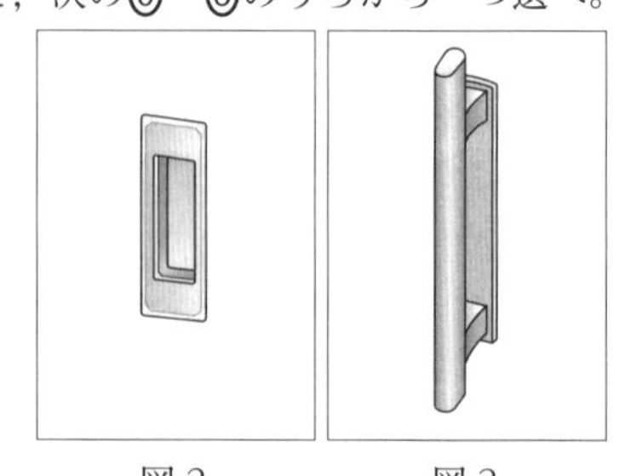
図2　図3

実戦問題

15 カラーバリアフリー

難易度	目安	速習
★★★	4分	

文化祭に向け，高校生の高橋さんと田中さんが，クラスの出し物の宣伝ポスターについて相談をしていた。

高橋：ねえ，このポスター原案を見てよ。どう思う？

田中：内容はいいと思うけど，配色がちょっと…。赤と緑と紫と黄色とか，色が多すぎない？目がチカチカする。

高橋：えっ，そうなの？私は色が多い方が派手でいいと思ったんだけどなあ。

田中：派手さも大事だけど，配色も重要な要素だよ。例えば，色にはそれぞれ意味や印象があって，メッセージを伝える効果があるんだ。

高橋：そういえば，情報の授業で聞いたような気がする。具体的にどういうことだっけ？

田中：例えば，赤は，情熱や危険，注意を表す色だから，強調したい部分に使うといいということ。でも，使いすぎると［ア］から注意が必要だよ。

高橋：なるほど，じゃあ緑は？

田中：緑は，自然や安らぎ，健康を表す色だから，［イ］ということだった。でも，赤と一緒に使うとクリスマスっぽくなるから気を付けないとね。

高橋：そうかそうか。じゃあ，どうやって配色を決めたらいいんだろう。

田中：授業で習った，色相環を使って配色などの組合せを考えるとか。Webサイトやアプリで配色のシミュレーションをすることもできるよ。例えば，色相環で隣り合う色の［ウ］を組合せると，統一感やまとまりがある印象になるよ。また，色相環で正反対の向かい合っている色の［エ］は，お互いの色を引き立てて目立つ組合せだね。

高橋：ありがとう。じゃあ，私も配色を見直してみるね。

問1 空欄［ア］・［イ］に入れるのに最も適当なものを，次の⓪～⑤のうちから一つずつ選べ。

⓪ 明るい気持ちにしたり，親しみやすいイメージを与えたりする
① 気持ちを落ち着かせたり，集中力を高めたりする
② 気持ちを引き締めたり，不安感を与えたりする
③ 不安や攻撃的な感じになる
④ 注目を集める効果があり，危険や注意・警告を伝える
⑤ リラックス効果などがあるといわれており，人の心を癒やしてくれる

問2 空欄［ウ］・［エ］に入れるのに最も適当なものを，次の⓪～④のうちから一つずつ選べ。

⓪ 中性色　① 類似色　② 反対色　③ 補色　④ 有彩色

出来上がったポスター原案を，情報科の先生に見てもらった。

高橋：先生，田中さんのアドバイスを参考に，力作のポスター原案が出来上がりました。

先生：どれどれ。なかなかいい感じだね。落ち着いた色使いの中に，縁日の楽しさが伝わってくるね。
強いて言うと，このヨーヨーのピンクと水色の柄は，注意した方がいいかもしれませんね。

高橋：かわいい感じでいいと思いますが……

先生：ヒトの色の見え方，色覚には多様性があり，一般の多くの人とは違った見え方をしている人々がいます。そのため，配色に気を付けてこれらの人々にも分かりやすくする必要があります。これをカラーバリアフリーといいます。この点についても配慮すると，素晴らしいポスターになりますよ。

問3 カラーバリアフリーのために必要な配慮は，以下のようなことがあげられる。空欄［オ］～［ク］に入れるのに最も適当なものを，次の⓪～⑤のうちから一つずつ選べ。

・赤と緑などは見分けにくい色なので，［オ］や［カ］を変えたり，別の色を組合せたりする。
・色だけでなく，形や記号，文字などで区別できるようにする。
・文字に色を付けるときには，［キ］との組合せに配慮し，はっきりとした［ク］を付ける。

⓪ 色相　① 明度　② 彩度　③ コントラスト　④ シャープネス　⑤ 背景色

実戦問題

16 情報の構造化と可視化

難易度 ★★★ 目安 10分 速習 ✓

アメリカのリチャード・S・ワーマンによると，次の五つの基準で情報の整理・分析は可能であるという。

・場所…物理的な位置を基準にする<例：都道府県の地図，大学のキャンパスマップ，[い]>
・アルファベット…言語的な順番を基準にする（日本語なら五十音順）<例：辞書，電話帳，[ろ]>
・時間…時刻の前後関係を基準にする<例：歴史年表，スケジュール，[は]>
・カテゴリー…物事の差異により区別された領域を基準にする<例：生物の分類，本の分類，[に]>
・階層（連続量）…大小や高低など数量的な変化を基準にする<例：ファイルサイズの大きい順，[ほ]>

以下の図1は，実店舗を持つある店舗のWebサイトである。

図1　ある店舗のWebサイト

問1　空欄[い]～[ほ]に当てはまるものの組合せとして最も適当なものを，次の⓪～⑤のうちから一つ選べ。[ア]

	い	ろ	は	に	ほ
⓪	果物の等級	路線図	番組表	絵本の陳列	スーパーの商品配置
①	番組表	絵本の陳列	路線図	スーパーの商品配置	果物の等級
②	スーパーの商品配置	絵本の陳列	番組表	路線図	果物の等級
③	スーパーの商品配置	番組表	果物の等級	絵本の陳列	路線図
④	路線図	絵本の陳列	番組表	スーパーの商品配置	果物の等級
⑤	路線図	番組表	果物の等級	絵本の陳列	スーパーの商品配置

問2　図1のAは，四つの項目に整理・分類されているが，これは，五つの基準の中のどの基準で整理・分類されているか。最も適当なものを，次の⓪～④のうちから一つ選べ。[イ]

⓪ 場所　① アルファベット　② 時間　③ カテゴリー　④ 階層（連続量）

問3　図1のB～Dのそれぞれは，五つの基準のいずれかで整理している。このことに関する説明として適当なものを，次の⓪～⑤のうちから二つ選べ。［ ウ ］・［ エ ］

⓪　Bは新着商品だが，新着順（時間）になっていないので，整理し直す必要がある。
①　Bは新着商品だが，年月日の日に着目すると大小の順（階層）になっていないので，整理し直す必要がある。
②　Cは閲覧数の多い商品だが，数字が大小の順（階層）になっていないので，整理し直す必要がある。
③　Cは閲覧数の多い商品だが，1の位の数字が大小の順（階層）になっているので，整理し直す必要はない。
④　Dは商品一覧であり，商品名の順（アルファベット）になっているので，整理し直す必要はない。
⑤　Dは商品一覧だが，実際の店舗の配置の順（場所）になっていないので，整理し直す必要がある。

問4　図1のWebサイトを運営する会社は，新商品の開発を決めた。企画書の回収担当を部署Aとし，それ以外のすべての社員に企画書の提出を指示し，すべての企画書が集まったら社長へ提出することになった。部署Aが提示した提出条件は，企画書はテキストファイルで作成，ファイル名は自分の名前，提出場所は共有ドライブ内のフォルダである。このとき部署Aの担当者は，共有ドライブに作成するフォルダ名とそのフォルダ名にする意図をいくつか考えた。フォルダ名にする意図として適当なものを**い**～**に**より選び，その意図を踏まえたうえで，部署Aの担当者と提出する人の双方に分かりやすいフォルダ名をA～Dより選び，その組合せとして最も適当なものを，後の⓪～⑥のうちから一つ選べ。［ オ ］

	意図		フォルダ名
い	提出されたものから順次確認するため。	A	男，女
ろ	ファイル名が自分の名前なので提出する人が提出をしやすくするため。	B	あ行，か行，さ行，…，わ行
は	誰の提出がなされているかの確認をしやすくするため。	C	月初，月中，月末
に	男性向けの商品か女性向けの商品かがすぐに判断できるようにするため。	D	01_部署B，…，25_部署Z

⓪　**い**とC　①　**い**とD　②　**ろ**とA　③　**ろ**とD　④　**は**とC　⑤　**は**とD　⑥　**に**とB

新商品の開発やWebサイトの運営は，その手順を意識するとよい。例えばPlan（計画する），Do（実行する），Check（評価する），Act（改善する）という流れにのっとるものである。Plan（計画する）は，現状の分析や目標の策定など，実行計画の策定を行う。Do（実行する）は，計画を実際の行動に落とし込み実行し，実行したことやその結果を記録する。Check（評価する）は，計画がその通り進んだのか，目標となる数値を達成できたのかを振り返り，評価する。Act（改善する）は，振り返りや評価から得られた気付きや改善するための仮説を立てる。そして，またPlan（計画する）に戻っていくという流れとなる。

問5　上の文章を図解した際に，文章の内容を正しく表現した図解として最も適当なものを，次の⓪～③のうちから一つ選べ。［ カ ］

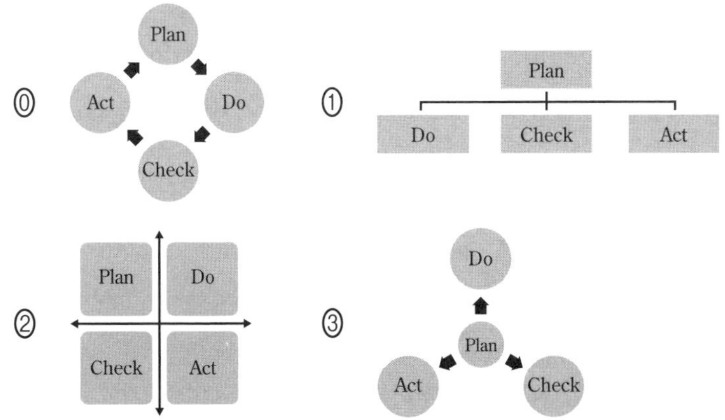

実戦問題

17 配色

難易度	目安	速習
★★★	10分	✓

文化祭実行委員のAさんは，文化祭当日に掲示する校内案内図の作成を担当することになった。各クラスや有志団体などから提出されている企画は，サイエンスマジックショー，お化け屋敷，焼きそばやたこ焼きなどの食品販売，軽音部によるバンド演奏など様々である。どこで，どのような催しが行われるのかを来場者に分かりやすく伝えたいと考えたAさんは，駅にある案内図を参考にしようと思い，通学で利用している駅へ向かった。

何かよいアイデアがないかとあちこち眺めながら歩いていたAさんは，街では色を使って情報を効果的に伝えていることに気付いた。例えば，ハンバーガーショップや牛丼チェーンなどのファストフード店は赤やオレンジなど［ア］系の色を使った看板が多い。道路標識では「車両進入禁止」「一時停止」など禁止や規制を表すものは［イ］，「道路工事中」「すべりやすい」など警戒を表すものには［ウ］を使用して情報を伝えていた。

駅の案内図を確認したAさんは，視覚的に情報を分かりやすく伝える配色の方法を知るために図書館へ行くことにした。色に関する本を借りて，さっそく読み始めたところ，そこには「色には三つの属性がある」と書かれてあった。それは，「赤」「青」「緑」などの色味である［エ］，明るさの度合いを表す［オ］，鮮やかさの度合いを表す［カ］の三つである。色がこの3属性で分類されていることを知ったAさんは，本にある色相環を眺めた。この図は，赤→黄→緑→青→紫→赤までの色の変化が円形で表されていた。この円に配置されているある色の反対側に配置されている色のことを［キ］といい，この反対側にある色どうしの組合せで配色をすると，互いの色を引き立てて鮮やかに見せることができることが分かった。また，この図のとなりどうしにある色は［ク］といい，このとなりにある色どうしの組合せで配色すると，色と色の差が小さいので統一感のある配色になることも分かった。

問1　空欄［ア］に入れるのに最も適当なものを，次の⓪～⑦のうちから一つ選べ。

［ア］の解答群

⓪ 純色　① 混色　② 暖色　③ 寒色
④ 膨張色　⑤ 収縮色　⑥ 有彩色　⑦ 無彩色

問2　空欄［イ］・［ウ］に入れるのに最も適当なものを，次の⓪～⑦のうちから一つずつ選べ。

［イ］・［ウ］の解答群

⓪ 水　① 空　② 緑　③ 橙　④ 黄　⑤ 紫　⑥ 赤　⑦ 灰

問3　空欄［エ］～［カ］に入れるのに最も適当なものを，次の⓪～⑦のうちから一つずつ選べ。

［エ］～［カ］の解答群

⓪ 色覚　① 色相　② 色度　③ 感度　④ 彩度　⑤ 照度　⑥ 輝度　⑦ 明度

問4　空欄［キ］・［ク］に入れるのに最も適当なものを，次の⓪～⑦のうちから一つずつ選べ。

［キ］・［ク］の解答群

⓪ 原色　① 補色　② 単色　③ 類似色
④ 進出色　⑤ 後退色　⑥ 加法混色　⑦ 減法混色

色の使い方について情報を得たAさんは，翌日から学校のパソコン室で校内案内図を作り始めた。完成に近づいた頃，Aさんは校内案内図が他の人々からはどのように見えるのかが気になり，同じ文化祭実行委員のBさんから意見をもらうことにした。

Bさんに作成した校内案内図を見せたところ「模擬店や展示などカテゴリー別に色分けしたのは，とても分かりやすいと思う。だけど，色は人によって見え方が違うからカラーユニバーサルデザインを意識して配色した方が，来場者の人たちにとって，もっと分かりやすくなると思う。例えば，人によっては水色とピンクは見分けが付きにくいみたいだから，違う色に変更した方がいいかも。」というアドバイスをもらった。

そこでAさんはこのことについて調べてみたところ，様々な自治体で色覚の［ケ］に対応するためにガイドラインを作成していることが分かった。ガイドラインには［コ］などの情報が記載されていたので，Aさんはこれらを参考に校内案内図の変更を行い，試しに印刷してみることにした。

印刷した結果を見たAさんは驚いた。校内案内図を作成したときにディスプレイで確認したときの色とプリンタから出力された色が違っていたのである。原因が分からないAさんは情報科のC先生に相談することにした。

C先生は「ディスプレイとプリンタでは色の表現方法が異なっています。ディスプレイでは光の三原色である赤・緑・青を混ぜ合わせることで色を表現しているのに対し，プリンタでは色の三原色であるシアン・マゼンタ・イエローを混ぜ合わせることで色を表現しています。そもそも表現できる色の範囲が異なっているので，異なる機器間の色を調整するためには，ハードウェアでディスプレイの発色傾向を計測したり，ソフトウェアで色が一致するように調整したりする必要があります。学校は印刷会社にあるようなシステムが導入されているわけではないので，色を一致させるには限界があります。とりあえず使用しているソフトウェアのカラーモードを印刷用のデータを作成する際に使用する［サ］にして色を調整し，もう一度印刷してみましょう。」と話した。

AさんはC先生のアドバイスをもとに，再度調整を行って校内案内図を完成させ，文化祭では多くの人々に，とても分かりやすい案内図だったと喜んでもらうことができた。

問5 空欄［ケ］に入れるのに最も適当なものを，次の⓪～⑤のうちから一つ選べ。

［ケ］の解答群

⓪ 低年齢化　① 高齢化　② 類似性　③ 可読性　④ 地域性　⑤ 多様性

問6 空欄［コ］に入れるのに最も適当なものを，次の⓪～④のうちから一つ選べ。

［コ］の解答群

⓪ 重要なところは文字の色を赤にするとよい
① 赤と緑の色を多く使用するとよい
② 色の明るさに差を付けないようにするとよい
③ 鮮やかな色は使用しないようにするとよい
④ 色だけで情報を伝えようとせずに，文字の大きさを変えたり，下線を引いたりなどの工夫をするとよい

問7 空欄［サ］に入れるのに最も適当なものを，次の⓪～③のうちから一つ選べ。

［サ］の解答群

⓪ RGB カラー　① CMYK カラー　② インデックスカラー　③ グレースケール

問8 印刷したときにディスプレイで表示されている色とできるだけ一致させるための方法として最も適当なものを，次の⓪～④のうちから一つ選べ。［シ］

⓪ できるだけ色を鮮やかに印刷するプリンタを使用する。
① できるだけ色を鮮やかに表示するディスプレイを使用する。
② プリンタとディスプレイのどちらも色を鮮やかに扱うことができるものを使用する。
③ プリンタで出力できる色の範囲になるようディスプレイの色の表現範囲を調整し合わせる。
④ ディスプレイで表現できる色の範囲になるようプリンタの色の出力範囲を調整し合わせる。

実戦問題

18 HTML と CSS

難易度	目安	速習
★★★	10分	

ある企業の商品紹介の Web サイトを制作している。Web サイト全体の構造は図 1 のようになる。また，トップページとして，Web サイトの「あ」の位置に図 2 のような index.html を作成した。

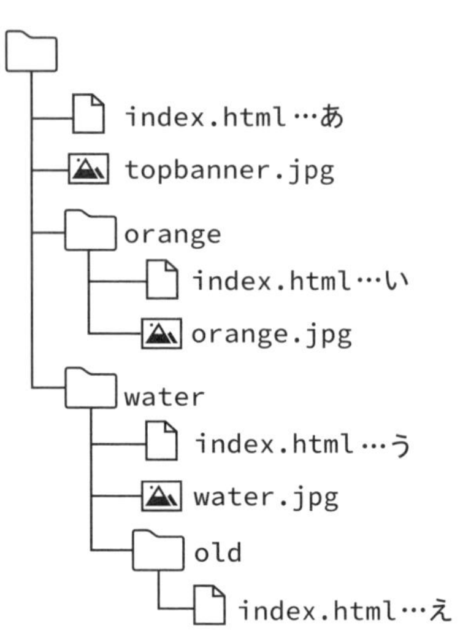

図 1　Web サイトの構造

```
<!DOCTYPE html>
<html>
  <head>
    <title> 実教飲料 </title>
    <style> ※ </style>
  </head>
  <body>
    <h1> 実教飲料 </h1>
    <img src="topbanner.jpg">
    <p class="point"> 丁寧な商品開発で社会に貢献します </p>
    <h2> 商品一覧 </h2>
    <ul>
      <li>
        <a href="water/index.html">
          <h3> 最上級の天然水 </h3>
          <img src="water/water.jpg">
          <p> 硬水でおいしく飲みやすい </p>
        </a>
      </li>
      <li>
        <a href="orange/index.html">
          <h3> 最高級のオレンジ </h3>
          <img src="orange/orange.jpg">
          <p> しぼりたて 100%を使用 </p>
        </a>
      </li>
    </ul>
  </body>
</html>
```

図 2　index.html のソースコード

問 1　トップページの index.html「あ」を表示した場合ブラウザではどのような見た目になるか，最も適当なものを，次の⓪～②のうちから一つ選べ。 ア

⓪

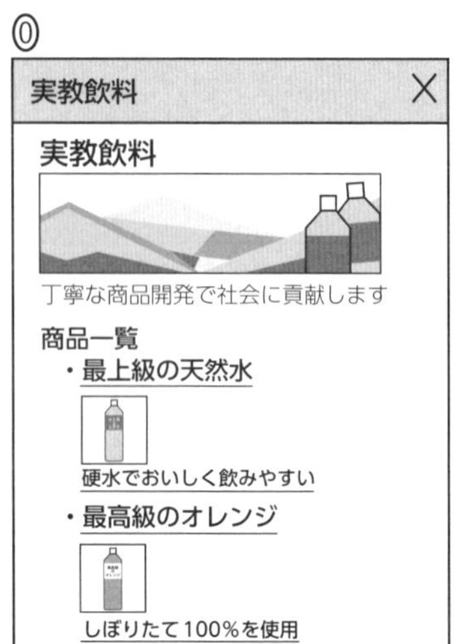

①

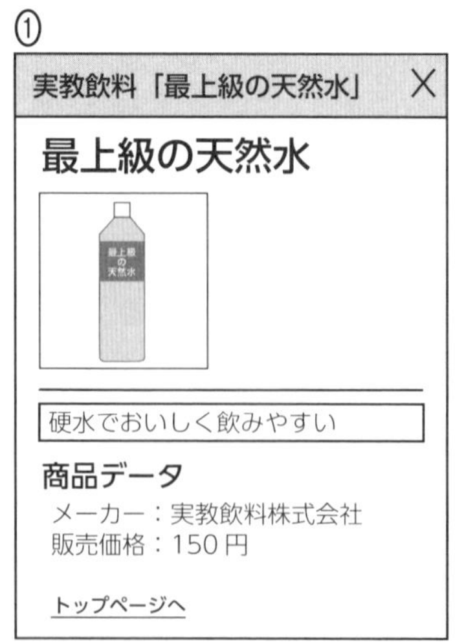

②

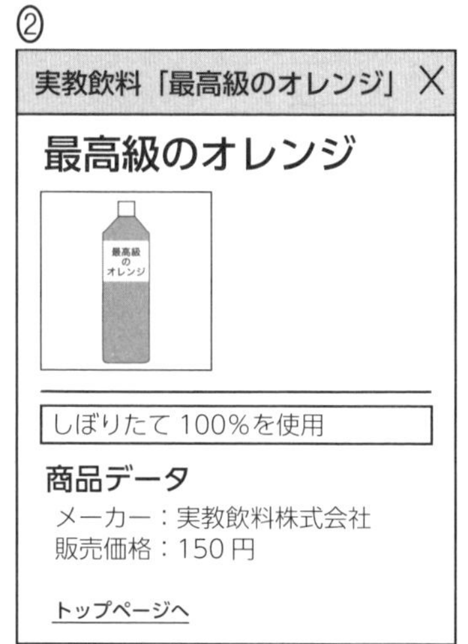

問2　ページ全体の背景色を設定したい。［ ※ ］部分に記述するCSSの内容として最も適当なものを，次の⓪～③のうちから一つ選べ。［ イ ］

⓪ body{color：pink;}　① body{background：pink;}
② style{color：pink;}　③ style{background：pink;}

問3　HTMLファイル内の下線部「丁寧な商品開発で社会に貢献します」の段落に対してのみ，枠線のスタイルを設定したい。［ ※ ］部分に記述するCSSの内容として最も適当なものを，次の⓪～③のうちから一つ選べ。［ ウ ］

⓪ p{border：solid 1px black;}　① point{border：solid 1px black;}
② #point{border：solid 1px black;}　③ .point{border：solid 1px black;}

問4　図1の「う」の位置にあるindex.htmlから，「あ」の位置にあるindex.htmlへハイパーリンクを設定したい。リンク先の指定として最も適当なものを，次の⓪～③のうちから一つ選べ。［ エ ］

⓪ index.html　① ../index.html　② ../water/index.html
③ water/index.html

商品「最高級のオレンジ」を，次の正しい表示となるように，orangeフォルダ内に「い」のindex.htmlとして作成したつもりが，記述したHTMLに誤りがあり，a～dのような誤った状態となってしまった。

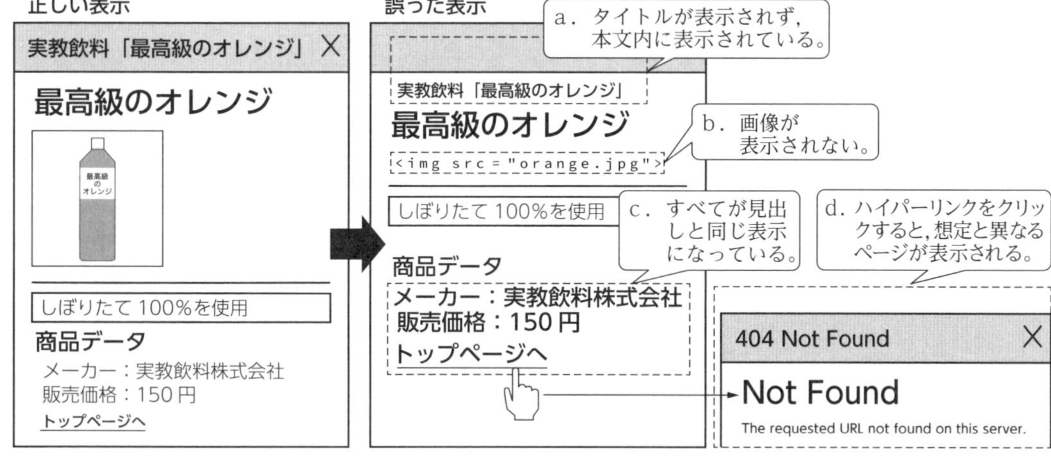

問5　上の図の誤った表示a～dの原因として最も適当なものを，次の⓪～③のうちから一つずつ選べ。

a.［ オ ］　b.［ カ ］　c.［ キ ］　d.［ ク ］

［ オ ］～［ ク ］の解答群

⓪ タグを全角文字で記述した。　① リンク先を間違えて指定した。
② 終了タグを記述し忘れた。　③ 設定すべきタグとは別のタグを記述した。

問6　HTMLは文章の構造を記述し，CSSは見た目などの装飾を指定する仕組みである。HTML文書に記述するものとして最も適当なものを，次の⓪～⑤のうちから二つ選べ。［ ケ ］・［ コ ］

⓪ 「しぼりたて100%」を目立たせるために，文字を赤字にした。
① 商品のブランドイメージに合うように，ページの背景に画像を表示させた。
② 商品ページに有効成分を記述した内容の表を追加した。
③ 商品名の文字を大きくするために，<h3>タグを<h2>タグに変更した。
④ 商品をもう一つ掲載するために，トップページのリストに商品の項目を追加した。
⑤ パソコンやスマートフォンなど，表示する端末によってデザインが変化するようにした。

実戦問題

19 デジタル化・情報量

難易度 ★★★ 目安 12分 速習 ✓

今日は情報のデジタル化について考えてみましょう。みなさん，私の声が聞こえていますか。私の声は空気を振動させて，みなさんの耳の中にある鼓膜を連続で揺らしています。これが音の聞こえる仕組みです。つまり，いま耳に届いている私の声は［ア］データです。それでは，私が話しているこの声をコンピュータに接続したマイクを使って，取り込んでみましょう。アプリを使って録音したコンピュータの中にある私の声は［イ］データです。次に録音した音声を再生してみましょう。スピーカを通して聞こえているこの音声は［ウ］データです。さらに，録音した私の声の再生速度を遅くしたり，音の波を変えるためにエフェクトをかけてみたりしましょう。このように，コンピュータを使用して簡単にデータの加工や編集をすることができるのが［エ］データの特徴です。

さて，コンピュータで情報を扱うためにはデータをコンピュータが理解できるスイッチオフかスイッチオンの二つの状態にしなくてはなりません。この情報の最小単位を［オ］といいます。私の声をコンピュータで処理するためには，この二つの状態に変換する必要があります。そこで［カ］では音声を$_A$一定の間隔で分割し，量として取り出しています。これを［キ］といいます。取り出した量は，あらかじめ定めた目盛りの中の最も近い値に変換されます。これを［ク］といいます。そして，その値をコンピュータが理解できるスイッチオフとスイッチオンの状態である0と1を使って表します。これが［ケ］です。スキャナを使って紙に描いた絵をコンピュータに取り込むときも同じような手順を経て0と1に変換されています。

では，ここで横に24個，縦に24個のスイッチを用意してみましょう。ここではスイッチのオフを0，オンを1にしています。次に0を白，1を黒で塗ってみましょう。すると，このようなオバケの画像になります。

次に，スイッチの数を計算してみましょう。スイッチの数は合計で［コ］［サ］［シ］個で，一つのスイッチにつきオフかオンかの情報を区別することができます。このことから，オバケ画像のファイルサイズを計算すると［ス］になります。さらに，スイッチのオフの箇所をオンに，オンの箇所はオフに反転させてみましょう。反転後の画像のファイルサイズと反転させる前の画像のファイルサイズと比較すると［セ］。

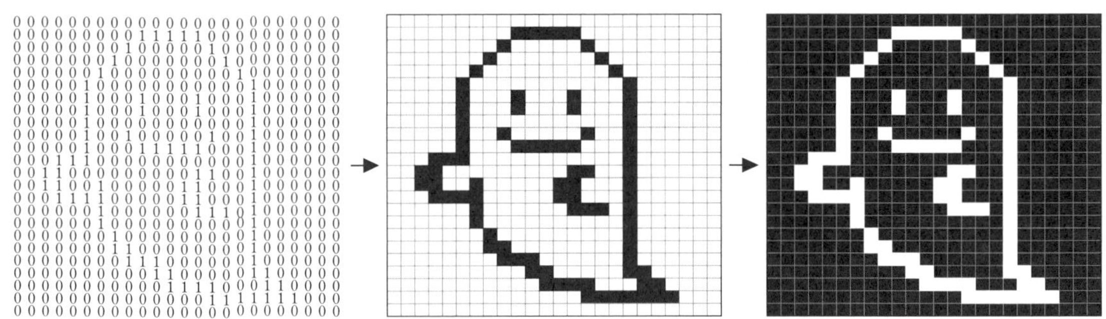

問1 空欄［ア］～［オ］に入れるのに最も適当なものを，次の⓪～⑥のうちから一つずつ選べ。ただし，同じ選択肢を複数回選んでもよい。

［ア］～［オ］の解答群

⓪ アナログ　① デジタル　② トランジスタ　③ ノイズ
④ バイト　⑤ ビット　⑥ ボット

問2 空欄［カ］に入れるのに最も適当なものを，次の⓪～⑤のうちから一つ選べ。

［カ］の解答群

⓪ A/D 変換器　① AC/DC 変換器　② D/A 変換器
③ DC/AC 変換器　④ HDMI 変換器　⑤ VGA 変換器

問3　空欄 キ ～ ケ に入れるのに最も適当なものを，次の⓪～⑤のうちから一つずつ選べ。

キ ～ ケ の解答群

⓪ アナログ化　① デジタル化　② 暗号化　③ 標本化　④ 符号化　⑤ 量子化

問4　空欄 コ サ シ に当てはまる数値を答えよ。

問5　空欄 ス に入れるのに最も適当なものを，次の⓪～⑨のうちから一つ選べ。なお，圧縮などの処理は行っていないものとする。

ス の解答群

⓪ 16バイト　① 24バイト　② 48バイト　③ 72バイト　④ 96バイト
⑤ 120バイト　⑥ 144バイト　⑦ 192バイト　⑧ 216バイト　⑨ 576バイト

問6　空欄 セ に入れるのに最も適当なものを，次の⓪～③のうちから一つ選べ。

セ の解答群

⓪ どちらも同じであることが分かります
① 反転後の画像の方がファイルサイズは小さいことが分かります
② 反転後の画像はファイルサイズが2倍大きくなったことが分かります
③ スイッチがオンになった分だけファイルサイズが大きくなったことが分かります

問7　下線部Aに関する記述として最も適当なものを，次の⓪～③のうちから一つ選べ。 ソ

⓪ 元の音声に近づけるためには分割する間隔を大きくするとよい。
① 分割する間隔を小さくするほど元の音声に近づくが，完全に一致させることはできない。
② 1秒間につき48000回以上の間隔で分割すれば，元の音声に完全に一致させることができる。
③ 音声データについては標準の分割回数が定められており，その回数は1秒間当たり44100回である。

問8　オバケ画像とは別の画像データを作成した。データ容量を確認したところ，画像データ1個につき135kバイトのファイルサイズであった。この画像データは全部で10個ある。新たに作成したすべての画像データをメールで送信するため，1個のフォルダにまとめて圧縮したところ，そのファイルのデータ容量は108kバイトとなった。圧縮することによって削減できたデータ容量は タ チ %だった。空欄 タ チ に当てはまる数値を答えよ。

問9　画像データの種類を増やすためにSNSで画像データを一緒に作成してくれるメンバーを募集したところ，3156人の応募があった。コンピュータでデータを管理するために，応募者全員に一意の番号を割り当てることにした場合，最低でも ツ テ ビット必要である。空欄 ツ テ に当てはまる数値を答えよ。

問10　情報をデジタル化するメリットとして最も適当なものを，次の⓪～④のうちから一つ選べ。 ト

⓪ 音声データの情報は数値化されているため，改ざんしにくい。
① デジタル化した情報は劣化したり，破損したりするおそれがまったくない。
② デジタル化した情報は圧縮しても情報を失うことがなく完全に復元することができる。
③ デジタル化した情報は圧縮することができるため，データ量が膨大になることがない。
④ デジタル化した情報は数値化されるため，修正や編集などの加工が容易になる。

実戦問題

20 2進数

難易度	目安	速習
★★★	15分	✓

次の生徒（S）と（T）の会話文を読み，後の問い（問1～9）に答えよ。

S：今から数当てマジックをするよ。1から16までの好きな数字を思い浮かべてみて。
T：うん。数字は決まったよ。
S：では，ここにあるAからDのカードを見て，思い浮かべた数字があるカードを教えてくれるかな。

A	B	C	D
⑧ ⑨ ⑩ ⑪ ⑫ ⑬ ⑭ ⑮	④ ⑤ ⑥ ⑦ ⑫ ⑬ ⑭ ⑮	② ③ ⑥ ⑦ ⑩ ⑪ ⑭ ⑮	① ③ ⑤ ⑦ ⑨ ⑪ ⑬ ⑮

T：AとBだよ。
S：なるほど。Tさんが思い浮かべた数字は12だね。
T：当たり！どうして分かったの？
S：実はこれ2進法を使ったマジックなんだ。数字があると教えてくれたカードの1行目の左端にある数字を足すと答えが出るんだよ。
T：2進法って0と1で数を表すって，授業で習った2進数のこと？
S：そうそう。
T：この数当てマジックとどういう関係があるのか全然分からないんだけど。
S：では，種明かしするね。カードを単純にしてみるとこうなるよ。

表1

カード	A	B	C	D
カードが表す数値	8	4	2	1

S：AからDのうち使うカードを決めてそこに表示されている数を足したら，1から15までの数値が表現できることは分かるよね。
T：うん。
S：TさんはAとBのカードって言ったからCとDのカードは使ってないので裏返しにして，表になっているカードの数を足して12っていうこと。

表2

カード	A	B	C	D
カードが表す数値	8	4	■	■

T：うーん，2進数とどこが関係しているのかまだよく分からないな。
S：授業で習ったビットは覚えているかな？それで言うとDのカードが1ビット目の部分で，そしてCが2ビット目になるんだ。表にするとこうなるよ。

表3

カード	A	B	C	D
桁の重み	2^3	2^2	2^1	2^0

T：あっ，なんとなく分かってきた。つまりAとBのカードが表になっているということは，4ビット目と3ビット目がオンだから，2進数で表すと［ア］［イ］［ウ］［エ］になるんだね。だから8+4で12なんだ。

S：そういうこと。だから1から16までの好きな数字って範囲を限定したんだよ。

T：そうか！もし，どのカードにも数字がないと答えたら［オ］ということだね。

S：正解！ただし，1から16以外の数字を思い浮かべていたり，AからDのカードに数字があるかどうかの答えを回答者が間違えたりしたら，そもそも成立しなくなっちゃう数当てマジックなんだけど。

T：面白いよ。同じルールでカードを7枚用意すれば，［カ］までの数当てマジックができるね。

S：そうだね。だけど，7枚もカードがあると数字を確認してもらうのに時間がかかる気がするなぁ。

T：確かに！足し算もしなくちゃいけないからカードが多すぎるのも大変かもね。

第2章

問1　空欄［ア］［イ］［ウ］［エ］に当てはまる数値を答えよ。

問2　空欄［オ］に入れるのに最も適当なものを，次の⓪～③のうちから一つ選べ。

［オ］の解答群

⓪　思い浮かべた数字は0になる
①　思い浮かべた数字は15になる
②　思い浮かべた数字は16になる
③　回答者がAからDのカードをしっかり確認していない

問3　空欄［カ］に入れるのに最も適当なものを，次の⓪～⑤のうちから一つ選べ。

［カ］の解答群

⓪　1から31　①　1から32　②　1から63　③　1から64　④　1から127
⑤　1から128

問4　空欄［キ］に入れるのに最も適当なものを，次の⓪～⑦のうちから一つ選べ。

S：大変といえば，この間の授業で習ったIPアドレスも2進数で表すんだよ。

T：そうなの？

S：だってコンピュータはスイッチのオンとオフ，つまり0と1しか分からないからね。例えば，IPv4アドレスは32ビットだから，2進数で表すとこうなるんだ。

生徒Sが書いたIPv4アドレス
10101100000100000000101010110100

T：えっ，これは何が何だか分からないな。

S：そうだよね。このままだと人間には分かりにくいから大変だよね。だから32ビットを8ビットごと四つに区切って10進数で表すことにしてるんだって。この例の場合だと［キ］になるよ。

T：区切りにはドットが入るんだね。こういう形のものなら授業で見たよ。

［キ］の解答群

⓪　28.86.73.100　①　32.32.238.180　②　172.16.10.100　③　172.16.10.180
④　192.168.10.100　⑤　192.168.10.180　⑥　224.168.10.100　⑦　224.168.10.180

問5　空欄［ク］・［ケ］に入れるのに最も適当なものを，次の⓪～⑦のうちから一つずつ選べ。

T：話は変わるけど２進数の四則演算ってやったことある？ 10進数に一度変換してから計算して，それをまた２進数に戻せばいいのかな？

S：そんなことをしなくても２進数のまま計算できるよ。10進数と同じだよ。例えば足し算の場合，1＋1は２進数だと繰り上がって10になるよね。下の桁から順番に計算して，繰り上げればいいだけだよ。試しに，２進数の11001と10101を足し算してみると，こうなるよ。

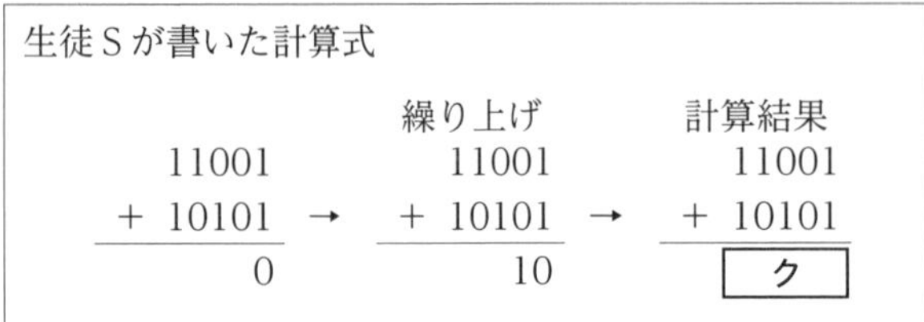

生徒Sが書いた計算式

	繰り上げ	計算結果
11001	11001	11001
＋ 10101 →	＋ 10101 →	＋ 10101
0	10	［ク］

T：なるほど。引き算はどうするの？

S：10進数で計算するときと同じだよ。引けないときは上の桁から借りて引けばいいんだ。

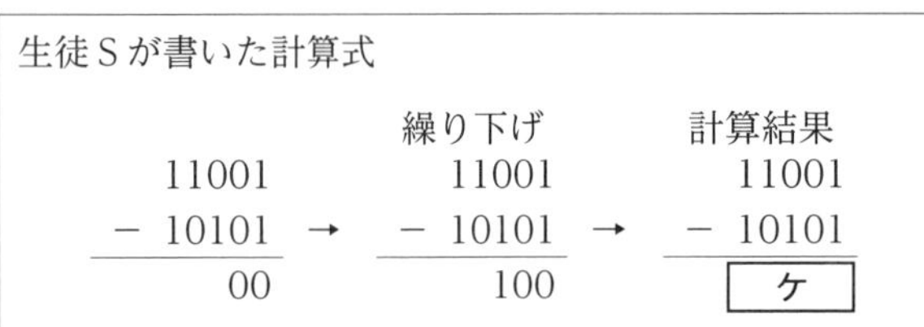

生徒Sが書いた計算式

	繰り下げ	計算結果
11001	11001	11001
− 10101 →	− 10101 →	− 10101
00	100	［ケ］

T：なるほど。かけ算や割り算も10進数のときと同じように考えればいいんだね。

S：そうそう。桁が上がったり下がったりするときの数が違うだけで，計算方法は２進数も10進数も同じだよ。

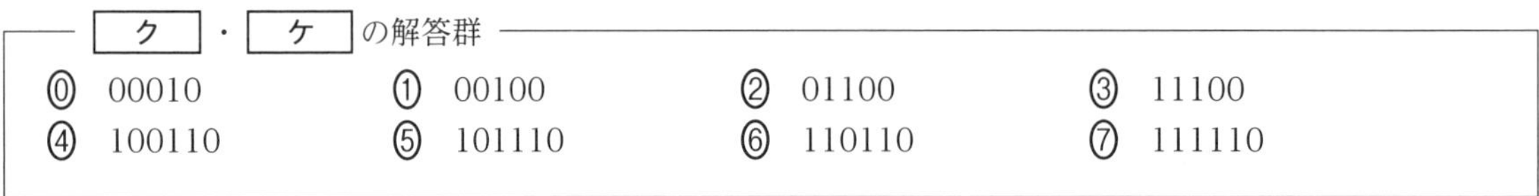

［ク］・［ケ］の解答群

⓪ 00010　① 00100　② 01100　③ 11100
④ 100110　⑤ 101110　⑥ 110110　⑦ 111110

問6　空欄［コ］・［サ］に入れるのに最も適当なものを，次の⓪～⑦のうちから一つずつ選べ。

S：計算方法は同じって話をしたけど，それは人間が手計算するときのことで，実はコンピュータには，そもそも０と１しかないから，引き算というか，マイナスの数という概念はないんだよね。だから足し算して引き算しているんだ。

T：えっ，どうういうこと？

S：それを理解するには補数について知る必要があるんだ。補数は［コ］で，２進数の２の補数は［サ］んだよ。

［コ］・［サ］の解答群

⓪ 各桁の重み付けの基本となる数
① １より大きい整数で素数でない数
② 元の数と足すことによって桁上がりする最も小さな数
③ 入力された値に対して何らかの処理がされた後に出力された数
④ 各桁に１を加えて求められている
⑤ 各桁を１つずつ右にずらして求められている
⑥ 各桁の０と１を反転して求められている
⑦ 各桁の０と１を反転し，１を加えて求められている

問 7　空欄 [シ] に入れるのに最も適当なものを，次の⓪～⑦のうちから一つずつ選べ。

T：Sさんのおかげで2の補数のことが少し分かってきたよ。
S：では，ここで問題です。2進数の10011100の補数はどうなると思う？
T：[シ] かな？
S：正解！

[シ] の解答群

⓪ 01001100	① 01001110	② 01100010	③ 01100011
④ 01100100	⑤ 01100101	⑥ 10011100	⑦ 100011011

問 8　空欄 [ス] ～ [ソ] に入れるのに最も適当なものを，次の⓪～⑦のうちから一つずつ選べ。

T：それで，引き算が足し算でできるって，どういう仕組みなの？
S：例えば，4ビットの2進数の1111から1011を引く場合，1011の2の補数はいくつだと思う？
T：先ほどのルールだと，[ス] だよね。
S：そうそう。それを1111と足すとどうなる？
T：[セ] になるよ。
S：そう。このとき4ビットからあふれた5ビット目を無視すると，引き算した結果と同じ [ソ] になるんだ。
T：なるほど。

[ス] ～ [ソ] の解答群

⓪ 0010　① 0100　② 0101　③ 1100　④ 1110　⑤ 10010　⑥ 10100
⑦ 11100

問 9　空欄 [タ] ・ [チ] に入れるのに最も適当なものを，次の⓪～⑦のうちから一つずつ選べ。

T：2進数って，小数点を含む数も扱えるのかな？
S：もちろん。桁の重みの考え方は10進数と同じだよ。例えば10進数の12.35は，こういうことだよね。小数第1位のところは $\frac{1}{10}$，小数第2位のところは $\frac{1}{100}$ の重みというルールだよ。

生徒Sが書いた計算式

$$12.35$$

10^1　10^0　10^{-1}　10^{-2}

$10^1\times1+10^0\times2+10^{-1}\times3+10^{-2}\times5$

試しに10進数の8.75を2進数にしてみようよ。
T：同じように考えるということは，2進数の小数第1位のところは [タ] の重みになるんですよね。
S：そうそう。
T：ということは，[チ] になるのかな。
S：正解！

[タ] ・ [チ] の解答群

⓪ $\frac{1}{8}$	① $\frac{1}{4}$	② $\frac{1}{2}$	③ 1
④ 1000.0011	⑤ 1000.0110	⑥ 1000.1100	⑦ 1000.1110

実戦問題

21 文字のデジタル化

難易度	目安	速習
★★★	10分	

次の生徒（A）と先輩（B）の会話文を読み，後の問い（問１～７）に答えよ。

A：部活動紹介の Web ページを作成しているのですが，ブラウザで表示したら文字化けしてしまいました。どこが問題なんでしょうか。

B：HTML タグで文字コードの指定はしたのかな？

A：`<meta charset="UTF-8">` と入力しました。

B：ということは，［ ア ］ことが原因なんじゃないかな？

A：そこは確認しないで保存していました。見てみます。あっ，先輩の言う通りでした。

B：文字は実際にコンピュータで利用するときにはコンピュータが理解できる数値の状態になっているんだけど，その方式が文字コードによって違うんだよね。テキストエディタによっては初期設定のままで使うと，自分が思っていたものと違ったまま保存してしまうことがあるから確認するようにした方がいいよ。

A：分かりました。ところで，それぞれの文字にどんな数値が割り当てられているのかを知ることはできますか。

B：もちろん！インターネット上でいろいろな種類の文字コード表は公開されているし，日本語入力システムを使うときに文字コードの番号を指定して入力することもできるんだ。文字コード表の例をみてみようか。

下位４ビット

上位4ビット	16進数	0	1	2	3	4	5	6	7	8	9	a	b	c	d	e	f
16進数	2 進数	0000	0001	0010	0011	0100	0101	0110	0111	1000	1001	1010	1011	1100	1101	1110	1111
0	0000																
1	0001																
2	0010		｡	｢	｣	､	･	ｦ	ｧ	ｨ	ｩ	ｪ	ｫ	ｬ	ｭ	ｮ	ｯ
3	0011	ｰ	ｱ	ｲ	ｳ	ｴ	ｵ	ｶ	ｷ	ｸ	ｹ	ｺ	ｻ	ｼ	ｽ	ｾ	ｿ
4	0100	ﾀ	ﾁ	ﾂ	ﾃ	ﾄ	ﾅ	ﾆ	ﾇ	ﾈ	ﾉ	ﾊ	ﾋ	ﾌ	ﾍ	ﾎ	ﾏ
5	0101	ﾐ	ﾑ	ﾒ	ﾓ	ﾔ	ﾕ	ﾖ	ﾗ	ﾘ	ﾙ	ﾚ	ﾛ	ﾜ	ﾝ	ﾞ	ﾟ

B：この文字コード表では「ﾄ」は16進数では44で表して，２進数では01000100になるんだ。

A：なるほど。そうすると「ｷ」は16進数では［ イ ］［ ウ ］で，２進数だと［ エ ］ということですか。

B：そうそう。

A：何となく分かってきました。文字コードの番号が同じでも，使用する文字コードが異なると違う文字が表示されることがあるということですね。

B：そうなんだ。例えば半角の￥という文字は日本ではよく使うけれど，他の国の人々はそれほど使わないよね。だから，文字コードによっては，その場所に違う文字が割り当てられてることがあるんだよ。今はインターネットの普及に伴って，［ オ ］として［ カ ］が標準で使われるようになってきているよ。［ キ ］だよ。

A：なるほど。今までなんとなく `<meta charset="UTF-8">` と入力していましたが，［ ク ］のですね。

B：その通り。

問１ 空欄［ ア ］に入れるのに最も適当なものを，次の⓪～③のうちから一つ選べ。

［ ア ］の解答群

⓪ テキスト形式が指定された状態でファイルを保存した
① XML 形式が指定された状態でファイルを保存した
② ファイルを保存するときにエンコードの指定が違っていた
③ ファイルを保存するときにデコードの指定が違っていた

問2　空欄［　イ　］・［　ウ　］に入れるのに最も適当なものを，次の⓪～⑨のうちから一つずつ選べ。

［　イ　］・［　ウ　］の解答群

⓪　0011　①　0100　②　0101　③　0111　④　3　⑤　4　⑥　5　⑦　6　⑧　7
⑨　8

問3　空欄［　エ　］に入れるのに最も適当なものを，次の⓪～⑦のうちから一つ選べ。

［　エ　］の解答群

⓪　00110110　①　00110111　②　00111000　③　01000100
④　01000101　⑤　01010100　⑥　01110011　⑦　01110101

問4　空欄［　オ　］に入れるのに最も適当なものを，次の⓪～④のうちから一つ選べ。

［　オ　］の解答群

⓪　日本産業規格が定めた文字コード
①　7ビットで英数字や半角カタカナを扱う文字コード
②　米国規格協会が規格化した 7 ビットの文字コード
③　世界中の様々な言語の文字を統一して扱える文字コード
④　16バイトまで使用できる文字コード

問5　空欄［　カ　］に入れるのに最も適当なものを，次の⓪～④のうちから一つ選べ。

［　カ　］の解答群

⓪　ASCII コード　①　JIS コード　②　Shift_JIS コード　③　EUC-JP コード
④　Unicode

問6　空欄［　キ　］に入れるのに最も適当なものを，次の⓪～③のうちから一つ選べ。

［　キ　］の解答群

⓪　JIS コードが今や世界の標準
①　ASCII コードと EUC_JP コードのどちらを選んでも大丈夫
②　Shift_JIS コードを文字コードとして指定することを優先するべき
③　A さんが記述した UTF-8 もその一つ

問7　空欄［　ク　］に入れるのに最も適当なものを，次の⓪～③のうちから一つ選べ。

［　ク　］の解答群

⓪　どの文字コードを使用しているかをブラウザに情報として伝えている
①　UTF-32 と入力する方がよかった
②　文字コードを変更するようにサーバ側に伝えている
③　文字コードを変更するようにパソコンに伝えている

実戦問題

22 音のデジタル化

難易度	目安	速習
★★★	15分	✓

音は物体の振動などによって発生する波が空気などを通じて，私たちの耳にある鼓膜を揺らすことで認識される。音には音色の他に強さや高さがあり，このうち音の高さは一定の時間に何回振動するかによって決まる。この振動数のことを［ア］といい，その単位はHzである。この数値が大きいほど，音は高くなっていく。

音をコンピュータで扱うためには，連続しているA音のデータを一定の間隔で分割し，その量を取り出してコンピュータが処理できる形式に変換しなくてはならない。図1～図4は1秒間を50回に分割した場合と100回に分割した場合，さらに量子化ビット数を2ビットにした場合と3ビットにした場合をそれぞれ表している。なお，横軸は時刻（秒），左の縦軸は電圧（V），右の縦軸は量子化のための段階値をそれぞれ表している。

図の中で100回に分割して抽出したものは［イ］である。この図から分割した回数が多いほど，［ウ］ことが分かる。量子化ビット数が3ビットのものは［エ］である。量子化ビット数は，音の強弱をどれくらいの細かさで記録しているかを表している。この図からビット数の数値が［オ］ことが分かる。

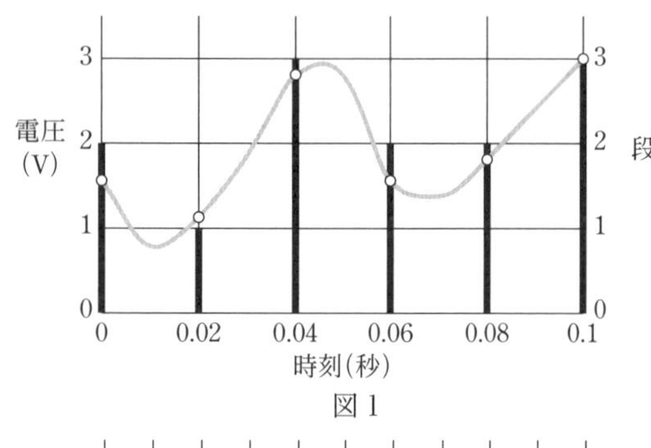

図1

図2

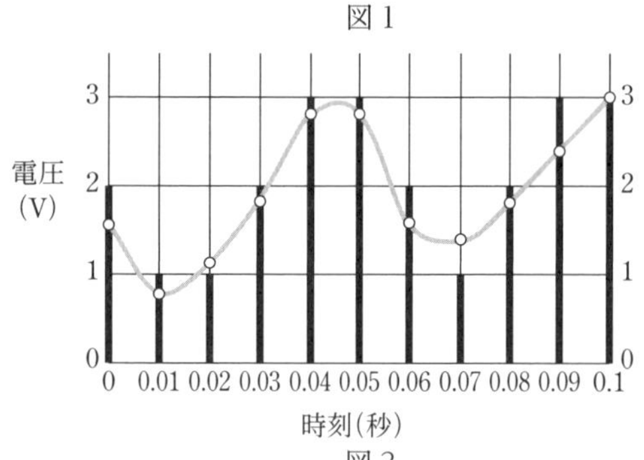

図3

図4

図3と図4の段階値を比較してみよう。図3の時刻0.07秒における段階値は［カ］であることが確認できる。これを2進数で表すと［キ］となる。図4の時刻0.07秒における段階値は［ク］であることが確認できる。これを2進数で表すと［ケ］となる。このように，コンピュータが処理できる2進数の形に変換することを［コ］という。では次に，図2と図4を比較してみよう。図2からは［サ］が分かる。図1と図4を比較してみると，図1からは［シ］が分かる。

問1 空欄［ア］に入れるのに最も適当なものを，次の⓪～⑤のうちから一つ選べ。

［ア］の解答群

⓪ 帯域　① 実数　② 引数　③ 補数　④ 乱数　⑤ 周波数

問2 空欄［イ］・［エ］に入れるのに最も適当なものを，次の⓪～④のうちから一つずつ選べ。

［イ］・［エ］の解答群

⓪ 図1と図2　① 図1と図3　② 図1と図4　③ 図2と図4　④ 図3と図4

問3　空欄 ウ に入れるのに最も適当なものを，次の⓪～③のうちから一つ選べ。

ウ の解答群

⓪ 記録間隔が狭く，より原音に近い音質で記録されているが，データ量が増加する
① 記録間隔が狭く，より原音に近い音質で記録されているが，データ量が減少する
② 記録間隔が広く，より原音に近い音質で記録されているが，データ量が増加する
③ 記録間隔が広く，より原音に近い音質で記録されているが，データ量が減少する

問4　空欄 オ に入れるのに最も適当なものを，次の⓪～③のうちから一つ選べ。

オ の解答群

⓪ 小さいほど音の強弱が滑らかとなり，より原音に近づくがデータ量は増加する
① 小さいほど音の強弱が滑らかとなり，より原音に近づくがデータ量は減少する
② 大きいほど音の強弱が滑らかとなり，より原音に近づくがデータ量は増加する
③ 大きいほど音の強弱が滑らかとなり，より原音に近づくがデータ量は減少する

問5　空欄 カ ・ ク に当てはまる数値をそれぞれ答えよ。

問6　空欄 キ ・ ケ に入れるのに最も適当なものを，次の⓪～⑦のうちから一つずつ選べ。

キ ・ ケ の解答群

⓪ 00　① 01　② 10　③ 010　④ 011　⑤ 100　⑥ 101　⑦ 110

問7　空欄 コ に入れるのに最も適当なものを，次の⓪～⑦のうちから一つ選べ。

コ の解答群

⓪ 暗号化　① 共有化　② 具体化　③ 構造化
④ 標本化　⑤ 符号化　⑥ モデル化　⑦ 量子化

問8　空欄 サ ・ シ に入れるのに最も適当なものを，次の⓪～③のうちから一つずつ選べ。

サ ・ シ の解答群

⓪ 時刻0.06秒と時刻0.08秒が同じ段階値であると表されていること
① 時刻0.06秒と時刻0.08秒の間で電圧が上がってから，下がっていることを表せていないこと
② 時刻 0 秒と時刻0.02秒が同じ電圧であると表されていること
③ 時刻 0 秒と時刻0.02秒の間で電圧が下がってから，上がっていることを表せていないこと

問9　下線部Aに当てはまるものとして最も適当なものを，次の⓪～⑦のうちから一つ選べ。 ス

⓪ 圧縮化　① 永続化　② 差分化　③ 指標化
④ 標本化　⑤ 復号化　⑥ 符号化　⑦ 量子化

音楽CDに採用されたことで広く知られている［セ］方式では１秒間を44100に分割して音のデータを測定している。量子化ビット数は16ビットで，つまり，音の強弱を［ソ］段階の値で表している。人間の可聴領域の上限が20000Hz程度といわれているので，B標本化定理からおおむね自然な音が再生できるとされている。

問10　空欄［セ］に入れるのに最も適当なものを，次の⓪～⑥のうちから一つ選べ。

［セ］の解答群

⓪ ASCII　① CODEC　② JPEG　③ MP4　④ MPEG　⑤ PCM　⑥ RSA

問11　空欄［ソ］に入れるのに最も適当なものを，次の⓪～⑧のうちから一つ選べ。

［ソ］の解答群

⓪ 16　① 128　② 256　③ 1024　④ 4096
⑤ 8192　⑥ 16384　⑦ 32768　⑧ 65536

問12　下線部Bの説明として最も適当なものを，次の⓪～③のうちから一つ選べ。［タ］

⓪　アナログ信号をデジタル信号に正確に変換するためには，元の信号の最大周波数の８倍のサンプリング周波数が必要であるという理論である。
①　アナログ信号をデジタル信号に正確に変換するためには，元の信号の最大周波数の４倍のサンプリング周波数が必要であるという理論である。
②　アナログ信号をデジタル信号に正確に変換するためには，元の信号の最大周波数の２倍のサンプリング周波数が必要であるという理論である。
③　アナログ信号をデジタル信号に正確に変換するためには，元の信号の最大周波数の$\frac{1}{2}$倍のサンプリング周波数が必要であるという理論である。

問13　ここに演奏時間が１分の楽曲がある。この曲を演奏し，コンピュータを使って録音することにした。１秒間を44100に分割して音のデータを測定し，量子化ビット数は16ビット，PCM形式，ステレオ（２チャンネル）でデジタル化する場合のデータ容量を計算する。データ容量の値として最も近いものを，次の⓪～⑧のうちから一つ選べ。ただし，1Mバイト＝1000kバイト，1kバイト＝1000バイトとする。［チ］

⓪ 2.5kバイト　① 5kバイト　② 10kバイト　③ 70kバイト　④ 2.5Mバイト
⑤ 5Mバイト　⑥ 10Mバイト　⑦ 70Mバイト　⑧ 1Gバイト

問14　１秒間を96000以上に分割して音のデータを測定し，量子化ビット数を24ビット以上とした音声データがある。このCDの音質よりも高品質な音声データの名称として最も適当なものを，次の⓪～⑦のうちから一つ選べ。［ツ］

⓪ 圧縮音源　① オーディオデバイス　② サラウンド　③ サウンドエフェクト
④ ローレゾ　⑤ ハイレゾオーディオ　⑥ ワイヤレスオーディオ　⑦ ワイヤレスサウンド

23 画像のデジタル化

難易度	目安	速習
★★★	15分	✓

次の文章を読み，後の問い（**問1～10**）に答えよ。なお，1Mバイト＝1000kバイト，1kバイト＝1000バイトとする。

新聞部のAさんとBさんは学校の近くで毎年行われているバラ祭りの取材に出かけた。バラ祭りでは音楽イベントやフリーマーケットなども行われていて，多くの人々で賑わっていた。美しいバラやイベントの様子をデジタルカメラで撮影し，二人は学校に戻った。ワープロソフトウェアで記事をまとめ，撮影した写真画像を挿入する作業をしていたところ，それを見ていたC先輩から「撮影した写真をそのまま挿入したら，ファイルサイズが大きくなってしまうよ。それに発行する新聞はカラー印刷ではないから，写真はモノクロでいいよ」と言われた。どのように作業をしてよいのか分からなかったので，C先輩に質問したところ，「A画像編集ソフトウェアを使ってモノクロ写真に変えたあと，B画像の解像度を下げて保存すればいいんだよ」と言われた。AさんもBさんも今まで撮影した写真の画像を編集したことがなかったので，C先輩が話していることがよく分からなかったけれど，とにかく作業してみることにした。C先輩おすすめのソフトウェアでバラの画像を開いたところ，画像のカラーモードを変更するメニューがあった。そこにモノクロ２階調というものがあったので，［ウ］からモノクロ２階調に変更してみた。すると確かにモノクロの画像になったのだけれど，何の写真かよく分からないものになってしまったので，C先輩に見てもらうことにした。

画像を見たC先輩は「説明が足らなくて，ごめん。カラーは必要がないというつもりで自分はモノクロと言ってしまったのだけれど，正確に言うと［エ］の画像にしてほしいという意味だったんだ。これはC黒と白とさらに254段階の濃淡を用いた灰色を使って表現する画像だから，今回発行する新聞に掲載するのに適しているんだよ」と話してくれた。そこでC先輩の言う通りに画像のカラーモードを変更したところ，バラだと分かる画像になった。

モノクロ２階調の画像

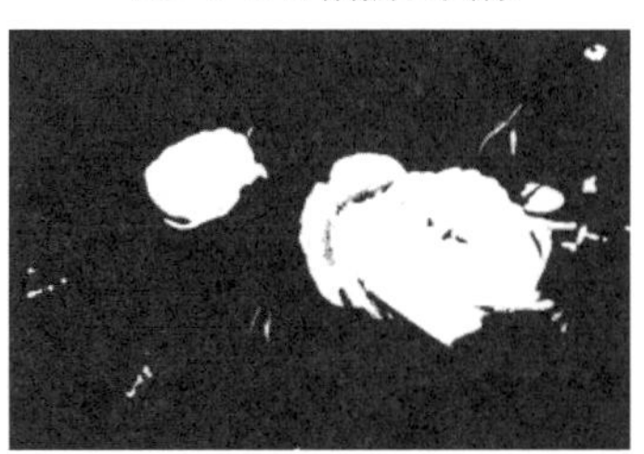

［エ］の画像

次に画像の解像度も変更しなければならないが，AさんもBさんもそもそも解像度の意味がよく分かっていなかったのでC先輩に質問した。C先輩は二人が写真の画像を編集するのがはじめてということに気付いて，デジタルカメラで撮影した写真がどのようになっているのかから説明を始めてくれた。

C先輩はBさんが撮影したバラの写真をソフトウェアで開き，その画像をどんどんと拡大していった。すると，画面には色とりどりの四角形が現れた。C先輩は「私たちが見ていた画像の中身は実はこうなっているんだ。この画像を構成している一つひとつの四角形の点を画素や［オ］というんだよ。これがとても小さいから人間の目には全体として写真に見えているんだ。そしてこの一つひとつの画素は，それぞれ明るさや色の情報を持っているんだよ」と話してくれた。そして続けて「解像度というのは画像がどれくらい精細かを表す尺度でディスプレイや画像の解像度は一般的に横の画素数×縦の画素数で表すんだ。発行する新聞に掲載するバラ祭りの写真は，たぶん幅3cm程度もあれば十分だから，撮影時のままの画像だと大きすぎるんだよ」とC先輩は言った。そこで試しに，Dデジタルカメラで撮影したカラー写真をC先輩が指示したカラーモードと解像度に変更して保存してみると，E1.78Mバイトあったファイルサイズは40kバイトになった。

C先輩は「モノクロ２階調は黒か白だけなので一つの画素につき１ビットあれば表現できるのだけれど，Fカラーの写真は赤を256階調，緑を256階調，青を256階調で表現するので１画素当たり［キ］必要なんだ」と教えてくれた。そして，縦横それぞれに320の画素を持つようにトリミングした画像を例に，データ容量の計算方法も教えてくれた。AさんとBさんは二人で，C先輩が話してくれたことを表にまとめてみることにした。すると次のようになった。

編集の前後	編集後		編集前
画像のカラーモード	モノクロ２階調	エ	ウ
１画素あたりのビット数	１ビット	カ	キ
拡大した画像の一部 下記の数値は中央にある 画素のカラーコードを 16進数で表記したもの	#000000	#636363	#6b6351
画像のデータ容量 （320×320でトリミング，非圧縮）	ク	ケ	コ

問１　C先輩が言う下線部Aの画像編集ソフトウェアの特徴として最も適当なものを，次の⓪～④のうちから一つ選べ。 ア

⓪　座標軸としてX，Y，Zがある。
①　画像を拡大したり縮小したりしても，画質が劣化することなく滑らかに表現できる。
②　画像を座標や数式などで表す図形情報の集まりとして扱う。
③　画像を点の集まりとして扱い，その点ごとに色や濃度の情報を持つ。
④　おもに建物などの完成予想図の作成やシミュレーションで用いる。

問２　下線部BでC先輩が指示した例として最も適当なものを，次の⓪～③のうちから一つ選べ。 イ

⓪　400×300画素の画像を3264×2448画素の解像度に変更して保存する。
①　3264×2448画素の画像を400×300画素の解像度に変更して保存する。
②　72dpiの画像を350dpiの解像度に変更して保存する。
③　350dpiの画像を72dpiの解像度に変更して保存する。

問３　空欄 ウ ・ エ 入れるのに最も適当なものを，次の⓪～④のうちから一つずつ選べ。

ウ ・ エ の解答群

⓪　CMYKカラー　①　Labカラー　②　RGBカラー　③　インデックスカラー
④　グレースケール

問４　空欄 オ に入れるのに最も適当なものを，次の⓪～⑥のうちから一つ選べ。

オ の解答群

⓪　アナログ　①　コード　②　バイト　③　ピクセル
④　フレーム　⑤　ベクトル　⑥　ボット

問５　下線部Cの情報から カ に該当するビット数はいくつか。次の⓪～⑥のうちから一つ選べ。

カ の解答群

⓪　2ビット　①　3ビット　②　4ビット　③　5ビット
④　8ビット　⑤　16ビット　⑥　24ビット

問6　下線部Fの情報から［キ］に該当するビット数はいくつか。次の⓪～⑥のうちから一つ選べ。

［キ］の解答群

⓪　3ビット　①　4ビット　②　6ビット　③　8ビット
④　16ビット　⑤　24ビット　⑥　36ビット

問7　空欄［ク］～［コ］に入れる値として最も近いものを，次の⓪～⑧のうちから一つずつ選べ。

［ク］～［コ］の解答群

⓪　100バイト　①　130バイト　②　13kバイト　③　25kバイト　④　30kバイト
⑤　100kバイト　⑥　130kバイト　⑦　256kバイト　⑧　300kバイト

問8　下線部Dの画像解像度は3264×2448であった。この画像のデータ容量（非圧縮）を計算したときの値として最も近いものを，次の⓪～⑦のうちから一つ選べ。［サ］

⓪　0.9Mバイト　①　1.9Mバイト　②　2.4Mバイト　③　7.6Mバイト
④　9Mバイト　⑤　19Mバイト　⑥　24Mバイト　⑦　76Mバイト

問9　データ容量が問8で計算したデータ容量と異なり，下線部Eのファイルサイズであった理由として最も適当なものを，次の⓪～③のうちから一つ選べ。［シ］

⓪　デジタルカメラで撮影した写真は，基本的に圧縮して保存されるため，計算で求めたデータ容量よりもファイルサイズは小さくなる。
①　デジタルカメラで撮影した写真は，少ない色数で表現できるように減色処理してから保存されるため，ファイルサイズは計算で求めたデータ容量よりも小さくなる。
②　デジタルカメラで撮影した写真は，フルカラーで表現できるように変換してから保存されるため，ファイルサイズは計算で求めたデータ容量よりも大きくなる。
③　デジタルカメラで撮影した写真は，保存時に付加情報が記録されるため，計算で求めたデータ容量よりもファイルサイズは大きくなる。

問10　新聞が完成し，各クラスに配布した。Bさんが撮影したバラ祭りの画像は好評で，その写真を展示してほしいという要望が集まった。展示用の写真を印刷したことがないBさんはC先輩に相談することにした。C先輩がBさんにしたアドバイスとして最も適当なものを，次の⓪～④のうちから一つ選べ。［ス］

⓪　ディスプレイとプリンタの色の表現方法は同じだからそのまま印刷するだけなんだけれど，パソコン室にあるカラーレーザプリンタでは写真はきれいに印刷できないから，写真部の部室に置いてあるカラーインクジェットプリンタを借りて印刷した方がいいよ。
①　ディスプレイとプリンタの色の表現方法は同じだからそのまま印刷するだけなんだけれど，パソコン室にあるカラーインクジェットプリンタでは写真はきれいに印刷できないから，写真部の部室に置いてあるカラーレーザプリンタを借りて印刷した方がいいよ。
②　ディスプレイとプリンタの色の表現方法は異なるけれど，今はソフトウェアが自動で調整してくれるからそのまま印刷しても問題ないよ。パソコン室にあるカラーインクジェットプリンタでは写真はきれいに印刷できないから，写真部の部室に置いてあるカラーレーザプリンタを借りて印刷した方がいいよ。
③　ディスプレイは加法混色，プリンタは減法混色で，そもそも色の表現方法が異なっているから，写真を印刷する前にディスプレイとプリンタの色が一致しているのかを確認した方がいいよ。
④　ディスプレイは減法混色，プリンタは加法混色で，そもそも色の表現方法が異なっているから，写真を印刷する前にディスプレイとプリンタの色が一致しているのかを確認した方がいいよ。

実戦問題

24 図形の表現

難易度 ★★★　目安 4分　速習

次の生徒（S）と先生（T）の会話文を読み，後の問い（問１～３）に答えよ。

S：ソフトウェアを使ってピクトグラムを描いたのですが，友だちから作成した画像のサイズが小さいと言われました。そこで，ピクトグラム全体を選択して，拡大したのですが，輪郭が階段のようにギザギザになってしまいました。ギザギザができてしまった原因は何でしょうか。

T：ピクトグラムの作成に［ア］系のソフトウェアを使用したことが，［イ］と呼ばれるギザギザが発生した原因だと思います。

S：別のソフトウェアでピクトグラムを作成し，そこで拡大操作を行えばギザギザは発生しなかったということでしょうか。

T：Ｓさんが使用したソフトウェアでピクトグラムを保存すると，画像は［ウ］形式になります。これは点の集まりである［エ］単位で画像を表現します。ピクトグラムは［オ］とよいです。［カ］からです。

S：分かりました。次にピクトグラムを作成するときにはそうします。

問１　空欄［ア］～［エ］に入れるのに最も適当なものを，次の⓪～⑦のうちから一つずつ選べ。

［ア］～［エ］の解答群

⓪ RGB　① CMY　② ドロー　③ ラスタ　④ ベクタ
⑤ ピクセル　⑥ ジャギー　⑦ ペイント

問２　空欄［オ］に入れるのに最も適当なものを，次の⓪～⑦のうちから一つ選べ。

［オ］の解答群

⓪ ベクタ系のソフトウェアで作成し，ラスタ形式で保存する
① ベクタ系のソフトウェアで作成し，ペイント形式で保存する
② ドロー系のソフトウェアで作成し，ベクタ形式で保存する
③ ドロー系のソフトウェアで作成し，ラスタ形式で保存する
④ ラスタ系のソフトウェアで作成し，ビットマップ形式で保存する
⑤ RGB 系のソフトウェアで作成し，ペイント形式で保存する
⑥ CMY 系のソフトウェアで作成し，ピクセル形式で保存する
⑦ ペイント系のソフトウェアで作成し，ジャギー形式で保存する

問３　空欄［カ］に入れるのに最も適当なものを，次の⓪～⑥のうちから一つ選べ。

［カ］の解答群

⓪ ジャギー形式の画像は，拡大や縮小の操作後に画像を描画し直す
① ジャギー形式の画像は，座標軸で点や線の情報を管理するため，拡大や縮小をしても画像が乱れない
② ラスタ形式の画像は，保存時に画像がラスタライズされるため，ギザギザが発生しない
③ ピクセル形式の画像は，拡大や縮小の操作をするときにピクセルを再配置する
④ ペイント形式の画像は，使用できる色数が限定されているため，拡大してもギザギザが目立たない
⑤ ベクタ形式の画像は，点と線などの情報を数値化して扱うため，拡大や縮小をしても画像が乱れない
⑥ ビットマップ形式の画像は，描画するたびにリサイズしてピクセルを配置するため，ギザギザが発生しない

実戦問題

25 動画の表現

難易度	目安	速習
★★★	3分	

次の生徒（A）と（B）の会話文を読み，後の問い（**問1～3**）に答えよ。

A：あっ，また再生が止まった！
B：どうしたの？
A：今ネットの動画を観ているんだけど，今日はよく止まるんだよね。もう動画じゃなくて静止画像を観ているみたいだよ。
B：まぁ，動画は静止画像だからね。
A：えっ，どういうこと？
B：基本的にパラパラ漫画の仕組みと同じで，高速で静止画像を切り替えていくことで動いているように見せているんだよ。この一つひとつの静止画像のことを［ ア ］というんだ。ちなみに１秒間当たりに表示する画像の枚数のことを［ イ ］といって，その単位には［ ウ ］が使われているよ。
A：１秒間にだいたい何枚ぐらいの静止画像を使って動いているように見せているの？
B：動画にもよるけれど，日本のテレビ放送の場合だと30枚とか60枚かな。
A：１秒間にそんなに多くの画像を送り出しているから，止まっても仕方ないのかな。
B：枚数が多いから止まるというよりは，利用している回線の速度の問題や使っているハードウェアで処理しきれないってこともあるから何ともいえないけれど，今日はよく止まるっていうことなら，アクセスが集中していてネットワークが混雑しているってことなんじゃないかな。
A：なるほど。
B：いずれにしてもAくんの言う通りデータ量は確かに多いから，ファイルをダウンロードしながら再生する方式や様々な動画圧縮技術が生まれたんだよ。
A：動画が止まったおかげで，動画の仕組みが分かったよ。

問1 空欄［ ア ］・［ イ ］に入れるのに最も適当なものを，次の⓪～⑤のうちから一つずつ選べ。

［ ア ］・［ イ ］の解答群

⓪ キーフレーム　① フレーム　② フレームアウト
③ フレームイン　④ フレームレート　⑤ フレームワーク

問2 空欄［ ウ ］に入れるのに最も適当なものを，次の⓪～⑦のうちから一つ選べ。

［ ウ ］の解答群

⓪ bps　① dpi　② fps　③ ftp　④ Gbps　⑤ Mbps　⑥ MPEG-4　⑦ ppi

問3 動画のファイルサイズは一般的にとても大きくなるため，データ容量を減らすための様々な圧縮技術が考え出された。その例として最も適当なものを，次の⓪～③のうちから一つ選べ。［ エ ］

⓪ 動画データのうち，連続する同一の値を「色×回数」という情報に置き換えることでデータを圧縮する。
① 連続する静止画像のうち，出現頻度の高いデータに短い符号を割り当ててデータを圧縮する。
② 連続する静止画像の枚数を減らすことはできないため，音声データを取り出して圧縮し，全体のデータ量を減らす。
③ 連続する静止画像の背景がほとんど変わらない場合は，変化がある部分だけを変更し，背景はそのまま利用することでデータ量を減らす。

実戦問題

26 圧縮

難易度 ★★★　目安 8分　速習 ✓

写真部のAさんは体育祭で記録係を担当し，他の部員と分担して写真や動画を撮影した。データを体育委員に提出したところ，この中から学校のWebページ掲載用に写真を10枚選んでT先生に渡してほしいと頼まれた。そこでAさんは，T先生にどのような写真を選んだらよいかを相談に行った。

T先生からは「写真の選択をするだけでなく，そのままWebページで使用できるように画像の解像度を変更したものをメールに添付して送ってほしい。」という指示があった。画像の解像度についてよく分からなかったので，T先生に質問したところ，写真部が撮影した写真は，横が3936ピクセル，縦が2624ピクセルで，ファイルサイズも1枚につき1.5Mバイトぐらいあるから，A<u>このままWebページに掲載するのは適切ではないとのことだった。</u>

翌日から作業を開始し，選んだ10枚の写真を150×100画素の画像解像度に変更して保存した。メールに添付する操作をしていたところ，同じ写真部のBさんから，「10個ものファイルを添付されたら受け取るT先生も大変だから，一つのフォルダにデータをまとめて［ア］形式にしてから添付した方がいいよ。」と言われた。そこでBさんに聞きながら操作をしてみたところ，B<u>10個で合計120kバイトのファイルサイズだったものが，一つのファイルにまとまり，ファイルサイズが108kバイトになった。</u>ファイルサイズが小さくなってしまったのでデータに影響がないのか心配になったが，Bさんは［イ］だから大丈夫だと言うので，このファイルをメールに添付してT先生へ送信した。

T先生から返信がきた。添付したファイルを展開したところ，画像の解像度が小さすぎるので450×300画素のサイズにして，もう一度送ってほしいと書いてあった。T先生はどうして自分で画像の解像度を変更しないのだろうと思いながらも，小さくした10枚の写真を指定された画像解像度に変更する操作をした。それを見ていたBさんから「T先生の言っていることは元の写真の画像解像度を変更して保存したものを送ってほしいということだよ。」という指摘を受けた。C<u>いずれにしても同じ解像度になるのだから問題ないはずだ。しかし，Bさんはまったく違うのだと言う。</u>試しに元の写真から450×300画素の解像度に変更して保存したファイルと，150×100にした画像を450×300画素の解像度に変更して保存したファイルを比較してみることにした。その結果，［エ］ことが分かった。

問1　空欄［ア］に入れるのに最も適当なものを，次の⓪～⑥のうちから一つ選べ。

［ア］の解答群

⓪ GIF　① HTML　② RAW　③ PNG　④ MP3　⑤ MP4　⑥ ZIP

問2　空欄［イ］に入れるのに最も適当なものを，次の⓪～⑥のうちから一つ選べ。

［イ］の解答群

⓪ GIF形式は可逆圧縮
① HTML形式は可逆圧縮
② MP3形式は非可逆圧縮
③ PNG形式は可逆圧縮
④ JPEG形式は非可逆圧縮
⑤ MP4形式は非可逆圧縮
⑥ ZIP形式は可逆圧縮

問3　次の可逆圧縮と非可逆圧縮についての記述のうち最も適当なものを，次の⓪～③のうちから一つ選べ。［ウ］

⓪ 可逆圧縮とは圧縮したファイルを元と同じファイルに戻すことができる圧縮形式である。
① 可逆圧縮すると元のデータの一部が失われることがある。
② 画像データを圧縮するときは非可逆圧縮を選ぶ必要がある。
③ 非可逆圧縮はZIP形式などで用いられている圧縮方式である。

問4　空欄 エ に入れるのに最も適当なものを，次の⓪～③のうちから一つ選べ。

エ の解答群

⓪　元の写真から450×300画素の解像度に変更したファイルと，150×100画素にした画像を450×300画素の解像度に変更したファイルはファイルサイズも同じで画質も変わらない。
①　元の写真から450×300画素の解像度に変更したファイルと，150×100画素にした画像を450×300画素の解像度に変更したファイルのファイルサイズは同じだが，画質は後者の方がよい。
②　元の写真から450×300画素の解像度に変更したファイルと，150×100画素にした画像を450×300画素の解像度に変更したファイルのファイルサイズは後者の方が大きいが，画質は変わらない。
③　元の写真から450×300画素の解像度に変更したファイルの方がファイルサイズは大きいが，画質は150×100画素から変更したものよりもよい。

第2章

問5　下線部Aの理由として最も適当なものを，次の⓪～③のうちから一つ選べ。 オ

⓪　画像のサイズが大きすぎてWebページとして表示することができない。
①　画像のサイズが大きすぎてデータを転送することができない。
②　データ量が多いため，Webページを表示するときに時間がかかる。
③　データ量が多いため，HTML形式で保存することができない。

問6　下線部Bからデータの圧縮率は カキ ％となる。 カキ に当てはまる数値を答えよ。

問7　下線部Cに関する記述として最も適当なものを，次の⓪～③のうちから一つ選べ。 ク

⓪　保存した画像はそれぞれ同じ解像度であり，かつ同じファイルサイズで保存されるので，まったく違うと言うBさんの指摘は誤りである。
①　Bさんは，元の写真から450×300画素の解像度に変更した方が，ファイルサイズを小さくして保存できることを示唆している。
②　Bさんは，150×100画素の解像度に変更した画像はすでに多くの画素情報が失われているため，その画像を450×300画素に変更して保存したとしても，画質が劣化していることを示唆している。
③　Bさんは，どの画像を用いても保存時のファイルサイズは変わらないが，元の写真から450×300画素の解像度に変更した方が，画質はよくなることを示唆している。

問8　デジタルカメラで撮影した写真に関して最も適当なものを，次の⓪～③のうちから一つ選べ。 ケ

⓪　標準的なファイル形式はGIFで，圧縮することなくフルカラーの画像を保存できる。
①　標準的なファイル形式はJPEGで，高い圧縮率でフルカラーの画像を保存できる。
②　標準的なファイルの保存形式はPNGで，高い圧縮率でフルカラーの画像を保存できる。
③　標準的なファイルの保存形式はRAWで，汎用性が高くOSに搭載されている標準のアプリで扱うことができる。

問9　デジタルカメラで撮影した画像の解像度を変更せずに画像そのものを圧縮してデータの容量を減らすことを考える場合，その圧縮方法の説明として最も適当なものを，次の⓪～③のうちから一つ選べ。 コ

⓪　画像データは完全に元に戻す必要があるため，可逆圧縮できるファイル形式を選ぶ必要がある。
①　画像データは非可逆圧縮であれば圧縮できるが，それ以外の方法では圧縮することができない。
②　ある程度の画質が保持できるように圧縮率を調整したうえで非可逆圧縮を行うとよい。
③　デジタルカメラで撮影した画像は基本的に非圧縮であるため，可逆圧縮にするか非可逆圧縮にするかを選んで圧縮することができる。

第3章 コンピュータとプログラミング

重要用語check

1 論理演算

⑴ 論理回路と真理値表

・**論理回路**…論理回路とは，電気的に２進数の演算（論理演算ともいう）を行う回路を指す。論理回路では，**論理積回路（AND 回路）**，**論理和回路（OR 回路）**，**否定回路（NOT 回路）**を組合せて演算を行う。

・**真理値表**…論理回路に対する入力と，その出力（演算結果）を表で表したもの。

2 コンピュータの構成と動作

⑴ コンピュータの構成

・**ハードウェアとソフトウェア**…コンピュータを構成する装置をハードウェアといい，コンピュータ上で動作するプログラム全般を指してソフトウェアという。

・**五大装置**…ハードウェアを，**入力装置**，**出力装置**，**記憶装置**，**演算装置**，**制御装置**の五つに分類したもの。このうち，記憶装置は電源を切るとデータが消える主記憶装置と，電源を切ってもデータが残る**補助記憶装置**に分類される。また，演算装置と制御装置をまとめて**中央演算装置（CPU）**と呼ぶ。

⑵ ソフトウェア

・**ソフトウェアの種類**…ソフトウェアには，**オペレーティングシステム（OS）**のような**基本ソフトウェア**の他に，表計算ソフトウェアやワードプロセッサのような**応用ソフトウェア**がある。

⑶ インタフェース

・**インタフェースの種類**…情報機器を相互に接続する規格をインタフェースという。有線で接続する規格として **USB**，**HDMI**，**イーサネット**，無線で接続する規格として **IEEE 802.11（無線 LAN）**，**Bluetooth** などがある。

⑷ コンピュータの動作

・**コンピュータが演算を実行する際の処理の流れ**…**プログラムカウンタ**が指定した番地の命令を取り出し，その番地の命令を**命令レジスタ**に保存する。その命令を**命令解読機**が解読し，解読した内容に沿って**データレジスタ**に保存された数値を**演算装置**が演算する。

3 コンピュータの性能

⑴ CPU の演算性能

・**クロック周波数**…コンピュータを構成する装置と周辺機器の動作のタイミングを，**クロック信号**と呼ばれる信号で同期する。クロック信号を発信する周波数を**クロック周波数**と呼び，周期を**クロック周期**と呼ぶ。一般的にクロック周波数が大きいほど，CPU の演算性能が高いといえる。

・**コアとマルチコア**…コアとは CPU の中で演算処理を行う部分を指す。近年の CPU は複数のコアを備えることで同時に演算できる数を増やし，CPU 全体の演算性能を向上させる**マルチコア**と呼ばれる構成を採用している。

⑵ 演算誤差

・**桁あふれ誤差**…コンピュータでは実数を表す際に，浮動小数点数を使用する。限られたビット数で**指数部**と**仮数部**を表すため，一定の範囲を超えた数では誤差が生じるが，この誤差をいう。絶対値が大きすぎる数の場合に生じる誤差を**オーバーフロー**と呼び，絶対値が０に近すぎる数の場合に生じる誤差を**アンダーフロー**と呼ぶ。

・**丸め誤差**…小数の多くは正確に２進数に変換できないため，コンピュータでは一定の桁で丸めて端数処理するが，このときに生じる誤差をいう。

・**情報落ち**…絶対値が大きい数と小さい数を加減算したときに，小さい数が無視されてしまうことをいう。その他の誤差として，絶対値がほぼ同じ数どうしを減算したときに有効桁数が減ってしまう**桁落ち**，無限または多くの演算回数が必要な計算を途中で打ち切ることによって生じる**打ち切り誤差**などがある。

4 モデル化とシミュレーション

(1) モデル

・**物理モデルと論理モデル**…実物を模した**物理モデル**には，実寸大の**実物モデル**，拡大した**拡大モデル**，縮小した**縮尺モデル**などがある。**論理モデル**には，数式で表した**数式モデル**，図で表現する**図的モデル**などがある。

・**静的モデルと動的モデル**…時間的に変化しないものを**静的モデル**，変化するものを**動的モデル**と呼ぶ。

・**確定的モデルと確率的モデル**…結果が常に同じになるものを**確定的モデル**，**乱数**などの確率的な要素がモデルに組み込まれており，結果が実行するたびに異なるものを**確率的モデル**と呼ぶ。

(2) モデル化とシミュレーション

・**モデル化**…問題の本質的な部分を残して問題を単純化・抽象化することをいう。単純化・抽象化することにより，モデルでは表現できていない部分も生じるため，モデルの限界を理解しながら必要に応じてモデルを改善していくことが求められる。

・**シミュレーション**…問題解決のために，問題をモデル化したうえで，**前提条件**を与えて模擬動作させてみることをいう。例：落下する物体の運動を数式でモデル化し，初速を前提条件として与えて**時系列**で物体の位置を予測する。

第3章

5 プログラミング

(1) フローチャート

・**フローチャート**…プログラムの処理の流れを表すことに向いている記述方法。**開始**，**終了**，**分岐**，**繰返し**などをそれぞれに対応した図形で表す。

(2) 統一モデリング言語（UML）

・**統一モデリング言語（UML）**…データ構造や処理の流れなどシステム全体に関する設計を図示するための表記法。

・**クラス図とオブジェクト図**…UML で定めているシステムの構造を表すための表記法。

・**状態遷移図**…UML で定めているシステムの状態の遷移を表すための表記法。図で表現したものを状態遷移図，表形式にしたものを**状態遷移表**という。

・**アクティビティ図**…UML で定めているシステムの処理の流れを表すための表記法。

(3) プログラミングの基本構造

・**構造化定理**…一つの入り口と一つの出口を持つアルゴリズムは，**順次構造**，**選択構造**，**繰返し構造**の三つの基本制御構造で表すことができるという定理。

(4) 変数と配列

・**変数**…メモリ上のデータを格納する領域のことを指し，その領域に命名した名前を**変数名**という。変数は格納するデータの種類によって型が分かれる。

・**配列**…複数の変数を集めて一つの名前（**配列名**）を付けたもの。配列内の一つひとつの変数を**要素**と呼び，要素は配列名と**添字**と呼ばれる番号で指定する。

・**1 次元配列と 2 次元配列**…一つの添字で要素を指定する配列を**1 次元配列**，二つの添字で要素を指定する配列を**2 次元配列**という。

(5) 関数

・**関数**…プログラム中のひとまとまりの処理に名前（関数名）を付け，プログラムの他の部分から実行できるようにする仕組み。関数を呼び出すときには，**引数**と呼ばれるデータを関数に渡し，関数の実行結果は**戻り値**と呼ばれるデータとして受け取る。

・**ユーザ定義関数と組み込み関数**…プログラミング言語にあらかじめ用意されている関数を**組み込み関数**といい，ユーザがプログラム中で定義する関数を**ユーザ定義関数**という。

・**Web API**…外部のプログラムやサービスを利用するためのインターフェースを **API** といい，そのうちインターネットのプロトコルを利用してデータをやり取りするものを **Web API** という。

(6) 探索と整列のプログラム

・**探索**…データの中から目的のデータを探すこと。代表的なアルゴリズムとして，**線形探索**，**二分探索**がある。

・**整列（ソート）**…指定した順にデータを整列すること。代表的なアルゴリズムとして，**バブルソート**，**選択ソート**，**挿入ソート**，**クイックソート**がある。

◆本書で扱う共通テスト用プログラム表記について

本書で扱うプログラム表記は，2022年11月に大学入試センターから公表された「共通テスト用プログラム表記の例示」をもとに作問している。以下は，その例示をもとに記述例を示した。ただし，実際の試験では，説明文書の記述内容に従わない形式で出題することもあるとのことなので注意すること。

○変数と演算

・**変数と値**…変数名は英数字とアンダースコア「_」で定義し，小文字から始まるものは変数，大文字から始まるものは配列を表す。

　例　変数：**goukei**，配列：**Nedan**，配列の要素：**Nedan[1] Zahyou[x, y]**

　　※配列の添字は [0] から始まる。

・**値の代入**…代入は「=」で表現する。

　例　**goukei = 78.9, Nedan[15] = 38, Nedan = [43,55,87,91]**

　　※「,」で区切り1行で複数記述できる。

　例　**Nedan** のすべての値を **0** にする ※配列のすべての要素に同じ値を代入する指示

　　文字列は「"」（ダブルコーテーション）で囲む。

　例　**message = "終了しました", message = "合計" + goukei + "円です"**　※ **+** で連結できる。

・**算術演算**…「+」「-」「*」「/」で四則演算を指定する。「÷」は整数の除算の商を返し，「%」は余りを返す。

　　べき乗は「**」で表す。

　例　**kotae = 7 * 3**（**kotae** には **21** が代入される）

　例　**syou = 7 ÷ 3**（**syou** には **2** が代入される）　**amari = 7 % 3**（**amari** には **1** が代入される）

・**比較演算**…「==」「!=」「>」「>=」「<」「<=」で比較演算を指定する。

　　「=」「!=」は，文字列の比較にも使用することができる。

・**論理演算**…「and」（論理積），「or」（論理和），「not」（否定）を使用することができる。

　例　**kotae >= 10 and kotae < 20**　**kotae** の値が **10** 以上かつ **20** 未満の場合に真となる

○制御文

・**条件分岐**…条件が成り立つかどうかによって処理が分岐する。

形式1　＜条件＞が成り立つ場合に処理を実行する。

```
もし＜条件＞ならば：            もし tokuten <= 50 ならば：
│ 処理1                        └ seiseki = "C"
└ 処理2
```

形式2　条件が成り立つ場合に処理1を実行し，成り立たない場合は処理2を実行する。

```
もし＜条件＞ならば：            もし tokuten <= 50 ならば：
│ 処理1                        │ seiseki = "C"
そうでなければ：                そうでなければ：
└ 処理2                        └ seiseki = "B"
```

形式3　条件1が成り立つ場合に処理1を実行し，成り立たない場合に条件2が満たされれば処理2を実行する。条件1も，条件2も成り立たない場合は処理3を実行する。

```
もし＜条件1＞ならば：           もし tokuten <= 50 ならば：
│ 処理1                        │ seiseki = "C"
そうでなくもし＜条件2＞ならば：  そうでなくもし tokuten <= 80 ならば：
│ 処理2                        │ seiseki = "B"
そうでなければ：                そうでなければ：
└ 処理3                        └ seiseki = "A"
```

・**繰返し**…条件が成り立つ間，処理を繰り返し実行する。

形式１　実行前に判定を行う。そのため，１回も実行されない可能性もある。

```
< 条件 > の間繰り返す：
└処理
```

例

```
i <= 10の間繰り返す：
│ goukei = goukei + i
└i = i + 1
```

形式２　一般のプログラミング言語の for 文に相当する。変数の値を増やしながら，条件が成り立つ間は処理を繰り返す。「増やしながら」を「減らしながら」にして，変数の値を減らしながら繰り返すこともできる。

```
< 変数 > を < 初期値 > から < 終了値 > まで < 差分 > ずつ増やしながら繰り返す：
└処理
```

例

```
iを10から1まで1ずつ減らしながら繰り返す：
└goukei = goukei + i
```

○関数

・**値を返す関数**…戻り値のある関数を定義することができる。関数の動作については原則として問題文で定義される。

値を返す関数の定義例

値 **m** 以上値 **n** 以下の整数をランダムに一つ返す関数「乱数(**m,n**)」を用意する。

使用例　**saikoro = 乱数(1, 6)**

・**値を返さない関数**…代表的な値を返さない関数として「表示する」関数がある。「表示する」関数については，動作が問題文で定義されない可能性があるため注意する。

表示する関数は，以下のように記載すると，**data1**，文字列１，**data2** を連結して表示する。

表示する(**data1,"** 文字列1**",data2**)

使用例　表示する(" 合計は ", **goukei,**" です ")

○その他

・**コメント**…**#** 以降は実行されない記述となり，コメントと呼ばれる。実際のプログラムでは，プログラムの意味や意図を人間に伝えるためのメモとして利用される。問題中のプログラムにコメントがある場合は，出題の意図を正しく理解するために，コメントにも注意した方がよい。

実戦問題

27 論理回路・真理値表

難易度	目安	速習
★★★	8分	✓

コンピュータでは2進法の「0」「1」，電圧の正負や高低などの二つの信号で，演算や制御を行う。A基本的な論理演算には「論理和」・「論理積」・「否定」の3種類があり，どのような複雑なものでもこれら三つの組合せで計算を行うことができる。この演算や制御を行う回路のことを論理回路といい，組合せは回路図や図記号で表される。また，入力と出力の関係は，すべての入力の組合せと対応する出力の関係を示す表である真理値表を用いて表す。

問1　下線部Aに関して，それぞれの論理演算を行う論理回路の名称として最も適当なものの組合せを，次の⓪～⑤のうちから一つ選べ。［ア］

	論理和	論理積	否定
⓪	AND 回路	NOT 回路	OR 回路
①	AND 回路	OR 回路	NOT 回路
②	NOT 回路	AND 回路	OR 回路
③	NOT 回路	OR 回路	AND 回路
④	OR 回路	AND 回路	NOT 回路
⑤	OR 回路	NOT 回路	AND 回路

問2　次の図は，基本的な論理演算である三つの回路の図記号を表している。図記号に対応する最も適当な真理値表［イ］～［エ］を，後の⓪～⑧のうちから一つずつ選べ。

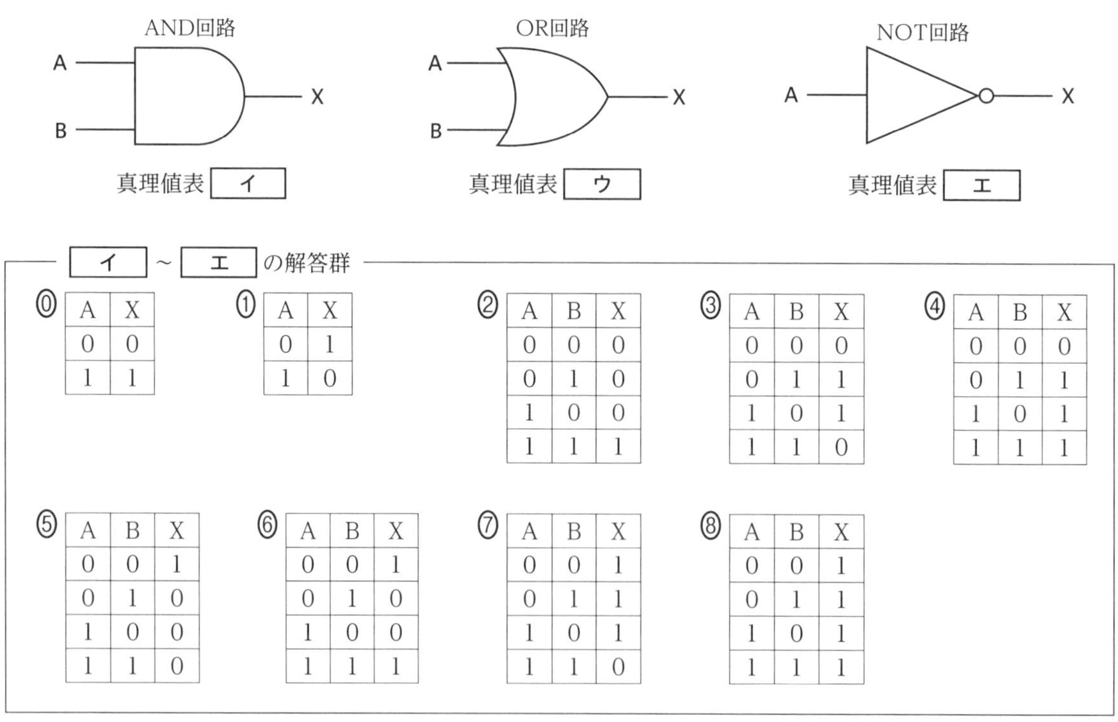

［イ］～［エ］の解答群

⓪

A	X
0	0
1	1

①

A	X
0	1
1	0

②

A	B	X
0	0	0
0	1	0
1	0	0
1	1	1

③

A	B	X
0	0	0
0	1	1
1	0	1
1	1	0

④

A	B	X
0	0	0
0	1	1
1	0	1
1	1	1

⑤

A	B	X
0	0	1
0	1	0
1	0	0
1	1	0

⑥

A	B	X
0	0	1
0	1	0
1	0	0
1	1	1

⑦

A	B	X
0	0	1
0	1	1
1	0	1
1	1	0

⑧

A	B	X
0	0	1
0	1	1
1	0	1
1	1	1

問3　基本的な三つの回路を次の図のように組合せると，1桁ずつの2進法の加算を行う「半加算回路」を構成できる。この回路の入力A・Bと出力C・Sの関係を表す最も適当な真理値表を，後の⓪～⑦のうちから一つ選べ。　オ

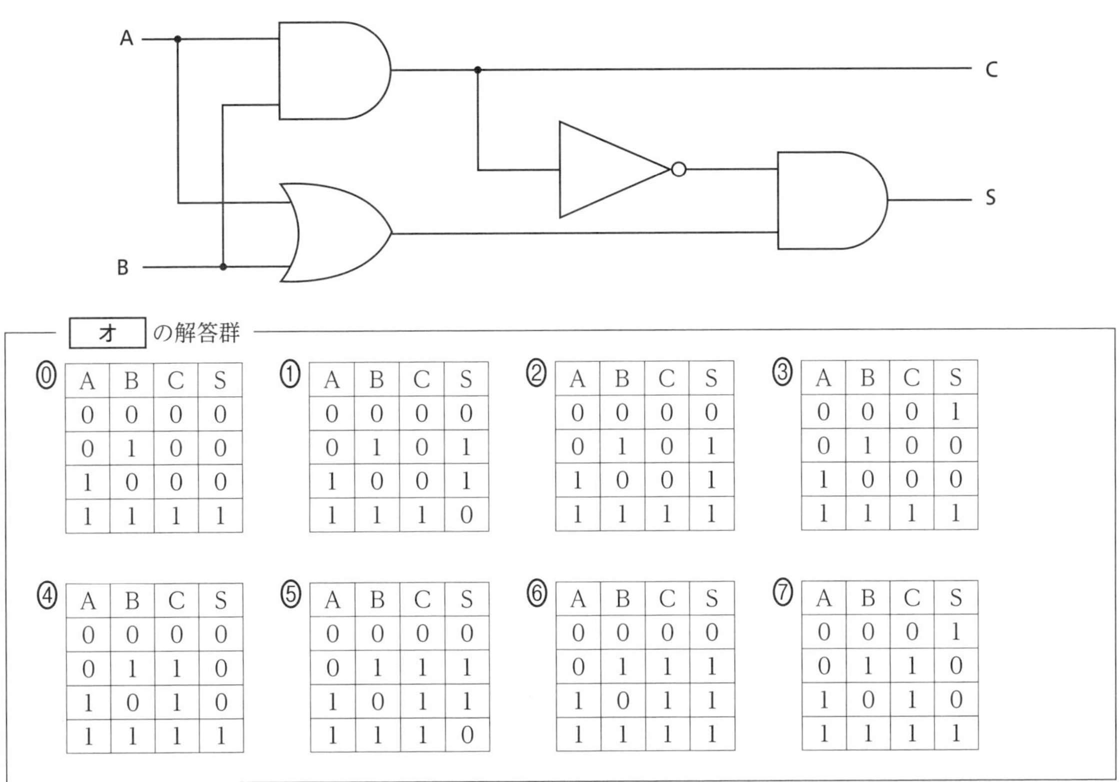

オ の解答群

⓪

A	B	C	S
0	0	0	0
0	1	0	0
1	0	0	0
1	1	1	1

①

A	B	C	S
0	0	0	0
0	1	0	1
1	0	0	1
1	1	1	0

②

A	B	C	S
0	0	0	0
0	1	0	1
1	0	0	1
1	1	1	1

③

A	B	C	S
0	0	0	1
0	1	0	0
1	0	0	0
1	1	1	1

④

A	B	C	S
0	0	0	0
0	1	1	0
1	0	1	0
1	1	1	1

⑤

A	B	C	S
0	0	0	0
0	1	1	1
1	0	1	1
1	1	1	0

⑥

A	B	C	S
0	0	0	0
0	1	1	1
1	0	1	1
1	1	1	1

⑦

A	B	C	S
0	0	0	1
0	1	1	0
1	0	1	0
1	1	1	1

問4　問3の半加算回路を二つ組合せると，下位からの桁上げを考慮した演算を行うことができる。次の図の入力A・B・C_{in}のすべてに1が入力された場合の出力C_{out}・Sの最も適当な組合せを，後の⓪～③のうちから一つ選べ。　カ

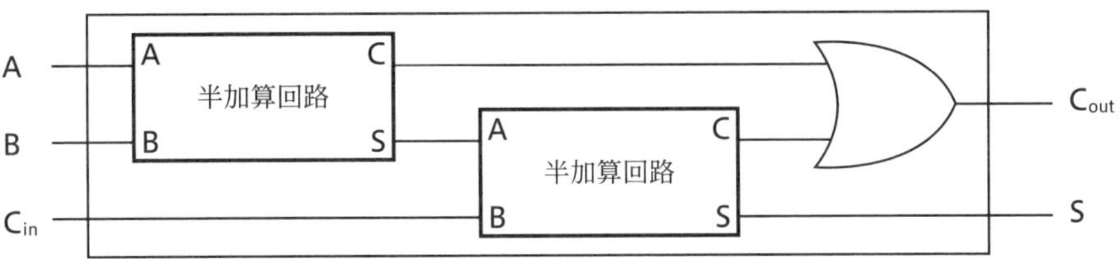

	出力 C_{out}	出力S
⓪	0	0
①	1	0
②	0	1
③	1	1

実戦問題

28 組合せ回路

難易度 ★★★　目安 12分　速習

論理演算はAND・OR・NOTの三つの回路の組合せで計算できる。またAND回路の演算は，次のようにOR・NOT回路の組合せだけでも表現できる。

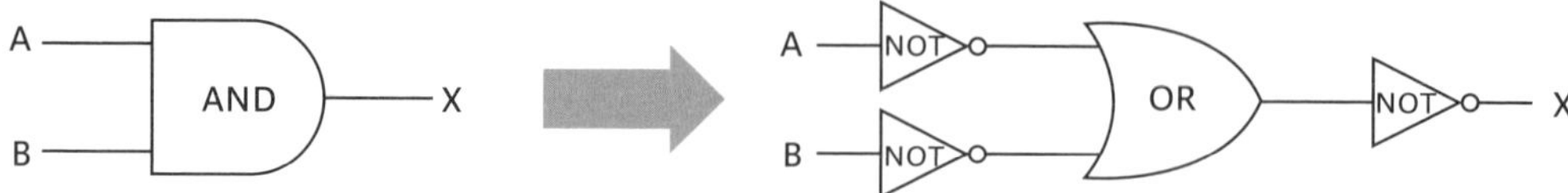

すべての論理演算はAND回路の出力をNOT回路で反転させたNAND回路の組合せでできるため，実際の電子部品では多数のNAND回路を組合せて構成されることが多い。次の図のように，OR回路の出力をNOT回路で反転させたNOR回路でも，NAND回路と同じくすべての論理演算を表現できる。

問1 AND・OR・NOT回路をNOR回路だけで表した場合，回路の種類と回路図の最も適当な組合せを，次の⓪～⑤のうちから一つ選べ。 ア

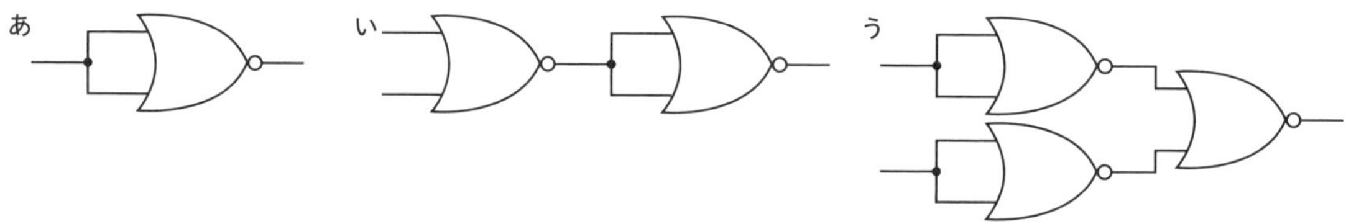

	AND回路	OR回路	NOT回路
⓪	あ	い	う
①	あ	う	い
②	い	あ	う
③	い	う	あ
④	う	あ	い
⑤	う	い	あ

問 2　状況 a・b の図と説明の動作と同じ働きをする論理回路を，次の⓪〜⑤のうちから一つずつ選べ。

状況 a「階段の電灯」：［　イ　］

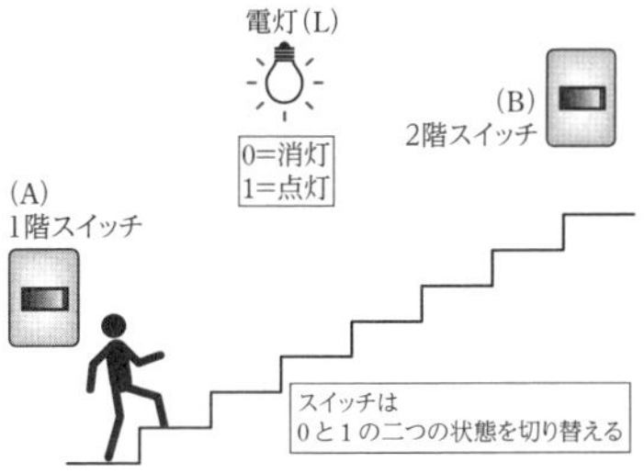

1 階スイッチ（A）と 2 階スイッチ（B）のどちらでも電灯（L）の消灯と点灯を切り替えられる。
（例：1 階から 2 階へ階段を上る際に 2 階スイッチ（B）が 0 のとき，1 階スイッチ（A）が 1 で点灯，2 階へ到着したら，2 階スイッチ（B）を 1 にして消灯）

状況 b「プレス機の安全装置」：［　ウ　］

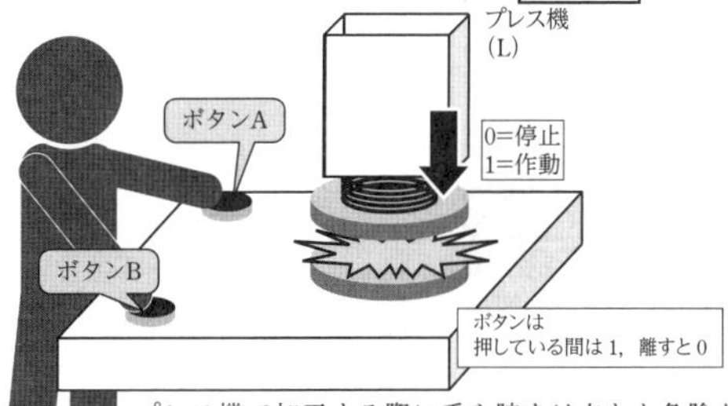

プレス機で加工する際に手や腕をはさむと危険なので，両手でボタン A とボタン B をそれぞれ同時に押すことでプレス機が作動する。片方の手を離すと停止する。

［　イ　］・［　ウ　］の解答群

⓪

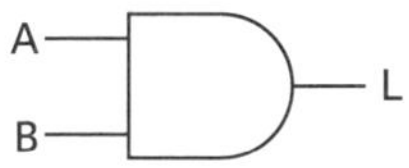

①

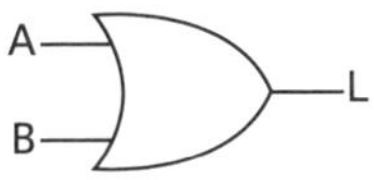

②

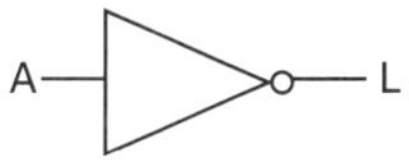

③

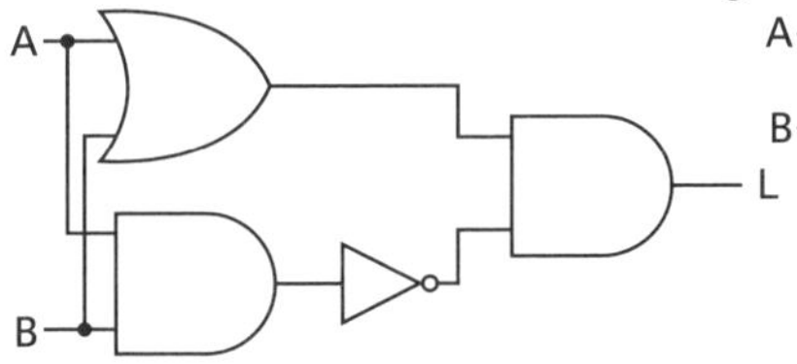

④

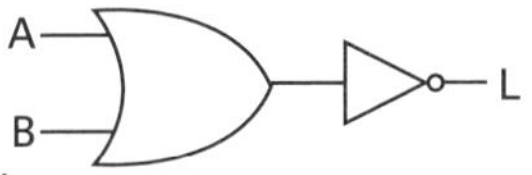

⑤

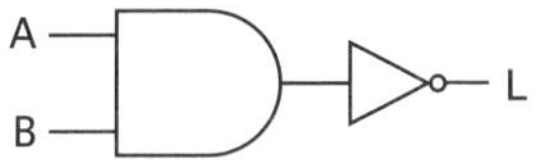

問 3　状況 c・d の説明の動作が実現できる論理回路の真理値表を，次の⓪〜④のうちから一つずつ選べ。

状況 c：［　エ　］

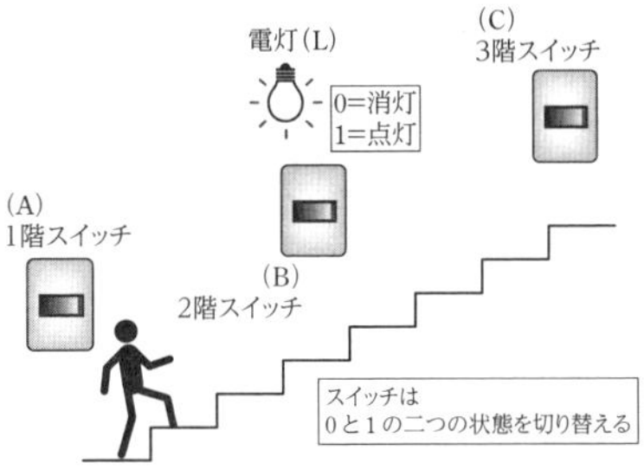

1 階（A）2 階（B）3 階（C）の 3 箇所にスイッチがあり，どのスイッチでも電灯（L）の消灯・点灯が切り替えられる。

状況 d：［　オ　］

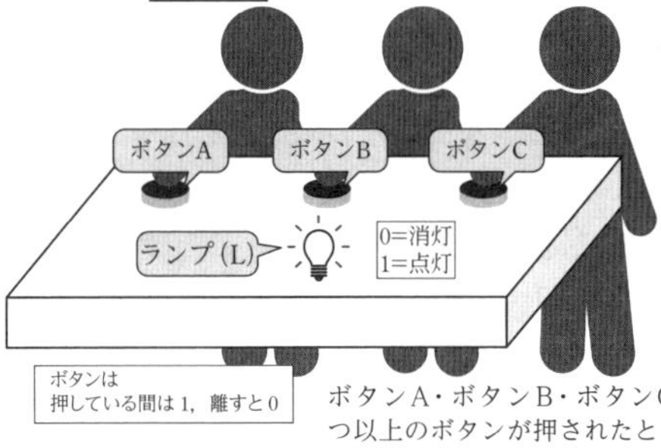

ボタン A・ボタン B・ボタン C のうち二つ以上のボタンが押されたときにランプ（L）が点灯する。

［　エ　］・［　オ　］の解答群

⓪

入力			出力
A	B	C	L
0	0	0	0
0	0	1	0
0	1	0	0
0	1	1	0
1	0	0	0
1	0	1	0
1	1	0	0
1	1	1	1

①

入力			出力
A	B	C	L
0	0	0	0
0	0	1	1
0	1	0	1
0	1	1	0
1	0	0	1
1	0	1	0
1	1	0	0
1	1	1	1

②

入力			出力
A	B	C	L
0	0	0	0
0	0	1	0
0	1	0	0
0	1	1	1
1	0	0	0
1	0	1	1
1	1	0	1
1	1	1	1

③

入力			出力
A	B	C	L
0	0	0	0
0	0	1	1
0	1	0	1
0	1	1	1
1	0	0	1
1	0	1	1
1	1	0	1
1	1	1	1

④

入力			出力
A	B	C	L
0	0	0	1
0	0	1	0
0	1	0	0
0	1	1	0
1	0	0	0
1	0	1	0
1	1	0	0
1	1	1	0

実戦問題

29 コンピュータの構成

難易度	目安	速習
★★★	10分	✓

太郎さんと花子さんの会話文を読み，後の問い（問１～６）に答えよ。

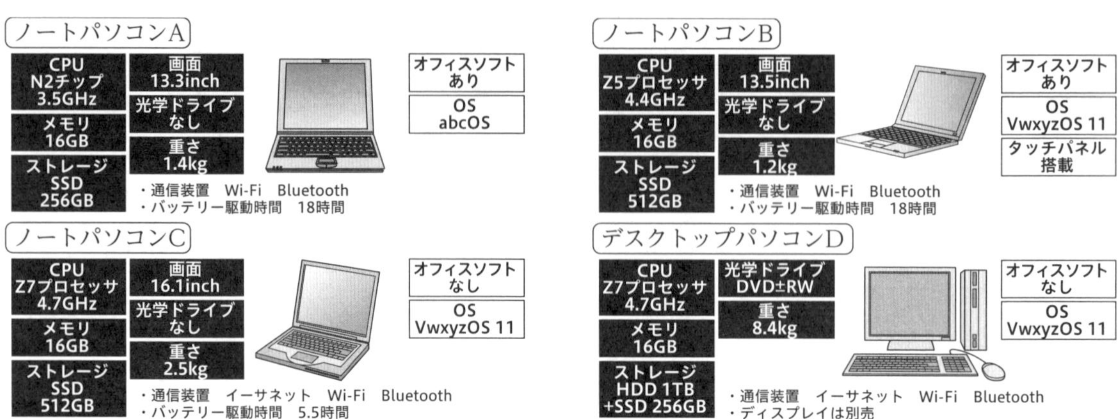

図１　お店のチラシ

表１　チラシに掲載されたパソコンの CPU の仕様

パソコン A の CPU…「E」 Y 社製　N2チップ クロック周波数3.5GHz（8 コア）	パソコン B の CPU…「F」 Z 社製　Z5プロセッサ クロック周波数4.4GHz（10コア）	パソコン C と D の CPU…「G」 Z 社製　Z7プロセッサ クロック周波数4.7GHz（16コア）

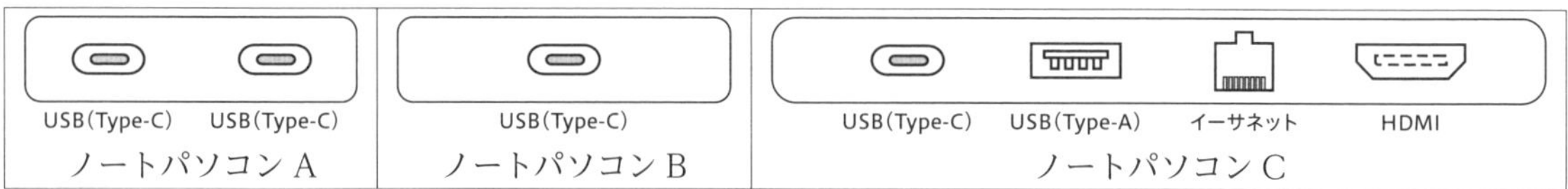

図２　チラシに掲載されたノートパソコンのインタフェース

太郎：新しくパソコンを買いたいのだけど迷ってしまって。お店のチラシ（図１）があるから一緒に見て欲しいな。

花子：いろんな種類があるから，用途や使いたい機能に合わせて選ぶのがいいよ。持ち出さずに家の中で使うか，外に持ち出していろんなところで使うか，どっちを考えているのかな。

太郎：学校の授業中に使いたいし，１時間目から６時間目までずっと使いたいからバッテリーの持ちがよいノートパソコンにしようと思う。

花子：Aどの OS のパソコンにするかは決めてる？

太郎：学校のパソコンは「VwxyzOS」だから，同じものがインストールされているパソコンにするよ。

花子：新しいパソコンを買ったら，どんなことに使うの？

太郎：レポートやプレゼン発表のスライド作成など授業の課題に取り組めるようにしたいんだ。あとは，所属しているクラブの部費の会計処理もしたいと思ってる。

花子：それなら，どんなアプリケーションソフトウェアを一緒に買うのかも決めておいた方がよさそうね。

太郎：チラシに載っているパソコン以外にも，同じ見た目でも色んな価格のものがあって，迷ってしまいそう。

花子：パソコン本体に内蔵されている BCPU やメモリ，ストレージの容量や性能の組合せによって価格が変わるよ。

太郎：カメラで撮った写真をたくさん保存したいから，ストレージ容量が大きい機種にするよ。でも，容量がいっぱいになったらパソコンを買い換える必要があるってこと？

花子：外付けタイプの C記憶装置があるから，必要に応じてデータを取り出して管理するのがいいよ。

太郎：これで安心してパソコンが買えるよ。ありがとう。

問1　下線部Aに関して，OSに関する記述として**適当でないもの**を，次の⓪〜③のうちから一つ選べ。 ア

⓪　あるOS用に作られたアプリケーションソフトウェアは，別のOSでは動作させることができない。
①　パソコンのOSは基本機能を提供するので，一度導入すると後から別のOSに変更できない。
②　パソコンでは，OSが提供する機能により複数のアプリケーションソフトウェアを同時に実行できる。
③　利用者がパソコンを直感的に操作できるよう，OSは画面やボタンなどの機能を提供する。

問2　ノートパソコンBは画面に直接触れて操作できるタッチパネルを搭載した機種である。ほかの入力装置と比較した際に，タッチパネルの特徴を表す記述として最も適当なものを，次の⓪〜③のうちから一つ選べ。 イ

⓪　画面で操作手順を確認しながら使用できるため，目の不自由な人でも簡単に利用できる。
①　画面に直接触れて操作できるため，キーボードに比べて文字入力が速くなり効率がよい。
②　入力装置と出力装置が一体化されているため，パソコン全体のサイズが大型化してしまう。
③　指での操作ではマウスに比べて細かな位置指定が難しく，ボタンなどの表示要素を大きくしなければならない。

問3　下線部Bに関して，表1のCPUの記述として最も適当なものを，次の⓪〜③のうちから一つ選べ。 ウ

⓪　CPU「G」と同じ種類のCPUで，コア数が1.5倍になると，処理速度も1.5倍に速くなる。
①　コンピュータの性能には，CPUと主記憶装置との情報のやり取りの速さも大きく影響する。
②　同じ計算処理を行った場合，CPU「F」の方が「G」より短い時間で終了する。
③　同じ種類のCPUでクロック周波数も同じ場合，コア数が小さい方が処理時間は速い。

問4　下線部Cの記憶装置に関する記述として最も適当なものを，次の⓪〜③のうちから一つ選べ。 エ

⓪　SSDの方が新しい規格であり，HDDに比べて安価で大容量のものが提供されている。
①　SSDはHDDに比べて厚形で重量があるため，デスクトップパソコンによく利用されている。
②　SSDは動く部品がないため，ディスクを回転させるHDDに比べて衝撃や振動に強く耐久性が高い。
③　SSDは電気的にデータを記録するため，HDDに比べて消費電力が多く，バッテリーの持ちが悪い。

問5　図2のインタフェースに関する記述として最も適当なものを，次の⓪〜③のうちから一つ選べ。 オ

⓪　USBが一つだけあるノートパソコンBは，周辺機器を1台のみ接続することができる。
①　ノートパソコンA・B・Cのいずれも外付けタイプの記憶装置を接続し，データ保存ができる。
②　プロジェクタや外付けディスプレイには，HDMIがあるノートパソコンCのみ画面出力できる。
③　インターネットに接続できるのは，イーサネットがあるノートパソコンCのみである。

問6　太郎さんと花子さんの会話文より，図1のチラシの4機種の中から，太郎さんの用途にあったパソコンとして最も適当なものを，次の⓪〜③のうちから一つ選べ。 カ

⓪　ノートパソコンA　　①　ノートパソコンB　　②　ノートパソコンC
③　デスクトップパソコンD

第3章

実戦問題 30 仮想コンピュータでの動作

難易度	目安	速習
★★★	12分	

次の仮想コンピュータに関する仕様と基本構成を読み，後の問い（**問１ ～ ４**）に答えよ。

・主記憶装置は番地が０から順に割り振られ，０ ～ ９番地には命令が，10番地以降はデータが保存されている。
・プログラムカウンタには，次にどの番地の命令を取り出すかが読み込まれている（初期値は０）。
・データレジスタは主記憶装置から取り出したデータを一時的に保存でき，レジスタＡ～Ｃの３種類がある。
・加算や減算の演算結果により変化する条件コードレジスタ（２ビット）がある。
・表１のようなプログラミング言語の命令を組合せて動作させることができる。

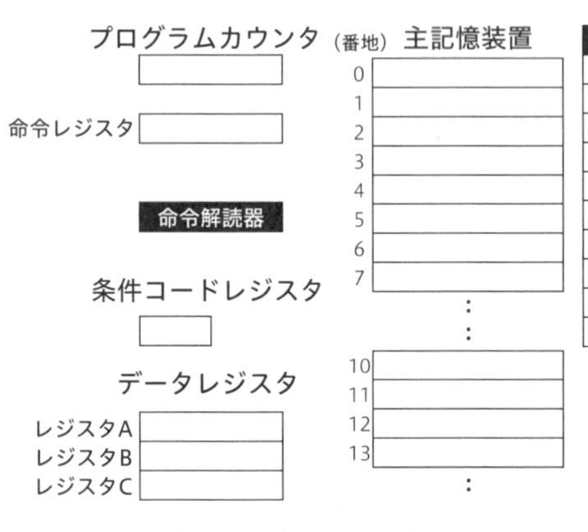

図１　仮想コンピュータの基本構成

表１　仮想プログラミング言語命令一覧

命令	説明
READ x,y	xにyのデータを呼び出す。
WRITE x,y	xにyのデータを書き込む。
ADD x,y	xとyの和（x+y）を求め，計算結果をxに記憶する。※
SUB x,y	xとyの差（x−y）を求め，計算結果をxに記憶する。※
CMP x,y	xとyの差（x−y）を求める。（フラグの変更だけ）※
JP x	条件コードレジスタが00または01のとき，プログラムカウンタをxにする。
JM x	条件コードレジスタが10のとき，プログラムカウンタをxにする。
JNZ x	条件コードレジスタが00または10のとき，プログラムカウンタをxにする。
JZ x	条件コードレジスタが01のとき，プログラムカウンタをxにする。
STOP	プログラムを停止する。

※の命令を実行後　条件コードレジスタは次のようになる。

計算結果	条件コードレジスタ
計算結果が正の数	00
計算結果が負の数	10
計算結果が0	01

(番地)	主記憶装置（プログラムA）	主記憶装置（プログラムB）	主記憶装置（プログラムC）	主記憶装置（プログラムD）
0	READ A,(10)	READ A,(10)	READ A,(12)	READ A,(12)
1	ADD A,(11)	SUB A,(11)	READ B,(11)	READ B,(12)
2	WRITE (12),A	WRITE (12),A	ADD A,(10)	ADD B,(11)
3	STOP	STOP	SUB B,(13)	ADD A,B
4			JNZ(2)	CMP B,(10)
5			WRITE(12),A	JNZ(2)
6			STOP	WRITE(12),A
7				STOP
：	：	：	：	：
10	3	3	5	5
11	5	5	3	1
12			0	0
13			1	
：	：	：	：	：

プログラムA　　プログラムB　　プログラムC　　プログラムD

図１の主記憶装置内に読み込んだプログラムＡでの演算を命令実行順に表すと次のようになる。

実行開始時	プログラムカウンタを「0」にする（次に０番地の命令を解読する）。
０番地の命令	レジスタＡに10番地の内容を取り込み，プログラムカウンタを＋１する。
１番地の命令	レジスタＡの内容と11番地の内容の和を求め，計算結果をレジスタＡに記憶させ，計算結果に基づいて条件コードレジスタを変化させ，プログラムカウンタを＋１する。
２番地の命令	12番地へレジスタＡの内容を書き込む。プログラムカウンタを＋１する。
３番地の命令	プログラムを停止する。

問1 次の(1), (2)に書き込まれた内容として最も適当なものを，後の⓪～⑥のうちから一つずつ選べ。

(1) プログラムAを最後まで実行した結果，12番地に書き込まれた内容。 ア

(2) プログラムAの1番地の命令を「SUB A, (11)」と書き換えプログラムBを作成した。これを最後まで実行した結果，12番地に書き込まれた内容。 イ

ア ・ イ の解答群

⓪ −2　① 0　② 2　③ 3　④ 5　⑤ 8　⑥ 24

問2 プログラムBを最後まで実行した結果，条件コードレジスタはどのようになっているか，最も適当な組合せを，次の⓪～③のうちから一つ選べ。 ウ

	条件コードレジスタ
⓪	00
①	01
②	10
③	11

問3 プログラムCでの演算を命令実行順に表すと次のようになる。空欄 エ ～ ケ に入れるのに最も適当なものを，後の解答群のうちから一つずつ選べ。

実行開始時	プログラムカウンタを「0」にする（次に0番地の命令を解読する）。
0番地の命令	エ へ12番地の内容を取り込み，プログラムカウンタを＋1する。
1番地の命令	オ へ11番地の内容を取り込み，プログラムカウンタを＋1する。
2番地の命令	エ の内容と10番地の内容を カ した結果を エ に取り込み，計算結果に基づいて条件コードレジスタを変化させ，プログラムカウンタを＋1する。
3番地の命令	オ の内容と13番地の内容を キ した結果を オ に取り込み，計算結果に基づいて条件コードレジスタを変化させ，プログラムカウンタを＋1する。
4番地の命令	ク が「 ケ 」のとき，プログラムカウンタを「2」にする（次に2番地の命令を解読する）。 ク が「 ケ 」でなければ，プログラムカウンタを＋1する。
5番地の命令	12番地へ エ の内容を書き込む。プログラムカウンタを＋1する。
6番地の命令	プログラムを停止する。

エ ～ ク の解答群

⓪ レジスタA　① レジスタB　② レジスタC
③ 条件コードレジスタ　④ 加算　⑤ 減算

ケ の解答群

⓪ 00　① 01　② 10　③ 11
④ 00または01　⑤ 00または10　⑥ 01または10

問4 プログラムCとDはどのような計算をするプログラムなのか，最も適当なものを，次の⓪～⑦のうちから一つずつ選べ。

プログラムC コ ，プログラムD サ

コ ・ サ の解答群

⓪ 1+1+1　① 1+1+1+1+1　② 1+2+3　③ 1+2+3+4+5
④ 5+1　⑤ 5−1　⑥ 5−3　⑦ 5+5+5

第3章

実戦問題

31 CPUの処理能力

難易度	目安	速習
★★★	15分	

次の会話文を読み，後の問い（問１～７）に答えよ。

マサ：コンピュータの歴史を調べる課題に取り組んでいるんだけど，世界初のワンチップCPU「4004」は日本のメーカーが電卓の販売を計画するために，開発を依頼したのがきっかけで誕生したんだって知ってた？

トシ：アメリカのシリコンバレーにある会社の製品だとは知っていたけど，日本の会社も大きく関係してたんだね。

マサ：それまでの電卓は物理的な配線とたくさんのトランジスタを組合せて作られていたんだけど，「4004」では［ ア ］を変更しなくても［ イ ］であるプログラムを変更することで，複数の機能を実現できるプログラム記憶方式が採用され，電卓だけでなく様々な用途に応用できるCPUが誕生したんだ。

トシ：へぇ，そうなんだ。今使っているパソコンのCPUと同じなのかな？

マサ：基本的な原理は同じで，プログラム記憶方式は［ ウ ］装置に記憶された命令やデータを，CPUに内蔵されている高速な記憶装置である［ エ ］に読み込み実行する。読み込んだ命令によってCPU内の［ オ ］装置によって各装置へ動作が指示される。［ カ ］装置を用いて加算・減算やデータの比較を行い，結果は［ ウ ］装置に記憶させるという動作になるよ。

トシ：電卓へ計算の指示をすることや計算結果を知るためには他にも装置が必要だね。

マサ：外部から指示やデータを読み込むためのものが［ キ ］装置で，計算結果は［ ク ］装置から取り出すことになるね。それと［ ウ ］装置は電源を切ると内容が消えてしまうから，［ ケ ］装置に書き込んでデータを消えないように保存することも必要だね。

トシ：今のコンピュータと比べるとどれくらいの性能なんだろう。

マサ：資料をみると表1のようになるね。「4004」の発売から50年たった2021年に発売されたプロセッサAと比べると，集積されたトランジスタ数で比べても400万倍以上あるよ。

表1　CPUの性能比較

名称	発売年	クロック周波数	平均CPI※	レジスタ長	集積規模（トランジスタ数）
4004	1971	750kHz	10	4bit	約2300
プロセッサA	2021	2.4GHz	0.8	64bit	約100億

※ CPIは一つの命令を実行するために必要なクロック数を表す。

トシ：CPUの高速化，高性能化のスピードは驚異的だね。でも，プロセッサAの平均CPIの項目をみると0.8って表にあるけど，間違いじゃないかな？

マサ：確かに，どんな命令でも1サイクルを実行するのに最低1クロックは必要だよね。でも，今のコンピュータのCPUは，一つのチップに複数のコアを搭載して高速化する技術が使われているんだ。それで，1クロックの時間の中で複数の命令が実行されるから，平均するとCPIが1を下回ることになるんだ。

トシ：そうなんだね。ということはコアの数をさらに倍にすれば，もっともっと性能が上がりそう。

マサ：そう簡単にはいかなくて，A<u>いろんな高速化の技術があっても限界があるんだ</u>。

トシ：じゃあ，今後もっと性能を上げていくためには，クロック周波数をどんどん高くしていくことになるんだね。

マサ：確かに計算の速度は速くなるんだけど，例えばトシさんはスマートフォンを購入するときに何を基準に機種を選んでる？

トシ：写真をたくさん撮るからカメラの画素数とストレージの保存容量，画面の大きさ，それと充電1回分で動作できる時間を考えて選んでいるよ。

マサ：そうだよね，コンピュータを使う上での性能っていうのは速さだけじゃないんだ。それと，クロック周波数が高くなるとB<u>CPUがより電力を消費し発熱しやすくなるんだ</u>。だから高性能なCPUだと電池消費が早くなるんだね。

問1　文章中の空欄［ア］～［ケ］に入れるのに最も適当なものを，次の⓪～⑧のうちから一つずつ選べ。

［ア］～［ケ］の解答群

⓪ ソフトウェア	① ハードウェア	② レジスタ	③ 演算	④ 主記憶
⑤ 出力	⑥ 制御	⑦ 入力	⑧ 補助記憶	

問2　表1のレジスタ長は，一つのレジスタ（記憶領域）が最大何ビットで情報を記憶できるかを表している。プロセッサAがレジスタ（記憶領域）に記憶できる情報量（表現できる情報の組合せの数）は，CPU「4004」に比べて何倍になるか最も適当なものを，次の⓪～⑤のうちから一つ選べ。［コ］

⓪ 2倍　① 2^2倍　② 2^4倍　③ 2^{16}倍　④ 2^{60}倍　⑤ 2^{64}倍

問3　例えば「2＋3」の加算を行うためには，加算を実行するという命令だけでなく，2や3のデータがどこに記憶されているか，また計算後のデータをどこに記憶させるかなどを指定して実行する。一つの命令を実行する際の1サイクルにおいては，以下の五つの段階の動作に分けられる。次の図の空欄［サ］～［ス］に入れるのに最も適当なものを，次の⓪～②のうちから一つずつ選べ。

（命令実行の1サイクル）
命令の取り出し → ［サ］ → ［シ］ → ［ス］ → データの書き出し

［サ］～［ス］の解答群

⓪ データの取り出し　① 命令の解読　② 命令の実行

問4　表1において，CPU「4004」の処理速度はクロック周波数で示されている。1クロックサイクルを実行する時間として最も適当なものを，次の⓪～⑤のうちから一つ選べ。［セ］

⓪ 1.33秒	① 7.5秒	② 1.33×10^{-3}秒
③ 7.5×10^{-3}秒	④ 1.33×10^{-6}秒	⑤ 7.5×10^{-6}秒

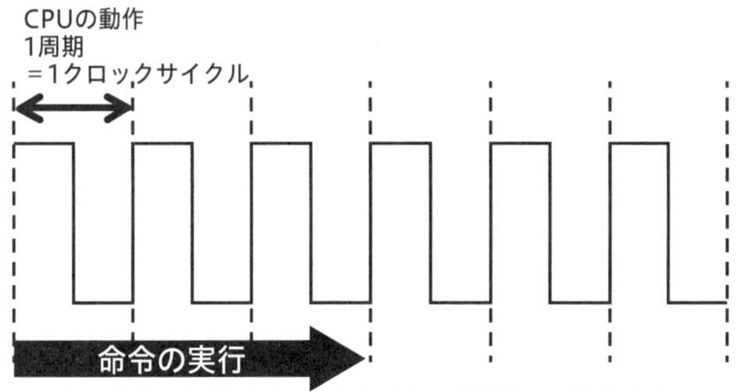

図1　クロック信号とCPI

問5　CPUのクロック信号とCPIの関係は，図1のように表される。同じ内容のプログラムを実行した際に，プロセッサAは4004に比べ，何倍の速度で実行できるかを，表1のデータを元に計算したとき最も適当なものを，次の⓪～⑥のうちから一つ選べ。［ソ］

⓪　0.256倍　①　12.5倍　②　16倍　③　40倍
④　256倍　⑤　3200倍　⑥　40000倍

問6　下線部AのCPUの動作の高速化に関する説明をした文章のうち**適当でないもの**を，次の⓪～④のうちから二つ選べ。［タ］・［チ］

⓪　ある命令の実行結果を元に別の命令を実行するプログラムの場合，前の命令の実行結果が確定するまでは次の命令を実行することができない。
①　一つのチップに搭載されるコアの数が2倍になると，時間内に処理できる命令の数はちょうど2倍になる。
②　一つの命令を複数の段階に分割し，それぞれの処理を別の回路で実行することで，命令の実行を同時に行うことができる。
③　プログラムの条件分岐命令によって実行の流れが二つに分かれる場合，あらかじめ両方の結果を想定して命令を読み込み，どちらの条件になっても処理が中断しないようにしている。
④　プログラムを実行するうえで，将来実行が必要となる可能性のある命令をあらかじめ読み込み，結果を用意しておくことができる。

問7　下線部Bのように，CPUが計算処理を行うと電力を消費し発熱し，高性能なCPUほどその消費電力や発熱は高くなる。表2のTDPはCPUの設計上想定される最大放熱量を表す（単位はW［ワット］）。次の条件に合うプロセッサとして最も適当なものを，次の⓪～②のうちから一つずつ選べ。ただし，表2以外の条件はすべて同じであるものとする。

・三つの中で一番動作が高速なプロセッサ［ツ］
・消費電力が少なく，ノートパソコンでの使用に適しているプロセッサ［テ］

表2　プロセッサのコア数・クロック周波数・TDP

	コア数	クロック周波数	TDP
プロセッサX	4	2.1GHz	15W
プロセッサY	4	3.0GHz	65W
プロセッサZ	8	3.0GHz	65W

［ツ］・［テ］の解答群

⓪　プロセッサX　①　プロセッサY　②　プロセッサZ

実戦問題

32 演算誤差

難易度	目安	速習
★★★	15分	

次の生徒（S）と先生（T）の会話文を読み，後の問い（**問1 ～ 8**）に答えよ。

S：あるお店で商品の販売をする際に利用する会計処理用のレジを，自作のプログラムで作ろうと考えています。
T：それはいい取り組みですね。
S：実は，入力した数値によって計算結果が正しく表示されず，変な表示になることがあって困っています。
T：どのような計算をさせたときに，変な表示になるのでしょうか。
S：商品の税抜金額を入力すると，消費税率10％を含んだ税込の金額が表示されるようにしたいのですが，実際にはこのような表示になってしまいます。税抜が2000円では図1のように正しく税込金額が表示されますが，税抜が200円では図2のように小数点以下に端数が表示されます。

お支払い
税抜 ¥2,000
税込 ¥2,200

図1　正しく表示される場合

お支払い
税抜 ¥200
税込 ¥220.00000000000003

図2　変な表示の場合

T：税込を計算するときは，どんな計算式になっていますか。
S：消費税率が10％なので，税抜金額に1.1をかけて，税込金額を求めています。
T：図2は変な表示に見えますが，コンピュータの計算として間違いではないのです。これを説明するために，コンピュータでは小数をどのように扱っているかを考えてみましょう。
S：コンピュータでは何か特別な計算をしているのでしょうか。
T：円周率πや$\sqrt{2}$のように割り切れず小数点以下の数がずっと並ぶものを［い］といいます。例えば「1 ÷ 3」の答えを10進数で表すとどのような小数になりますか。
S：「0.3333333…」となって割り切れずにずっと3が続きます。
T：これは［い］の中でも，小数点以下に同じ数の並びが繰り返される［ろ］といいます。次に，税込金額を計算するとき出てきた<u>A10進数の小数「1.1」を2進数の小数に変換</u>してみてください。
S：「$1.0\dot{0}01\dot{1}$」の［ろ］になりました。
T：10進数では［は］だったものが，2進数に変換すると［ろ］となる場合があります。コンピュータの場合は，数値を2進数で扱います。また，無限に桁を記録することはできないので，<u>B記録できない桁の部分を四捨五入や切り上げ，または切り捨てをして有効桁数に収めています</u>。そこで誤差が生じ，図2のような表示になってしまうのです。
S：でも，同じ「1.1」をかけているのに，図1のような税抜2000円のときは誤差が生じないのはなぜですか？
T：この言語では，整数や小数にかかわらずすべての数値を64ビットの浮動小数点数で表しているようです。税抜2000円のときは計算結果の誤差が<u>C表現可能な絶対値よりも小さい数</u>となったので，小数点以下がすべて「0」になり，整数として表示されたのでしょう。
S：特にプログラムで小数を扱うときには，気を付けなければなりませんね。
T：お金の計算の場合は1円違うだけでも大きな違いになるので，コンピュータ内部ではどのように数を扱っているか意識することが大事ですね。

問1　文中の空欄 い ～ は に入れるのに最も適当な組合せを，次の⓪～⑤のうちから一つ選べ。 ア

	い	ろ	は
⓪	無限小数	有限小数	循環小数
①	無限小数	循環小数	有限小数
②	有限小数	無限小数	循環小数
③	有限小数	循環小数	無限小数
④	循環小数	有限小数	無限小数
⑤	循環小数	無限小数	有限小数

問2　下線部Aのように，2進数の小数にすると循環小数になる10進数として最も適当なものを，次の⓪～④のうちから一つ選べ。 イ

⓪　$0.125_{(10)}$　①　$0.375_{(10)}$　②　$0.5_{(10)}$　③　$0.525_{(10)}$　④　$0.75_{(10)}$

問3　下線部Bのような処理を行った際に生じる誤差の名称として最も適当なものを，次の⓪～④のうちから一つ選べ。 ウ

⓪　確率誤差　①　相対誤差　②　丸め誤差　③　ランダム誤差　④　量子化誤差

問4　下線部Cのように，浮動小数点数表現を用いた計算において，表現できる最小値を超えてより0に近い小さな数になってしまう誤差の名称として最も適当なものを，次の⓪～③のうちから一つ選べ。 エ

⓪　アンダーフロー　①　オーバーフロー　②　キャッシュフロー　③　ワークフロー

問5　浮動小数点数を表現するためにどの形式を用いるかは，表現できる精度や数値の範囲をどのくらい重視するかによって決める。図3の浮動小数点表現PとQについて正しく記述されているとして最も適当なものを，次の⓪～③のうちから一つ選べ。 オ

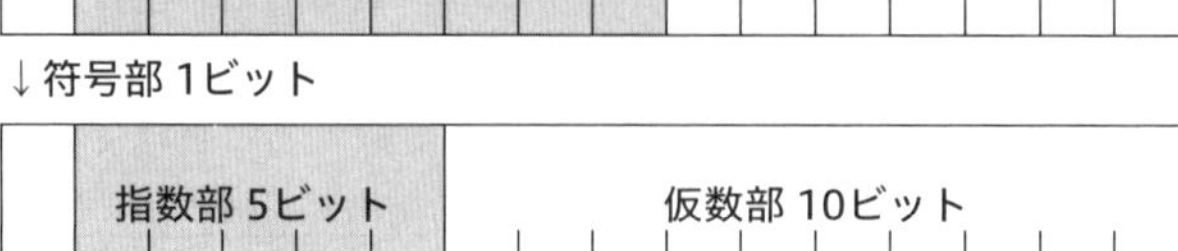

図3　浮動小数点数表現の比較

⓪　PとQは，ともに16ビットで表現されるため，表すことができる精度や数値の範囲は同じである。
①　PとQは，小数を表現するためのものであり，整数を表すことができない。
②　QはPに比べ，仮数部の割り当てビット数が多いため，より有効桁数の大きい数を表すことができる。
③　QはPに比べ，指数部の割り当てビット数が少ないため，より0に近い小さい数を表すことができる。

問6　図4のような16ビットの浮動小数点数表現で表された2進数「00111111 11110000」を10進数の小数に変換したい。文中の空欄に入れるのに最も適当な数値を，次の⓪～⑨のうちから一つずつ選べ。

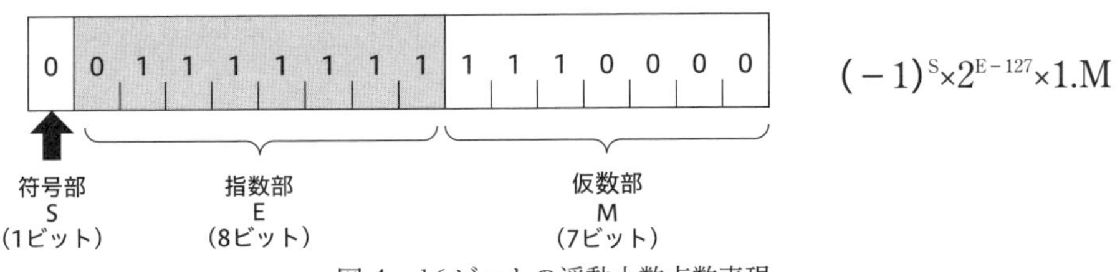

図4　16ビットの浮動小数点数表現

符号部S（1ビット）：「0」は正，「1」は負を表す。

指数部E（8ビット）：乗数（2のべき乗）を表す（実際の数から127を引いた数をEとする）。

仮数部M（7ビット）：有効数字部分。必ず「1.XXX」となるようにし，整数部の1を省略した小数XXXの部分。

なお，指数部E・仮数部Mのビットがすべて「0」のときは，ゼロを表す。

また，指数部Eの8ビットがすべて「1」のときは特殊な意味を表すため，ここでは除外する。

1．符号部Sの1ビットは「0」なので正の数と判断する。

2．指数部Eの8ビットをそのまま10進数に直すと指数部は「［カ］」となるが，この形式ではマイナスの値も表現できるようにE－127としているため，実際の乗数は「$2^{［キ］}$」と表す。

3．仮数部は1.XXXとなるよう指数部を調整している。仮数部Mの7ビットは2進数の小数「1.［ク］」を表す。

以上の1～3により，「00111111 11110000」を10進数に変換すると「1.［ケ］」となる。

［カ］～［ケ］の解答群

⓪ －127　① －63　② 0　③ 1　④ 11

⑤ 63　⑥ 75　⑦ 111　⑧ 127　⑨ 875

問7　問6の図4のような16ビットの浮動小数点数表現を用いる環境において，次のような演算を行った場合に生じる誤差の名称として最も適当な組合せを，次の⓪～⑤のうちから一つ選べ。［コ］

	$(1.5\times2^{9})+(1.5\times2^{1})$	$(1.5\times2^{64})\times(3\times2^{65})$	31.875－31.625
⓪	桁あふれ誤差	桁落ち	情報落ち
①	桁あふれ誤差	情報落ち	桁落ち
②	桁落ち	桁あふれ誤差	情報落ち
③	桁落ち	情報落ち	桁あふれ誤差
④	情報落ち	桁あふれ誤差	桁落ち
⑤	情報落ち	桁落ち	桁あふれ誤差

問8　浮動小数点数と誤差に関する説明として最も適当なものを，次の⓪～③のうちから一つ選べ。［サ］

⓪　浮動小数点数での演算では誤差が生じる場合があるため，科学的な計算やシミュレーションに利用するには適していない。

①　浮動小数点数で表現された数の加算や減算は，計算の順序により計算結果が異なる場合がある。

②　浮動小数点数は整数での演算と比べて高速に処理できるため，どのような数値であっても浮動小数点数に変換するのがよい。

③　浮動小数点数は非常に大きな数や小さな数を表現することができ，どのような数値であってもより誤差を少なく演算することができる。

実戦問題

33 モデル化

難易度	目安	速習
★★★	12分	

問1　次の生徒（S）と先生（T）の会話文を読み，空欄 ア ～ カ に入れるのに最も適当なものを，後の解答群のうちから一つずつ選べ。

S：先生，授業で図的モデルというものがあると習いましたが，どのような図で表すのですか？

T：そうですね。図1のような記号で表現する方法があります。

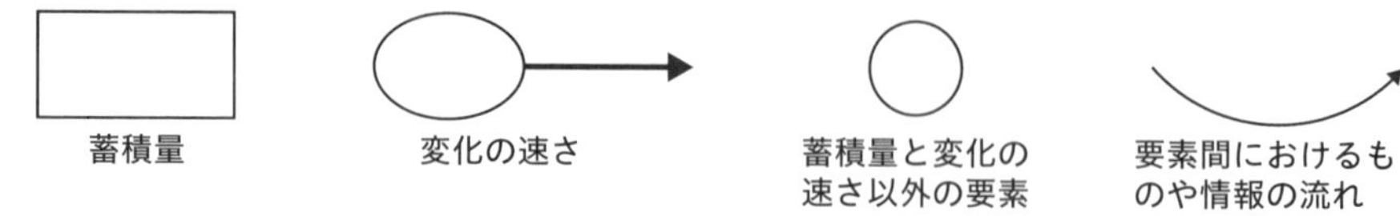

図1　図的モデルで使用する記号

S：このような記号で表現することができる現象はどのようなものがあるのですか？

T：例えば，病気の感染の拡大にかかわる要素などを表現することができます。

S：なるほど。感染症といえばもともと疑問があったのですが，検疫や渡航制限など感染症を国内に持ち込ませない施策はなぜ大切なのでしょうか。ワクチンや治療薬が発達していれば，仮に感染症が持ち込まれても対応できると思うのですが。

T：では，図的モデルを使って考えてみましょう。この話題については様々な論点がありますが，ここでは感染症にかかる人がどのように増えていくかと，ワクチンを打った人がどのように増えていくかに絞って話したいと思います。

S：分かりました。

T：今回は，単純なモデルを作成します。ある期間の新規感染者数は，既存の感染者数に対して一定の割合で発生するとします。ここでは，その割合を感染率と呼ぶこととします。また，一度感染したら回復はしないこととし，感染者数は減らないこととします。

S：感染者が多くなってきたら，まだ感染していない人が減ってくると思うのですが，その要素は取り入れなくていいのですか？

T：今回のモデルでは，まだ感染症が発生した初期段階で人口に対して感染者数が十分に少ないと考え，省略します。

S：すると感染者の増え方に関する図的モデルは， ア のようになりますね。

T：そうです。次は，ワクチン接種者の増え方をモデル化します。ワクチンの1日当たりの接種者数を新規接種者数と呼ぶこととし，新規接種者数はワクチンの生産数に比例することとします。

S：すると図的モデルは， イ のようになりますね。

T：次に，感染者の変化を数式モデルで表現します。初日の感染者数を P_i，1日の感染率をsとします。まずは1日後の感染者数 P_1 を表現してください。

S：うーん， ウ ，のようになるでしょうか。

T：そうですね。次はワクチン接種者の増え方を数式モデルで表現します。1日当たりの接種者数をiとします。初日のワクチン接種者数は0とします。1日後の接種者数 W_1 を表現してください。

S： エ ですね。

T：では，n日後の感染者数 P_n と，ワクチン接種者数 W_n を数式で表してください。なお，感染率sと1日当たりの接種者数iは，この期間で変化しないものとします。

S：感染者数は， オ ，ワクチン接種者数の方は カ のように表現できます。なるほど。このように比較すると，ワクチンや治療薬などの対応策とともに，そもそも病気を持ち込ませないことの大切さが分かります。

T：はい。ただし，今回のモデルはかなり簡略化したものであることには注意してください。

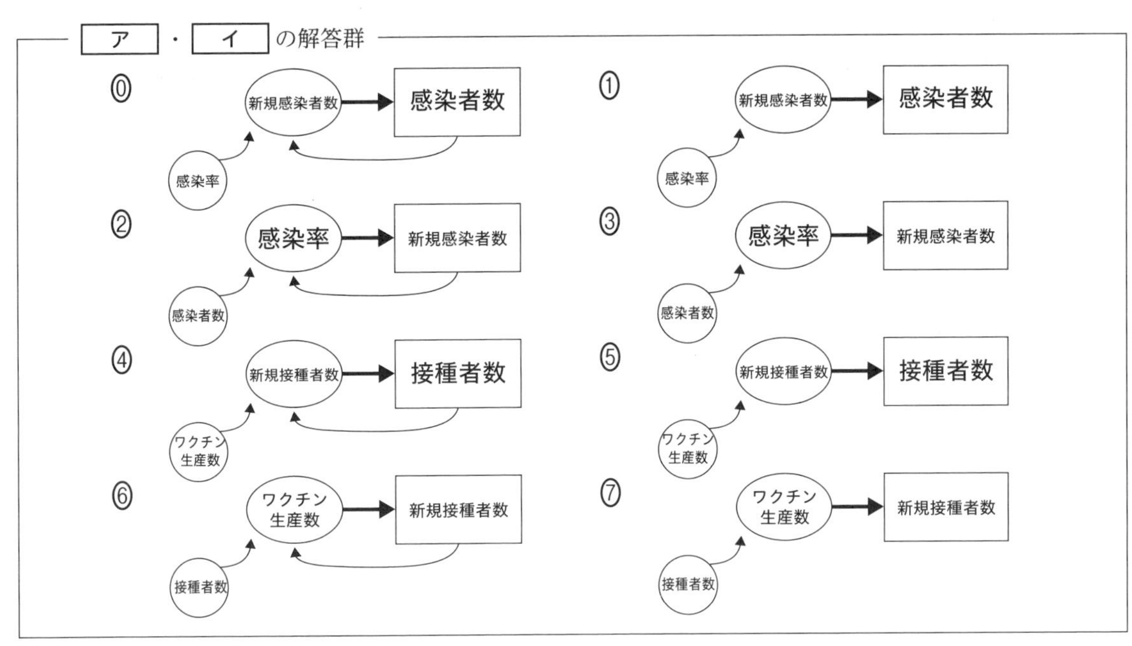

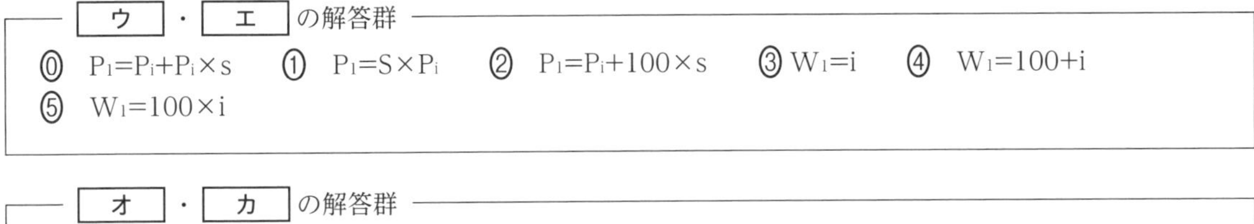

ウ ・ エ の解答群

⓪ $P_1=P_i+P_i \times s$　① $P_1=S \times P_i$　② $P_1=P_i+100 \times s$　③ $W_1=i$　④ $W_1=100+i$
⑤ $W_1=100 \times i$

オ ・ カ の解答群

⓪ $P_n=s \times P^n$　① $P_n=P_i \times (1+s)^n$　② $P_n=100 \times s \times n$　③ $W_n=(1+i)^n$
④ $W_n=i^n$　⑤ $W_n=i \times n$

問2　次の文章の空欄 キ ～ ケ に入れるのに最も適当なものを，後の解答群のうちから一つずつ選べ。

S：図1のような記号を使ってモデル化できる現象には，他にどんなものがありますか？
T：そうですね。例えば，あそこにある水槽に付けたヒーターによって，水槽の温度がどう変化するかを表すことができます。
S：そういえば，教室の水槽にヒーター買ってくれたんですね。
T：はい。このヒーターは，水温と設定温度の温度差に比例した速さで水温を変化させてくれるものです。
S：性能がいいのかどうかよく分からない説明ですね。
T：そうですね。そこで図的モデルで表現してみます。
S： キ のように書けばいいですか？
T：そうです。
S：このヒーターを使用すると，水温はどのように変化すると予測されますか？
T：モデルからある程度，推測することができます。しかし，実際には少し複雑になりますので，二つに分けて考えましょう。
S：二つに分けるってどういうことですか？
T：はい。まずは，モデルAです。これは，ヒーターが常に最新の水温に基づいて発熱量を調整し，水温の変化量を決める場合です。この場合は，水温の変化量を次の数式モデルで表すことができます。
水温の変化量 =（設定温度 − 水温）× 温度変化率 × 時間間隔
S：これでいいような気がするのですが，もう一つの場合が必要なのですか？

第3章

T：はい。実際には，水温を計測してから，ヒーターの発熱量を調整するのにタイムラグが起きることがあります。この場合，水温の変化量は次の数式モデルで表すことができます。これをモデルBとします。

水温の変化量 =（設定温度 − 測定水温）× 温度変化率 × 時間間隔

測定水温：一定時間過去の水温

S：水温の変化量が少し過去の時間に測定した水温によって決まるということですね。

T：その通りです。

S：この二つで，温度変化が変わってくるのですか？

T：そうです。設定温度が40度の場合，モデルAは［ク］のような温度変化になり，モデルBは［ケ］のような温度変化になります。

［キ］の解答群

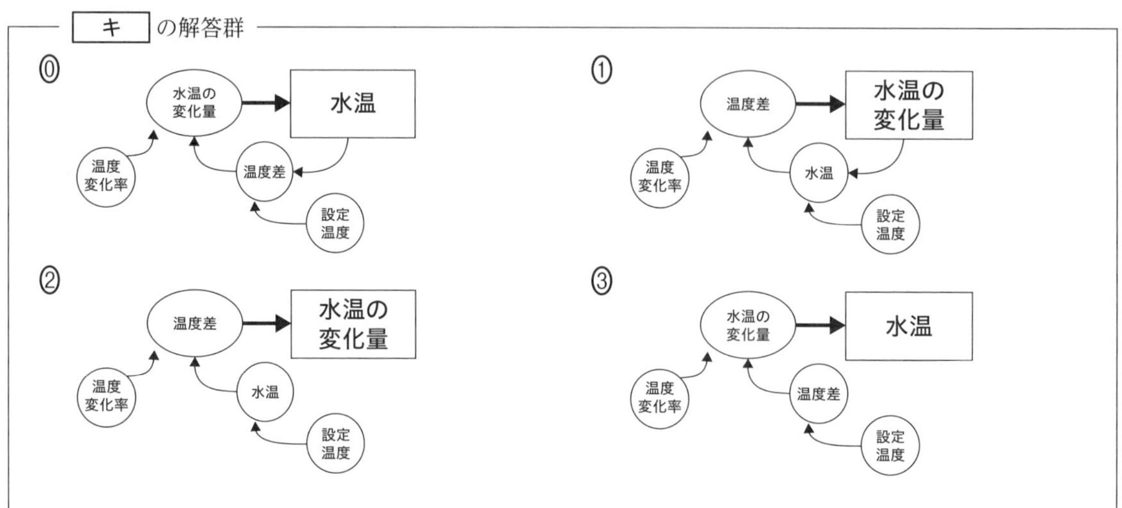

［ク］・［ケ］の解答群

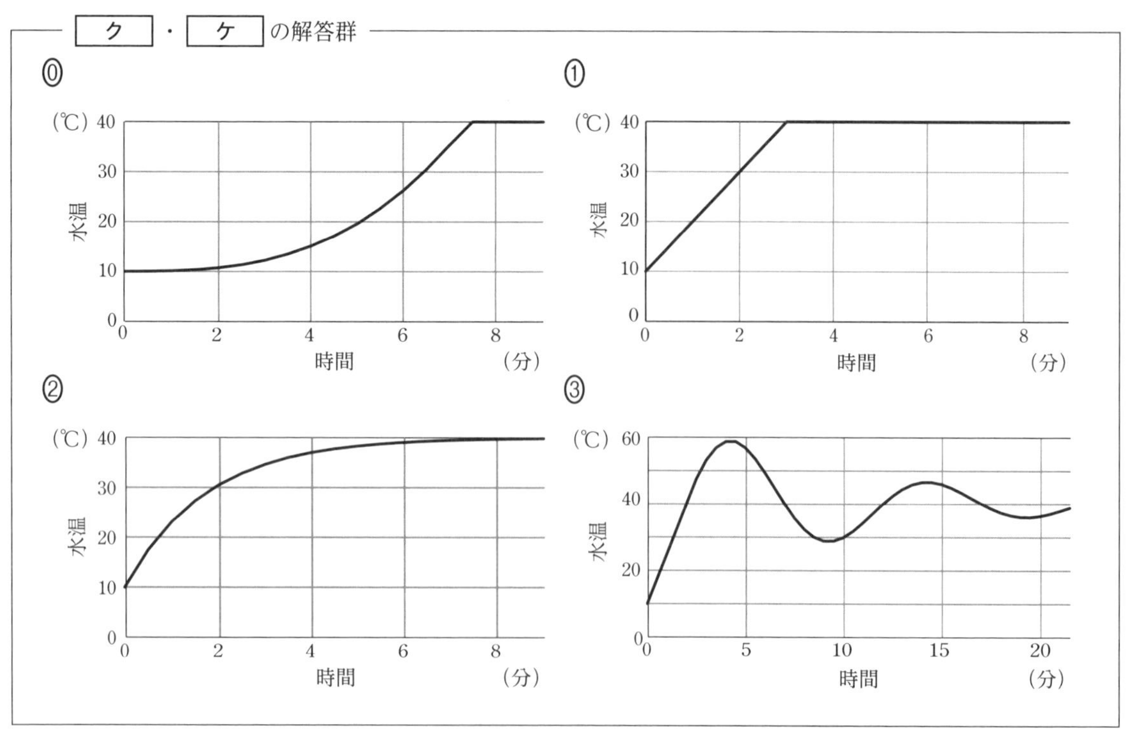

実戦問題

34 待ち行列

難易度	目安	速習
★★★	10分	✓

問1　次の生徒（S）と先生（T）の会話文を読み，空欄 い ～ に に入れるのに最も適当なものの組合せを，後の⓪～⑧のうちから一つ選べ。 ア

S：今回の文化祭ですが，クラスでは占いをやろうと思っています。
T：どんな占いになるのですか？
S：ブースをいくつか設け，そこで相談を受けたうえでアドバイスなどをするというものです。
T：なるほど。本格的ですね。
S：ブースをいくつ設けるか，また１人当たりの利用時間をどれくらいにするか悩んでいます。相談を受けられるような人は限られていますし，かといってあまり利用者を待たせるわけにはいきません。
T：なるほど。では，シミュレーションを行って平均の待ち時間がどのようになるか調べてみましょう。シミュレーションを行うためには，まずはモデルを構築する必要があります。モデルの種類にはどのようなものがあるか覚えていますか？
S：時間の経過が時間以外の要素に影響を与えない い や，時間の経過が他の要素に影響を与える ろ ，実物を模した は ，現象や手続きを模した に があったはずです。

ア の解答群

	い	ろ	は	に
⓪	い：物理モデル	ろ：論理モデル	は：静的モデル	に：動的モデル
①	い：論理モデル	ろ：物理モデル	は：静的モデル	に：動的モデル
②	い：物理モデル	ろ：論理モデル	は：動的モデル	に：静的モデル
③	い：論理モデル	ろ：静的モデル	は：物理モデル	に：動的モデル
④	い：動的モデル	ろ：静的モデル	は：物理モデル	に：論理モデル
⑤	い：静的モデル	ろ：動的モデル	は：物理モデル	に：論理モデル
⑥	い：静的モデル	ろ：動的モデル	は：論理モデル	に：物理モデル
⑦	い：動的モデル	ろ：論理モデル	は：静的モデル	に：物理モデル
⑧	い：静的モデル	ろ：物理モデル	は：動的モデル	に：論理モデル

問2　次の文章の空欄 イ に入れるのに最も適当なものを，後の⓪～③のうちから一つ選べ。

T：利用時間はどれくらいにしようと考えているのですか？
S：利用時間は相談の長さによって変わるので，人によって違うと思います。だいたい10分くらいになると思っているのですが。
T：では，平均10分，最小で５分，最大で15分の範囲でランダムに利用時間が決まるようにしましょう。
S：来店時間もランダムになると思うのですが，そこはどうモデル化しますか？
T：その通りですね。ただ，今回は利用時間とブース数の効果に注目したいので，来店時間は固定にしましょう。開店時に８人並んでいて，そこからは３分おきに来店するとします。合計で30人が来店するまでをシミュレーションしましょう。
S：分かりました。
T：並び方はどうするつもりなのですか？
S：入口に一列に並んで，空いたブースから案内する方式にしようと考えています。
T：フォーク行列と呼ばれる方法ですね。
S：欠点は，利用者が自分の好きなブースを選べないことなのですが，待ち時間を公平にできそうなので，この方式にしました。
T：分かりました。では，表計算ソフトを利用してシミュレーションを行いましょう。まずはブースが二つの場合です。

表1　平均利用時間10分　ブース数2　のシミュレーション結果　　　　(単位：分)

No	到着時間	利用時間	開始時間	終了時間	待ち時間
1	0	14.2	0	14.2	0
2	0	13	0	13	0
3	0	9	13	22	13
4	0	10.6	14.2	24.8	14.2
5	0	7.7	22	29.7	22
6	0	5.3	24.8	30.1	24.8
7	0	14.1	29.7	43.8	29.7
8	0	14.1	30.1	44.2	30.1
9	3	7.1	43.8	50.9	40.8
～省略～					
24	48	9.9	118	127.9	70
25	51	14	127.6	141.6	76.6
26	54	11.9	127.9	139.8	73.9
27	57	10.1	139.8	149.9	82.8
28	60	12.7	141.6	154.3	81.6
29	63	14.1	149.9	164	86.9
30	66	8.9	154.3	163.2	88.3

S：この結果を見ると平均利用時間が10分，ブースが二つ，という条件だと［イ］といえますね。

［イ］の解答群

⓪　利用者の待ち時間は，開店直後は徐々に増えていくが，時間が経つにつれ一定の値に収まっている
①　利用者の待ち時間は，すべて同じような時間になっている
②　利用者の待ち時間は，開店から時間が経つにつれ減っていく傾向がある
③　利用者の待ち時間は，開店から時間が経つにつれ増えていく傾向がある

問3　次の文章の空欄［ウ］・［エ］に入れるのに最も適当なものを，後の解答群のうちから一つずつ選べ。また，下線部Aに関して**誤った説明のもの**を，［オ］の解答群のうちから一つ選べ。

T：これは1回のシミュレーション結果です。利用時間はランダムに決定しているので，もう一度シミュレーションをすれば，結果が違う可能性があります。

S：では，シミュレーションを何回も繰り返し実行し，その傾向を見る必要がありますね。

T：その通りです。シミュレーションを行って平均待ち時間を求めます。それを100回繰り返し，平均待ち時間をヒストグラムにしたものが図1です。ここでは，平均利用時間10分と8分のケース，2ブースと3ブースの組合せをそれぞれシミュレーションしました。

S：図2は何ですか？

T：図2は30人の利用者のうちで最大の待ち時間をヒストグラムにしたものです。最大待ち時間は，平均利用時間8分のケースだけ示しておきます。

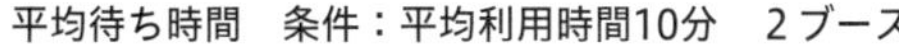

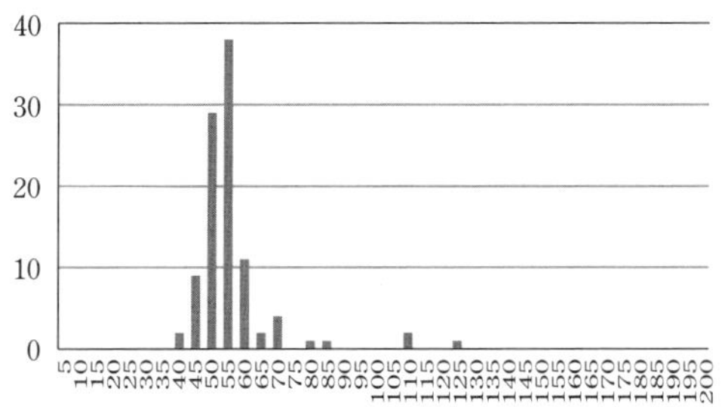

平均待ち時間　条件：平均利用時間10分　3ブース

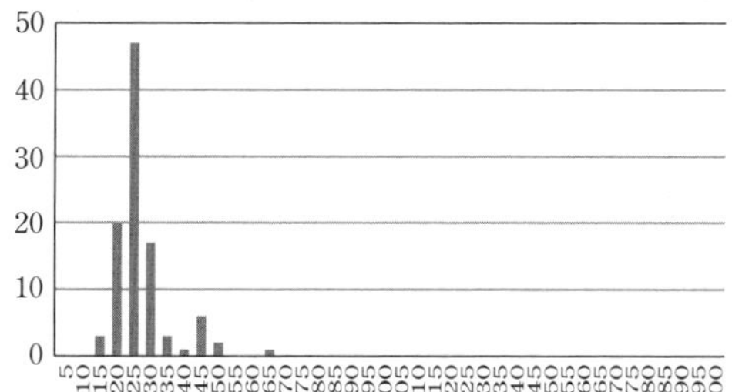

平均待ち時間　条件：平均利用時間８分　2ブース

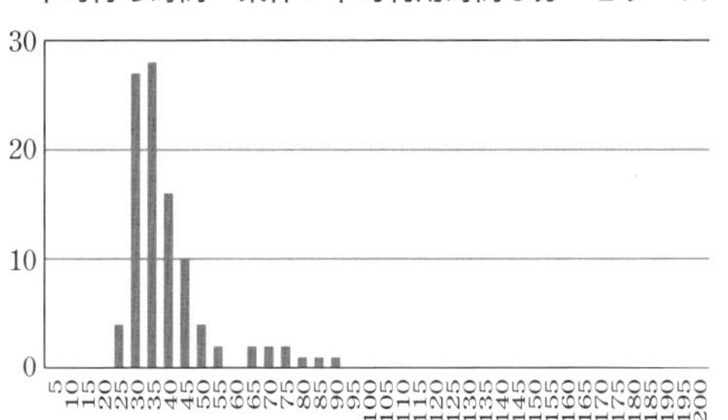

平均待ち時間　条件：平均利用時間８分　3ブース

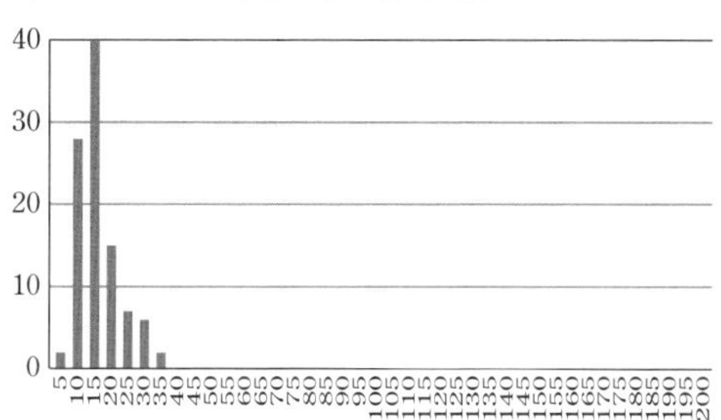

図１　平均待ち時間のシミュレーション結果

最大待ち時間　条件：平均利用時間８分　2ブース

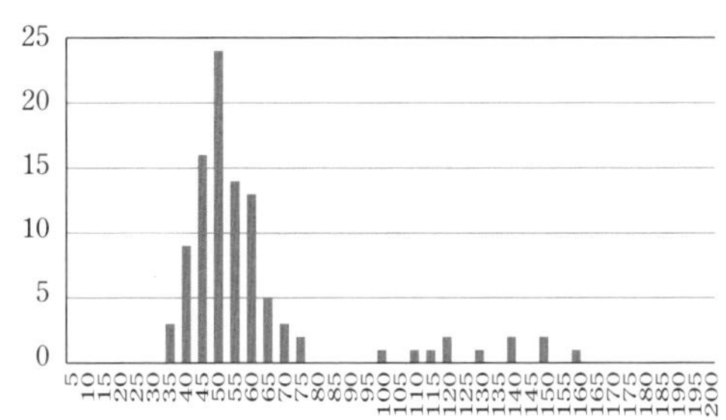

最大待ち時間　条件：平均利用時間８分　3ブース

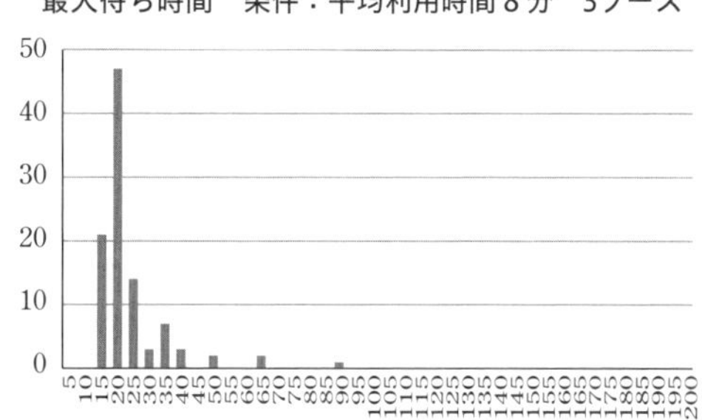

図２　最大待ち時間のシミュレーション結果

S：これを比較すると，平均利用時間を減らすと［ウ］といえますね。また，ブース数を増やすと［エ］といえますね。

T：そうですね。文化祭は２日間あるので，途中で改善することも大切です。

S：ありがとうございます。あとは，１日目の様子を見て，A2日目に改善したいと思います。

［ウ］・［エ］の解答群

⓪ 平均待ち時間が減るが，平均待ち時間のばらつきは減らない
① 平均待ち時間は減らないが，平均待ち時間のばらつきが減る
② 平均待ち時間も，平均待ち時間のばらつきも減らない
③ 平均待ち時間が減り，平均待ち時間のばらつきも減る

［オ］の解答群

⓪ 待ち時間の短縮が難しい場合は，整理券を配るなどして，待ち時間を有効に利用できるようにする。
① 人によって待ち時間のばらつきが大きい場合，平均利用時間を短縮する。
② 平均待ち時間も長く，待ち時間のばらつきも大きい場合，ブース数を増やす。
③ 平均待ち時間は長いが，待ち時間のばらつきは大きくない場合，平均利用時間を短縮する。

実戦問題

35 フローチャート

難易度	目安	速習
★★★	7分	✓

問1 次の生徒（S）と先生（T）の会話文を読み，空欄 ア ～ カ に入れるのに最も適当なものを，後の⓪～⑦のうちから一つずつ選べ。

S：先生，文化祭の買い物でトラブルが発生しました！
T：どんなトラブルですか？
S：はい。クラスメートに，「ハサミを１本買ってきて。もしボンドがあったら６個買ってきて」と頼んだんです。そしたら，ハサミを６本も買ってきたんです。さらにボンドは買っていなかったので，ボンドはあったのか聞いたら，あったそうなんです。本人は言われた通りに買ってきたと思っているようなのですが。
T：なるほど。これは，言葉の指示がいろいろな解釈ができることから生じたトラブルですね。このようなときは，情報の授業で学んだフローチャートで伝えたいことを表現しましょう。まずは，下の表を埋めてみてください。

記号	意味
（角丸長方形）	ア
（ひし形）	ウ
（上部の角を切った六角形）	オ

記号	意味
（長方形）	イ
（下部の角を切った六角形）	エ
（両側に縦線のある長方形）	カ

ア ～ カ の解答群

⓪ 別な場所で定義された処理　① 条件による分岐　② 繰り返しの開始
③ 繰り返しの終了　④ 演算などの処理　⑤ 開始と終了
⑥ 処理の流れ　⑦ データ入出力

問2 次の文章の空欄 キ ・ ク に入れるのに最も適当なものを，後の⓪～③のうちから一つずつ選べ。

S：はい。埋めました。それにしても，フローチャートで指示しないと伝わらないものでしょうか。
T：まあまあ落ち着いて。では，指示したかったことを，フローチャートで表現してみてください。さらに，あなたの言葉を聞いて，相手がどのように考えたのか想像して，フローチャートを作成してみてください。
S：相手がどう考えたのか想像するのは難しいです。
T：得られた結果と，相手の話がヒントになっているはずです。何通りか作ってみるといいと思います。
S：できました。私が指示したかったのは キ です。
T：あなたが買ってきてほしかったのは，ハサミ１本とボンド６個ということですね。
S：そうです。行ってもらったお店にハサミを売っているのは知っていたのですが，ボンドを売っているかは分からなかったので，ボンドがあれば買ってきてほしい，と伝えたのですが。
T：今回の結果から判断すると，相手はどう解釈したのでしょうか。
S： ク ですね。いや，そういう意味で指示したわけではないのですが，確かにそう伝わってしまうこともあるかも知れません。
T：これで，トラブル解決ですね。
S：先生，お金は戻ってこないんですよ！

キ ・ ク の解答群

⓪

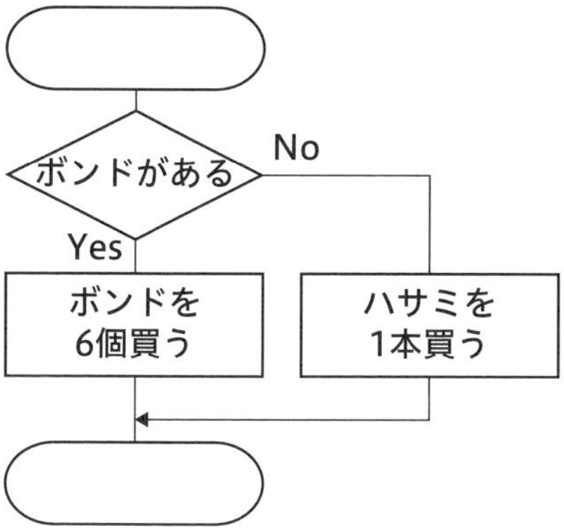

ボンドがある
No
Yes
ボンドを
6個買う
ハサミを
1本買う

①

ボンドがある
No
Yes
ハサミを
6本買う
ハサミを
1本買う

②

ハサミを
1本買う
ボンドがある
No
Yes
ハサミを
6本買う

③

ハサミを
1本買う
ボンドがある
No
Yes
ボンドを
6個買う

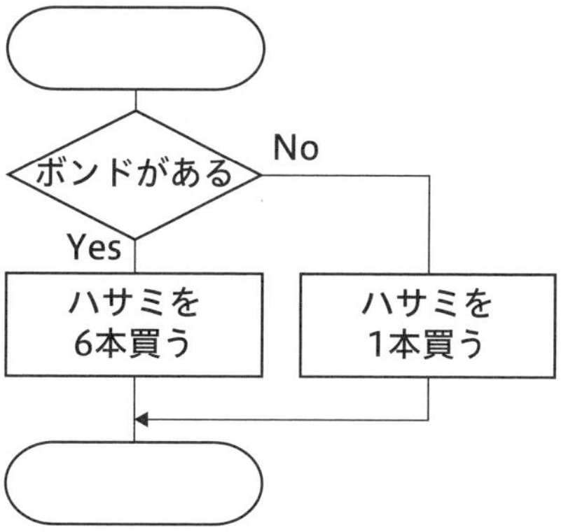

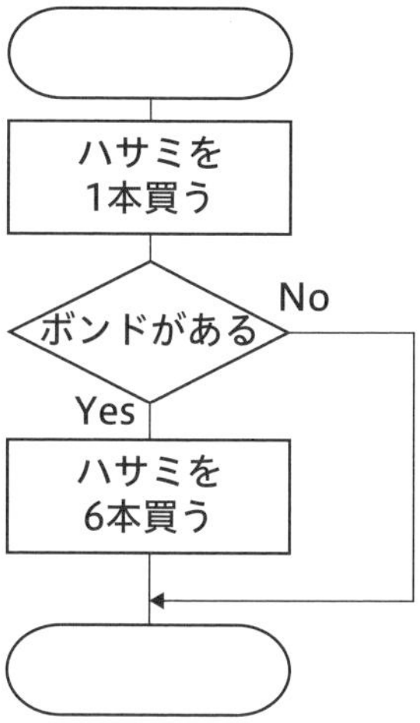

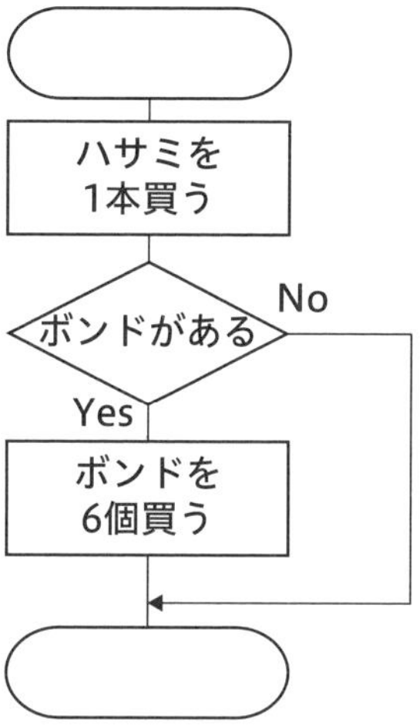

問 3　次の文章の下線部Aに関する説明として最も適当なものを，後の⓪～③のうちから一つ選べ。 ケ

挨拶
グループの人数を聞く
中の人数を数える
グループの人数
>10−中の人数
1分待つ
中の人数を数える
グループを中に
案内する

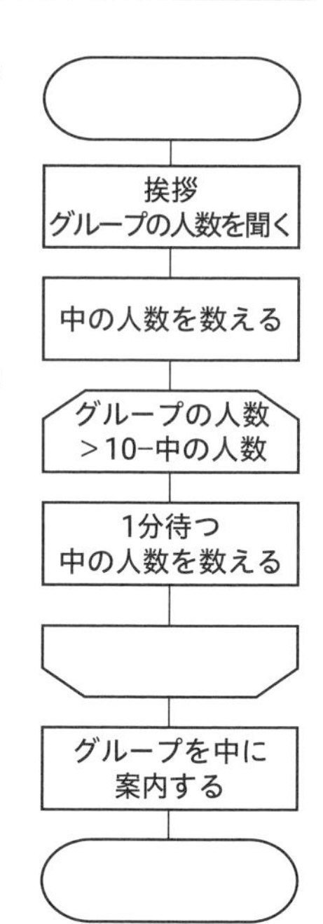

S：先生，前回の件でこりたので，接客のときの流れをフローチャートで作成しました。

T：そもそもクラスの出し物って何でしたっけ。

S：先生，忘れたんですか？お化け屋敷です！中の人数を10人以下にしないといけない，グループはまとめて案内する，というルールを確実に守ってもらうために作成したのですが，どうですか？

T：なるほど。よくできていますが，A<u>問題が発生するケース</u>がありますね。

⓪　グループの人数が11人以上だと，中の人数にかかわらず，すぐに案内してしまう。

①　グループの人数が11人以上だと，永久に案内できない。

②　グループの人数が1人だと，中の人数にかかわらず，すぐに案内してしまう。

③　グループの人数が1人だと，永久に案内できない。

実戦問題

36 状態遷移図と状態遷移表

難易度 ★★★ 目安 6分 速習

次の生徒（S）と先生（T）の会話文を読み，空欄 ア ～ エ に入れるのに最も適当なものを，後の⓪～⑨のうちから一つずつ選べ。

S：このパソコン教室にあるレーシングカーのラジコンはどうやって動かすのですか？
T：これは，人間が操縦するのではなく自動運転するモデルカーなのです。スイッチを押すと，最初にコースのデータを取得して，走行経路を分析し，それから走り始めます。
S：いろいろエラーも起きますね。今もまたエラーになっています。
T：マニュアルを見て対応してください。

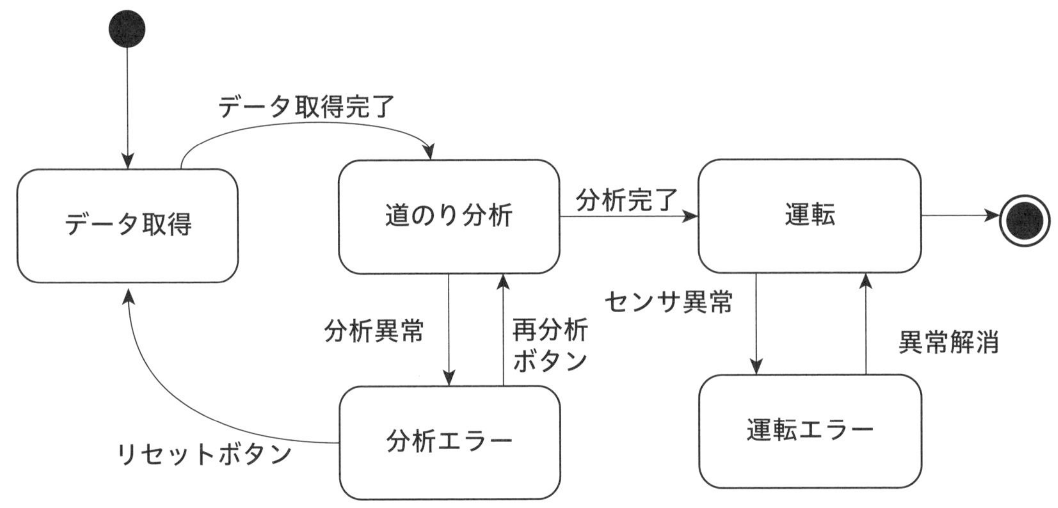

S：何だかマニュアルの図が，情報の授業で見たような形ですね。
T：これは，状態遷移図という図ですね。では，ここからどう対応したらよいのか分かりやすいように，状態遷移表と呼ばれる，次の表を埋めてください。
S：この表の意味は何でしょうか。
T：状態はそのシステムの状態を指しています。そして，イベントはこのシステムで発生する可能性があるイベントです。この表は，システムの状態に対し，あるイベントが発生したときに，どの状態に遷移するかを示しています。
S：例えば，1列目を見ることで，データ取得状態のときに，イベント「データ取得完了」が発生すると，状態は「道のり分析」に遷移するということですね。
T：理解は合っています。
S：「×」や「—」の記号の意味は何でしょうか。
T：「×」は，その状態でそのイベントが発生することはあり得ないことを意味していて，「—」はそのイベントが発生しても何も状態の遷移や処理が発生しないことを表しています。
S：分かりました。表を完成させてみます。

状態 イベント	データ取得	道のり分析	分析エラー	運転	運転エラー
データ取得完了	道のり分析	×	×	×	×
分析異常	ア				
再分析ボタン	–	–	道のり分析	–	–
リセットボタン	イ				
分析完了	ウ				
センサ異常	エ				
異常解消	×	×	×	×	運転

ア ～ エ の解答群

	データ取得	道のり分析	分析エラー	運転	運転エラー
⓪	分析エラー	×	×	×	×
①	×	分析エラー	×	×	×
②	×	×	分析エラー	×	×
③	×	運転	×	×	×
④	×	×	×	運転	×
⑤	×	×	×	運転エラー	×
⑥	×	×	×	×	運転エラー
⑦	–	–	データ取得	–	–
⑧	–	データ取得		–	–
⑨	データ取得	–	–	–	–

第3章

実戦問題

37　アクティビティ図

難易度	目安	速習
★★★	8分	✓

問1　次の生徒（S）と先生（T）の会話文を読み，空欄 ア ・ イ に入れるのに最も適当なものを，後の選択肢のうちから一つずつ選べ。

S：新しいワイヤレスイヤホンを買ったのですが，どうも操作が覚えられないんです。
T：マニュアルにはどう書いてあるのですか？
S：こんな感じです。

- 電源のオン・オフはケースに出し入れすることで自動的に行われます。
- 電源投入後はペアリング待ちになります。スマートフォンの操作でペアリングします。
- ペアリング中の再生などの操作はスマートフォン側で操作します。
- 音声アシスタント機能：ボタンを長押しすると，音声アシスタントを起動します。ボタンを1回押すと音声アシスタントを終了します。
- 通話機能：着信中にボタンを1回押すと電話をとります。通話中にボタンを1回押すと電話を切ります。
- 着信拒否機能：着信中にボタンを長押しすると着信拒否します。
- リダイヤル機能：3回ボタンを押すと，最後にかけた電話番号に発信します。

　そもそもここに書いてあるペアリング，というのがよく分からないんです。
T：ペアリングというのは，ワイヤレスイヤホンと再生デバイスの通信を確立する手順のことです。ボタンは一つだけなんですね。情報の授業で学んだ，状態遷移図を書いたら整理できるのではないでしょうか。
S：やってみます。 ア のようになるでしょうか。
T：ちゃんと整理できていそうですね。
S：このワイヤレスイヤホンは，機能を削除することで，すべての操作を1回押しただけで行えるようにならないかな。
T： イ ように改善できると思います。
S：そのアイデアをメーカーさんにメールしてみます！

ア の解答群

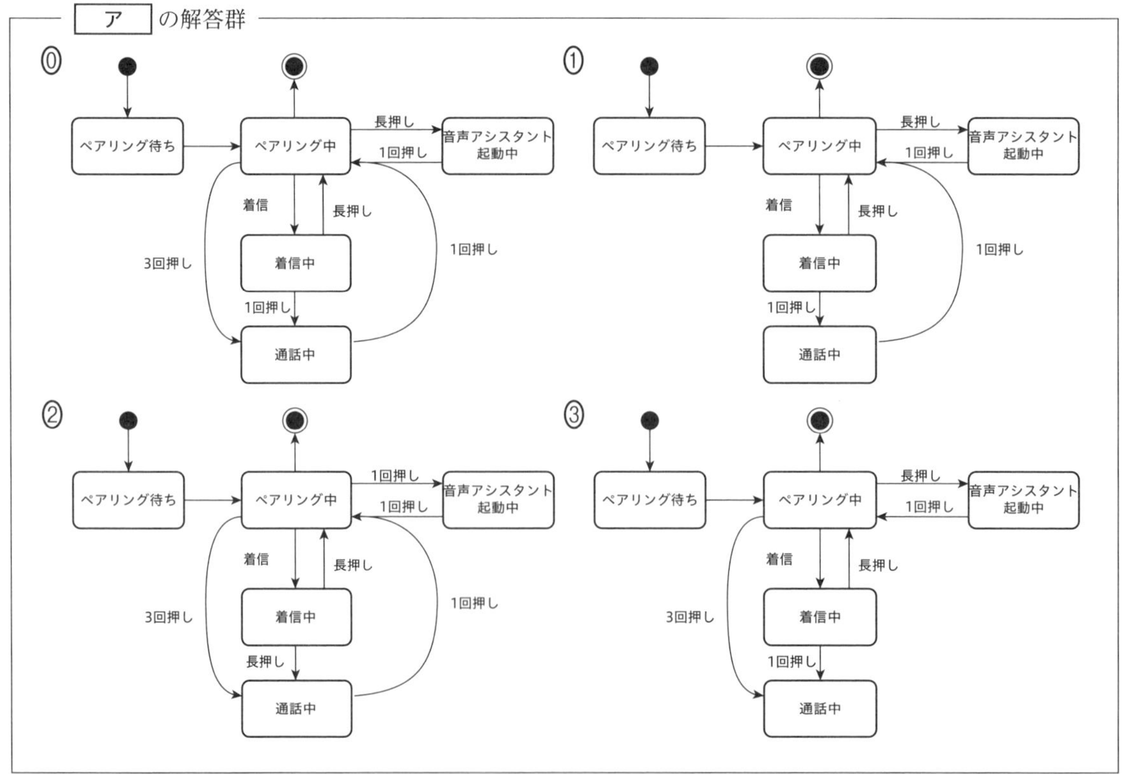

イ の解答群

⓪ 特に機能を制限しなくても，すべての操作を 1 回押しに変更できる
① 音声アシスタント機能かリダイヤル機能のどちらかを削除すれば，すべての操作を 1 回押しに変更できる
② 音声アシスタント機能とリダイヤル機能の両方を削除すれば，すべての操作を 1 回押しに変更できる
③ リダイヤル機能と着信拒否機能の両方を削除すれば，すべての操作を 1 回押しに変更できる

問 2 次の文章の下線部 A に関する説明として**適当でないもの**を，後の⓪～④のうちから一つ選べ。 ウ

S：システムの動きなどを表す方法は，他にもあるのでしょうか。
T：そうですね。システムの構造や振る舞いを表す形式を定めた UML と呼ばれるものがあります。状態遷移図も UML で定められた図の一つです。UML が定めた図には，他にアクティビティ図というものがあります。これは，プログラムなどの処理の流れを表したものです。
S：フローチャートと似ているような気がするのですが。
T：そうですね。特徴としては，並列処理を表しやすくなっているともいわれます。例えば，以下のようないくつもの処理が同時に行われるシステムの処理の流れも表現できます。
S：A 処理の開始と終了の条件が複雑ですね。

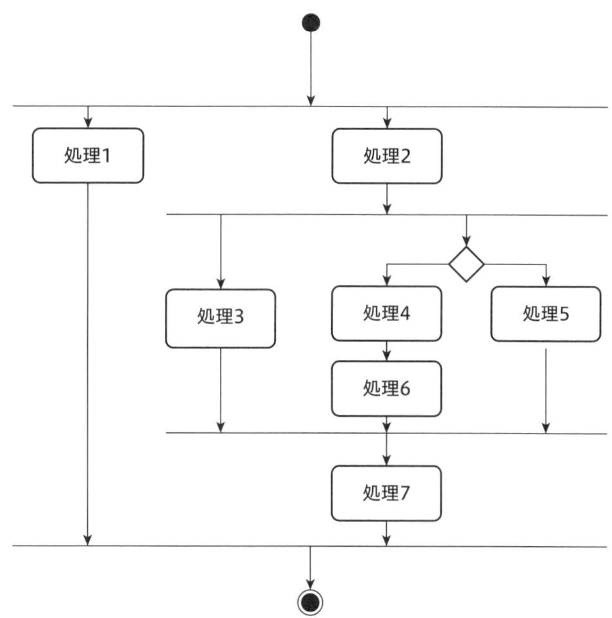

⓪ 処理 1 の終了を待たずに，処理 3 の処理は開始される。
① 処理 3 が終了するまでは，処理 7 が開始されることはない。
② 処理 5 が終了するまでは，処理 6 が終了することはない。
③ 処理 4 と処理 5 はどちらかしか実行されない。
④ 処理 6 は処理 4 が終了するまでは実行されない。

実戦問題

38 プログラムの基本構造

難易度	目安	速習
★★★	10分	✓

問１　次の生徒（S）と先生（T）の会話文を読み，空欄［ア］～［オ］に入れるのに最も適当なものを，後の⓪～⑧のうちから一つずつ選べ。

T：順次構造は簡単ですが，変数の扱いには注意が必要です。次の二つのプログラムを実行し，表示された結果を比較してください。

```
#プログラム1
a = 1
b = 5
表示する(a + b)
```

```
#プログラム2
a = "1"
b = "5"
表示する(a + b)
```

S：プログラム１は［ア］，プログラム２は［イ］でした。
T：この結果は，変数は［ウ］と呼ばれる格納するデータの種類を識別する仕組みを持っているために起こります。プログラム１は［エ］を格納していると認識し，プログラム２は［オ］を格納していると認識しているため，このような結果になりました。

［ア］～［オ］の解答群

⓪ 1　① 5　② 15　③ 51　④ 6　⑤ 型　⑥ 形　⑦ 文字　⑧ 数値

問２　次の文章を読み，後の問いに答えよ。

(1)　空欄［い］～［は］に入れるものの組合せとして最も適当なものを，次の⓪～⑦のうちから一つ選べ。
［カ］

T：次は条件分岐です。まずは，プログラム3, 4, 5 の実行結果が，外部からの入力が36の場合，どうなるか予想してから，実行してみてください。
S：プログラム中の記号はどのような意味があるのですか？
T：% は余りを求める演算子で，÷は商の整数部分を求める演算子です。
S：分かりました。

```
#プログラム3
a = 【外部からの入力】
もし a % 12 == 0 and a ÷ 12 == 3ならば:
│ 表示する("T")
そうでなければ:
└ 表示する("F")
```

```
#プログラム4
a = 【外部からの入力】
もし a % 12 == 0 or a % 9 != 0ならば:
│ 表示する("T")
そうでなければ:
└ 表示する("F")
```

```
#プログラム5
a = 【外部からの入力】
もし a % 12 == 0 and a % 9 != 0ならば:
│ 表示する("T")
そうでなければ:
└ 表示する("F")
```

S：結果は，プログラム３は［い］，プログラム４は［ろ］，プログラム５は［は］でした。予想とちゃんと合っていました。

⓪ い：T，ろ：T，は：T　① い：T，ろ：F，は：T　② い：T，ろ：T，は：F　③ い：F，ろ：T，は：T
④ い：F，ろ：F，は：T　⑤ い：F，ろ：T，は：F　⑥ い：T，ろ：F，は：F　⑦ い：F，ろ：F，は：F

(2) プログラム６がプログラム５と同じ動作をするために，空欄［キ］に入れるのに最も適当なものを，次の⓪～③のうちから一つ選べ。

```
#プログラム6
a = 【外部からの入力】
もし［キ］ならば：
│ 表示する("F")
そうでなければ：
└ 表示する("T")
```

［キ］の解答群

⓪ a % 12 != 0 and a % 9 != 0
① a % 12 == 0 or a % 9 != 0
② a % 12 != 0 and a % 9 == 0
③ a % 12 != 0 or a % 9 == 0

問３　次の文章の空欄［ク］・［ケ］に入れるのに最も適当なものを，後の⓪～⑧のうちから一つずつ選べ。

T：次は繰り返しです。次のように並んでいる数字があります。5, 8 ,11,14。どんな規則になっているか分かりますか？
S：前の数字に３を足した数が次の数字になっていますね。
T：その通りです。このように並んだ数字を数列といいます。それでは，この数列の１番目の数から10番目までの数を合計した値を表示するプログラムを，繰り返しを用いて作成してください。

```
(1) #プログラム7
(2) a = 5
(3) wa = 0
(4) i を 1 から10まで 1 ずつ増やしながら繰り返す：
(5) │ a = a + 3
(6) └ wa = wa + a
(7) 表示する(wa)
```

S：先生，これでいかがですか？
T：あと少しですね。２箇所誤りがありますので，行番号の小さい方から修正していきましょう。まずは［ク］し，次に［ケ］してください。

［ク］・［ケ］の解答群

⓪ (2)行目を「a = 0」と変更
① (3)行目を「wa = 1」と変更
② (3)行目を「wa = a」と変更
③ (4)行目を「i を 2 から10まで 1 ずつ増やしながら繰り返す：」と変更
④ (4)行目を「i を 2 から10まで 3 ずつ増やしながら繰り返す：」と変更
⑤ (5)行目を「a = a + i」と変更
⑥ (5)行目を「a = a + 1」と変更
⑦ (6)行目を「wa = wa + 3」と変更
⑧ (6)行目を「wa = wa + i」と変更

実戦問題

39 数当てゲーム

難易度 ★★★　目安 5分　速習

次の生徒（S）と先生（T）の会話文を読み，空欄［ア］～［オ］に入れるのに最も適当なものを，後の⓪～⑨のうちから一つずつ選べ。なお，解答群の選択肢は複数回使用してもよい。

S：数当てゲームのプログラム（図1）を作ったので，試しに遊んでもらえませんか？

T：いいですよ。どんなルールのゲームですか？

S：はい。コンピュータが決めた1から100の数をプレイヤーが当てる，というものです。10回以内に当てたらプレイヤーの勝ちとしています。

T：なるほど。では，プログラムを見せてください。

```
(1)   a = 範囲乱数(1,100)
(2)   flag = 1
(3)   i = 0
(4)   flag == 1の間繰り返す：
(5)   | i = i + 1
(6)   | b =【外部から数値を入力】
(7)   | もし［ア］ならば：
(8)   | | ［イ］
(9)   | | 表示する(i," 回目で当たり！ ")
(10)  | そうでなくもし［ウ］ならば：
(11)  | | ［エ］
(12)  └ └ 表示する(" あなたの負け ")
```

図1　数当てゲームのプログラム

T：この「範囲乱数」とは何ですか？

S：これは，引数で指定した範囲の整数の乱数を発生させる関数です。

T：なるほど。flag という変数はどんな役割を持っていますか？

S：ゲームを続行するかどうか判断するために使います。flag の値が1の間はゲームを続行し，値が0になるとゲームが終了します。

T：重要な変数ですね。では，実行してみますね。うーん。ただ当てずっぽうに数字を予想するしかないから，ゲームとして全然面白くないです。入力した数字に対して，答えの数字がもっと大きいか小さいか，ヒントを表示してあげるのはどうですか？

S：簡単になりすぎる気がしますが，やってみましょう。(12) 行目以降を変更してみました（図2）。

T：うん，これでゲームになったといえると思います。

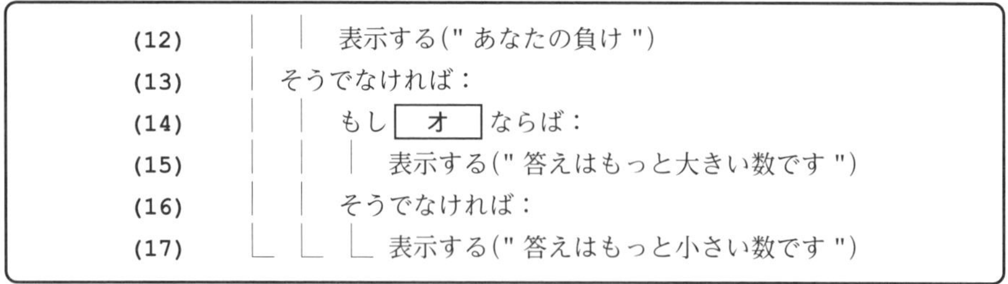

```
(12)  | | 表示する(" あなたの負け ")
(13)  | そうでなければ：
(14)  | | もし［オ］ならば：
(15)  | | | 表示する(" 答えはもっと大きい数です ")
(16)  | | そうでなければ：
(17)  └ └ └ 表示する(" 答えはもっと小さい数です ")
```

図2　数当てゲームのプログラムの修正箇所

［ア］～［オ］の解答群

⓪ flag == 0　① flag = 0　② flag = 1　③ a = b
④ a == b　⑤ a > b　⑥ a < b　⑦ i > 10　⑧ i < 10　⑨ i >= 10

実戦問題

40 Fizz Buzzゲーム

難易度	目安	速習
★★★	15分	

問1 次の生徒JとKの会話文を読み，空欄 ア ～ オ に入れるのに最も適当なものを，後の解答群のうちから一つずつ選べ。

J：先生が宿題に出したFizz Buzz（フィズバズ）ゲームのフローチャートを作成しようよ。

K：Fizz Buzzゲームって，1から順番に数えていって，3の倍数ならFizz，5の倍数ならBuzz，3と5の倍数ならFizz Buzz，それ以外の数字ならそのまま数字を言う，っていうルールだったよね。楽勝だよ。これでどうだ！

J：図1のフローチャートだね。では，1から15まで試してみよう。このフローチャートだと， ア と表示されることになるね。

K：むむむ。では，こうすればよいかな？

J：図2のフローチャートだね。今度はちゃんとできたね！

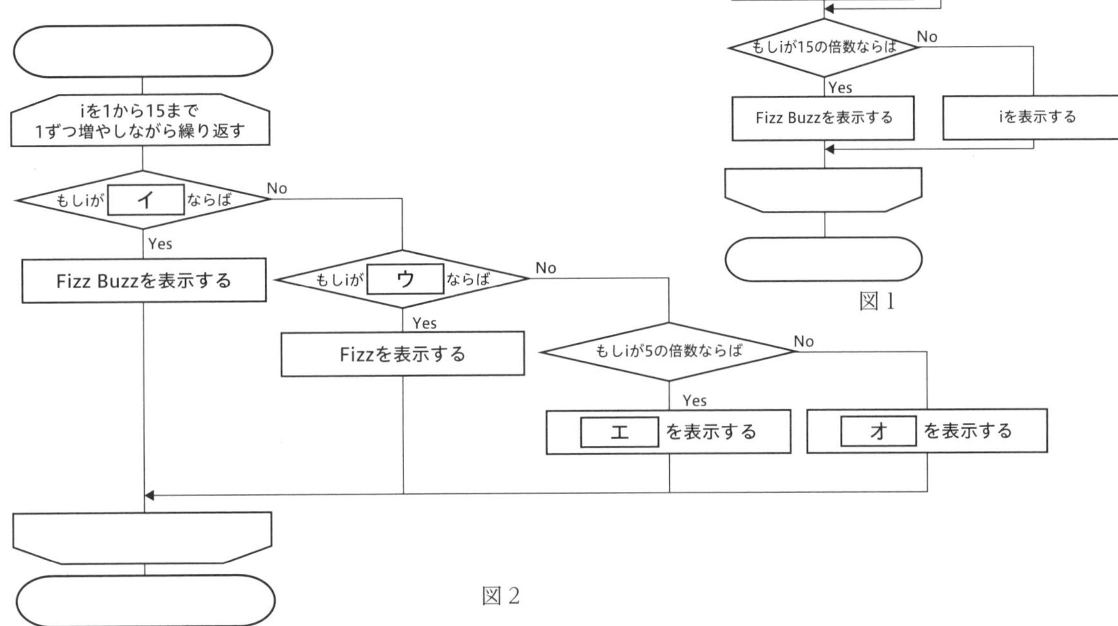

図1

図2

ア の解答群

⓪ 1, 2, Fizz, 3, 4, Buzz, 5, Fizz, 6, 7, 8, Fizz, 9, Buzz, 10, 11, Fizz, 12, 13, 14, Fizz Buzz

① 1, 2, Fizz, 4, Buzz, Fizz, 7, 8, Fizz, Buzz, 11, Fizz, 13, 14, 15

② 1, 2, Fizz Buzz, 4, Fizz Buzz, 5, Fizz Buzz, 6, 7, 8, Fizz Buzz, 9, Fizz Buzz, 10, 11, Fizz Buzz, 12, 13, 14, Fizz Buzz

③ 1, 2, Fizz, 3, 4, Buzz, 5, Fizz, 6, 7, 8, Fizz, 9, Buzz, 10, 11, Fizz, 12, 13, 14, Fizz, Buzz, Fizz Buzz

④ 1, 2, Fizz, Buzz, 3, 4, Fizz, Buzz, 5, Fizz, Buzz, 6, 7, 8, Fizz, Buzz, 9, Fizz, Buzz, 10, 11, Fizz, Buzz, 12, 13, 14, Fizz, Buzz, Fizz Buzz

イ ～ オ の解答群

⓪ Fizz Buzz	① Fizz	② Buzz	③ 3の倍数	④ 5の倍数	⑤ 15の倍数
⑥ 3	⑦ 5	⑧ 15	⑨ i		

第3章

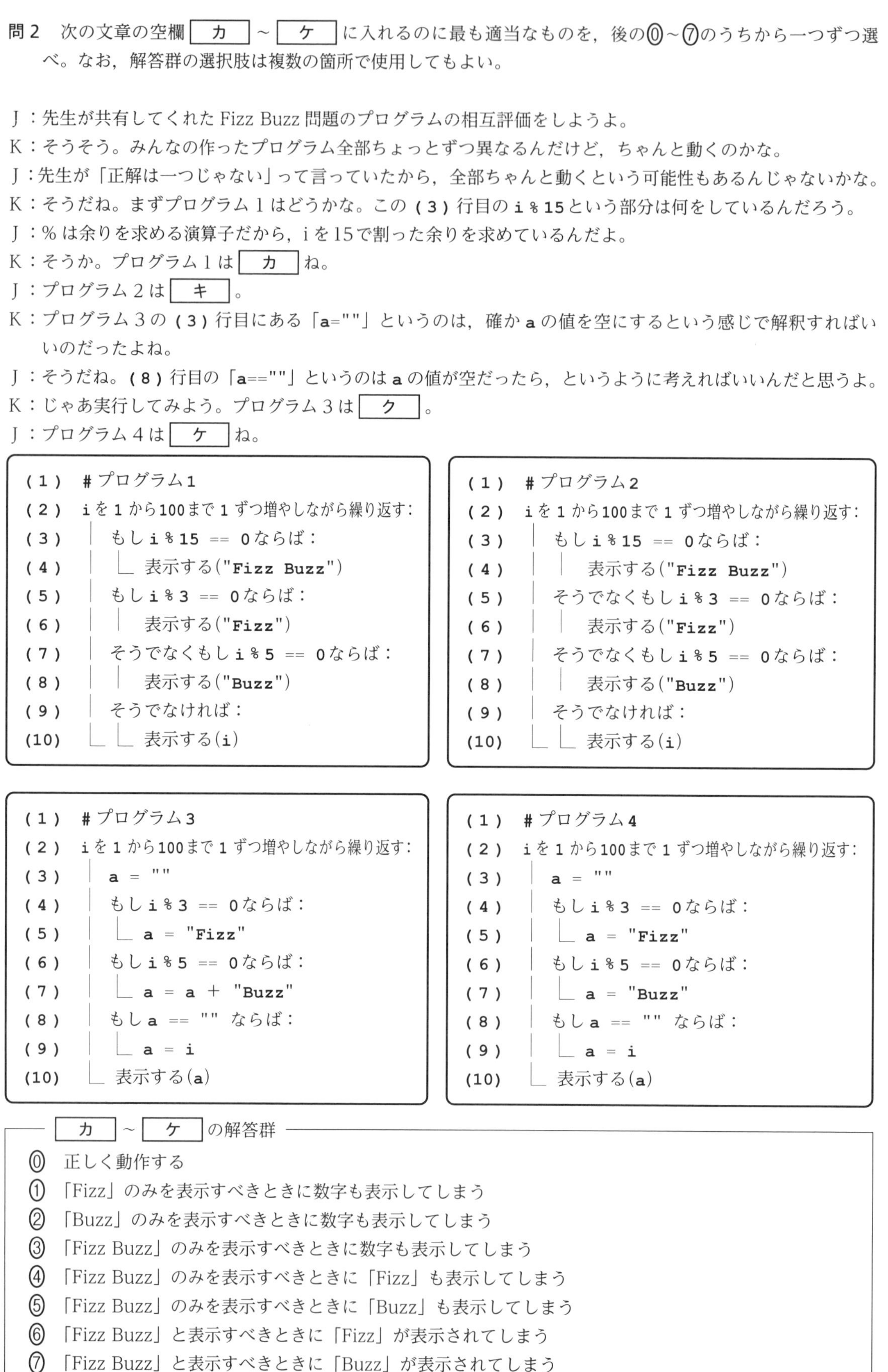

問2　次の文章の空欄 カ ～ ケ に入れるのに最も適当なものを，後の⓪～⑦のうちから一つずつ選べ。なお，解答群の選択肢は複数の箇所で使用してもよい。

J：先生が共有してくれたFizz Buzz問題のプログラムの相互評価をしようよ。
K：そうそう。みんなの作ったプログラム全部ちょっとずつ異なるんだけど，ちゃんと動くのかな。
J：先生が「正解は一つじゃない」って言っていたから，全部ちゃんと動くという可能性もあるんじゃないかな。
K：そうだね。まずプログラム1はどうかな。この **(3)** 行目の **i%15** という部分は何をしているんだろう。
J：%は余りを求める演算子だから，iを15で割った余りを求めているんだよ。
K：そうか。プログラム1は カ ね。
J：プログラム2は キ 。
K：プログラム3の **(3)** 行目にある「**a=""**」というのは，確か **a** の値を空にするという感じで解釈すればいいのだったよね。
J：そうだね。**(8)** 行目の「**a==""**」というのは **a** の値が空だったら，というように考えればいいんだと思うよ。
K：じゃあ実行してみよう。プログラム3は ク 。
J：プログラム4は ケ ね。

```
( 1)  #プログラム1
( 2)  iを1から100まで1ずつ増やしながら繰り返す:
( 3)  │ もしi%15 == 0ならば:
( 4)  │ └ 表示する("Fizz Buzz")
( 5)  │ もしi%3 == 0ならば:
( 6)  │ │ 表示する("Fizz")
( 7)  │ そうでなくもしi%5 == 0ならば:
( 8)  │ │ 表示する("Buzz")
( 9)  │ そうでなければ:
(10)  └ └ 表示する(i)
```

```
( 1)  #プログラム2
( 2)  iを1から100まで1ずつ増やしながら繰り返す:
( 3)  │ もしi%15 == 0ならば:
( 4)  │ │ 表示する("Fizz Buzz")
( 5)  │ そうでなくもしi%3 == 0ならば:
( 6)  │ │ 表示する("Fizz")
( 7)  │ そうでなくもしi%5 == 0ならば:
( 8)  │ │ 表示する("Buzz")
( 9)  │ そうでなければ:
(10)  └ └ 表示する(i)
```

```
( 1)  #プログラム3
( 2)  iを1から100まで1ずつ増やしながら繰り返す:
( 3)  │ a = ""
( 4)  │ もしi%3 == 0ならば:
( 5)  │ └ a = "Fizz"
( 6)  │ もしi%5 == 0ならば:
( 7)  │ └ a = a + "Buzz"
( 8)  │ もしa == "" ならば:
( 9)  │ └ a = i
(10)  └ 表示する(a)
```

```
( 1)  #プログラム4
( 2)  iを1から100まで1ずつ増やしながら繰り返す:
( 3)  │ a = ""
( 4)  │ もしi%3 == 0ならば:
( 5)  │ └ a = "Fizz"
( 6)  │ もしi%5 == 0ならば:
( 7)  │ └ a = "Buzz"
( 8)  │ もしa == "" ならば:
( 9)  │ └ a = i
(10)  └ 表示する(a)
```

カ ～ ケ の解答群

⓪ 正しく動作する
① 「Fizz」のみを表示すべきときに数字も表示してしまう
② 「Buzz」のみを表示すべきときに数字も表示してしまう
③ 「Fizz Buzz」のみを表示すべきときに数字も表示してしまう
④ 「Fizz Buzz」のみを表示すべきときに「Fizz」も表示してしまう
⑤ 「Fizz Buzz」のみを表示すべきときに「Buzz」も表示してしまう
⑥ 「Fizz Buzz」と表示すべきときに「Fizz」が表示されてしまう
⑦ 「Fizz Buzz」と表示すべきときに「Buzz」が表示されてしまう

実戦問題

41 21ゲーム

難易度	目安	速習
★★★	6分	

問1　次の生徒ＪとＫの会話文を読み，空欄［ア］～［オ］に入れるのに最も適当なものを，後の⓪～⑨のうちから一つずつ選べ。なお，解答群の選択肢は複数の箇所で使用してもよい。

Ｋ：21ゲームと呼ばれるゲームを作ったのでプレイしてもらえますか？

Ｊ：もちろんです。ルールを教えてください。

Ｋ：プレイヤーとコンピュータが交互に１から３までの数字を言います。それぞれが言った数字は，足し合わせていきます。合計が21以上になった数字を言った方が負けになります。

Ｊ：例えば，プレイヤーが最初に３，コンピュータが２と言った場合，合計が５になるということですね。

Ｋ：そうです。

Ｊ：合計が20のときに自分の番になると，どの数字を言っても21以上になってしまうので負けになる，ということですね。

Ｋ：そうです。パスや０を言うことはできません。プログラム中の「**範囲乱数**」というのは，引数で指定した範囲の整数の乱数を発生させる関数です。

Ｊ：では，プレイしてみますね。

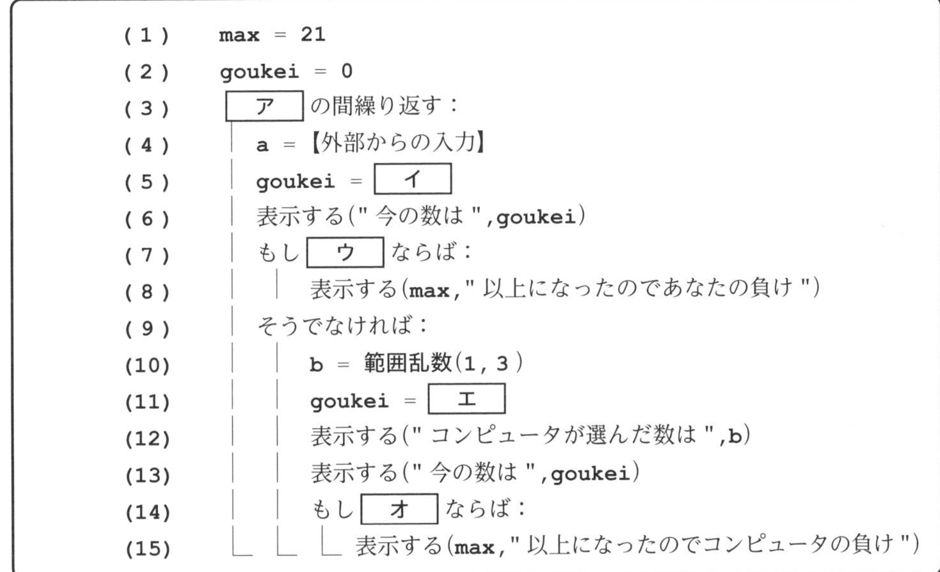

```
max = 21
goukei = 0
[ア] の間繰り返す：
| a = 【外部からの入力】
| goukei = [イ]
| 表示する(" 今の数は ",goukei)
| もし [ウ] ならば：
| | 表示する(max," 以上になったのであなたの負け ")
| そうでなければ：
| | b = 範囲乱数(1，3)
| | goukei = [エ]
| | 表示する(" コンピュータが選んだ数は ",b)
| | 表示する(" 今の数は ",goukei)
| | もし [オ] ならば：
└ └ └ 表示する(max," 以上になったのでコンピュータの負け ")
```

［ア］～［オ］の解答群

⓪ goukei = max　① goukei == max　② a　③ b　④ goukei + a　⑤ goukei + b
⑥ goukei > max　⑦ goukei >= max　⑧ goukei < max　⑨ goukei <= max

問2　次の文章の下線部Ａに関する説明として最も適当なものを，後の⓪～③のうちから一つ選べ。［カ］

Ｊ：面白いゲームですね。でもなかなか勝てません。

Ｋ：ふふ，実は必勝法があるのですよ。

Ｊ：そうなんですね。ん，必勝法とは別に，これ Ａ<u>ルールを破ってプレーできますね</u>。

⓪ コンピュータがパスすることがある。
① コンピュータが１から３以外の数字を選択することがある。
② プレイヤーがパスすることができる。
③ プレイヤーが１から３以外の数字を選択することができる。

実戦問題

42 2次元配列

難易度 ★★★　目安 15分　速習 ✓

問1　次の生徒（S）と先生（T）の会話文を読み，空欄［い］～［は］に入れるのに最も適当な組合せを，後の⓪～⑦のうちから一つ選べ。［ア］

S：先生，どうしても納得いきません。数学の時間に，「ペットが2匹いて，そのうちの1匹はメスだった場合，2匹ともメスである確率は？」という問題が出たのです。

T：なるほど。何と答えたのですか？

S：1匹はメスと分かっているのですから，もう1匹の性別が問題です。オスとメスである確率は同じなのですから，0.5と答えました。ところが，そうではないと言われたのです。

T：では，コンピュータを使って確かめてみましょう。ペットを2匹飼っている家族がたくさんいるとします。ペットの性別は，2次元配列 **Pet** を使って表すこととします。一つ目の添字が家族の番号，二つ目の添字がペットを表します。二つ目の添字は，最初に飼い始めたペットに0，2番目に飼い始めたペットに1を割り当てましょう。例えば，最初の家族の2番目に飼い始めたペットは，**Pet[0, 1]** となります。

S：ややこしいですね。ペットの性別はどう表すのですか？

T：配列 **Pet** の要素の値がそのペットの性別を表します。オスは1，メスは2とします。では，4番目の家族の2番目に飼い始めたペットがメスの場合，添字と要素はそれぞれいくつになりますか？

S：**Pet**［［い］，［ろ］］で，要素の値は［は］です。

T：きちんと理解できたようですね。それではプログラムを作っていきましょう。

［ア］の解答群

⓪ い：3，ろ：1，は：1　① い：3，ろ：1，は：2　② い：4，ろ：2，は：2　③ い：4，ろ：2，は：1
④ い：4，ろ：1，は：1　⑤ い：4，ろ：1，は：2　⑥ い：3，ろ：2，は：2　⑦ い：3，ろ：2，は：1

問2　次の文章の空欄［イ］～［カ］に入れるのに最も適当なものを，後の⓪～⑨のうちから一つずつ選べ。なお，解答群の選択肢は複数の箇所で使用してもよい。

T：まずは，配列 **Pet** にペットの性別データを格納するプログラム（図1）を作ります。

S：ペットの性別は乱数を作って決めるのですね。

T：よく分かっていますね。ここでは，関数「**性別決定**」という先生があらかじめ作成しておいた関数を使います。これは，戻り値として1と2を同じ確率で返す関数です。

S：データは何件分を作成したらよいですか？入力が大変そうです。

T：データを作成する家族の件数は **kazoku_No** という変数に格納しましょう。最初は100000件にしておきます。まさか手入力しようと思っているのですか？

S：そうか！繰り返しを使えばいいのですね！

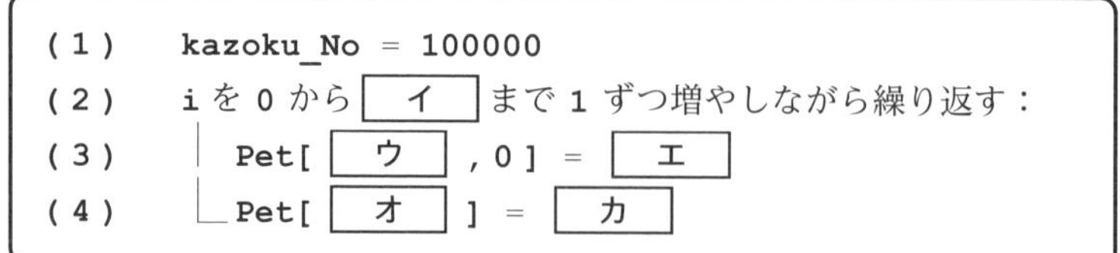

```
kazoku_No = 100000
i を 0 から [ イ ] まで 1 ずつ増やしながら繰り返す：
│ Pet[ [ ウ ] ,0] = [ エ ]
└ Pet[ [ オ ] ] = [ カ ]
```

図1　2匹のペットの性別を乱数で決定し2次元配列に格納するプログラム

［イ］～［カ］の解答群

⓪ 100000　① kazoku_No　② kazoku_No - 1　③ i　④ 0　⑤ 1
⑥ i, 0　⑦ i, 1　⑧ 1, 1　⑨ 性別決定()

問3　次の文章の空欄 [キ] ～ [タ] に入れるのに最も適当なものを，後の⓪～⑨のうちから一つずつ選べ。なお，解答群の選択肢は複数回使用してもよい。

T：プログラムの後半は先生が作成します。今回は，Sさんの理解に役立つように二つの異なるプログラムを作成しました。なお，このプログラムの前に図1のプログラムがあり，配列 **Pet** には **kazoku_No** 分のデータが格納されていると考えてください。

S：このプログラムはどう違うのですか？

T：図2は，ペットの1匹がメスだった場合に2匹ともメスである確率を表示するプログラムです。

S：数学の時間に出された問題ですね。もう一つは？

T：図3は，最初に飼い始めたペットがメスだった場合に2匹ともメスである確率を表示するプログラムです。

S：どちらも同じだと思うのですが。

T：どうでしょう。プログラムを比べてみてください。


```
kazokusu_f = 0   #条件(1匹がメス)に当てはまる家族の数
kazokusu_f2 = 0  #条件に当てはまる家族のうち，2匹ともメスである家族の数
kazokusu_f1 = 0  #条件に当てはまる家族のうち，1匹がメスである家族の数
i を 0 から [キ] まで 1 ずつ増やしながら繰り返す：
│ もし [ク] ならば：
│ │ kazokusu_f = kazokusu_f + 1
│ │ もし [ケ] ならば：
│ │ │ kazokusu_f2 = kazokusu_f2 + 1
│ │ そうでなければ：
└ └ └ kazokusu_f1 = kazokusu_f1 + 1
表示する( [コ] / [サ] )
```

図2　ペットの1匹がメスだった場合に2匹ともメスである確率を表示するプログラム（後半部分）

```
kazokusu_f = 0   #条件(最初の飼い始めたペットがメス)に当てはまる家族の数
kazokusu_f2 = 0  #条件に当てはまる家族のうち，2匹ともメスである家族の数
kazokusu_f1 = 0  #条件に当てはまる家族のうち，1匹がメスである家族の数
i を 0 から [シ] まで 1 ずつ増やしながら繰り返す：
│ もし [ス] ならば：
│ │ kazokusu_f = kazokusu_f + 1
│ │ もし [セ] ならば：
│ │ │ kazokusu_f2 = kazokusu_f2 + 1
│ │ そうでなければ：
└ └ └ kazokusu_f1 = kazokusu_f1 + 1
表示する( [ソ] / [タ] )
```

図3　最初に飼い始めたペットがメスだった場合に2匹ともメスである確率を表示するプログラム（後半部分）

[キ] ～ [タ] の解答群

⓪ **100000**　① **kazoku_No**　② **kazoku_No - 1**　③ **kazokusu_f**

④ **kazokusu_f2**　⑤ **kazokusu_f1**　⑥ **Pet[i, 0] == 2 or Pet[i, 1] == 2**

⑦ **Pet[i, 0] == 2 and Pet[i, 1] == 2**　⑧ **Pet[i, 0] == 2**　⑨ **Pet[i, 1] == 1**

問4　次の文章の空欄 [チ] ～ [ナ] に入れるのに最も適当なものを，後の⓪～⑨のうちから一つずつ選べ。

S：図2はおよそ$\frac{1}{3}$，図3は$\frac{1}{2}$という結果になりました。二つのプログラムを比較したおかげで，私がどこで勘違いしていたのかよく理解することができました。

T：本当によく分かったのですね？では，「ペットの1匹がメスでツナ子という名前だった場合，2匹ともメスである確率」はどうなると思いますか？

S：先生，何を言っているのですか？名前が何かなんて関係ないじゃないですか。これも，1匹がメスの場合という条件なので確率は$\frac{1}{3}$です。それにしても，珍しい名前ですね。

T：いいところに気付きましたね。この名前はメスだけに付いている名前で，1000匹のメスに対して1匹だけ付いているとします。この問題をシミュレーションによって解決するならどうしたらよいと思いますか？

S：シミュレーションは必要ないと思うのですが，分かりました。まずは，ペットの性別の表し方を変更します。1はオス，2はツナ子以外の名前が付いているメス，3はツナ子と名前が付いているメス，とします。

T：いいですね。関数「**性別決定**」を修正し，$\frac{1}{2}$の確率でオスかメスを決め，オスだったら1を返し，メスだった場合は，さらに$\frac{1}{1000}$の確率でツナ子かどうかを決め，ツナ子でなければ2を，ツナ子なら3を返すようにします。

S：つまり，データを作成する部分は何も変更が必要ないという意味ですね。後半はどうしたらよいですか。

T：図4のようになります。

```
kazokusu_f = 0   #条件(1匹がツナ子という名前のメス)に当てはまる家族の数
kazokusu_f2 = 0 #条件に当てはまる家族のうち，2匹ともメスである家族の数
kazokusu_f1 = 0 #条件に当てはまる家族のうち，1匹がメスである家族の数
i を 0 から [チ] まで 1 ずつ増やしながら繰り返す：
│ もし [ツ] ならば：
│ │ kazokusu_f = kazokusu_f + 1
│ │ もし [テ] ならば：
│ │ │ kazokusu_f2 = kazokusu_f2 + 1
│ │ そうでなければ：
└ └ └ kazokusu_f1 = kazokusu_f1 + 1
表示する( [ト] / [ナ] )
```

図4　ペットの1匹がメスでツナ子という名前だった場合に2匹ともメスである確率を表示するプログラム（後半部分）

S：では実行してみます。確率が$\frac{1}{3}$から変わるわけはないですよね。

T：さて，どうでしょうか。実行してください。

S：確率はほぼ$\frac{1}{2}$に近い値になっています。不思議です。

T：ぜひ，確率や統計を学んでその疑問を解決してください。

[チ] ～ [ナ] の解答群

⓪ `100000`　① `kazoku_No`　② `kazoku_No - 1`　③ `kazokusu_f`
④ `kazokusu_f2`　⑤ `kazokusu_f1`　⑥ `Pet[i, 0] == 3 or Pet[i, 1] == 3`
⑦ `Pet[i, 0] == 3 and Pet[i, 1] == 3`　⑧ `Pet[i, 0] >= 2 or Pet[i, 1] >= 2`
⑨ `Pet[i, 0] >= 2 and Pet[i, 1] >= 2`

実戦問題

43 バトルゲーム

難易度	目安	速習
★★★	15分	

問1　次の生徒（S）と先生（T）の会話文を読み，空欄に入れるのに最も適当な組合せを，後の⓪～⑦のうちから一つ選べ。［ア］

S：先生，バトルゲームのプログラムを作ってみたいのです。
T：自分の好きなことからプログラミングに取り組むのは素晴らしいですね。どんなバトルにしたいのですか？
S：ルールを次のようにまとめてみました。
・プレイヤーとコンピュータが交互に攻撃と防御に分かれて戦う。
・攻撃側と防御側は，それぞれ，水，火，風のうち一つのスキルを選択する。
・それぞれが選択したスキルに応じて，下の表1のようにダメージが決まる。

表1　スキルの選択とダメージの対応表

		防御側		
		水	火	風
攻撃側	水	1	2	0
	火	0	1	2
	風	2	0	1

・ダメージが決まったら，防御側のライフをダメージ分だけ減らし，攻撃と防御を入れ替える。
・ライフの初期値を10とし，それぞれ3回ずつ攻撃し合った後に，ライフの残りが大きい方が勝つ。
T：なるほど，ジャンケン的な要素が含まれているのですね。よく考えてありますね。
S：ありがとうございます。しかし，どのように作成したらいいのか分かりません。
T：では，まずはモデル化していきましょう。三つのスキルは，0を水，1を火，2を風に割り当てます。このようなプログラムでは，勝敗やダメージ判定をどのようなアルゴリズムで行うかが，ポイントになります。今回は，表1を2次元配列 **Damage_hyou** に格納します。一つ目の添字が攻撃側のスキルを，二つ目の添字が防御側のスキルを意味することとします。ダメージの値を配列の要素に格納します。いくつか，配列の要素の値がいくつになるか言ってみてください。
S：**Damage_hyou[0, 0]** は［い］，**Damage_hyou[1, 2]** は［ろ］，**Damage_hyou[2, 1]** は［は］です。

［ア］の解答群

⓪ い：0，ろ：0，は：0　① い：1，ろ：0，は：2　② い：1，ろ：1，は：1　③ い：1，ろ：1，は：2
④ い：1，ろ：2，は：0　⑤ い：2，ろ：0，は：2　⑥ い：2，ろ：1，は：2　⑦ い：2，ろ：1，は：1

問2　次の文章の空欄［イ］に入れるのに最も適当なものを，後の⓪～⑧のうちから一つ選べ。

T：正しく理解できていますね。では，攻撃側が火，防御側が水を選択した場合，そのダメージを判断するためには，添字をどのように指定したら，正しいダメージの値が **Damage_hyou** から取り出せますか？
S：［イ］だと思います。
T：素晴らしい！正しく理解できていますね。

［イ］の解答群

⓪ **Damage_hyou[0, 0]**　① **Damage_hyou[0, 1]**　② **Damage_hyou[0, 2]**
③ **Damage_hyou[1, 0]**　④ **Damage_hyou[1, 1]**　⑤ **Damage_hyou[1, 2]**
⑥ **Damage_hyou[2, 0]**　⑦ **Damage_hyou[2, 1]**　⑧ **Damage_hyou[2, 2]**

第3章

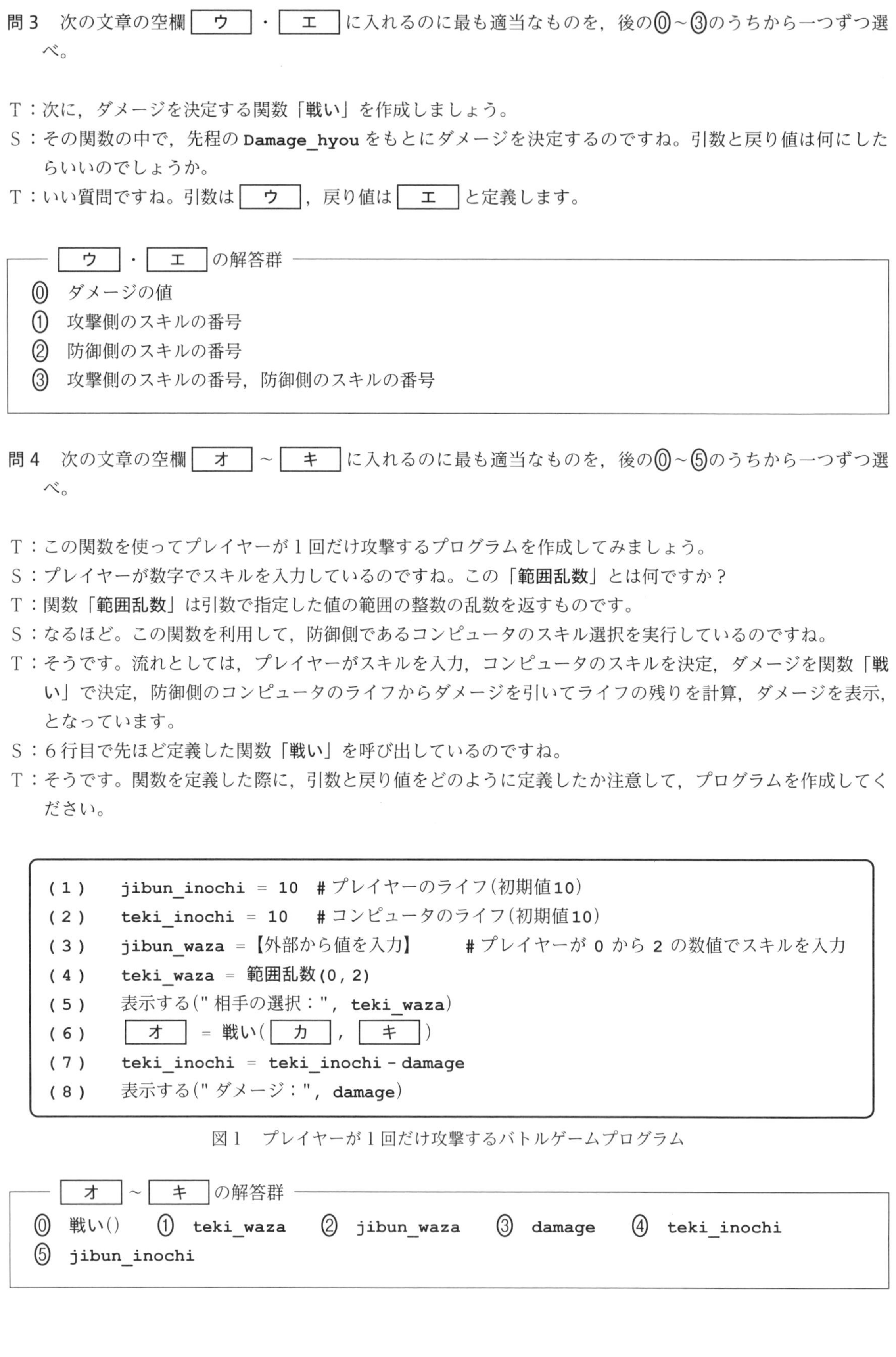

問3　次の文章の空欄 ［ウ］・［エ］ に入れるのに最も適当なものを，後の⓪～③のうちから一つずつ選べ。

T：次に，ダメージを決定する関数「**戦い**」を作成しましょう。
S：その関数の中で，先程の **Damage_hyou** をもとにダメージを決定するのですね。引数と戻り値は何にしたらいいのでしょうか。
T：いい質問ですね。引数は ［ウ］，戻り値は ［エ］ と定義します。

［ウ］・［エ］ の解答群
⓪ ダメージの値
① 攻撃側のスキルの番号
② 防御側のスキルの番号
③ 攻撃側のスキルの番号，防御側のスキルの番号

問4　次の文章の空欄 ［オ］～［キ］ に入れるのに最も適当なものを，後の⓪～⑤のうちから一つずつ選べ。

T：この関数を使ってプレイヤーが１回だけ攻撃するプログラムを作成してみましょう。
S：プレイヤーが数字でスキルを入力しているのですね。この「**範囲乱数**」とは何ですか？
T：関数「**範囲乱数**」は引数で指定した値の範囲の整数の乱数を返すものです。
S：なるほど。この関数を利用して，防御側であるコンピュータのスキル選択を実行しているのですね。
T：そうです。流れとしては，プレイヤーがスキルを入力，コンピュータのスキルを決定，ダメージを関数「**戦い**」で決定，防御側のコンピュータのライフからダメージを引いてライフの残りを計算，ダメージを表示，となっています。
S：６行目で先ほど定義した関数「**戦い**」を呼び出しているのですね。
T：そうです。関数を定義した際に，引数と戻り値をどのように定義したか注意して，プログラムを作成してください。

```
(1)   jibun_inochi = 10  #プレイヤーのライフ(初期値10)
(2)   teki_inochi = 10   #コンピュータのライフ(初期値10)
(3)   jibun_waza = 【外部から値を入力】    #プレイヤーが 0 から 2 の数値でスキルを入力
(4)   teki_waza = 範囲乱数(0, 2)
(5)   表示する("相手の選択：", teki_waza)
(6)   [ オ ] = 戦い([ カ ], [ キ ])
(7)   teki_inochi = teki_inochi - damage
(8)   表示する("ダメージ：", damage)
```

図１　プレイヤーが１回だけ攻撃するバトルゲームプログラム

［オ］～［キ］ の解答群
⓪ 戦い()　① **teki_waza**　② **jibun_waza**　③ **damage**　④ **teki_inochi**
⑤ **jibun_inochi**

問5　次の文章の空欄 [ク] ～ [ソ] に入れるのに最も適当なものを，後の⓪～⑨のうちから一つずつ選べ。なお，解答群の選択肢は複数の箇所で使用してもよい。

S：うまく動いているようですので，それぞれが3回ずつ攻撃するプログラムに拡張したいです。

T：そうですね。ここで新しい変数 **ban** を導入します。**ban** が **0** ならプレイヤーの攻撃の順番，**1** ならコンピュータの攻撃の番であることを表すこととします。どちらかが1回攻撃することを1ターンと呼ぶこととします。全部で6ターン繰り返す処理にすれば完成ですね。

```
jibun_inochi = 10   #プレイヤーのライフ(初期値10)
teki_inochi = 10    #コンピュータのライフ(初期値10)
ban = 0
i を 1 から 6 まで 1 ずつ増やしながら繰り返す：
｜ jibun_waza = 【外部から値を入力】 #プレイヤーが 0 から 2 の数値でスキルを入力
｜ teki_waza = 範囲乱数(0, 2)
｜ 表示する(" 相手の選択：", teki_waza)
｜ もし ban == 0ならば：
｜ ｜ [ ク ] = 戦い([ ケ ], [ コ ])
｜ ｜ teki_inochi = teki_inochi - damage
｜ ｜ 表示する(" ダメージ：", damage)
｜ ｜ ban [ サ ]
｜ そうでなければ：
｜ ｜ [ シ ] = 戦い([ ス ], [ セ ])
｜ ｜ jibun_inochi = jibun_inochi - damage
｜ ｜ 表示する(" ダメージ：",damage)
｜ └ ban [ ソ ]
｜ 表示する(" プレイヤーのライフ：", jibun_inochi)
└ 表示する(" コンピュータのライフ：", teki_inochi)
```

図2　3回ずつ攻撃し合うように拡張したバトルゲームプログラム

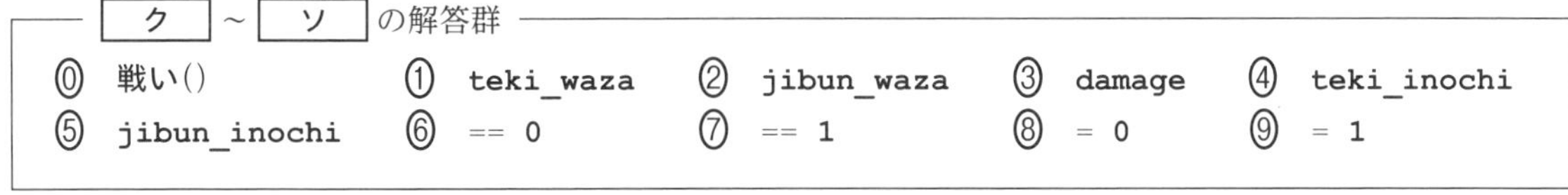

[ク] ～ [ソ] の解答群

⓪ 戦い()	① teki_waza	② jibun_waza	③ damage	④ teki_inochi
⑤ jibun_inochi	⑥ == 0	⑦ == 1	⑧ = 0	⑨ = 1

問6　次の文章の下線部Aに関して**適当でないもの**を，後の⓪～③のうちから一つ選べ。 [タ]

S：ほぼゲームの形としてでき上がりましたね！ありがとうございます。先生は **ban** という変数でどちらの攻撃をするのか判断するアルゴリズムにしましたが，**i** の値が偶数か奇数かみることで，どちらの攻撃か判断することもできると思うのですが。

T：A 変数 **ban** を使用したことには理由があります。

⓪ 偶数か奇数かをみても，どちらの攻撃か判断できないから。

① 将来的に，どちらから攻撃が始まってもよいような拡張に備えているから。

② 将来的に，連続して攻撃を行う場合が生じるような拡張に備えているから。

③ 一つの変数に複数の意味を持たせないようにすることで，可読性の高いプログラムにしているから。

実戦問題

44 線形探索

難易度	目安	速習
★★☆	10分	✓

次の生徒（S）と先生（T）の会話文を読み，空欄 [ア] ～ [ク] に入れるのに最も適当なものを，後の解答群のうちから一つずつ選べ。

T：配列などから目的の値を見つけることを探索といいます。探索のアルゴリズムにはいろいろありますが，端から順に目的の値である探索値を探し出すアルゴリズムを線形探索といいます。例えば，図１のプログラムは，10個の整数が格納された配列 **Data** から **(5)** 行目で指定した値を探して，配列の先頭からの順番１～10を表示するプログラムを表しています。

S：配列の先頭から順番に指定された値を探すのですね。プログラムの **(2)** 行目にある「**要素数(Data)**」は何を意味しているのですか？

T：「**要素数**」は引数に渡された配列の要素数を返す関数です。例えば，プログラムのように配列 **Data** を関数の引数に指定した場合は [ア] を返します。

S：なるほど。もし指定した値が見つからない場合は，変数 **kekka** の値は [イ] なので，「見つかりませんでした」と表示されるのですね。

```
(1)   Data = [48,89,52,18,77,29,62, 3 ,97,33]
(2)   kazu = 要素数(Data)
(3)   kekka = 0
(4)   表示する(" 0～99の数字を入力してください")
(5)   atai = 【外部からの入力】
(6)   i を 0 から [ウ] まで 1 ずつ増やしながら繰り返す：
(7)   │ もし Data[i] == atai ならば：
(8)   └ └ kekka = [エ]
(9)   もし [オ] ならば：
(10)  │ 表示する(" 見つかりませんでした ")
(11)  そうでなければ：
(12)  └ 表示する(" 見つかりました：", kekka, " 番目 ")
```

図１　線形探索のプログラム

S：図１のプログラムの場合だと，途中で指定した値が見つかった場合も，配列の最後まで探索することになりますね。

T：いいところに気が付きましたね。図１のプログラムだと，仮に１回目の探索で指定した値が見つかったとしても，10回目まで意味のない探索を繰り返すことになります。この無駄な操作を回避するために，もし「繰り返しを抜ける」というコードをプログラムに付け加える場合，図１のプログラムのどこに挿入すればいいか分かりますか？

S：指定した値が見つかった場合に繰り返しを抜ければいいので，プログラムの [カ] 行目の直下に挿入すればいいですね。

T：その通りです。もう一つ，図１のプログラムでは，配列の中に指定した値が複数含まれていた場合，[キ] の値の場所を返すことになります。配列のすべての値をチェックして，もし指定した値が複数含まれていた場合は，場所ではなく個数を返すプログラムに修正してみてください。

太郎さんはこの後，図２のようにプログラムを修正して，もし指定した値が複数含まれていた場合は，場所ではなく個数を返していることを確認した。

```
(1)  Data = [48,21,52,48,17,29,10,34,48,34]
(2)  kazu = 要素数(Data)
(3)  kekka = 0
(4)  kosu = 0
(5)  表示する("0～99の数字を入力してください")
(6)  atai = 【外部からの入力】
(7)  i を 0 から [ ウ ] まで 1 ずつ増やしながら繰り返す：
(8)  | もし Data[i] == atai ならば：
(9)  | | kekka = [ エ ]
(10) └ └ kosu = kosu + 1
(11) もし [ オ ] ならば：
(12) | 表示する("見つかりませんでした")
(13) そうでなくもし [ ク ] ならば：
(14) | 表示する("複数見つかりました：", kosu, "個")
(15) そうでなければ：
(16) └ 表示する("見つかりました：", kekka, "番目")
```

図2　修正した線形探索のプログラム

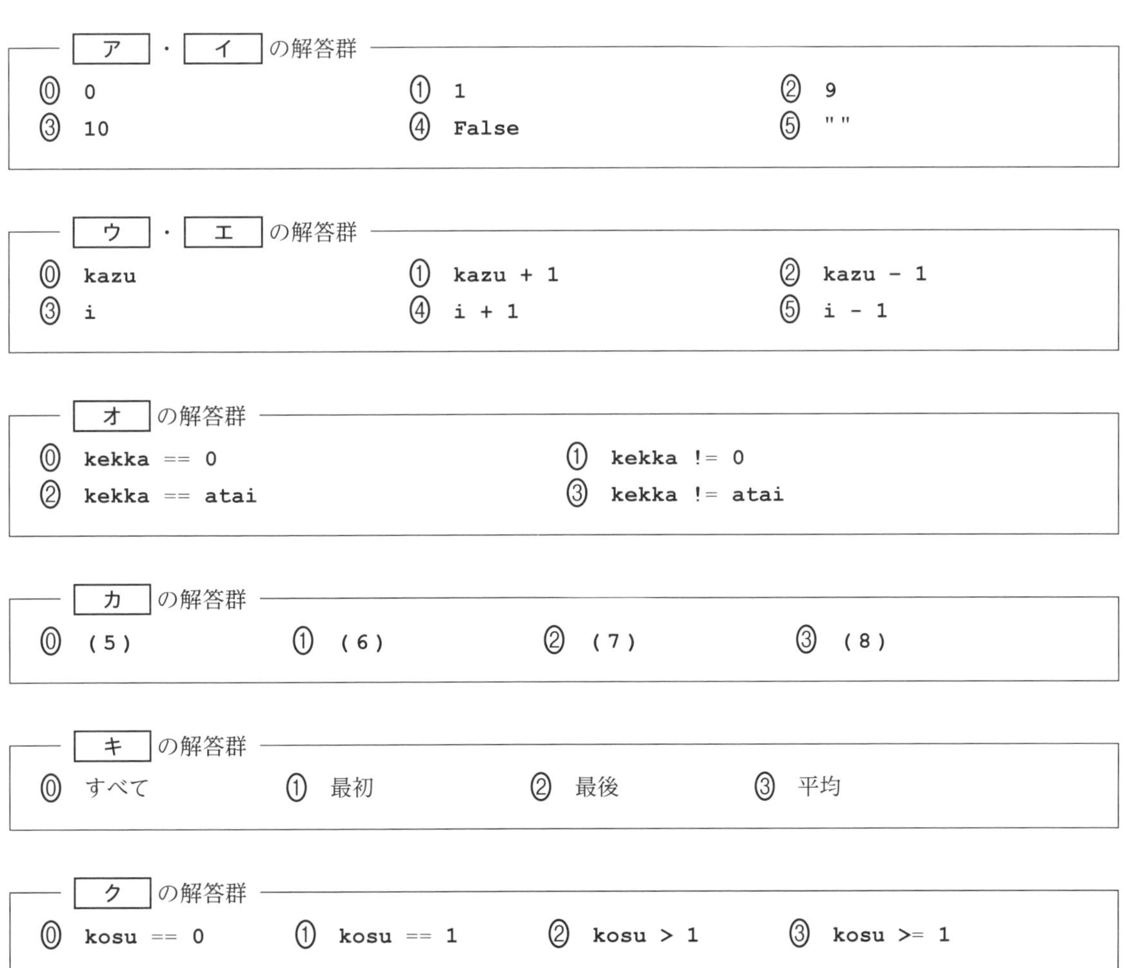

[ア]・[イ] の解答群

⓪ 0	① 1	② 9
③ 10	④ False	⑤ ""

[ウ]・[エ] の解答群

⓪ kazu	① kazu + 1	② kazu - 1
③ i	④ i + 1	⑤ i - 1

[オ] の解答群

⓪ kekka == 0	① kekka != 0
② kekka == atai	③ kekka != atai

[カ] の解答群

⓪ (5)　① (6)　② (7)　③ (8)

[キ] の解答群

⓪ すべて　① 最初　② 最後　③ 平均

[ク] の解答群

⓪ kosu == 0　① kosu == 1　② kosu > 1　③ kosu >= 1

実戦問題

45 二分探索

難易度	目安	速習
★★★	12分	✓

次の生徒（S）と先生（T）の会話文を読み，空欄［ア］～［オ］に入れるのに最も適当なものを，後の解答群のうちから一つずつ選べ。

T：探索のアルゴリズムの一つに二分探索があります。二分探索は，データが昇順また降順に整列されている配列に対し，探索範囲を半分に狭めることを繰り返して探索値を絞り込んでいくアルゴリズムです。例えば，10個の整数が格納された配列**Data**から52を探索する場合，図1のような流れで目的の値を見つけ出します。これをプログラムで表すと図2のようになります。なお，プログラムの **(5)** 行目にある「**要素数**」は，引数に渡された配列の要素数を返す関数を表しています。

S：図2のプログラムを見ると，**(4)(5)** 行目で配列の最初と最後の要素の添字を変数**hidari**と変数**migi**に代入して，**(6)** 行目の条件式で，変数**hidari**の値が変数**migi**以下の間，探索を繰り返していますね。図1を見ると，配列の要素を半分に絞っていく際に，もし探索範囲の要素の個数が偶数であれば中央の二つの数値のうち左側の数値を探索しているので，プログラムの **(7)** 行目は［ア］という意味ですね。

T：はい，その通りです。もし配列から探索値を見つけた場合は，**(9)** 行目のように配列の先頭からの順番1～10を表示し，繰り返しを抜けます。ただ，このプログラムでは探索値が配列の中に含まれていない場合が想定されていません。探索値が配列の中に見つからなかった場合を考慮して，図2のプログラムを修正してみてください。

配列**Data**	3	18	29	33	48	52	62	77	89	97

1回目の探索	3	18	29	33	48	52	62	77	89	97
					探索値					
2回目の探索	3	18	29	33	48	52	62	77	89	97
								探索値		
3回目の探索	3	18	29	33	48	52	62	77	89	97
						探索値				

図1　配列**Data**から52を探索する場合の二分探索の流れ

```
(1)   Data = [3,18,29,33,48,52,62,77,89,97]
(2)   表示する(" 0～99の数字を入力してください ")
(3)   atai = 【外部からの入力】
(4)   hidari = 0
(5)   migi = 要素数(Data) - 1
(6)   hidari <= migi の間繰り返す：
(7)   │ aida = (hidari + migi) ÷ 2
(8)   │ もし［イ］ならば：
(9)   │ │ 表示する(" 見つかりました：", aida + 1, " 番目 ")
(10)  │ │ 繰り返しを抜ける
(11)  │ そうでなくもし Data[aida] < atai ならば：
(12)  │ │ hidari = ［ウ］
(13)  │ そうでなければ：
(14)  └ └ migi = ［エ］
```

図2　二分探索のプログラム

Sさんはこの後，図3のようにプログラムを修正し，もし探索値が配列の中に見つからなかった場合は「見つかりませんでした」と表示されることを確認した。

```
Data = [3,18,29,33,48,52,62,77,89,97]
表示する("0 ～ 99の数字を入力してください")
atai = 【外部からの入力】
hidari = 0
migi = 要素数(Data) - 1
hakken = 0
hidari <= migi の間繰り返す：
│ aida = (hidari + migi) ÷ 2
│ もし [ イ ] ならば：
│ │ 表示する("見つかりました：", aida + 1, "番目")
│ │ hakken = 1
│ │ 繰り返しを抜ける
│ そうでなくもし Data[aida] < atai ならば：
│ │ hidari = [ ウ ]
│ そうでなければ：
└ └ migi = [ エ ]
もし [ オ ] ならば：
└ 表示する("見つかりませんでした")
```

図3　修正した二分探索のプログラム

[ア] の解答群

⓪ 変数 **hidari** と変数 **migi** を足して **2** で割った値を変数 **aida** に代入する
① 変数 **hidari** と変数 **migi** を足して **2** で割った値の小数部を変数 **aida** に代入する
② 変数 **hidari** と変数 **migi** を足して **2** で割った商を変数 **aida** に代入する
③ 変数 **hidari** と変数 **migi** を足して **2** で割った余りを変数 **aida** に代入する

[イ] の解答群

⓪ **aida == atai**　① **aida > atai**　② **aida < atai**
③ **Data[aida] == atai**　④ **Data[aida] > atai**　⑤ **Data[aida] < atai**

[ウ]・[エ] の解答群

⓪ **aida**　① **aida + 1**　② **aida - 1**
③ **Data[aida]**　④ **Data[aida + 1]**　⑤ **Data[aida - 1]**

[オ] の解答群

⓪ **hakken == 0**　① **hakken == 1**
② **hakken > 0**　③ **hakken >= 0**

実戦問題

46 バブルソート

難易度	目安	速習
★★☆	10分	✓

次の生徒（S）と先生（T）の会話文を読み，空欄［ア］～［キ］に入れるのに最も適当なものを，後の解答群のうちから一つずつ選べ。

T：データを昇順または降順に並べ替えるアルゴリズムのことをソートといいます。まずはじめに，バブルソートというアルゴリズムを考えてみましょう。バブルソートは，配列の中の隣り合うデータの大小を比較し交換を繰り返す方法です。図1は，10個の要素を持つ配列 **Data** に対してバブルソートを行う場合の流れを表しています。
　まず，配列の先頭とその次の要素を比較し，左の方が大きければ右と交換する。これを一つずつずらしながら配列の最後尾まで繰り返していき，最後尾まで繰り返したら1周目の比較が終了します。

S：つまり，1周目の比較がすべて終了した段階で，配列の最後尾には［ア］が入っているのですね。

T：その通りです。2周目は，配列の［イ］を除いて1周目と同じように比較していきます。これを繰り返して，最後には配列が並び変わっているという具合ですね。図2はバブルソートのプログラムを表しています。

配列 Data	77	52	89	48	97	3	18	62	33	29
1周目／1回目の比較	**77**	**52**	89	48	97	3	18	62	33	29
	交換する									
1周目／2回目の比較	52	**77**	**89**	48	97	3	18	62	33	29
		交換しない								
1周目／3回目の比較	52	77	**89**	**48**	97	3	18	62	33	29
			交換する							

⋮

図1　配列 Data に対するバブルソートの流れ

```
(1)  Data = [77,52,89,48,97, 3 ,18,62,33,29]
(2)  kazu = 要素数(Data)
(3)  i を 1 から kazu - 1 まで 1 ずつ増やしながら繰り返す：
(4)  │ j を 0 から [ ウ ] まで 1 ずつ増やしながら繰り返す：
(5)  │ │ もし Data[j] > Data[j+1] ならば：
(6)  │ │ │ hokan = Data[j]
(7)  │ │ │ [ エ ]
(8)  └ └ └ Data[j+1] = hokan
```

図2　バブルソートのプログラム

S：図2のプログラムだと，もし仮に最初からデータが昇順に並んでいても，配列 **Data** の場合と同じ回数だけ比較を繰り返さないといけないですよね？

T：いいところに気が付きましたね。最初から昇順に整列された配列をバブルソートすると，交換回数は［オ］だけど比較回数は［カ］ので効率が悪いです。それでは，データの整列が完了した段階で繰り返しを抜けるように図2のプログラムを修正してみましょう。まず，変数 **koukan** を用意して初期化しておきます（図3の **(3)** 行目)。次に，交換が発生した場合，変数 **koukan** に「**1**」を代入するようにしましょう（図3の **(10)** 行目)。さて，ここで図4のプログラムを，図3のプログラムのどこに挿入すればいいか分かりますか？

S：繰り返しが1周終わるごとに変数 **koukan** の値を確認する必要がありますから，［キ］だと思います。

T：正解です！よくできました。

```
( 1 )  Data = [77,52,89,48,97, 3 ,18,62,33,29]
( 2 )  kazu = 要素数(Data)
( 3 )  koukan = 1
( 4 )  i を 1 から kazu - 1 まで 1 ずつ増やしながら繰り返す：
( 5 )  │ j を 0 から [ ウ ] まで 1 ずつ増やしながら繰り返す：
( 6 )  │ │ もし Data[j] > Data[j+1] ならば：
( 7 )  │ │ │ hokan = Data[j]
( 8 )  │ │ │ [ エ ]
( 9 )  │ │ │ Data[j+1] = hokan
(10)  └ └ └ koukan = 1
```

図3　修正したバブルソートのプログラム（作成途中）

```
もし koukan == 0 ならば：
└ 繰り返しを抜ける
koukan = 0
```

図4　挿入するプログラム

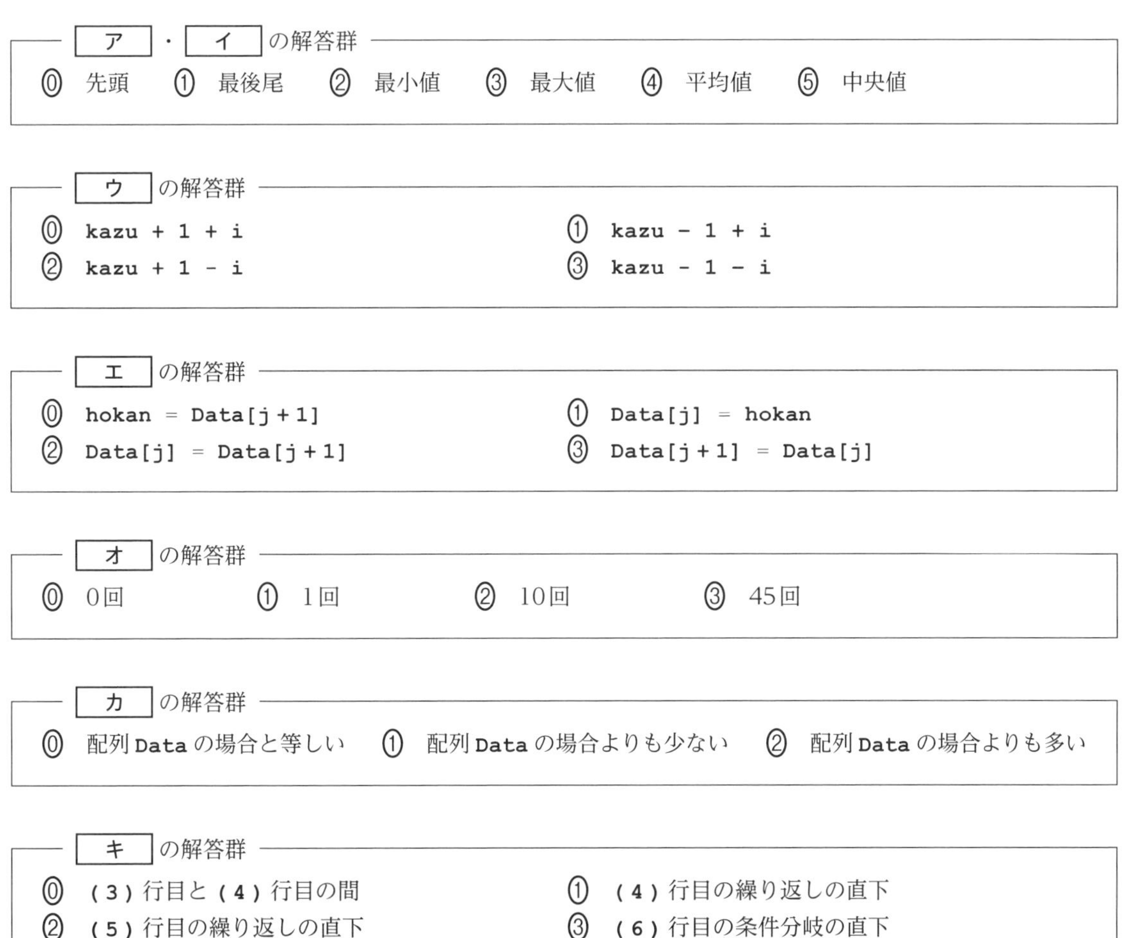

[ア]・[イ] の解答群

⓪ 先頭　① 最後尾　② 最小値　③ 最大値　④ 平均値　⑤ 中央値

[ウ] の解答群

⓪ kazu + 1 + i　① kazu - 1 + i
② kazu + 1 - i　③ kazu - 1 - i

[エ] の解答群

⓪ hokan = Data[j+1]　① Data[j] = hokan
② Data[j] = Data[j+1]　③ Data[j+1] = Data[j]

[オ] の解答群

⓪ 0回　① 1回　② 10回　③ 45回

[カ] の解答群

⓪ 配列 Data の場合と等しい　① 配列 Data の場合よりも少ない　② 配列 Data の場合よりも多い

[キ] の解答群

⓪ (3)行目と(4)行目の間　① (4)行目の繰り返しの直下
② (5)行目の繰り返しの直下　③ (6)行目の条件分岐の直下

実戦問題

47 選択ソート

難易度	目安	速習
★★★	10分	✓

次の生徒（S）と先生（T）の会話文を読み，空欄 ア ～ キ に入れるのに最も適当なものを，後の解答群のうちから一つずつ選べ。

T：図1のように，10個の数字が入った配列 **Data** があります。前回はバブルソートを学習しましたが，バブルソートの手順の他に，この配列 **Data** を昇順に並べ替える方法を考えてみてください。

S：そうですね…，このような方法はどうでしょうか。まず，配列の1番目から10番目まで一つずつデータを見ていき，一番小さな値を見つけます。次に，その値と1番目の値を交換します。次は，配列の2番目から10番目まで一つずつデータを見ていき，同じように一番小さな値を見つけて，今度は2番目の値と交換します。この手順を最後まで繰り返すと，配列のデータは昇順にソートできるのではないでしょうか。

配列 **Data**	77	52	89	48	97	3	18	62	33	29
1回目の交換	77	52	89	48	97	3	18	62	33	29
2回目の交換	3	52	89	48	97	77	18	62	33	29

（1回目の交換：この範囲から最も小さい値を順番に探し，1番目の値と交換する）

（2回目の交換：この範囲から最も小さい値を順番に探し，2番目の値と交換する）

⋮

図1　配列 **Data** に対する選択ソートの流れ

T：いい方法を思い付きましたね。それは選択ソートと呼ばれるアルゴリズムになります。では，選択ソートをプログラムで表してみましょう。まず，配列 **Data** の1番目から10番目まで一つずつデータを見ていき，一番小さな値を見つけて，1番目の値と交換するまでの手順をプログラムで表してみてください。

S：配列の中から一番小さい値を見つけるには，繰り返しと条件分岐を組合せればよさそうですね。でも，配列の二つの値を交換する方法は，どのような手順になるのでしょうか？

T：例えば，変数 **a** と変数 **b** の値を交換する場合を考えてみます。そのまま変数の値を代入すると上書きになってしまうから，一時的に変数の値を保管しておく変数 **hokan** を用意します。手順としては，まず片方の変数 **a** の値を変数 **hokan** に代入して保管しておきます。次に， ア の値を イ に代入します。最後に，変数 **hokan** の値を変数 **b** に戻せば，二つの変数の値を交換することができます。

この後，Sさんは先生のアドバイスを参考に図2のようなプログラムを作成し，配列の一番小さい値が1番目の値と入れ替わっていることを確認した。

```
Data = [77,52,89,48,97, 3 ,18,62,33,29]
kazu = 要素数(Data)
min = 0
i を 1 から kazu - 1まで 1 ずつ増やしながら繰り返す：
│ もし Data[min]  ウ  Data[i] ならば：
└ └ min = i
hokan = Data[ 0 ]
Data[ 0 ] = Data[min]
Data[min] = hokan
```

図2　選択ソートのプログラム（作成途中）

T：これで選択ソートの1周目をプログラムで表せましたね。次は，この手順を最後まで繰り返すようにプログラムを修正していきましょう。

S：2周目以降を続けるためには，図2のプログラムの（3）～（9）行目をさらに繰り返し構文でくくる必要がありそうですね。あと，2周目は2番目から10番目，3周目は3番目から10番目…というように，配列の添字を1ずつずらしていく必要がありますね。

T：あと，2周目以降は繰り返しのはじめに変数 **min** の値もリセットしないといけないから注意してね。

S：確かにそうですね。その点にも注意してプログラムを修正してみます。

この後，Sさんは先生のアドバイスを参考に図3のようにプログラムを修正し，配列のデータが昇順にソートされていることを確認した。


```
(1)   Data = [77,52,89,48,97,3,18,62,33,29]
(2)   kazu = 要素数(Data)
(3)   i を 0 から kazu - 2 まで 1 ずつ増やしながら繰り返す：
(4)   │ min = [ オ ]
(5)   │ j を [ カ ] から kazu - 1 まで 1 ずつ増やしながら繰り返す：
(6)   │ │ もし Data[min] [ ウ ] Data[j] ならば：
(7)   │ └ └ min = j
(8)   │ hokan = Data[i]
(9)   │ [ キ ]
(10)  └ Data[min] = hokan
```

図3　選択ソートのプログラム（完成）

T：よくできました。では，もし今度は配列のデータを降順にソートしたい場合，図3のプログラムのどこをどのように修正すればいいか分かりますか？

S：逆の順番に並べ替えればいいので，（6）行目の［ウ］を［エ］に変えればいいだけですね！

T：その通り。あと，一応，変数名 **min** を **max** に変えた方がいいですかね。これで選択ソートは完璧ですね。

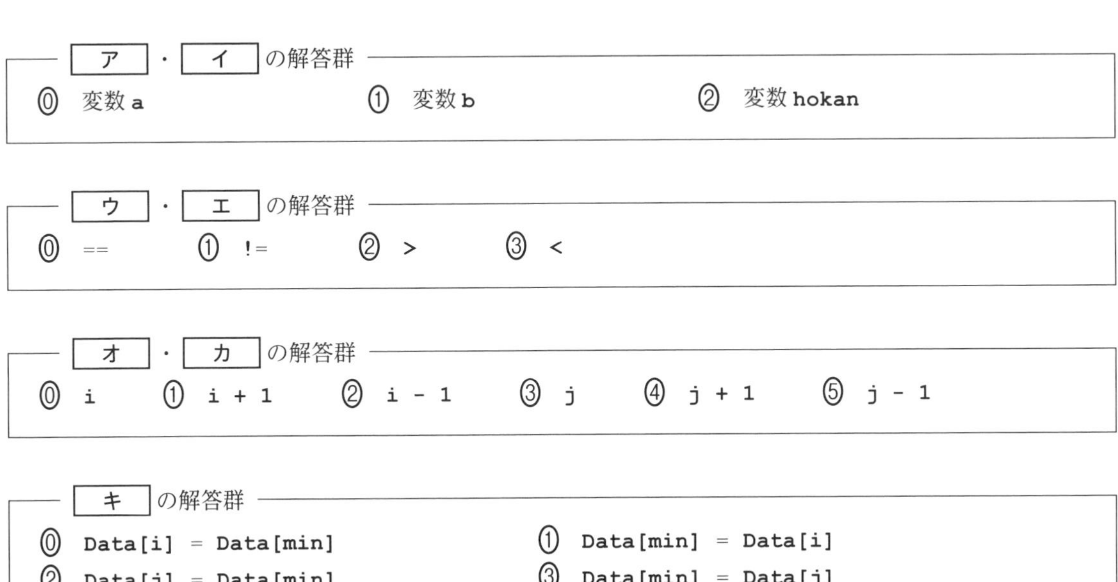

［ア］・［イ］の解答群

⓪ 変数 a　① 変数 b　② 変数 hokan

［ウ］・［エ］の解答群

⓪ ==　① !=　② >　③ <

［オ］・［カ］の解答群

⓪ i　① i + 1　② i - 1　③ j　④ j + 1　⑤ j - 1

［キ］の解答群

⓪ Data[i] = Data[min]　① Data[min] = Data[i]

② Data[j] = Data[min]　③ Data[min] = Data[j]

実戦問題

48 挿入ソート

難易度	目安	速習
★★★	12分	✓

次の生徒（S）と先生（T）の会話文を読み，空欄［ア］～［ク］に入れるのに最も適当なものを，後の解答群のうちから一つずつ選べ。

S：これまでバブルソートと選択ソートを学んでみてソートアルゴリズムに興味がわいたので，他のソートについて調べてみました。プログラムも自分で書いてみて，とても勉強になりました。

T：すごい，それは感激です。そうですね…，では挿入ソートについて説明できますか？

S：はい，大丈夫です。挿入ソートは，配列を「整列済み」と「未整列」の二つのブロックに分けて，「未整列」の先頭から順番に数値を取り出し，それを「整列済み」の適切な位置に挿入していく方法ですよね。図１は，10個の要素を持つ配列 **Data** に対して挿入ソートを行う場合の流れを表しています。まず，初期状態（未整列）の配列 **Data** に対して，１番目と２番目の要素を比較します。この場合は２番目の「42」の方が小さいので，１番目の「77」の位置に挿入します。その際，１番目の「77」は後ろに一つずれて２番目の要素になります。これで１回目の比較・挿入は終了です。

T：つまり，Ｓさんの説明を借りると，図１の灰色のブロックは［ア］，白色のブロックは［イ］，下線部の数値は［ウ］を表しているのですね。

S：はい，そうです。次に２回目の比較・挿入では，３番目の「89」を比較するのですが，たまたま適切な位置にいるので挿入の操作は発生しません。次に３回目の比較・挿入では，４番目の「58」は１番目の「42」と２番目の「77」の間に入るので，［エ］の位置に挿入されます。その際，２番目の「77」と３番目の「89」はそれぞれ３番目と４番目に一つずつずれます。これを最後まで繰り返すと，配列 **Data** が昇順にソートされます。あと，図２のように挿入ソートをプログラムで書いてみました。

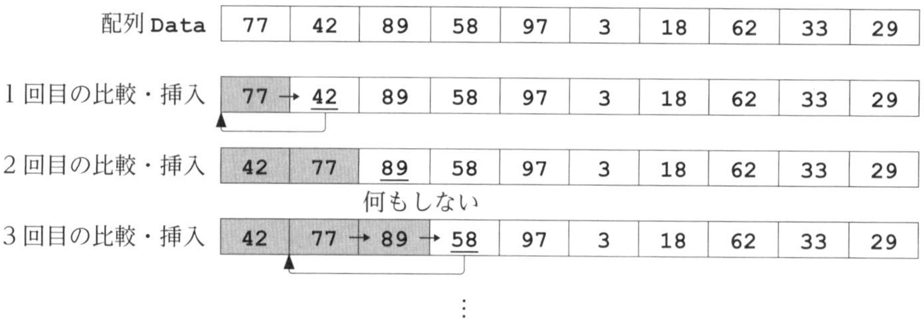

配列 **Data**	77	42	89	58	97	3	18	62	33	29
１回目の比較・挿入	77 →	<u>42</u>	89	58	97	3	18	62	33	29
２回目の比較・挿入	42	77	<u>89</u>	58	97	3	18	62	33	29
			何もしない							
３回目の比較・挿入	42	77 →	89 →	<u>58</u>	97	3	18	62	33	29

⋮

図１　配列 **Data** に対する挿入ソートの流れ

```
Data = [77,42,89,58,97, 3 ,18,62,33,29]
kazu = 要素数(Data)
i を 1 から kazu - 1 まで 1 ずつ増やしながら繰り返す：
  hokan = Data[i]
  j = i - 1
  Data[j] > hokan の間繰り返す：
    Data[j + 1] = Data[j]
    j = j - 1
  [オ]
```

図２　挿入ソートのプログラム（未完成）

T：完璧な説明でしたよ。一人でプログラムまで書けてとても素晴らしいです。ただ，プログラムの **(6)** 行目の条件式にミスがありますね。どこが間違っているか分かりますか？

S：え，本当ですか？…うーん，ちょっと分からないです。どこが間違っているのですか？

T：こういうときは，トレース表を作成すると分かりやすいですよ。表1に配列 **Data** に対する挿入ソートのトレース表を作ってみました。これを見て何か気付くことはありませんか？

表1　配列 **Data** に対する挿入ソートのトレース表（一部抜粋）

実行順	行番号	kazu	hokan	i	Data[i]	j	Data[j]
1	(1)	―	―	―	―	―	―
2	(2)	10	―	―	―	―	―
3	(3)	10	―	1	―	―	―
4	(4)	10	42	1	42	―	―
5	(5)	10	42	1	42	0	―
6	(6)	10	42	1	42	0	77
7	(7)	10	42	1	42	0	77
8	(8)	10	42	1	42	カ	77
9	(6)	10	42	1	42	カ	キ

⋮

※「―」は何も入っていない状態を表す

S：あ，そうか，このプログラムだと実行順 **9** の **(6)** 行目のプログラムで変数 **j** が［カ］になったことで，同じ **(6)** 行目の **Data[j]** が［キ］になりますね。ということは，**(6)** 行目のプログラムの条件式を［ク］に修正すれば大丈夫ですか？

T：よく気付きましたね，その通りです。このようにトレース表を作成することは，プログラミングの学習だけでなく，プログラムのバグを見つけるうえでもとても参考になるから，積極的に活用してくださいね。

［ア］～［ウ］の解答群

⓪ 未整列　① 未整列の先頭　② 整列済み　③ 整列済みの先頭

［エ］の解答群

⓪ **1**番目　① **2**番目　② **3**番目　③ **4**番目

［オ］の解答群

⓪ `Data[i] = hokan`　① `Data[i + 1] = hokan`
② `Data[j] = hokan`　③ `Data[j + 1] = hokan`

［カ］・［キ］の解答群

⓪ 0　① 1　② -1　③ 42　④ 77　⑤ エラー

［ク］の解答群

⓪ `j > 0 and Data[j] > hokan`　① `j >= 0 and Data[j] > hokan`
② `j > 0 or Data[j] > hokan`　③ `j >= 0 or Data[j] > hokan`

第3章

実戦問題

49 アルゴリズムの比較

難易度	目安	速習
★★★	18分	✓

次の生徒（S）と先生（T）の会話文を読み，空欄［ア］～［ク］に入れるのに最も適当なものを，後の解答群のうちから一つずつ選べ。ただし，空欄［エ］・［オ］と［カ］～［ク］は解答の順序は問わない。

S：これまでに並べ替えのアルゴリズムとして，バブルソート，選択ソート，挿入ソートの三つを学びましたが，結局はこの中でどれが一番速いアルゴリズムなのですか？

T：いい質問ですね。ソートのアルゴリズムは他にも様々な種類がありますが，ここでは，この三つのアルゴリズムを実際に使用して比較してみましょう。

S：面白そうですね。例えば，ランダムな10個の要素を持つ配列を作成して，並べ替えに要した時間を比較するのはどうでしょうか？

T：現在のコンピュータは性能が高いため，並べ替えに要する時間に大きな差が生じないことがあります。そのため，なるべく並べ替えに時間がかかるように配列は1000個の要素としましょう。まずは，バブルソート，選択ソート，挿入ソートを関数として定義してみてください。

S：はい，分かりました。

この後，Sさんは図1～3のようにバブルソート，選択ソート，挿入ソートを関数として定義した。いずれのソートも，ソート完了後は配列の値が昇順に並び変わるようになっている。なお，関数は「**関数名**(引数)の定義：」として定義し，関数の戻り値は「変数（または配列）を返す」と表記する。

```
バブルソート(Data) の定義：
  kazu = 要素数(Data)
  i を 1 から kazu - 1まで 1 ずつ増やしながら繰り返す：
    j を 0 から kazu - 1 - i まで 1 ずつ増やしながら繰り返す：
      もし Data[j] > Data[j + 1] ならば：
        hokan = Data[j]
        Data[j] = Data[j + 1]
        Data[j + 1] = hokan
  Data を返す
```

図1　関数「バブルソート」の定義

```
選択ソート(Data) の定義：
  kazu = 要素数(Data)
  i を 0 から kazu - 2まで 1 ずつ増やしながら繰り返す：
    min = i
    j を i + 1から kazu - 1まで 1 ずつ増やしながら繰り返す：
      もし Data[min] > Data[j] ならば：
        min = j
    hokan = Data[i]
    Data[i] = Data[min]
    Data[min] = hokan
  Data を返す
```

図2　関数「選択ソート」の定義

```
挿入ソート(Data)の定義：
│ kazu = 要素数(Data)
│ i を 1 から kazu - 1 まで 1 ずつ増やしながら繰り返す：
│ │ hokan = Data[i]
│ │ j = i − 1
│ │ j >= 0 and Data[j] > hokan の間繰り返す：
│ │ │ Data[j + 1] = Data[j]
│ │ └ j = j − 1
│ └ Data[j + 1] = hokan
└ Data を返す
```

図３　関数「挿入ソート」の定義

S：バブルソート，選択ソート，挿入ソートをそれぞれ定義しましたが，関数を定義した後は，どのようにして実行すればいいのですか？

T：関数を呼び出すメインプログラムを作成しなければいけません。メインプログラムで各ソートを実行して，並べ替えに要した時間を比較してみましょう。

S：ある程度は並べ替えに要した時間に誤差が生じると思うので，各ソートをそれぞれ100回実行した時間の平均値を比較するのはどうでしょうか？

T：確かにそうですね。それでは，関数を呼び出して並べ替えに要した時間の平均値を求めるメインプログラムを，三つのソートごとに作成してみてください。なお，並べ替えに使用する配列は，「**1** から **kosu** までの連続した値の順序をシャッフルしたもの」としましょう。

S：はい，分かりました。

この後，Sさんは図４のようにメインプログラムを作成した。ただし，図４は関数「**バブルソート**」を呼び出すメインプログラムであり，同様に関数「**選択ソート**」を呼び出すメインプログラムと，関数「**挿入ソート**」を呼び出すメインプログラムも別に作成している（プログラムの記載は省略）。

なお，図４のメインプログラムの「**時刻()**」は現在の時刻を1ms単位で返す関数，「**シャッフル**」は引数に与えられた配列の要素をランダムに並べ替える関数とする。

```
kaisu = 100
kosu = 1000
goukei = 0
i を 1 から [  ア  ] まで 1 ずつ増やしながら繰り返す：
│ Data = [1, 2, 3, …, kosu]    # 1 から kosu までの連続した値
│ Data = シャッフル(Data)
│ kaisi = 時刻()
│ Data = バブルソート(Data)
│ owari = 時刻()
└ goukei = [  イ  ]
表示する("配列の要素数：", kosu)
表示する("バブルソートの平均時間：", [  ウ  ])
```

図４　シャッフルされた配列に対して関数「バブルソート」を呼び出すメインプログラム

S：プログラムを実行した結果，並べ替えに要した平均時間はバブルソートが26.3［ms]，選択ソートが11.5［ms]，挿入ソートが10.6［ms］でした。また，各ソートを100回実行した時間を箱ひげ図で表しました（図5）。

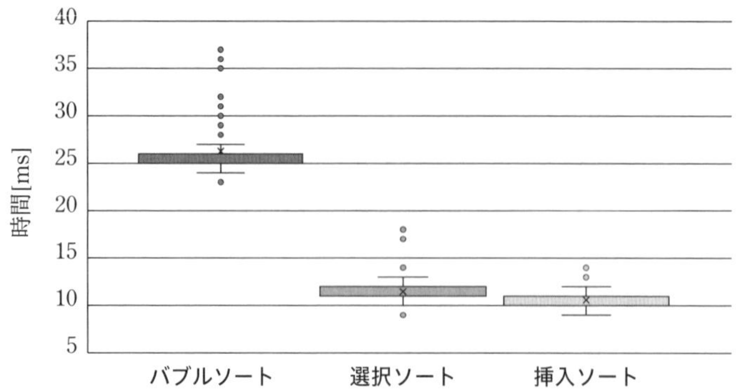

図5　シャッフルされた配列に対して各ソートを100回実行した時間の比較

T：この箱ひげ図から，どのようなことが読み取れますか？

S：例えば，［　エ　］ことや［　オ　］ことが読み取れます。ソートの種類によってここまで違いがあるんですね。この結果から，最も速いのは挿入ソートということになりますね！

T：そう結論付けるのはまだ早いですよ。今回ソートをかけた配列は「シャッフルされた並び」でした。例えば，最初からほとんど並び終わっている配列に対してソートをかける場合はどうなるでしょうか？

S：そうか，そういう場合も考えられますね。ただ，最初からほとんど並び終わっていることをプログラムするには，どうすればいいでしょうか？

T：それをプログラムで表現することはなかなか難しいので，今回はすでにソートが完了している配列に対して，改めて各ソートを実行するということで代替してみましょうか。

S：なるほど，分かりました。あと，配列の初期状態の並びには昇順と降順がありますけど，これによっても結果は変わってくるかもしれませんね。昇順と降順の違いによっても，時間に差が生じるのか試してみます。

T：それも面白いですね。では，改めてメインプログラムを作成してみてください。

この後，Sさんは図6，7のようにメインプログラムを作成した。ただし，図6，7は関数「**バブルソート**」を呼び出すメインプログラムであり，同様に関数「**選択ソート**」を呼び出すメインプログラムと，関数「**挿入ソート**」を呼び出すメインプログラムも別に作成している（プログラムの記載は省略)。

```
kaisu = 100
kosu = 1000
goukei = 0
i を 1 から [ ア ] まで 1 ずつ増やしながら繰り返す：
|  Data = [1, 2, 3, …, kosu]    # 1から kosu までの連続した値
|  kaisi = 時刻()
|  Data = バブルソート(Data)
|  owari = 時刻()
└  goukei = [ イ ]
表示する(" 配列の要素数：", kosu)
表示する(" バブルソートの平均時間：", [ ウ ])
```

図6　昇順にソートされた配列に対して関数「バブルソート」を呼び出すメインプログラム

```
kaisu = 100
kosu = 1000
goukei = 0
i を 1 から [ ア ] まで 1 ずつ増やしながら繰り返す：
│ Data = [kosu, …, 3, 2, 1]    # kosu から 1 までの連続した値
│ kaisi = 時刻()
│ Data = バブルソート(Data)
│ owari = 時刻()
└ goukei = [ イ ]
表示する(" 配列の要素数：", kosu)
表示する(" バブルソートの平均時間：", [ ウ ])
```

図７　降順にソートされた配列に対して関数「バブルソート」を呼び出すメインプログラム

Ｓさんは図６，７のメインプログラムを実行した後，先程と同様に各ソートを100回実行した時間を箱ひげ図で表した（図８）。Ｓさんは図８の箱ひげ図から，[カ]・[キ]・[ク]と結論付けた。

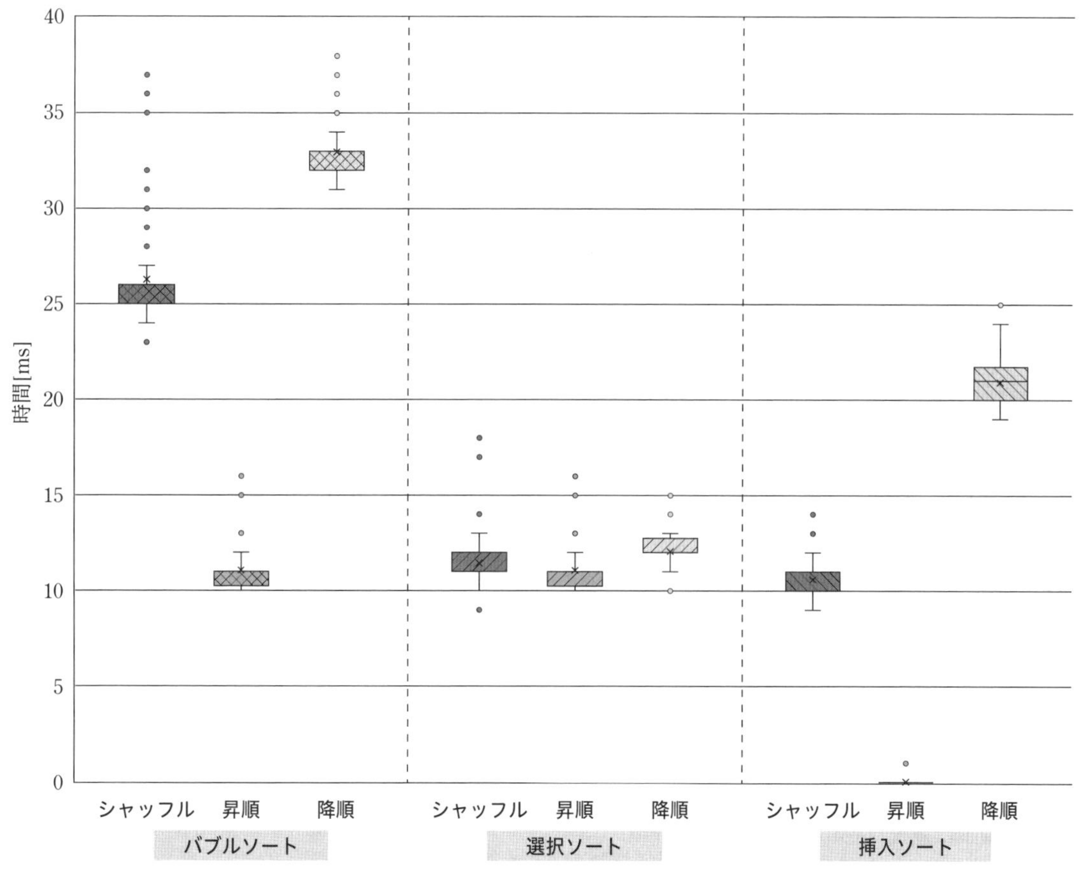

図８　それぞれ左から順にシャッフル／昇順／降順にソートされた配列に対して各ソートを100回実行した時間の比較

ア の解答群

⓪ kaisu　① kaisu - 1　② kosu　③ kosu - 1

イ の解答群

⓪ goukei + kaisi + owari
① goukei + kaisi - owari
② goukei - kaisi + owari
③ goukei - kaisi - owari

ウ の解答群

⓪ goukei / kosu
① kosu / goukei
② kaisu / goukei
③ goukei / kaisu

エ ・ オ の解答群

⓪ データの個数が最も多いのはバブルソートである
① 選択ソートの平均値は，挿入ソートの平均値よりも小さい
② 選択ソートの第 1 四分位数と挿入ソートの第 3 四分位数はほぼ同じ値である
③ バブルソートでは，平均値よりも中央値の方が高い
④ すべてのソートにおいて，データの範囲は15[ms] に収まっている
⑤ 外れ値が最も多く発生しているソートは挿入ソートである

カ ～ ク の解答群

⓪ 初期状態の配列の並びがシャッフルされている場合，並べ替えに要する時間が平均して最も短くなると考えられるソートはバブルソートである
① 初期状態の配列の並びがシャッフルされている場合，並べ替えに要する時間が平均して最も短くなると考えられるソートは選択ソートである
② 初期状態の配列の並びがシャッフルされている場合，並べ替えに要する時間が平均して最も短くなると考えられるソートは挿入ソートである
③ 初期状態の配列の並びが昇順に近い場合，並べ替えに要する時間が平均して最も短くなると考えられるソートはバブルソートである
④ 初期状態の配列の並びが昇順に近い場合，並べ替えに要する時間が平均して最も短くなると考えられるソートは選択ソートである
⑤ 初期状態の配列の並びが昇順に近い場合，並べ替えに要する時間が平均して最も短くなると考えられるソートは挿入ソートである
⑥ 初期状態の配列の並びが降順に近い場合，並べ替えに要する時間が平均して最も短くなると考えられるソートはバブルソートである
⑦ 初期状態の配列の並びが降順に近い場合，並べ替えに要する時間が平均して最も短くなると考えられるソートは選択ソートである
⑧ 初期状態の配列の並びが降順に近い場合，並べ替えに要する時間が平均して最も短くなると考えられるソートは挿入ソートである

実戦問題

50 サイコロの確率

難易度 ★★★ 目安 7分 速習 ✓

次の生徒（S）と先生（T）の会話文を読み，空欄 ア ～ カ に入れるのに最も適当なものを，後の解答群のうちから一つずつ選べ。

T：図1はサイコロの各目の回数と確率を求めるプログラムです。プログラムの(5)行目にある「**乱数(1,6)**」は，1から6までの整数からランダムに一つを返す関数で，これがサイコロを振る動作を表しています。また，プログラムの(9)(10)行目にあるように，関数「**表示する**」の引数に配列を指定すると，配列のすべての要素が表示されます。

S：プログラムの(4)～(6)行目が ア で，(7)(8)行目が イ を表しているのですね。ということは，(1)行目の **kazu** の値を増やしていくと，(9)行目で表示される値は ウ に，(10)行目で表示される値は エ に近づいていきますね。

T：その通りです。シミュレーションの回数を増やすと，シミュレーション結果のばらつきが小さくなっていきます。それでは，実際にシミュレーションを実行して試してみましょう。

```
(1)  kazu = 1000
(2)  kaisu = [0,0,0,0,0,0]
(3)  kakuritsu = [0,0,0,0,0,0]
(4)  i を 0 から kazu - 1 まで 1 ずつ増やしながら繰り返す：
(5)  │ deme = 乱数(1, 6)
(6)  └ kaisu[ オ ] = kaisu[ オ ] + 1
(7)  i を 0 から 5 まで 1 ずつ増やしながら繰り返す：
(8)  └ kakuritsu[i] = カ
(9)  表示する("各目の回数：", kaisu)
(10) 表示する("各目の確率：", kakuritsu)
```

図1　サイコロの各目の回数と確率を求めるプログラム

ア ・ イ の解答群

⓪ 各目の回数を記録するプログラム　① 各目の理論値を記録するプログラム
② 各目の確率を記録するプログラム　③ 各目の期待値を記録するプログラム

ウ ・ エ の解答群

⓪ 0　① 1　② 1 / 6　③ kazu / 6

オ の解答群

⓪ i - 1　① i + 1　② deme + 1　③ deme - 1

カ の解答群

⓪ kakuritsu[i] / kazu　① kazu / kakuritsu[i]
② kaisu[i] / kazu　③ kazu / kaisu[i]

実戦問題

51 ランダムウォーク

難易度	目安	速習
★★★	10分	✓

次の生徒（S）と先生（T）の会話文を読み，空欄 ア ～ キ に入れるのに最も適当なものを，後の解答群のうちから一つずつ選べ。

T：座標平面上をランダムに動く点の動きをシミュレーションするプログラムを作成してみましょう。このような動きはランダムウォークと呼ばれます。図１は，１回の操作で点が上下左右（４方向）のいずれかに移動するランダムウォークのプログラムを表しています。

S：プログラムの（２）（３）行目で配列 **x** と **y** が作成されていますが，要素がそれぞれ一つしかありません。これは何を表しているのですか？

T：初期状態では各配列に一つの要素しかありませんが，これは点が座標 (0, 0) にいることを表しています。例えば，点が右に移動した場合，座標は (1, 0) となりますね。このとき，配列 **x** は [0, 1]，配列 **y** は [0, 0] になるように，要素 **1** と **0** を各配列に追加します。なお，例として「**x.** 追加(1)」は，配列 **x** の最後尾（末尾）に１を追加する操作を表しています。また，（５）行目にある「**乱数(1, 4)**」は，１から４までの整数からランダムに一つを返す関数で，これで移動する方向を右図のように決定しています。最後に，(18) 行目の「**描画する(x,y)**」という関数を使用して，点が移動したすべての座標の軌跡を表示しています。

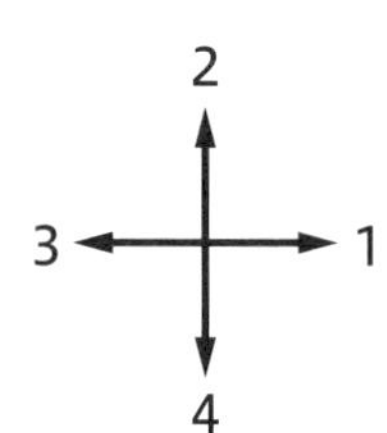

S：なるほど，理解しました。つまり図１は，点が上下左右ランダムに移動するのを繰り返して，移動後のすべての座標が配列 **x** と **y** に記録されるプログラムを表しているのですね。もし仮に初期状態から 1, 2, 3, 4 の順番で乱数が発生した場合，その時点では配列 **x** は ア ，配列 **y** は イ となり，点がいる座標は ウ ということですね。

T：その通りです。このプログラムでランダムウォークをシミュレーションすることができます。それでは，実際にランダムウォークを実行してみましょう。

```
( 1)  kazu = 100
( 2)  x = [0]
( 3)  y = [0]
( 4)  i を 0 から kazu - 1まで 1 ずつ増やしながら繰り返す：
( 5)  │ hougaku = 乱数(1, 4)
( 6)  │ もし hougaku == 1ならば：
( 7)  │ │ x. 追加(x[i] + 1)
( 8)  │ │ y. 追加(y[i])
( 9)  │ そうでなくもし hougaku == 2ならば：
(10)  │ │ x. 追加(x[i])
(11)  │ │ y. 追加(y[i] + 1)
(12)  │ そうでなくもし hougaku == 3ならば：
(13)  │ │ x. 追加(x[i] - 1)
(14)  │ │ y. 追加(y[i])
(15)  │ そうでなければ：
(16)  │ │ x. 追加( エ )
(17)  └ └ y. 追加( オ )
(18)  描画する(x, y)
```

図１　ランダムウォークのプログラム

T：問題なくシミュレーションできましたね。繰り返し実行してみて，何か気付いた点はありませんか？

S：シミュレーションによっては，点がほとんど中心から動かない場合もあれば，かなり遠くまで動いている場合もありました。とても興味深い結果でした。

T：いいところに気付きましたね。それでは，どのぐらいの点が移動したのか，移動距離を計算して表示できるようにしてみましょう。移動距離はどのようにして求めればいいか分かりますか？

S：**x** 座標と **y** 座標が分かっているので，三平方の定理を利用して求めることができますね。

T：それでは，三平方の定理を利用しましょう。ここでは，引数に指定した値の平方根（ルート）を返す関数「**平方根**」を使って，移動距離を計算するプログラムを追加してみてください。

S：分かりました，やってみます。

この後，Sさんは図1のプログラムの後に，図2のように原点からの移動距離を求めるプログラムを追加した。プログラムを実行して，原点からの移動距離が問題なく表示されることを確認した。

```
xzahyo = x[ カ ]
yzahyo = y[ カ ]
kyori = キ
表示する(" 原点からの移動距離：", kyori)
```

図2　原点からの移動距離を求めるプログラム

ア・**イ** の解答群

⓪ [0, 1 , 0 , -1, 0]　① [0, 0 , 1 , 0 , -1]　② [0, 1 , 1 , 0 , 0]
③ [0, 0 , 1 , 1 , 0]

ウ の解答群

⓪ (0, 0)　① (1, 0)　② (1, 1)
③ (0, 1)　④ (-1, 1)　⑤ (-1, 0)
⑥ (-1, -1)　⑦ (0, -1)　⑧ (1, -1)

エ・**オ** の解答群

⓪ x[i] - 1　① x[i]　② x[i] + 1
③ y[i] - 1　④ y[i]　⑤ y[i] + 1

カ の解答群

⓪ kazu　① kazu - 1　② kazu + 1　③ kazu * kazu

キ の解答群

⓪ 平方根 (zahyo * yzahyo)
① 平方根 (xzahyo / yzahyo)
② 平方根 (xzahyo * xzahyo + yzahyo * yzahyo)
③ 平方根 (xzahyo / yzahyo + xzahyo / yzahyo)

実戦問題

52 モンテカルロ法による円周率の計算

難易度 ★★★　目安 7分　速習

次の生徒（S）と先生（T）の会話文を読み，空欄 ア ～ ウ に入れるのに最も適当なものを，後の解答群のうちから一つずつ選べ。

T：図１は乱数を使用して円周率（概算値）を求めるプログラムです。ただし，プログラムの（４）（５）行目にある「乱数(-1,1)」は－１以上１以下の実数を返す関数とします。このように乱数を使用したシミュレーションをモンテカルロ法といいます。

S：（６）（７）行目はどのような操作をしているのですか？

T：一辺が２の正方形に内接する半径１の円を考えると理解しやすいですよ。このとき，円の中心の座標は (0,0) です。（４）（５）行目で求めた乱数を使用して，座標 (x,y) に点を kazu の回数だけ打っていきます。まず（６）行目では，打った点が円の内側にあるかどうかを判定し，もし内側にあれば（７）行目で kosu に１加えるという作業をしています。ただし，今回は円周上も内側としておきましょう。

S：（６）（７）行目の操作は分かりました。でも，なぜ円の内側にある点の数で円周率が求められるのでしょうか？

T：半径１の円の面積は π になりますよね。一方で，正方形の面積は４なので，正方形と円の面積比は $4:\pi$ です。つまり，「正方形の点の数（すべての点の数)」と「円の内側の点の数」の比率は $4:\pi$ になるので，これを利用して円周率を求めているのです。

S：すごい，円周率にこんな求め方があるのですね。ただ，点の数が円周率に大きく影響しないですか？

T：その通りです。図１のプログラムでは ア ほど，円周率は実際の値に近づいていきます。それでは，実際にシミュレーションを実行して円周率を求めてみましょう。

```
(1)  kazu = 1000
(2)  kosu = 0
(3)  i を 0 から kazu - 1まで 1 ずつ増やしながら繰り返す：
(4)  │ x = 乱数(-1, 1)
(5)  │ y = 乱数(-1, 1)
(6)  │ もし [ イ ] ならば：
(7)  └ └ kosu = kosu + 1
(8)  表示する(" 円周率：", [ ウ ])
```

図１　乱数を使用して円周率（概算値）を求めるプログラム

ア の解答群

⓪ （１）行目の kazu の値を小さくする
① （１）行目の kazu の値を大きくする
② （２）行目の kosu の値を小さくする
③ （２）行目の kosu の値を大きくする

イ の解答群

⓪ x * x + y * y >= 0
① x * x + y * y >= 1
② x * x + y * y <= 0
③ x * x + y * y <= 1

ウ の解答群

⓪ kosu / kazu
① kazu / kosu
② 4 * kosu / kazu
③ 4 * kazu / kosu

実戦問題

53 モンティホール問題

難易度	目安	速習
★★★	15分	

問1　次の生徒（S）と先生（T）の会話文を読み，空欄［ア］に入れるのに最も適当なものを，後の解答群のうちから一つ選べ。

S：先生，モンティホール問題について数学の授業で学んだのですが，どうしても納得できません。

T：ではまず，モンティホール問題とはどのようなものかまず確認しましょう。登場人物はプレイヤーと司会者の2人です。三つの扉があり，どれか一つの扉の後ろに車などの賞品があります。プレイヤーが賞品がある扉を選ぶとプレイヤーの勝ちになります。ゲームはどのように進むか理解できていますか？

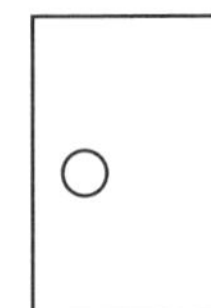 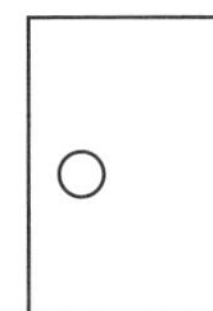 

S：はい。まずは，プレイヤーが一つ扉を選びます。すると司会者が，プレイヤーが選んでいない扉のうちから，賞品がない扉を一つ開けます。この時点で，残っている扉は，最初にプレイヤーが選んだ扉と，もう一つ残されていることになります。ここで，プレイヤーには選ぶ扉を最初に選んだ扉から変更するチャンスが与えられます。

T：プレイヤーが最初に賞品がある扉を選んだ場合は，司会者は残った扉のどちらを開けるのですか？

S：それは，どちらかの扉を同じ確率で開ける，というルールでした。

T：手順はよく理解できています。モンティホール問題とは，ここで扉を変更する場合と，変更しない場合では，プレイヤーが勝つ可能性が高いのはどちらか，という問題です。どこが納得できなかったのですか？

S：私は二つの扉のうちどちらかが当たりで，賞品がある確率はどちらの扉も同じなのだから，変更する場合と変更しない場合でも勝つ確率は変わらないと予想しました。しかし，数学の先生は変更した方が勝つ確率が高いと言うのです。

T：数学の先生の言われていることは正しいですね。どうしてそうなるのか説明を聞いたのでしょう？

S：聞いたのですが，それでも納得できませんでした。

T：有名な数学者も納得できなかったそうなので，無理もないでしょう。では，このモンティホール問題が納得いかない，という問題をコンピュータシミュレーションを利用して解決してみましょう。

S：分かりました。

T：まずはモデル化をします。このような確率によって結果が変化するモデルのことを［ア］といいます。

［ア］の解答群

⓪ 静的モデル　① 確率的モデル　② 実物モデル　③ 動的モデル　④ 論理モデル

問2　次の文章の空欄［イ］～［オ］に入れるのに最も適当なものを，後の⓪～⑨から一つずつ選べ。

T：三つの扉は1次元配列 **Tobira** を使って表すことにします。添字の範囲は0 ～ 2で，三つの要素がそれぞれ扉の状態を表すこととします。要素の初期値は【0】にしておき，プレイヤーが選んだ扉は要素の値を【1】，司会者が開けた扉は要素の値を【2】で表すと決めましょう。図1のようなイメージになります。**Tobira** の値がどのように変化するべきか，自分でケースを二つ設定して，表に整理してみましょう。

S：分かりました。ではケース1として，添字1の扉の後ろに賞品があり，添字1の扉をプレイヤーが選択した場合を考えます。司会者は，添字1以外の扉のどちらも開けられますが，ここでは添字2の扉を開けたとします。ケース2は，添字1の扉の後ろに賞品があり，添字0の扉をプレイヤーが選択した場合を考えます。この場合，司会者は添字2の扉を必ず開けることになります。**Tobira** の要素の値の変化を表1に整理しました。

第3章

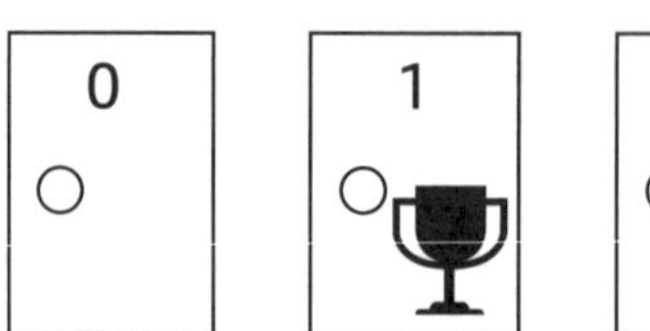

図1　配列 **Tobira** の添字と扉の位置のイメージ

表1　配列 **Tobira** の値の変化

	ケース1	ケース2
初期値	[0, 0, 0]	[0, 0, 0]
プレイヤーが扉を選択した後	イ	エ
司会者が扉を開けた後	ウ	オ

イ ～ オ の解答群

⓪ [0, 0, 0]　① [0, 1, 2]　② [0, 2, 1]　③ [2, 1, 0]　④ [0, 1, 0]
⑤ [2, 0, 1]　⑥ [1, 0, 0]　⑦ [0, 0, 1]　⑧ [1, 2, 0]　⑨ [1, 0, 2]

問3　次の文章の空欄 カ ～ ク に入れるのに最も適当なものを，後の解答群のうちから一つずつ選べ。

T：これで，三つの扉をモデル化することができました。

S：賞品がどこにあるかは，どのように表しますか？

T：乱数を使用して賞品がある扉の添字を決め，それを変数 **shohin** に格納することにしましょう。このモデルをもとに，決められた回数の試行を行い，変更した場合にプレイヤーが勝った回数と，変更しなかった場合にプレイヤーが勝った回数を記録するプログラムを作成しましょう。

```
muhenkou_kati = 0  #変更しない場合に勝利した回数
henkou_kati   = 0  #変更した場合に勝利した回数
i を 0 から 999 まで 1 ずつ増やしながら繰り返す：
│ Tobira = [0, 0, 0]
│ shohin = 範囲乱数(0, 2)
│ プレイヤー選択( カ )
│ 司会者選択( キ )
│ もし ク ならば：
│ │ muhenkou_kati = muhenkou_kati + 1
│ そうでなければ：
└ └ henkou_kati = henkou_kati + 1
表示する("変更しない場合に勝利", muhenkou_kati)
表示する("変更した場合に勝利", henkou_kati)
```

図2　モンティホール問題をシミュレーションするプログラム

T：ここで関数「**範囲乱数**」は，引数で指定した範囲の乱数を発生して戻り値にする関数とします。例えば，**範囲乱数 (0, 2)** とすると，0, 1, 2 のいずれかの整数をランダムに発生させます。

S：分かりました。関数「**プレイヤー選択**」と，関数「**司会者選択**」は，どのような関数ですか？

T：関数「**プレイヤー選択**」は，プレイヤーが選択する扉を決定し，引数として受け取った配列 **Tobira** の値を更新する関数です。ここでは簡単に常に添字 0 の扉をプレイヤーが指定することとしましょう。関数「**司会者選択**」は，司会者が開ける扉を決定し，配列 **Tobira** の値を更新する関数です。どちらも戻り値がない関数です。それぞれの引数には何が必要か分かりますか？

S：どのような考え方で引数を決めたらよいのでしょうか。

T：必要最低限の引数のみを渡すようにしてください。

S：では，関数「**プレイヤー選択**」は［カ］，関数「**司会者選択**」は［キ］ですね。

T：その通りです。関数「**司会者選択**」は複雑なアルゴリズムになるので，引数はきちんと定義しておきますが，何も処理しない関数としてこの時点では定義しておきます。

S：何も処理しない関数，とはどういうことですか？

T：文字通り，引数を渡されても何もせずに，呼び出したプログラムに処理を戻す，という動作になります。また，8 行目の条件文には，変更しない場合に勝利する条件［ク］が入ります。

S：変更しない場合に勝利する条件は定義できるのですか？

T：もちろんです。賞品がある扉と最初にプレイヤーが選んだ扉の関係に注目してください。

［カ］・［キ］の解答群

⓪ shohin　① shohin, Tobira　② Tobira　③ i, shohin　④ i
⑤ i, Tobira　⑥ muhenkou_kati　⑦ henkou_kati
⑧ Tobira, muhenkou_kati　⑨ shohin, muhenkou_kati

［ク］の解答群

⓪ Tobira[shohin] == 1　① Tobira[shohin] == 0
② Tobira[shohin] == 2　③ Tobira[0] == 1　④ Tobira[1] == 1
⑤ Tobira[2] == 1　⑥ Tobira[i] == 0　⑦ Tobira[i] == 1
⑧ Tobira[i] == 2

問 4　次の文章の下線部 A に関して最も適当なものを，後の⓪～③のうちから一つ選べ。［ケ］

S：さっそく何回か実行してみました。数学の先生が言った通りの結果になっているようです。

T：実行するたびに少しずつ結果は異なりますが，結果の傾向は数学の先生が言った通りの結果となっているといえますね。これで納得しましたか？

S：まだ納得いきません。先生，このプログラムはまだ未完成だと思います。

T：関数「**プレイヤー選択**」を変更し，ランダムに扉を選択するようにすることが考えられます。また，関数「**司会者選択**」を変更し，司会者が選択した扉の配列 **Tobira** の値を更新するようにすることが考えられます。

S：はい。A それらの部分を変更したら，結果の傾向が変わるのではないでしょうか。

⓪ 関数「**プレイヤー選択**」を変更することで，結果の傾向が変わる。
① 関数「**司会者選択**」を変更することで，結果の傾向が変わる。
② 関数「**プレイヤー選択**」と関数「**司会者選択**」の両方を変更することで，結果の傾向が変わる。
③ いずれの変更を行っても，結果の傾向は変わらない。

第3章

第4章 情報通信ネットワークとデータの活用

重要用語check

1 インターネットの仕組み

(1) ネットワークとプロトコル

- **LAN**…同一の建物や敷地内で構築されるネットワーク。
- **WAN**…離れたLANどうしを結合した，より広域のネットワーク。
- **プロトコル**…ネットワークでの通信に関する取り決め（約束事）。
- **TCP/IP**…インターネットで使用されているプロトコル群。
- **bps**…bits per secondの略。伝送速度の単位で，1秒間に伝送できるビット数を表す。

(2) 小規模のLANの構成

- **ハブ**…LANにつながれた機器どうしを接続するための装置で，**スイッチングハブ**ともいう。
- **ルータ**…ネットワークどうしを接続する装置で，IPアドレスをもとに**ルーティング（経路制御）**を行う。
- **ONU**…Optical Network Unitの略。光通信回線の光信号とLAN内の電気信号を変換する。
- **無線LANアクセスポイント**…電波を用いてコンピュータをネットワークに接続する装置。

(3) インターネットの仕組み

- **インターネットサービスプロバイダ**…インターネットへの接続を行う事業者。単に**プロバイダ**ともいう。
- **IPアドレス**…ネットワークに接続するために割り当てる番号。**IPv4**は**32ビット**で構成される。
- **URL**…インターネット上におかれた情報の場所を指し示す記述方法。
- **グローバルIPアドレス**…インターネットに直接接続する機器に割り当てるIPアドレス。
- **プライベートIPアドレス**…LAN内でのみ自由に割り当てることができるIPアドレス。
- **DHCP**…端末にIPアドレスを自動的に割り当てるプロトコル。
- **ドメイン名**…組織やその中で使われるホストの名前。
- **DNS**…ドメイン名をIPアドレスに変換する仕組みで，**名前解決**とも呼ばれる。
- **回線交換**…通信する二点間を直接接続して回線を確立して行う通信方式。
- **パケット交換**…データを小さな**パケット**と呼ばれる単位に分割して行う通信方式。
- **Wi-Fi**…無線LANの国際標準規格の名称で，異なるメーカーどうしの機器が互いに接続できることを認証する枠組み。

2 様々な情報システム

(1) クライアントとサーバ

- **クライアント**…サーバに対してサービスを要求する側のコンピュータ。
- **サーバ**…サービスを提供する側のコンピュータのことで，**Webサーバ**や**メールサーバ**などがある。
- **クライアントサーバシステム**…クライアントとサーバに分かれて構築されるシステム。
- **ピアツーピアシステム**…コンピュータ間が対等な関係で構築されるシステム。
- **プロキシサーバ**…LAN内にあるコンピュータの代わりにインターネット上のWebサーバなどへ接続を代理で行うサーバ。

(2) メールの送受信の仕組み

- **SMTP**…メールの送信と，メールサーバ間を転送する際に使われるプロトコル。
- **POP**…メールの受信に使うプロトコル。ダウンロードしたメールはサーバ上から消去される。
- **IMAP**…メールの受信に使うプロトコル。POPとは異なり，メールを削除せずにサーバ上で管理する。
- **CC**…宛先（To）と同様にメールの送り先を指定し，「メールのコピーを送る」という意味合いがある。
- **BCC**…受信するメールアドレスを他の受信者に対して秘密にして隠しておきたいときに利用する。

(3) 情報システムの活用

- **POSシステム**…Point Of Salesの略。物品などを販売した時点で必要な情報を管理するシステム。
- **電子商取引**…インターネット上で行われる商取引。**EC**とも呼ばれ，ネット通販を指すこともある。
- **クラウドコンピューティング**…ネットワーク上のコンピュータ資源をサービスの形で提供する利用形態。

3 情報システムを支えるデータベース

(1) データベースの役割と特徴

・**データベース**…大量のデータを体系的に整理し，検索・抽出などの活用ができるようにしたもの。

・**DBMS（データベース管理システム）**…データベースを管理・運用するためのシステム。

・**リレーショナルデータベース**…複数の表を共通する項目で関連付ける形式のデータベース。

(2) リレーショナルデータベースのデータ操作

・**主キー**…**テーブル（表）**の中で他の**レコード（行）**と区別し，特定することができる**フィールド（列）**。

・**選択**…与えられた条件に合うレコードを取り出してテーブルとする操作。

・**射影**…テーブルの中から一部のフィールドを抽出してテーブルとする操作。

・**結合**…複数のテーブルを共通する項目で結び付けて一つのテーブルとする操作。

・**SQL**…リレーショナルデータベースのデータを操作する際に用いられる言語。

(3) データの活用

・**ビッグデータ**…情報技術の進歩で生まれた，膨大かつ多様なデータ。

・**オープンデータ**…機械での判読に適して原則無償で利用できる活用が自由な公開されたデータ。

・**データサイエンス**…ビッグデータなどを解析することで問題の解決を行う手法。

第4章

4 データの収集と整理

(1) データの収集

・**標本調査**…対象となるデータ全体から一部を取り出す手法で，**サンプリング調査**ともいう。

・**全数調査**…対象となるデータ全体を調査する手法。

(2) データの整理

・**誤差**…観測・実験・調査などによって得られた測定値と真の値との間に生じるずれ。

・**外れ値**…ほかの測定値から大きく異なった特徴を示している測定値。

・**異常値**…測定ミスや記録ミスなどが原因で発生したデータ。

・**欠損値**…一時的な停電や観測機器の故障などが要因で取得できなかったデータ。

(3) データの尺度水準

・**名義尺度**…数値に大小関係はなく，足したり引いたり，平均値を求めたりすることに意味はない。

・**順序尺度**…数値の大小関係の比較は可能であるが，それぞれの数値の間隔には意味はない。

・**間隔尺度**…数値の差に意味のある尺度で，「0」は「何もない」を意味しているわけではない。

・**比例尺度**…数値の差と比に意味がある尺度で「0」は「何もない」という意味を持つ。

5 データの扱いと処理

(1) ヒストグラムと箱ひげ図

・**ヒストグラム**…データの値または階級ごとにデータ数（度数）を整理した**度数分布表**を棒グラフで表したもの。

・**箱ひげ図**…データの分布の様子を「箱」と「ひげ」で表したグラフであり，データの散らばりを把握しやすい。

(2) 散布図と相関係数

・**偏差**…データから平均値を引いた値であり，偏差の合計は常に0となる。

・**分散**…偏差を2乗した値の平均であり，データの散らばり具合を表す。

・**標準偏差**…分散の平方根であり，データの散らばり具合を表す。

・**散布図**…二つの変量の関係を座標平面上の点で表したグラフ。関係性が強いほど点は直線に近づく。

・**相関係数**…二つの変量の直線的な関係性の強さを表す。一般的に相関係数は−1以上1以下の値をとる。

(3) 時系列分析と回帰分析

・**時系列データ**…時間とともに変動する量を時間順に並べたデータで，これを分析することを**時系列分析**という。

・**移動平均法**…一定期間のデータの平均値をその期間の代表値とする平滑化の方法。

・**直線回帰**…二つの系列間が直線関係にあると仮定して，**モデル関数**を求める方法。

・**最小二乗法**…実測値のデータに最も近いモデル関数を，差の二乗和が最小になるように求める方法。

実戦問題

54 ネットワークとプロトコル

難易度	目安	速習
★★★	10分	✓

次の生徒（S）と先生（T）の会話文を読み，後の問い（問1～6）に答えよ。

S：インターネットには様々な種類のコンピュータが接続されていて，OSやアプリケーションソフトウェアが異なっていても，インターネット上のサービスが利用できるのはなぜなのですか？

T：それは，インターネットがTCP/IPという統一されたプロトコルで情報をやり取りしているからなんだ。

S：そのプロトコルっていうのは，どういう意味ですか？

T：異なるコンピュータどうしをAネットワークに接続してデータをやり取りする場合，通信に関する取り決め（約束事）が必要となるよね。これを通信プロトコル，あるいは単にプロトコルというんだ。現在のインターネットの元になったARPANETができた1969年以降，様々なネットワークが誕生したけど，それぞれのネットワークでB独自のプロトコルが使用されていたんだね。

S：なるほど。つまりプロトコルには，［ウ］ということですね。具体的には，どのようなプロトコルが使用されているのですか？

T：1974年にTCPという初のプロトコルの仕様ができて，1978年頃には現在のインターネットの標準プロトコルであるTCP/IPが完成したんだ。このTCP/IPでは，C通信の役割を四つの階層に分けて効率的に制御されているんだ。多くのプロトコルは，このように階層モデル化されているよ。

S：Dプロトコルを階層化モデルで表すことは，コンピュータどうしが通信するうえでとても重要なのですね。

問1 下線部Aに関して，ネットワークの規模とサービスについて表したものの適当な組合せを，次の⓪～③のうちから一つ選べ。［ア］

	比較的狭い範囲の中で構築されたネットワーク	離れたネットワークどうしを結合した広域のネットワーク	ネットワーク上でサービスを提供する側のコンピュータ	ネットワーク上でサービスを要求する側のコンピュータ
⓪	LAN	WAN	サーバ	クライアント
①	LAN	WAN	クライアント	サーバ
②	WAN	LAN	サーバ	クライアント
③	WAN	LAN	クライアント	サーバ

問2 下線部Bに関して，独自のプロトコルが使用されていたことでできなかったこととして最も適当なものを，次の⓪～③のうちから一つ選べ。［イ］

⓪ インターネットに自由に接続すること
① 高速にデータを伝送すること
② 異なるネットワークを相互に接続すること
③ 無線でネットワークに接続すること

問3 空欄［ウ］に入れるのに最も適当なものを，次の⓪～③のうちから一つ選べ。

［ウ］の解答群

⓪ 情報を伝達し処理するための手順や形式が定められている
① コンピュータと通信するためのIPアドレスが割り当てられている
② 正規の利用者かどうかを判別する機能が設けられている
③ 一度閲覧したWebページのデータを保存するキャッシュ機能が備わっている

問4　下線部**C**について，次の空欄［　エ　］に入れるのに最も適当な機能の説明を，次の⓪～③のうちから一つ選べ。なお，他の層の機能については，問題の設定上表示していない。

層	各層の名称	各層の機能	プロトコルの例
4層	アプリケーション層		HTTP，SMTP，POP，IMAP など
3層	トランスポート層		TCP，UDP など
2層	インターネット層	［　エ　］	IP など
1層	ネットワークインタフェース層		イーサネット，無線 LAN など

⓪　WWW やファイル転送，電子メールなどが動作できるようにデータの処理を行う。
①　通信されたデータが確実に効率よくやり取りするための処理を行う。
②　送信先のコンピュータのアドレスを元に，データの通信経路の選択などを行う。
③　データを通信媒体に適合した電気信号や光信号に変換し送受信を行う。

問5　Sさんは下線部**D**のプロトコルの階層化モデルを「二人の電話での会話」として，次の図のように考えた。次の⓪～⑤のうちから**適当でないもの**を二つ選べ。［　オ　］・［　カ　］

送信側		受信側
1. 日本語の言葉で表す	←（同じ言葉）→	6. 日本語の言葉を解釈する
2. 声（音）に出す	←（同じ伝達手段）→	5. 声（音）を聞く
3. 電話で伝える	←（同じ伝達媒体）→	4. 電話で伝わる

⓪　相手が英語話者であれば，1. は「英語の言葉で表す」，6. は「英語の言葉を解釈する」になる。
①　電話でなく SNS のメッセージを伝えるのであれば，2. は「文字に書き表す」，5. は「文字を読む」，3. は「メッセージを送信」，4. は「メッセージを受信」となる。
②　SNS の音声通話機能を利用する場合，3. と 4. のみ変更するだけでよい。
③　送信側が 2. を変更した場合は，その下に位置する 3. も必ず変更しなければいけない。
④　同一の階層で相手と異なる伝送手段や伝送媒体を用いていても，正しく通信することができる。
⑤　通信の条件が変更されたときは，一部の階層を共通なものに変更するだけでよく，他の階層を意識する必要がない。

問6　先生は次の問いをSさんとUさんに出題した。

1G バイトのデータを 100Mbps の回線で転送するとき，転送時間は何秒になるか答えなさい。

ただし，先生は G と M の単位変換に関する指示をしていなかったため，Sさんは 1G を 1024M，Uさんは 1G を 1000M として計算し答えを求めた。このとき，二人の解答について説明した文のうち最も適当なものを，次の⓪～③のうちから一つ選べ。なお，二人の計算結果はそれぞれ正しいものとする。［　キ　］

⓪　計算結果はSさんよりもUさんの方が約 0.2 秒長い。
①　計算結果はSさんよりもUさんの方が約 0.2 秒短い。
②　計算結果はSさんよりもUさんの方が約 2 秒長い。
③　計算結果はSさんよりもUさんの方が約 2 秒短い。

実戦問題

55 LANを構成する機器

難易度	目安	速習
★★★	8分	✓

太郎さんは，情報の授業で出された課題で，自宅のネットワークを構成している装置を調査している。まず，デスクトップコンピュータ，プリンタ，［い］はLANケーブルを介して［ろ］に接続されていた。ただし，太郎さんのノートパソコンは，ALANケーブルではなくWi-Fiを介して自宅のネットワークに接続している。次に，［ろ］の先には，［は］と呼ばれる機器がLANケーブルで接続されていた。さらに，［は］の先には，ONUと呼ばれるLANケーブルの信号と光ファイバの信号を相互に変換する機器が接続され，そこから光ファイバケーブルによってインターネットに接続されていることが分かった。太郎さんは，自宅のネットワークを構成している装置を図のようにまとめ，次の日，先生に提出した。なお，太郎さんの家では，問題なくインターネットが使用できているものとする。

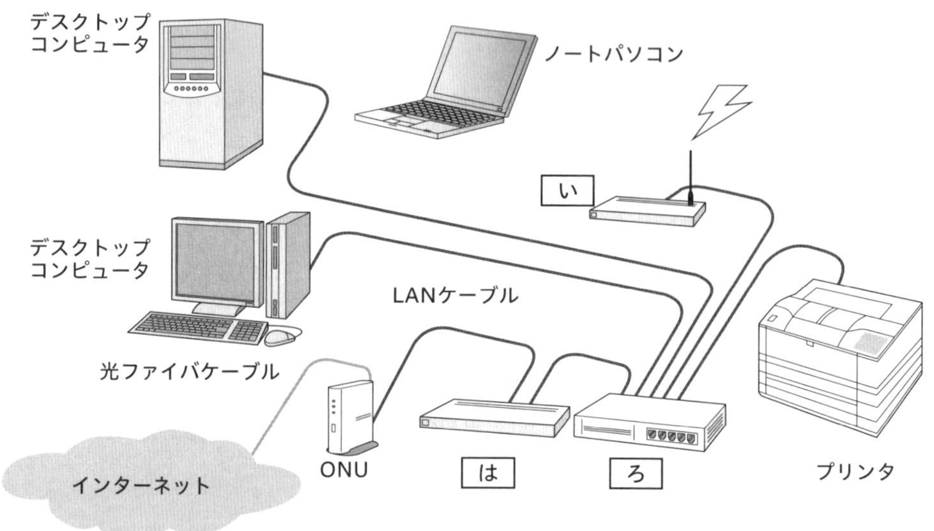

図　太郎さんの自宅のネットワークを構成している装置

問1　図に示した空欄［い］～［は］に当てはまる機器の名称として最も適当な組合せを，次の⓪～⑤のうちから一つ選べ。［ア］

	機器［い］	機器［ろ］	機器［は］
⓪	スイッチングハブ	ルータ	アクセスポイント
①	スイッチングハブ	アクセスポイント	ルータ
②	ルータ	アクセスポイント	スイッチングハブ
③	ルータ	スイッチングハブ	アクセスポイント
④	アクセスポイント	スイッチングハブ	ルータ
⑤	アクセスポイント	ルータ	スイッチングハブ

問 2　下線部 A に関して，太郎さんのノートパソコンは，最初にどの機器を介して自宅のネットワークに接続されているか，次の⓪～③のうちから一つ選べ。 イ

⓪ 機器 い　① 機器 ろ　② 機器 は　③ ONU

問 3　機器 は が持つ機能の一つにルーティングがある。このルーティングについて説明した文章のうち**適当でないもの**を，次の⓪～⑤のうちから二つ選べ。 ウ ・ エ

⓪ ルーティングには，パケットを目的のネットワークに送るための経路情報が必要である。
① 宛先までの通信経路は複数あることが多く，常に同じ経路になるとは限らない。
② ルーティングでは，基本的に宛先までの物理的な距離が最も短い経路が選ばれる。
③ 障害などで一部の経路が切断されても，経路を変えることで宛先に届く仕組みになっている。
④ IP アドレスと呼ばれる情報を用いてルーティングを行っている。
⑤ ルーティングに使用される経路情報は，手動で設定する必要がある。

問 4　ある日，太郎さんが自宅のノートパソコンからインターネットに接続しようとすると，エラーが表示されて接続できなかった。ところが，今度は試しにノートパソコンからプリンタに接続してみると，問題なく印刷することができた。このとき，インターネットに接続できない理由として，故障している可能性があると考えられる機器の組合せを，次の⓪～⑦のうちから三つ選べ。ただし，選択肢の「○」は正常，「×」は故障を表している。 オ ・ カ ・ キ

	機器 い	機器 ろ	機器 は	ONU
⓪	○	○	○	×
①	○	○	×	○
②	○	×	○	○
③	×	○	○	○
④	○	○	×	×
⑤	○	×	×	○
⑥	×	×	○	○
⑦	×	○	○	×

問 5　インターネットでは，データを小さな単位に分割して，それぞれに宛先や送信先の IP アドレス，分割した順序などのヘッダ情報を付けて通信している。この通信方式の名称と特徴の組合せとして最も適当なものを，次の⓪～③のうちから一つ選べ。 ク

	名称	特徴
⓪	回線交換方式	同じ回線に異なる宛先のデータを混在させている
①	回線交換方式	通信する二点間を直接接続して回線を確立する
②	パケット交換方式	同じ回線に異なる宛先のデータを混在させている
③	パケット交換方式	通信する二点間を直接接続して回線を確立する

実戦問題

56 インターネットと IP アドレス

難易度	目安	速習
★★★	4分	✓

次の生徒（S）と先生（T）の会話文を読み，後の問い（問１～４）に答えよ。

S：インターネットには膨大な数のコンピュータが接続されていますが，どうやってそれらを区別して正確にデータを届けているのでしょうか？

T：ネットワークに接続されているコンピュータは，IP アドレスという個別の番号を持っていて，これでお互いを識別しているんだ。IP アドレスの中でも，現在広く利用されている IPv4 という規格では，32 ビットで表されているよ。

S：32 ビットということは，IPv4 では 2^{32} 通りの IP アドレスを割り当てることができますね。

T：そういうことだね。インターネットに直接接続されているコンピュータには，［い］IP アドレスという IP アドレスが個別に割り当てられているんだ。ただ，A急速に普及するインターネットとそれに接続するコンピュータ機器が増大したため，IP アドレスの枯渇問題が起きている。そこで，128 ビットの大きさを持つ IPv6 という規格が作られ，利用されるようになったよ。

S：つまり，IPv4 と比較して IPv6 は［イ］倍の IP アドレスを割り当てることができるのですね。ちなみに，インターネットに直接接続されていないコンピュータには，どのような IP アドレスが割り当てられているのですか？

T：例えば，学校や企業，家庭など限定された LAN に接続するコンピュータは，インターネットには直接接続されていないから，それぞれのネットワークで独自に IP アドレスを割り当てても問題は生じない。Bこのような IP アドレスを［ろ］IP アドレスといって，このネットワーク内では端末ごとに重複なく割り当てる必要がある。［は］という機能を使うことで，IP アドレスを自動的に割り当てることができるよ。

問１　空欄［い］・［ろ］・［は］に入れるのに最も適当なものの組合せを，次の⓪～③のうちから一つ選べ。［ア］

	い	ろ	は
⓪	プライベート	グローバル	DNS
①	プライベート	グローバル	DHCP
②	グローバル	プライベート	DNS
③	グローバル	プライベート	DHCP

問２　空欄［イ］に入れるのに最も適当な数値を，次の⓪～③のうちから一つ選べ。

［イ］の解答群

⓪ 4　① 2^4　② 96　③ 2^{96}

問３　下線部 A と最も関係が深いものを，次の⓪～③のうちから一つ選べ。［ウ］

⓪ VR　① AR　② IoT　③ AI

問４　下線部 B について，実際にコンピュータに割り当てることができる IP アドレス（IPv4）を，次の⓪～⑤のうちから二つ選べ。［エ］・［オ］

⓪ 192.168.1　① 192.168.1.-10　② 192.168.1.100
③ 192.168.1.200　④ 192.168.1.300　⑤ 192.168.1.2.3

実戦問題

57 ドメイン名と DNS

難易度 ★★★　目安 4分　速習 ✓

次の生徒（S）と先生（T）の会話文を読み，後の問い（問1～3）に答えよ。

S：私たちは日頃，IP アドレスを意識することなく Web ページを閲覧できていますが，これはなぜですか？

T：人間にとって IP アドレスのような数字の列は覚えにくく，それ自体に意味がないよね。そこで，IP アドレスの代わりにドメイン名を用いてコンピュータを識別する仕組みが使われているんだ。

S：そのドメイン名とはどのようなものなのですか？

T：ドメイン名はインターネットに接続している組織の名前を表すんだ。例えば，一般にドメイン名は図のような階層構造になっていて，ドットで区切られているよ。ちなみに，ホスト名は， イ を意味するんだ。

図　ドメイン名と URL の例

S：でも，コンピュータにアクセスするためにドメイン名を使っているなら，IP アドレスは必要ないのではないですか？

T：実は，実際にインターネットで通信するためには，ドメイン名ではなく IP アドレスじゃないといけないんだ。そこで指定されたドメイン名を IP アドレスに変換しなければならない。A この仕組みを DNS といって，DNS サーバがこの機能を実現しているんだ。

問1　空欄 い ・ ろ ・ は に入れるのに最も適当なものの組合せを，次の⓪～③のうちから一つ選べ。 ア

	い	ろ	は
⓪	組織名	組織区分	国名
①	組織区分	組織名	国名
②	組織名	組織区分	コンピュータ名
③	組織区分	組織名	コンピュータ名

問2　空欄 イ に入れるのに最も適当なものを，次の⓪～③のうちから一つ選べ。

イ の解答群

⓪ IP アドレスを管理している組織の名前
① 組織を管理しているレジストリの名前
② 組織内にあるコンピュータに付けられた名前
③ Web ページが保存されているフォルダ名

問3　下線部 A に関して，DNS サーバについて説明した最も適当な文を，次の⓪～③のうちから一つ選べ。 ウ

⓪ DNS サーバは，ドメイン名から IP アドレスへの変換はできるが，その逆の変換はできない。
① DNS サーバは，プライベート IP アドレスとグローバル IP アドレスの相互変換を行う。
② DNS サーバは，クライアントの要求に応じて IP アドレスを自動的に割り当てる。
③ DNS サーバは，そこに属するドメイン名と IP アドレスの関係を管理している。

実戦問題

58 集中処理と分散処理

難易度 ★★★　目安 5分　速習

ネットワークを利用したコンピュータのシステム形態は，大きく集中処理システムと分散処理システムに分けられる。集中処理システムは，大型コンピュータ（ホストコンピュータ）に複数台の端末を接続して，すべての処理をホストコンピュータで行う。これに対し，A分散処理システムは，ネットワークを利用してそれぞれの端末で処理を分担するシステムであり，サービスを提供する側の［い］と要求する側の［ろ］が明確に分かれているクライアントサーバシステムと，すべてのコンピュータが［は］の関係を持つピアツーピアシステムがある。

問1　空欄［い］～［は］に入れるのに最も適当なものの組合せを，次の⓪～③のうちから一つ選べ。［ア］

	い	ろ	は
⓪	クライアント	サーバ	対等
①	クライアント	サーバ	従属
②	サーバ	クライアント	対等
③	サーバ	クライアント	従属

問2　下線部Aに関して，次のA～Dは，分散処理システムであるクライアントサーバシステムとピアツーピアシステムのいずれかの特徴を示したものである。このうち，クライアントサーバシステムについて説明した文の組合せとして最も適当なものを，次の⓪～⑤のうちから一つ選べ。［イ］

A　データ処理の負荷を軽減することができ，匿名性も確保することができる。
B　すべての情報を特定のコンピュータで集中して管理することができる。
C　コンピュータどうしが対等な立場で直接通信を行うことができる。
D　トラブル時の原因追及と復旧を素早く行うことができる。

⓪　AとB　　①　AとC　　②　AとD
③　BとC　　④　BとD　　⑤　CとD

問3　太郎さんの高校では，1台のホストコンピュータに5台の端末を直接接続して成績処理を行っている。ところが，最近ホストコンピュータや端末の老朽化が原因で故障する事案が頻発するようになった。さらには，成績処理でやり取りするデータが増大したことによって，ホストコンピュータからの応答速度が著しく低下してきた。そこで，この問題を解決するために，新たに10台のコンピュータを購入し，ネットワークを構築して負荷を分散させるシステムへの移行を検討している。その際，プリンタやスキャナなどの周辺機器をネットワークで共有するだけでなく，ユーザ管理やデータの保守も行えるようにしたい。このときのネットワークの構成について説明した最も適当な文を，次の⓪～③のうちから一つ選べ。［ウ］

⓪　インターネットを経由して10台のコンピュータを相互に接続する。
①　ホストコンピュータに10台のコンピュータを接続して集中処理システムを構築する。
②　10台のコンピュータを相互に接続してピアツーピアシステムを構築する。
③　10台のコンピュータのうち1台をサーバ，9台をクライアントとしてクライアントサーバシステムを構築する。

実戦問題

59 サーバの利用

難易度 ★★★　目安 4分　速習 ✓

一般にサーバは提供するサービスの種類によって分けられ，ファイルを共有するファイルサーバや，印刷の要求をプリンタに渡し，プリンタを共有するプリントサーバ，データベースの情報を提供するデータベースサーバ，Aクライアントの代わりにWebサーバに接続するプロキシサーバ，業務処理などの要求を処理するアプリケーションサーバなどがある。このように，クライアントサーバシステムは，多くのクライアントからコンピュータの資源や周辺機器を効率よく利用できるシステムである。

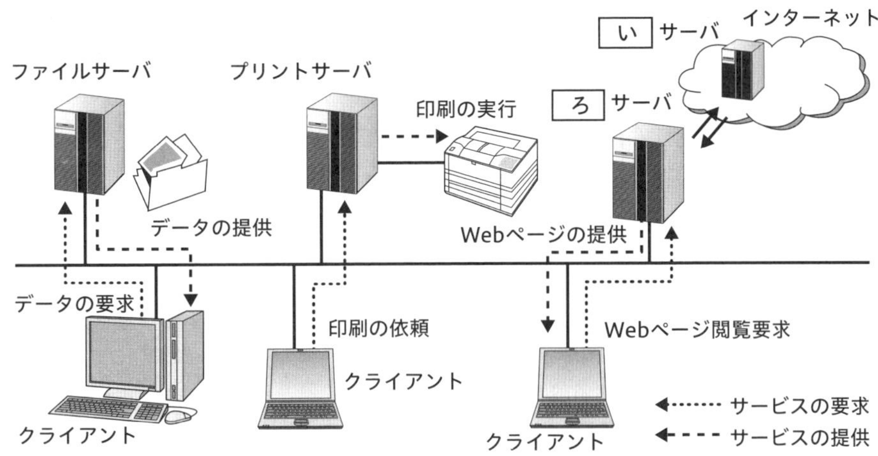

図　クライアントからのサーバ利用

インターネット上にもサービスを提供する多くのサーバが存在している。例えば，Webページの閲覧を提供するWebサーバ，メールの送受信を提供するメールサーバ，動画や音楽を配信するストリーミングサーバなどがあり，利用者は，おもに［は］と呼ばれるインターネット接続業者に接続して利用する。

問1　空欄［い］～［は］に入れるのに最も適当なものの組合せを，次の⓪～③のうちから一つ選べ。［ア］

	い	ろ	は
⓪	プロキシ	Web	IP
①	プロキシ	Web	ISP
②	Web	プロキシ	IP
③	Web	プロキシ	ISP

問2　下線部Aに関して，プロキシサーバの機能について説明した文のうち**適当でないもの**を，次の⓪～③のうちから一つ選べ。［イ］

⓪ 同じネットワークに属するコンピュータにIPアドレスを自動的に割り当てることができる。
① 個人のIPアドレスが特定されにくくしてサイバー犯罪の攻撃対象となることを抑制できる。
② 内部ネットワークのコンピュータによる不正サイトへのアクセスをブロックすることができる。
③ どのサイトにアクセスしたのかなどのアクセスログをプロキシサーバに一括して記録できる。

第4章

実戦問題

60 メールの送受信の仕組み

難易度	目安	速習
★★★	8分	✓

メールは，いくつかのルータを経由して宛先のコンピュータである受信側のメールサーバに届く。メールの送受信には，TCP/IP 上のいくつかのプロトコルによってやり取りが行われる。次の花子さんが太郎さんのメールアドレス taro@sample.ed.jp にメールを送る場合の手順を読み，後の問い（問1～4）に答えよ。

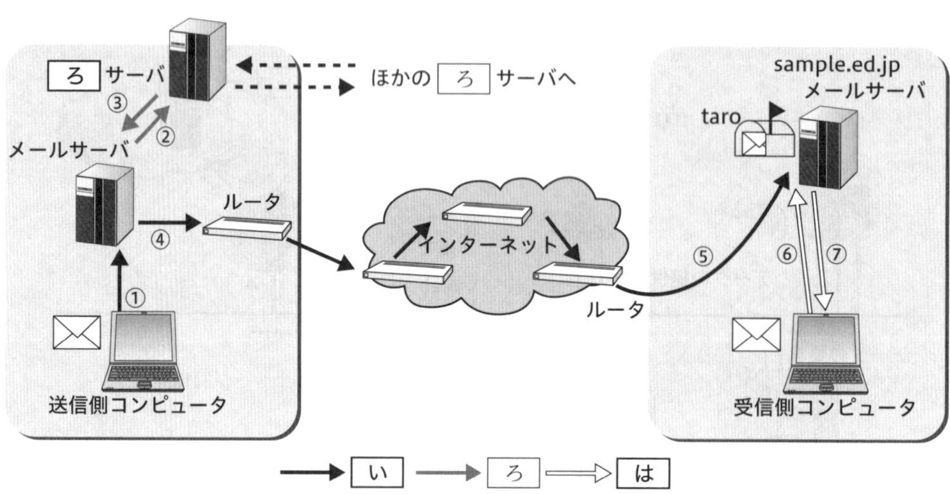

手順①：送信側コンピュータから，送信側のメールサーバ（ い サーバ）にメールのデータが送られる。

手順②：宛先として指定された受信側の$_A$<u>メールアドレスからドメイン名を取り出し</u>，そのドメインのメールサーバの IP アドレスを ろ サーバに問い合わせる。

手順③： ろ サーバから受信側のメールサーバの IP アドレスを受け取る。

手順④：メールのデータに宛先として に ，送信元として ほ を付けて，インターネットへ送り出す。

手順⑤：様々なルータを経由して，目的の受信側のメールサーバにたどり着き，指定されたユーザ（taro）のメールの保存場所（メールボックス）に保存される。

手順⑥：受信側コンピュータは，自分宛（taro）のメールが来ていないか受信側のメールサーバ（ は サーバ）に確認し受信要求をする。

手順⑦：受信側コンピュータにメールが届く。

問1　空欄 い ～ は に入れるのに最も適当なプロトコルの組合せを，次の⓪～⑤のうちから一つ選べ。 ア

	い	ろ	は
⓪	SMTP	POP または IMAP	DNS
①	SMTP	DNS	POP または IMAP
②	POP または IMAP	DNS	SMTP
③	POP または IMAP	SMTP	DNS
④	DNS	SMTP	POP または IMAP
⑤	DNS	POP または IMAP	SMTP

問2　下線部Aの操作によってメールアドレス taro@sample.ed.jp から取り出されるドメイン名の最も適当な範囲を，次の⓪～③のうちから一つ選べ。 イ

⓪ taro　　① sample　　② ed.jp　　③ sample.ed.jp

問3　空欄 に ・ ほ に入れるのに最も適当なものの組合せを，次の⓪～③のうちから一つ選べ。 ウ

	に	ほ
⓪	受信側のメールサーバの IP アドレス	送信側のメールサーバの IP アドレス
①	受信側のメールサーバのメールアドレス	送信側のメールサーバのメールアドレス
②	送信側のメールサーバの IP アドレス	受信側のメールサーバの IP アドレス
③	送信側のメールサーバのメールアドレス	受信側のメールサーバのメールアドレス

問4　花子さんが太郎さん（taro@sample.ed.jp）に送ったメールの宛先には，次の図のようにCCの欄に次郎さん（jiro@sample.ed.jp），BCCの欄に三郎さん（saburo@sample.ed.jp）のメールアドレスを指定していた。このとき，次の⓪～⑤のうちから適当なものを二つ選べ。 エ ・ オ

差出人:hanako@joho.ne.jp
宛先: taro@sample.ed.jp
CC: jiro@sample.ed.jp
BCC: saburo@sample.ed.jp
実験レポートが完成しました
添付ファイル
0515_実験レポート...
620.05 KB
太郎さん
花子です。
実験レポートが完成したので添付します。
何か気づいたことがあれば教えてください。
****
情報 花子
実教高校1年1組
hanako@joho.ne.jp

⓪ 次郎さんと三郎さんに送られるメールは暗号化されて送信される。
① 太郎さん，次郎さん，三郎さんに送られるメール本文は同じである。
② 添付ファイルが送られるのは太郎さんだけであり，次郎さんと三郎さんには送信されない。
③ 太郎さんは，花子さんからのメールが次郎さんと三郎さんに送られていることが分かる。
④ 次郎さんは，花子さんからのメールが太郎さんと三郎さんに送られていることが分かる。
⑤ 三郎さんは，花子さんからのメールが太郎さんと次郎さんに送られていることが分かる。

実戦問題

61 POSシステム

難易度	目安	速習
★★★	5分	

コンビニエンスストアには，様々な商品がバランスよく効率的に並んでおり，小さな店でも品切れが少ない。これは A<u>POSシステムで様々な情報が管理されている</u>ことによる。POSでは商品に付けたバーコードを，POSレジスタに接続したバーコードリーダで読み取り，商品の［い］などを登録する。同時に店員が，客の［ろ］などの情報を入力する場合もある。これらの情報は，ネットワークを通じて定期的に［は］や［に］に送られ，店舗ごとに必要な数の商品が［ほ］や問屋から効率よく補充される。

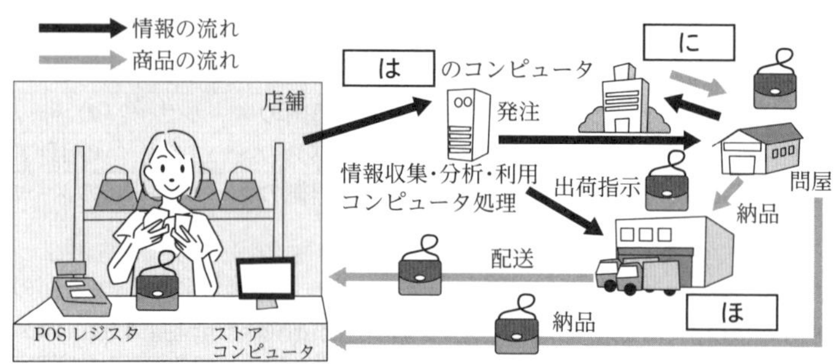

図　POSシステムの例

問1　空欄［い］・［ろ］に入れるのに最も適当なものの組合せを，次の⓪〜③のうちから一つ選べ。［ア］

	い	ろ
⓪	メーカーや仕入先	職業や年収
①	メーカーや仕入先	年齢層や性別
②	価格や商品名	職業や年収
③	価格や商品名	年齢層や性別

問2　空欄［は］〜［ほ］に入れるのに最も適当なものの組合せを，次の⓪〜⑤のうちから一つ選べ。［イ］

	は	に	ほ
⓪	本部	配送センター	商品メーカー
①	本部	商品メーカー	配送センター
②	配送センター	商品メーカー	本部
③	配送センター	本部	商品メーカー
④	商品メーカー	本部	配送センター
⑤	商品メーカー	配送センター	本部

問3　下線部Aについて，POSシステムの導入によって受けられる利点として考えられるものを，次の⓪〜④のうちから三つ選べ。［ウ］・［エ］・［オ］

⓪　商品の在庫数を考慮した発注量を決定するスピードが向上する。
①　店頭の実在庫とデータ上の在庫数を突き合わせることができる。
②　仕入れに必要な資金の調達ができる。
③　天候による商品の売り上げ傾向を把握できる。
④　商品の価格を決定するプロセスを省略できる。

実戦問題
62 様々な情報システム

難易度 ★★★ 目安 5分 速習

インターネットなどのネットワーク上で契約や決済といった商取引をするシステムを電子商取引システムという。企業間での取引はもちろん，近年はWeb上の店舗で商品を販売するECサイトや，個人と個人の間で売買をするフリーマーケット，オークションなども活発化している。また， い などでは，A顧客の購買履歴をもとに好みを分析し，その客の興味・関心がありそうな情報を提示したり，商品広告の表示分けなどが行われたりする。

銀行やコンビニエンスストアなどに設置されているATMは，現金の支払いや預金，振り込みなどを行う装置で，銀行業務の省力化と顧客の利便性に貢献している。また，自宅や会社などからパソコンやスマートフォンを利用して残高照会や振り込みなどができる ろ も普及している。さらに今日では，Bクレジットカードやデビットカードの普及，電子マネーやバーコードによる決済サービスの拡大などにより は が進んでいる。

問1 空欄 い ～ は に入れるのに最も適当なものの組合せを，次の⓪～⑤のうちから一つ選べ。 ア

	い	ろ	は
⓪	インターネットバンキング	オンラインショップ	キャッシュレス社会
①	インターネットバンキング	キャッシュレス社会	オンラインショップ
②	オンラインショップ	キャッシュレス社会	インターネットバンキング
③	オンラインショップ	インターネットバンキング	キャッシュレス社会
④	キャッシュレス社会	インターネットバンキング	オンラインショップ
⑤	キャッシュレス社会	オンラインショップ	インターネットバンキング

問2 下線部Aはレコメンデーション機能と呼ばれる。このレコメンデーション機能の導入によって得られるメリットとして**適当でないもの**を，次の⓪～③のうちから一つ選べ。 イ

⓪ 顧客が商品を購入する確率を高めることができる。
① 顧客一人当たりの購入単価を上げることができる。
② 商品やコンテンツが少なくても効果的に利用者の購入を促進させることができる。
③ 商品ページの閲覧数やWebサイトへの滞在時間を増加させることができる。

問3 下線部Bに関して，クレジットカード，交通系ICカード，バーコード決済の特徴の正しい組合せを，次の⓪～⑤のうちから一つ選べ。 ウ

	機能を有するモバイル端末が必要となる	高額な物品を購入する際に支払回数を選択できる	自動販売機や店舗，改札などで使用できる
⓪	クレジットカード	交通系ICカード	バーコード決済
①	クレジットカード	バーコード決済	交通系ICカード
②	交通系ICカード	バーコード決済	クレジットカード
③	交通系ICカード	クレジットカード	バーコード決済
④	バーコード決済	クレジットカード	交通系ICカード
⑤	バーコード決済	交通系ICカード	クレジットカード

実戦問題

63 データベース

難易度	目安	速習
★★★	15分	

次のミキさんとゴロウさんの会話文を読み，後の問い（問1～7）に答えよ。

ミ　キ：卒業した中学校の同窓会の役員をすることになったのだけど，次の総会に向けて10年分くらいの卒業生名簿を管理するそうなんだ，ゴロウさんも同じ中学校出身だから手伝ってほしいな。

ゴロウ：うちの中学校は生徒数も多いから責任重大だね。ミキさんは，自分たちの学年の情報だけ管理すればいいの？

ミ　キ：同窓会全体の名簿の管理をお願いされているの。でも，手書きのものだったり，クラスごとにデータがバラバラだったり，一つにまとめるのも大変そう。クラスとクラブの名簿は持っているから，表計算ソフトを使って一つのファイルにみんなの情報をまとめていこうと思っているよ。

ゴロウ：今後のことも考えると，データベースを使って管理した方がよさそうだね。

ミ　キ：データベースってどんな仕組みなの？表計算ソフトじゃだめなのかな。

ゴロウ：データベースにもいろいろあって，よく利用されているのが［ア］データベースという種類のものだよ。表計算ソフトみたいにテーブルがあって，1件ごとにレコードとしてデータを格納する。各レコードにはどんな種類の情報を登録するかを［イ］として設定して，必要なデータを登録していくんだ。

ミ　キ：それだったら，表計算ソフトとあまり変わらないように見えるけど，何が便利なのかな。

ゴロウ：表計算ソフトで作成したミキさんのデータを見ると，A<u>今後変わる可能性があるデータ</u>と変わらないデータが混ざっているよね。

表計算ソフトで作成した表「20XX 年度3年8組　同窓会名簿」

	A	B	C	D	E	F
1	組	出席番号	氏名	郵便番号	住所	所属クラブ
2	8組	1	片山　明子	987-0001	○○県□□市××区△△町123	バレーボール部
3	8組	2	加藤　美紀	876-3214	□□府☆☆郡●●町◎☆456	吹奏楽部
4	8組	3	木下　貴光	989-2123	○○県▼▼市×△○□町78	
5	8組	4	柴垣　五郎	987-0109	○○県□□市▽▽区◎◎町9丁目10	サッカー部
	:	:	:	:	:	:

表計算ソフトで作成した表「吹奏楽部　OB・OG 名簿」

	A	B	C	D	E	F
1	卒業年度	氏名	フリガナ	郵便番号	住所	パート
2	20XY	山上郁美	ヤマガミイクミ	989-2123	○○県▼▼市×△○□町12	Fl.
3	20XY	岡野寿男	オカノトシオ	987-0001	○○県□□市××区△△町456	Tr.
4	20XY	高木一彦	タカギカズヒコ	987-0103	○○県□□市▽▽区◎◎町3丁目7	Cl.
5	20XX	加藤美紀	カトウミキ	876-3214	□□府☆☆郡●●町◎☆456	Cl.
	:	:		:	:	:

ミ　キ：確かに，卒業後引っ越しした人もいるから住所はどんどん変わっていくね。同窓会名簿とOB・OG名簿に同じ人のデータが登録されているから，片方だけ住所が更新されたら，もう片方と住所が違ってくるんじゃないかしら。

ゴロウ：うまくデータベースを設計することで，データの重複や矛盾が生じないように運用できるんだ。

ミ　キ：同窓会の役員に，自分の学年の情報だけしか見られないようにすることはできるかしら。

ゴロウ：それはできるよ。例えば，案内ハガキに必要な情報だけに［イ］を絞る［ウ］や，特定のクラスだけのレコードを抽出する［エ］といった演算もできるし，複数のテーブルを組み合わせて一つにする［オ］のような処理もデータベースを使うと簡単にできるよ。

ミ　キ：データベースを実際に使うには何が必要になるのかな？

ゴロウ：データベースを管理するシステムであるDBMSを使うとB<u>情報の登録や閲覧を許可したり制限したり使用する人ごとに権限を設定することができるね</u>。C<u>複数で同時に利用しても，データが壊れないようになっているから大丈夫だよ</u>。Webサイトと DBMS を連動させることで，Webページからデータの入力や出力ができるようにすることもできるよ。

ミ　キ：Webページからデータ入力ができれば簡単ね。学年ごとに役員がいるから，私はD<u>データ入力をしてもらうようそれぞれの役員にお願い</u>の連絡をするよ。仕組みを作るのはゴロウさんに任せるね。

ゴロウ：分かった。がんばるよ。

問1　空欄［ア］～［オ］に入れるのに最も適当なものを，次の⓪～⑥のうちから一つずつ選べ。

［ア］～［オ］の解答群

⓪　ネットワーク　①　フィールド　②　リレーショナル　③　階層
④　結合　⑤　射影　⑥　選択

問2　案内ハガキを送付する目的で使用する場合に，「20XX 年度３年８組　同窓会名簿」の中で，下線部Aのように今後変わる可能性があるデータの列の組合せとして最も適当なものを，次の⓪～⑥のうちから一つ選べ。［カ］

⓪　列Aと列B　①　列Aと列Bと列C　②　列Cと列D　③　列Cと列Dと列E
④　列Cと列Dと列Eと列F　⑤　列Dと列Eと列F　⑥　列Eと列F

問3　表計算ソフトで作成した「20XX 年度３年８組　同窓会名簿」と「吹奏楽部　OB・OG 名簿」のデータを用いて，同窓会名簿データベースに登録する際に考慮しなければならない点として**適当でないもの**を，次の⓪～④のうちから一つ選べ。［キ］

⓪　共通の情報が存在しないため，同一人物であるかは複数の情報からの判断が必要である。
①　氏名が同じであれば二つの表のレコードは同一人物であるといえる。
②　同一人物であっても氏名のデータが，姓名の間のスペースの有無によって同一の文字列となっていない。
③　入力されている住所と郵便番号の対応が正しいかどうか確認が必要である。
④　郵便番号と住所の情報が二つの表で異なっていた場合，どちらが現在の住所かの判断が必要である。

問4　DBMSでの下線部B，Cが示す特徴を表すものとして最も適当なものを，次の⓪～③のうちから一つずつ選べ。
下線部Bの特徴［ク］　下線部Cの特徴［ケ］

［ク］・［ケ］の解答群

⓪　独立性　①　一貫性　②　可用性　③　機密性

問5　下線部Dのように，たくさんの利用者でデータベースを操作する際に，利用者ごとにどのような処理を許可するか権限設定を行うことができる。付与する権限の組合せとして最も適当なものを，次の⓪～⑥のうちから一つずつ選べ。
同窓会名簿データベースの運用全体を管理する管理者に付与する権限［コ］
名簿データを入力する学年ごとの役員に付与する権限［サ］

［コ］・［サ］の解答群

	テーブルの作成・削除	レコードの検索	レコードの追加・更新・削除
⓪	許可	許可	許可
①	許可	許可	禁止
②	許可	禁止	許可
③	許可	禁止	禁止
④	禁止	許可	許可
⑤	禁止	許可	禁止
⑥	禁止	禁止	許可

第4章

ゴロウさんは，DBMSを用いて表計算ソフトで作成したミキさんのデータをもとに「同窓会名簿管理データベース」を構築した。データは「生徒には他と重複しない生徒番号が割り当てられている」，「学年は1年時～3年時まであり，生徒は年度ごとに一つのクラスに所属する」，「生徒は複数のクラブに所属することができる」ものとして登録している。

●「同窓会名簿管理データベース」には，四つの表が定義されており，データが登録されている。

表「卒業生」

生徒番号	氏名	郵便番号	住所
XX801	片山　明子	987-0001	○○県□□市××区△△町123
XX802	加藤　美紀	876-3214	□□府☆☆郡●●町◎☆456
XX803	木下　貴光	989-2123	○○県▼▼市×△○□町78
XX804	柴垣　五郎	987-0109	○○県□□市▽▽区◎◎町9丁目10
:	:	:	:

表「クラス」

生徒番号	年度	学年	組	出席番号
XX801	20XX	3	8	1
XX802	20XX	3	8	2
XX803	20XX	3	8	3
XX804	20XX	3	8	4
:	:	:	:	:

表「所属」

生徒番号	クラブ番号
XX801	22
XX802	11
XX804	21
:	:

表「クラブ」

クラブ番号	クラブ名
11	吹奏楽部
21	サッカー部
22	バレーボール部
:	:

問6　生徒は複数クラブに所属ができるので，表「卒業生」の一つのレコードにつき，表「所属」には複数のレコードがある。このような関係を「1対多」と定義する。このような関係性として，「1対多」の他に「1対1」「多対1」「多対多」が考えられる。次の関係性の組合せとして最も適当なものを，次の⓪～⑤のうちから一つ選べ。 シ

	表「卒業生」と表「クラス」	表「卒業生」と表「所属」	表「所属」と表「クラブ」
⓪	1対1	1対1	多対1
①	多対1	多対1	1対1
②	多対多	1対多	多対多
③	1対多	1対多	多対1
④	多対多	多対多	1対1
⑤	1対多	多対1	多対多

問7　次のような仮想表を作成する際に必要な表の組合せとして最も適当なものを，次の⓪～⑧のうちから一つ選べ。 ス

仮想表「20XX年度3年8組　卒業生名簿」

出席番号	氏名	郵便番号	住所
1	片山　明子	987-0001	○○県□□市××区△△町123
2	加藤　美紀	876-3214	□□府☆☆郡●●町◎☆456
3	木下　貴光	989-2123	○○県▼▼市×△○□町78
4	柴垣　五郎	987-0109	○○県□□市▽▽区◎◎町9丁目10
:	:	:	:

⓪「卒業生」・「クラス」　①「卒業生」・「所属」　②「卒業生」・「クラブ」
③「卒業生」・「クラス」・「所属」　④「卒業生」・「クラス」・「クラブ」
⑤「卒業生」・「所属」・「クラブ」　⑥「クラス」・「所属」　⑦「クラス」・「クラブ」
⑧「クラス」・「所属」・「クラブ」

実戦問題

64 データ

難易度	目安	速習
★★★	12分	✓

次のサトシさんとリカさんの会話文を読み，後の問い（問１～７）に答えよ。

サトシ：今度，ビッグデータを活用した問題解決のコンクールがあって，それに応募しようと思うんだけど，どんなテーマで取り組んだらよいか悩んでいて，何かいいアイデアはないかな？

リ　カ：何か難しそうだね。そもそもビッグデータって何？

サトシ：多様でかつ巨大なデータのことをビッグデータっていうんだ。A 様々な機器がインターネットに接続されるようになって，センサで得られたデータをリアルタイムで収集できるようになったから，データもたくさん集められるようになったんだ。

リ　カ：ということは，サトシさんはビッグデータになるまでデータをたくさん集めなきゃいけないんだよね。学校内でアンケート調査するにしても，生徒全員が答えても1000人分くらいしか集まらないよ。

サトシ：自分で集めてもよいのだけど，B オープンデータというものを使うといろんな分析ができそうなんだ。

リ　カ：確かにいろんなデータが公開されているみたいだね。県の Web サイトを見てみたら，交通機関のデータを分析するのが面白そう。

サトシ：でも，サイトを見るといろんなデータの形式があって，どうしたらいいかさっぱり分からないね。

リ　カ：もし表計算ソフトを使うなら，CSV というデータを処理できるようだよ。

サトシ：ありがとう，ちゃんとデータを見ることができたよ。県のデータは公開されているものだけど，鉄道会社の交通系 IC カードとか改札を通ったデータも常にデータが記録されていたりするんだよね。手に入らないかな。

リ　カ：個人が特定できないように C 匿名加工情報として加工されれば販売することは可能だから，企業のマーケティングとかでは実際に活用されているよ。

サトシ：個人レベルの購入はできなさそうだね。でも，学校の最寄り駅って１日５万人くらいの乗降者数だから，１年間のデータだけでもものすごい数になりそう。

リ　カ：まさしくビッグデータだね。それくらいの件数だと，もう表計算ソフトでは記録できない規模だね。

サトシ：そうだね，たくさんのデータを矛盾なく処理するためにデータベースが使われているんだ。

リ　カ：でも，いろんなデータを分析するときに，どんな項目があったらいいかは，調べようと思ったときにならないと分からないよね。後からデータベースの項目を追加するのって，難しくなかった？

サトシ：それはリレーショナルデータベースのことだよね。リレーショナルデータベースの他にも D NoSQL という考え方があって，項目を後から追加するのが簡単だったり，大量のデータを高速で読み込むのが得意だったりするデータベースもあるんだ。

リ　カ：どのようなツールを使うかは，目的に合わせて選ぶことが大事だね。

サトシ：うん。朝の通学時間帯の改札での混雑に課題がありそうだから，E 駅の自動改札機を何台にするのがいいのかデータから分析してみようと思うよ。いいヒントをもらったよ，ありがとう。

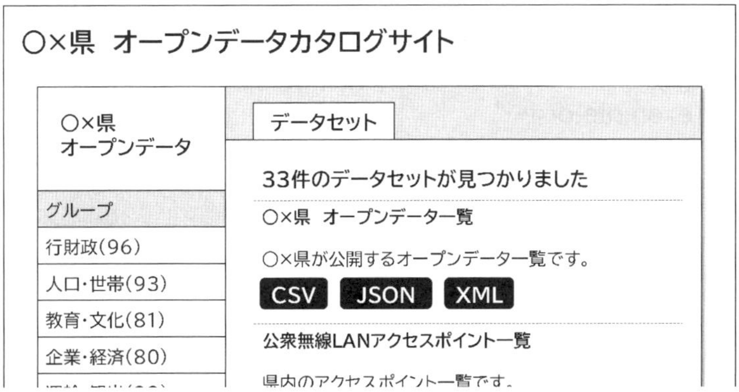

○×県　オープンデータカタログサイト

○×県 オープンデータ	データセット
グループ	33件のデータセットが見つかりました
行財政(96)	○×県　オープンデーター覧
人口・世帯(93)	○×県が公開するオープンデーター覧です。
教育・文化(81)	CSV　JSON　XML
企業・経済(80)	公衆無線LANアクセスポイント一覧
	県内のアクセスポイント一覧です。

図１　オープンデータカタログサイト

第4章

オープンデータの提供形式

CSV 形式：CSV とは（Comma Separated Value）の略で，各データを「,」で区切り表記される。構造がシンプルで，表計算ソフトを使用して簡単に表にすることができる。

JSON 形式：JSON とは （JavaScript Object Notation）の略で，JavaScript のオブジェクトを表記する形式で，そのまま JavaScript で記述したプログラムで扱うことができる。また，様々なプログラミング言語でもデータを扱うことができる。

XML 形式：XML とは（Extensible Markup Language）の略で，タグ「<○○>」でデータを囲んで表記される。入れ子構造でデータを表すことができ，様々なデータを記述することができる。

仮 ID	改札	処理名称	年月日	時間
BA3253	改札 1	出場	2022/12/17	9:31
876AED	改札 1	入場	2022/12/17	9:45
6BC22D	改札 2	出場	2022/12/28	9:45
：	：	：	：	：

図 2　交通系 IC カード利用データ

問 1　ビッグデータの特徴の説明として**適当でないもの**を，次の⓪～③のうちから一つ選べ。 ア

⓪ データがリアルタイムで集められ，迅速な分析や意思決定につなげることができる。
① 生成されるデータの量が膨大である。
② 多様な形式や種類のデータを含み，テキストや画像，音声などの様々な形態の情報が処理される。
③ 不正確なデータが排除され，常に正確なデータのみが集計されている。

問 2　下線部 A の記述に関する語句として最も適当なものを，次の⓪～④のうちから一つ選べ。 イ

⓪ AI　① B2B　② IoT　③ PoE　④ SoC

問 3　図 1 のように「○×県　オープンデータカタログサイト」は 3 種類のテキストデータで提供されている。CSV 形式として最も適当なものを，次の⓪～②のうちから一つ選べ。 ウ

⓪ オープンデータ A

```
[
  {
   "都道府県名": "○×県",
   "市区町村名": "□△市",
   "データ名称": "平成26年商業統計調査",
   "データ形式": "xml",
   "分類": "商業・サービス業",
   "URL": "https://example.org…"
  },
  {
   "都道府県名": "○×県",
   "市区町村名": "□△市"
```

① オープンデータ B

```
都道府県名,市区町村名,データ名称,データ形式,分類,URL
○×県,□△市,平成26年商業統計調査,xml,商業・サービス業,http
○×県,□△市,学校児童生徒数・教職員等,csv,人口・世帯,https://
○×県,□△市,避難場所・避難所(共通フォーマット),csv, json,人口
帯,https://example.org…
```

② オープンデータ C

```
<?xml version="1.0" encoding="UTF-8" ?>
 <root>
    <item>
       <都道府県名>○×県</都道府県名>
       <市区町村名>□△市</市区町村名>
       <データ名称>平成26年商業統計調査</データ名称
```

問 4　下線部 **C** の匿名加工情報として提供されたデータの取り扱いとして最も適当なものを，次の⓪～③のうちから一つ選べ。 エ

⓪ 匿名加工情報として提供されれば，複数の情報を組合せて本人を識別できる情報として照合してもよい。
① 匿名加工情報として提供されれば，本人の同意を得ることなく利活用できる。
② 匿名加工情報を第三者に提供する場合は，匿名加工情報に含まれる項目や提供の方法を公表する必要はない。
③ 匿名加工情報を第三者に提供する場合は，本人の同意を得る必要がある。

問 5　下線部 **D** の NoSQL の説明として最も適当なものを，次の⓪～③のうちから一つ選べ。 オ

⓪ JSON 形式や XML 形式のようなドキュメント形式のデータを保存することができない。
① データベースのデータ間の結合や複雑な条件の検索に向いている。
② データベースへのデータの格納や検索に SQL 言語を使用しなければならない。
③ 高速に大容量のデータの処理ができるが，データの一貫性や整合性が保証されない。

問 6　下線部 **E** の分析をするために必要なデータ**い**～**に**の組合せとして最も適当なものを，次の⓪～⑥のうちから一つ選べ。 カ

い　学校の最寄り駅と主要ターミナル間の運賃
ろ　学校の最寄り駅の時間帯別の乗降客数
は　自動改札機が 1 分あたりに処理できる人数
に　鉄道会社がダイヤ改正をした年月日

⓪ い　① いとろとは　② いとは　③ ろとは
④ ろとに　⑤ ろとはとに　⑥ は

問 7　データサイエンスの特徴の説明として**適当でないもの**を，次の⓪～⑤のうちから一つ選べ。 キ

⓪ 過去の車の整備記録や故障の履歴のデータを蓄積し，車の故障を予測したり修理の期間を検討したりする。
① 患者の病歴や検査結果を集約することで，治療法を提案したり，無駄な治療を省き医療費削減につなげられたりする。
② 収集したデータに欠損値があっても，統計や分析を行い元の正確なデータに戻すことができる。
③ 店舗での顧客の注文履歴や地域の売り上げ動向から，人気メニューを予測する。
④ 統計的に有意な結果を得るためには，データの収集や前処理に多くの時間やコストがかかる。
⑤ 顧客の購買履歴や閲覧履歴からおすすめの商品やコンテンツを提示し購買意欲を高める表示にできる。

実戦問題

65 情報通信機器と利用目的の関係

難易度	目安	速習
★★★	12分	✓

次の表1は，国が実施した通信利用動向調査の，情報通信機器の保有状況からまとめたものの一部である。表2は同調査のインターネット上のサービスの利用目的からまとめたものの一部である。
(出典：総務省の令和3年度通信利用動向調査により作成)

太郎さんたちは表1，表2をもとに，保有している情報通信機器と，その利用目的の関係について分析してみることにした。表2の情報通信機器はすべてインターネットに接続できるものとする。なお，以下において，データの範囲については，外れ値も含めて考えるものとする。

表1　インターネット上のサービスの利用目的

	インターネット上のサービスの利用目的（複数回答）							
都道府県	視聴中の放送番組に関連した情報の取得率(%)	ハイブリッドキャスト機能の利用率(%)	放送局の無料・有料動画配信サービスの利用率(%)	有料動画配信サービスの利用率(%)	無料動画共有サービスの利用率(%)	オンラインゲームの利用率(%)	その他(%)	無回答(%)
北海道	47.6	9.2	25.1	41.8	51.1	10.3	7.1	2.4
青森県	53.8	4.3	17.9	31.6	42.5	10	3.4	4.5
岩手県	47	5	16.3	31.1	46.6	12.3	7.7	3.2
宮城県	54.1	7	30.6	43	54.8	10.5	3.6	3.8
秋田県	53.8	6.8	24.1	31.1	53.5	8.3	4.2	6
山形県	60.1	9.5	21.6	25.7	60.8	16.2	3.6	2.5
福島県	51.2	6.4	23	30	47	12.9	7.5	1.7
	54	[illegible]		[illegible]	52.3			1.1
高知県		4.8	27.7	[illegible]		13.2	4.3	
福岡県	51.6	7.1	24.4	51.7	59.4	16.5	4.3	1.2
佐賀県	50.9	7.1	20.8	38.5	51.2	10.6	3.3	5
長崎県	51	11.6	17.5	34.9	43.4	9.7	4.6	5.5
熊本県	47.3	7.1	20.2	41.7	52.8	11.1	5.5	5.9
大分県	49.7	6.6	30.6	33.2	51.7	9.1	5.8	3.7
宮崎県	41	3.9	24	33.8	48.1	10.2	6.7	4.4
鹿児島県	54.2	8.1	23.1	42.4	49.1	12.8	5.5	1.7
沖縄県	46.8	6.1	32.7	46.1	53.6	10.4	5.9	1.8

表2　情報通信機器の保有率

	情報通信機器の保有情報(複数回答)					
都道府県	テレビ保有率(%)	スマートフォン保有率(%)	タブレット端末保有率(%)	パソコン保有率(%)	ゲーム機保有率(%)	携帯型音楽プレイヤー保有率(%)
北海道	94.5	83.7	35.7	63.1	27.8	6.4
青森県	95.4	78	28.1	54.4	26.1	6.3
岩手県	95	80.3	28	64	27.8	4.2
宮城県	95.1	89.1	35.6	63.4	28	8.8
秋田県	96.1	83.9	32.7	61.6	26.4	6.1
山形県	97.6	87	31	70.2	34.1	7.2
福島県	98.2	85.4	30.8	61.6	27.5	7.7
	96		37.5	[illegible]		8.6
高知県	[illegible]	83	[illegible]	[illegible]	21.8	
福岡県	98.2	88.4	43.9	67.7	32.7	8.5
佐賀県	96.5	88	37.3	63.4	28.8	6.8
長崎県	96.2	83.4	29.5	54.7	21.6	7.6
熊本県	95.3	84	31.1	59.2	26	5.7
大分県	95.4	83.3	36.1	60.6	28.1	4.8
宮崎県	97.6	85.3	30.4	56.9	17.7	5.4
鹿児島県	95.2	88.8	30.7	57	20.9	6
沖縄県	90.2	82	35.6	57.4	23.3	8.6

オープンデータとは国，地方公共団体および事業者が保有する官民データのうち，国民誰もがインターネットなどを通じて容易に利用できるデータである。

問 1　オープンデータの利用について**適当でないもの**を，次の⓪～③のうちから一つ選べ。 ア

⓪ オープンデータを用いて作成したグラフを入試問題で使用することができる。
① オープンデータを分析した結果を研究発表などで利用することができる。
② オープンデータを自分の商用目的で利用することができる。
③ オープンデータは機械判読できないようなデータでも構わない。

問 2　一般的なオープンデータの中には欠損値が含まれる。欠損値全体に対する扱いとして**適当でないもの**を，次の⓪～③のうちから一つ選べ。ただし，欠損値を処理するにあたり，欠損値が生じた原因を特定し，適切な処理方法で行うものとする。 イ

⓪ 時系列データの場合は，前後の時間データを用いて補完する。
① データの偏りが起きないように，中央値や平均値，最頻値などで補完する。
② 欠損値があるデータは正確性が損なわれるので，いかなる場合でも使ってはいけない。
③ 回帰分析を用いて，欠損値を補完する。

表 1，表 2 において，一か所でも項目のデータに欠損値がある場合は，適切に処理したものを全体として考える。

問 3　太郎さんたちは，これらのデータから次のような仮説を考えた。表 1，表 2 のデータのみで分析することができる仮説を，次の⓪～④のうちから二つ選べ。 ウ ・ エ

⓪ スマートウォッチはスマートフォンと連動しているため，スマートウォッチを保有している人は，スマートフォンも保有しているのではないか。
① スマートフォンの使用時間が長い都道府県ほど，オンラインゲームの利用時間は長くなるのではないか。
② スマートフォンを保有していない幼児や児童が多い都道府県ほど，ゲーム機から無料動画共有サービスを利用しているのではないか。
③ 各情報通信機器の保有率が高いほど，ハイブリッドキャスト機能の利用率やオンラインゲームの利用率は高くなる傾向があるのではないか。
④ タブレット端末の保有率が高い都道府県ほど，スマートフォン保有率は低くなるのではないか。

問 4　太郎さんたちは表 1，表 2 について，パソコン保有率と無料動画共有サービスの利用率の関係を調べることにした。

右の図 1 は表 2 のパソコン保有率と，表 1 の無料動画共有サービスの利用率を散布図で表したものである。

都道府県単位でみたとき，パソコン保有率と，無料動画共有サービスの利用率との間には，全体的に正の相関があることが分かった。正の相関の解釈として最も適当なものを，次の⓪～⑤のうちから一つ選べ。なお，ここでは，データの範囲を散らばりの度合いとして考えることにする。 オ

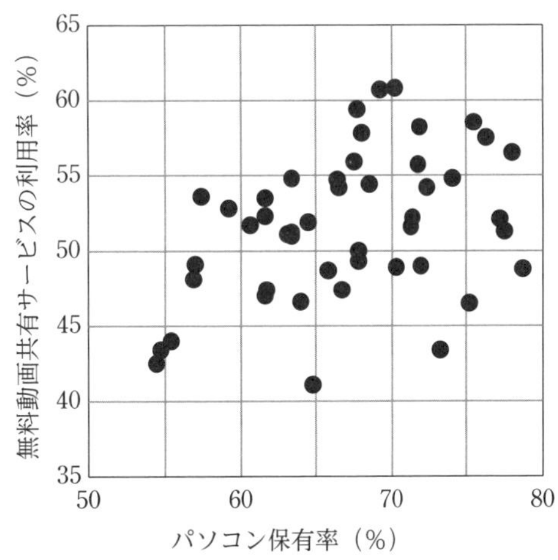

図 1　表 1，表 2 をもとに作成した散布図

⓪ パソコン保有率の方が，無料動画共有サービスの利用率より散らばりの度合いが大きいと考えられる。
① パソコン保有率の方が，無料動画共有サービスの利用率より散らばりの度合いが小さいと考えられる。
② パソコン保有率の高い都道府県ほど，無料動画共有サービスの利用率が高いと考えられる。
③ パソコン保有率の高い都道府県ほど，無料動画共有サービスの利用率が低いと考えられる。
④ パソコン保有率の中央値と，無料動画共有サービスの利用率の中央値の差が大きいと考えられる。
⑤ パソコン保有率の中央値と，無料動画共有サービスの利用率の中央値の差が小さいと考えられる。

太郎さんは無料動画サービスの利用率が他の情報通信機器の保有率とどのような関係があるのか疑問に思い，他の情報通信機器の保有率との相関係数を調べた。

以下の表３はそれぞれの相関係数である。

表3　無料動画サービスの利用率と情報通信機器の保有率の相関係数

テレビ	スマートフォン	タブレット端末	パソコン	ゲーム機	携帯型音楽プレイヤー
0.06240	0.48924	0.41625	0.39595	0.54865	0.14506

この結果から，太郎さんは「他の端末より，ゲーム機を使って無料動画サービスを利用している」と結論付けた。この結論に対して，友人の花子さんはA「本当にゲーム機で，無料動画共有サービスを利用しているかは分からないよ」と反論しました。

問５　表１～表３のデータから，下線部Aの花子さんの反論の根拠となり得る説明として最も適当なものを，次の⓪～③のうちから一つ選べ。［カ］

⓪ この調査の回答方式が複数回答のため，複数の端末を保有している人がいるから。
① 花子さん自身がインターネットに接続できるゲーム機を保有していないから。
② インターネットに接続できるゲーム機は，自宅での利用が多いため，外出先では無料動画サービスを利用できないから。
③ ゲーム機をインターネットに接続する目的は，他のユーザーと交流をするためであり，ゲーム機を使って無料動画サービスを利用することが目的ではないから。

実戦問題

66 サンダルの売上分析

難易度	目安	速習
★★★	12分	✓

P県の高校生の次郎さんは，総務省が調査した家計調査の中から，サンダルと灯油の月ごとの支出金額に着目し，分析を行った。次郎さんはこれらの関係性を調べるために図1，図2の折れ線グラフで表した。横軸は月ごとに表し，縦軸は支出金額（円）である。（出典：総務省統計局家計調査より作成）

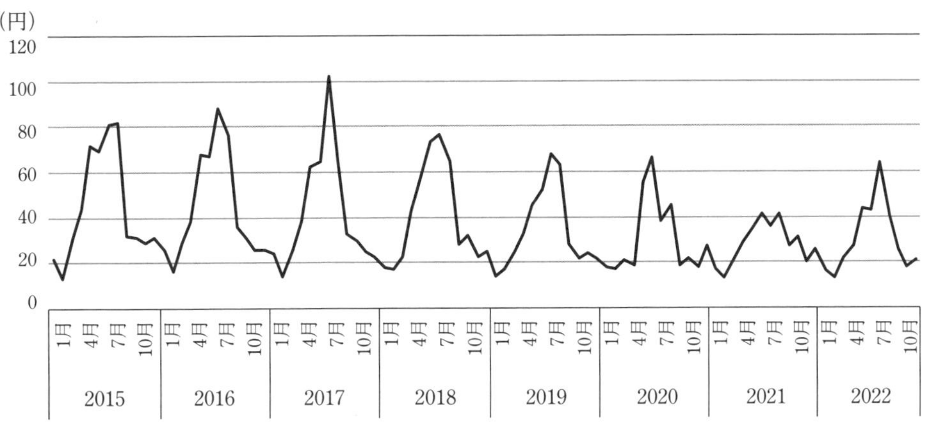

図1　2015年から2022年のサンダルの支出金額

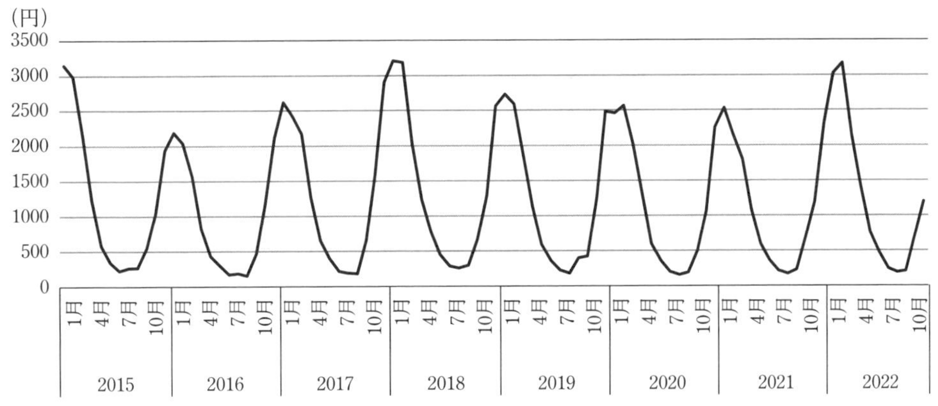

図2　2015年から2022年の灯油の支出金額

問1　図1，図2から読み取れることを，次の⓪～③のうちから一つ選べ。［ア］

⓪ 灯油の支出金額は毎月減少している。

① 年ごとの最も支出金額が高い時期については，エアコンも灯油も同時期である。

② 灯油の支出金額が最も高い時期については，サンダルの支出金額が低くなる傾向にある。

③ サンダルの支出金額は毎月減少している。

問2　次郎さんは，サンダルの支出金額と，灯油の支出金額が年々増加しているのかどうかを調べたいと思った。月ごとの変動が大きいため，前後数か月分の移動平均を考えることにした。

図3は，次郎さんがサンダルと灯油の支出金額の6か月，9か月，12か月，15か月の移動平均を求め，折れ線グラフで作成したものである。この中から，15か月移動平均を表しているグラフを，次の⓪～③のうちから一つ選べ。［　イ　］

⓪　●で表されているグラフ　　①　■で表されているグラフ
②　○で表されているグラフ　　③　×で表されているグラフ

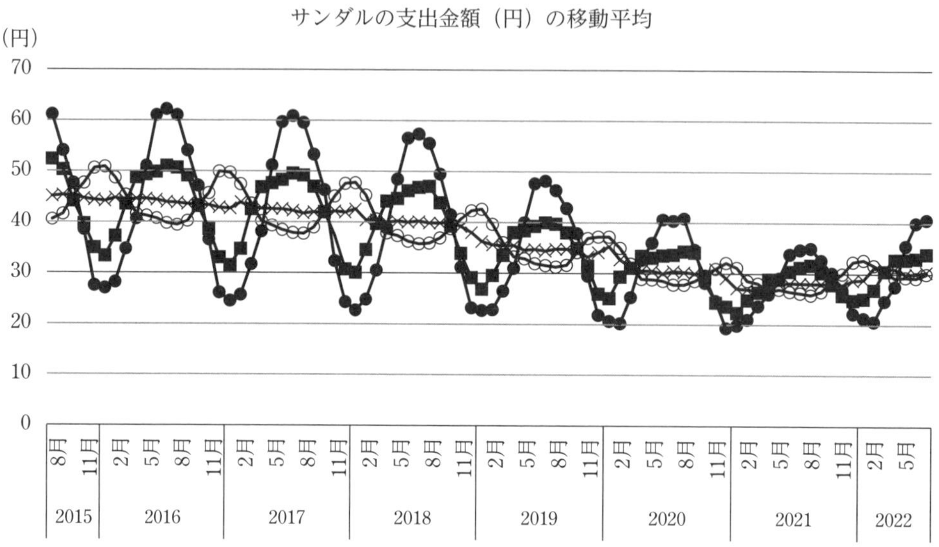

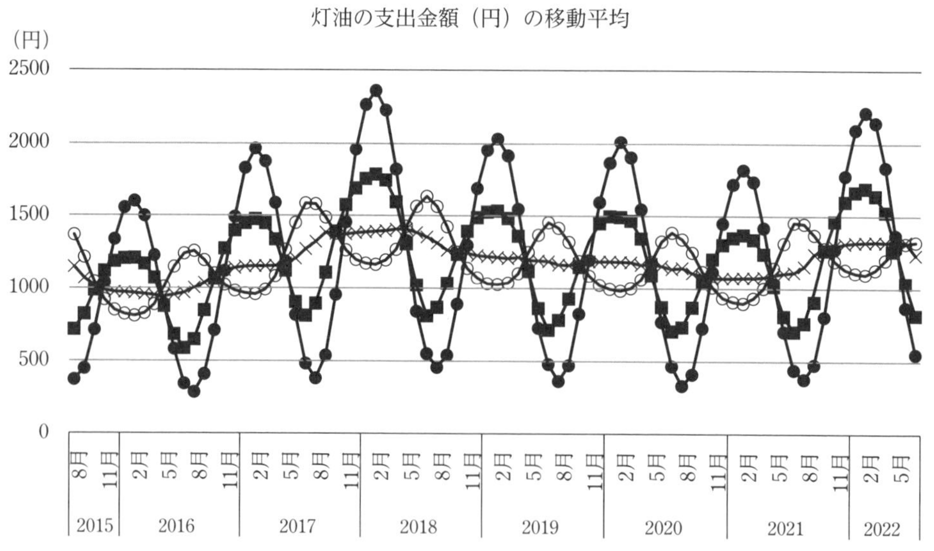

図3　サンダルと灯油のそれぞれの移動平均

問3　次の文章の空欄［ウ］・［エ］に入れるのに最も適当なものを，次の⓪～③のうちから一つずつ選べ。なお，選択肢を複数回選択してもよい。

次郎さんは，より詳細な増減について調べることにした。サンダルと灯油の支出金額の増減は，ある一定期間ごとの繰り返しで変化している傾向があるのではないかという仮説を立て，これが正しいかどうかを確かめるため，それぞれのデータと，そのデータを n か月だけずらしたデータとの相関係数を求めることにした。また，欠損したデータについては除外して考えた。

図4，図5からサンダルの支出金額は［ウ］か月，灯油の支出金額は［エ］か月ごとにほとんど同じような変化をしていると考えることができる。

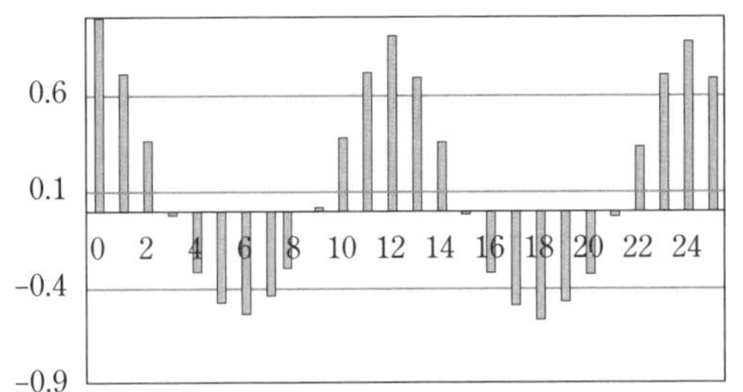

図4　サンダルの支出金額のデータをずらした月数とその相関係数

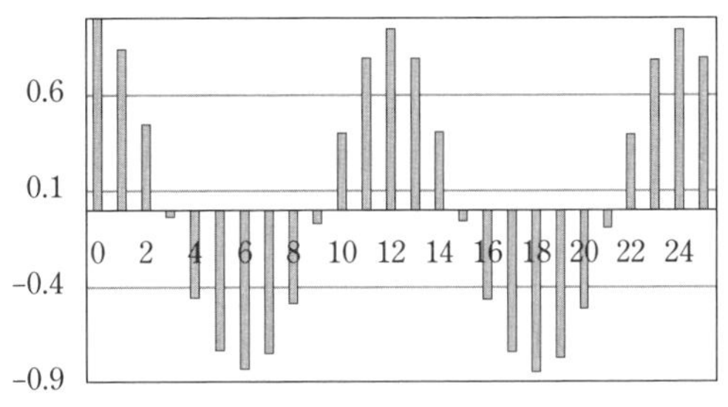

図5　灯油の支出金額のデータをずらした月数とその相関係数

［ウ］・［エ］の解答群

⓪ 6　　① 9　　② 12　　③ 15

問4　次郎さんはサンダルの支出金額と，灯油の支出金額について，他の要因があるのではないかと考えた。P県の同じ期間の月別の平均気温と，平均湿度のデータを気象庁のサイトから収集し，これらのデータを合わせて，散布図・相関行列を図6のように作成した。散布図・相関行列から読み取れることとして**適当でないもの**を，次の⓪～③のうちから一つ選べ。［オ］

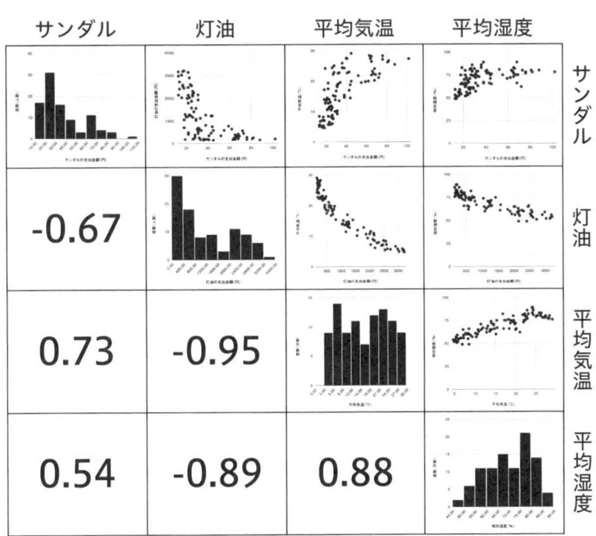

図6　散布図・相関行列

⓪ サンダルの支出金額が高いほど，灯油の支出金額は低くなる傾向にある。
① サンダルの支出金額に最も関係しているのは平均湿度である。
② 灯油の支出金額に最も関係しているのは平均気温である。
③ サンダルの支出金額に最も関係しているのは平均気温である。

実戦問題

67 生活時間の分析

難易度	目安	速習
★★★	15分	✓

生活基本調査では生活時間を三つの活動に分類し，各都道府県ごとに集計している。一次活動の合計時間とは，睡眠，食事など生理的に必要な活動の平均時間を合計したものである。二次活動の合計時間とは，仕事・家事など社会生活を営むうえで義務的な性格の強い活動の平均時間を合計したものである。三次活動の合計時間とは，上記の一次活動・二次活動以外の各人が自由に使える時間における活動の平均時間を合計したもので，一般に余暇活動と呼ばれるものである。以下では，一次活動の合計時間のことを一次活動の時間，二次活動の合計時間のことを二次活動の時間，三次活動の合計時間のことを三次活動の時間とする。ここではすべて，「1人1日当たりの活動時間」を表している。

問1 三郎さんは，平日と日曜日の各活動の時間の差に着目し，平日と日曜日の活動ごとに図1の箱ひげ図で表した（外れ値は○で表記）。平日とは月曜日から金曜日を指す。以下の三種類の箱ひげ図から読み取れることとして，最も適当なものを次の⓪～⑤のうちから一つ選べ。 ア

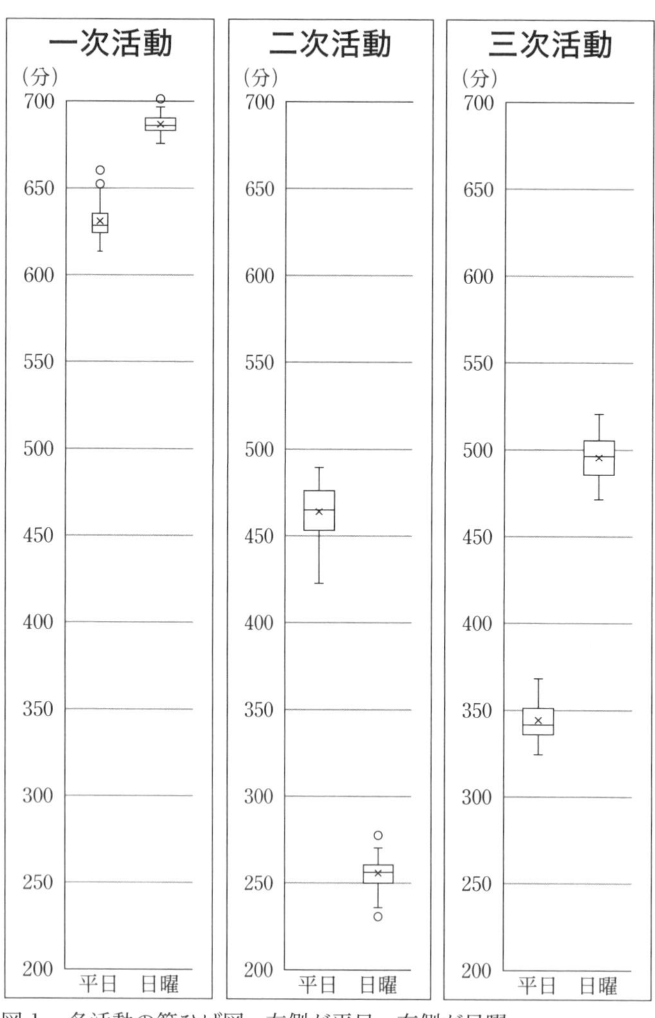

図1　各活動の箱ひげ図　左側が平日　右側が日曜

⓪ すべての活動時間は，平日より日曜日の方が長い。

① 日曜日の一次活動の時間は平日と比べ長いが，二次活動，三次活動の時間は平日を下回っている。

② 平日の三次活動の時間は日曜日と比べ短いが，一次活動や二次活動は日曜日よりも長い。

③ 平日の二次活動と三次活動の時間は，日曜日よりも長いが，一次活動については日曜日の方が長い。

④ 日曜日の一次活動と三次活動の時間の最小値は，平日の最大値を上回っている。

⑤ 三次活動の時間が長くなるにつれて，二次活動の時間も長くなる傾向にある。

問２ 三郎さんは，各活動時間の差について分析するために，図２～図４のようにヒストグラムで表した。以下のヒストグラムから読み取れることとして最も適当なものを，次の⓪～④のうちから一つ選べ。 イ

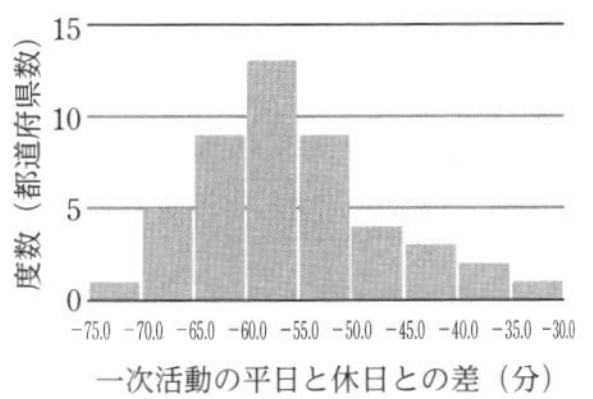

図２ 平日と日曜日の一次活動の差

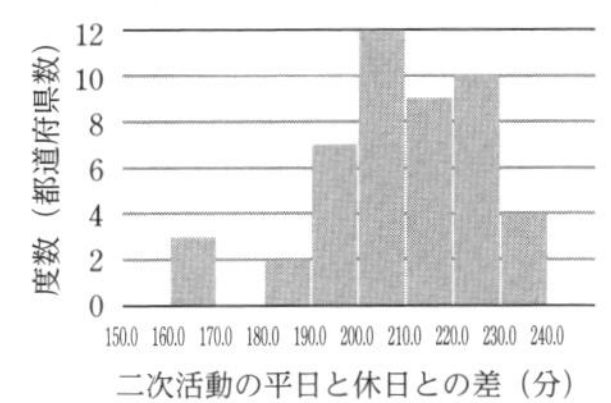

図３ 平日と日曜日の二次活動の差

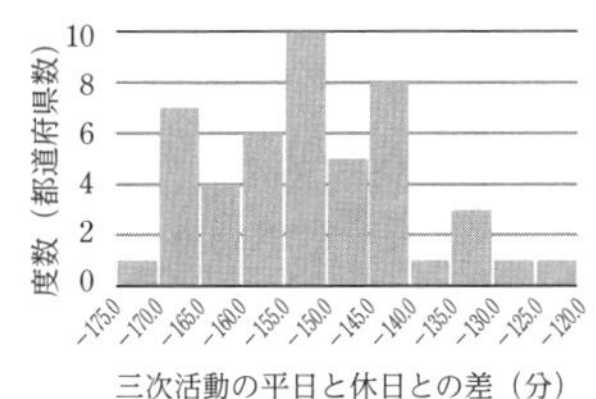

図４ 平日と日曜日の三次活動の差

⓪ 二次活動の時間の差と三次活動の時間の差はすべて２時間以上あるが，一次活動の時間の差はすべて１時間未満である。

① 二次活動の時間の差が２時間未満の都道府県の数は，一次活動の時間の差が55分以上の都道府県の数を上回る。

② すべての都道府県において，二次活動の時間の差と三次活動の時間の差は２時間以上である。

③ 二次活動の時間の差の最大値は，４時間より大きい。

④ すべての都道府県において，すべての活動で平日と日曜日の時間の差は１時間以上である。

第４章

問３ 三郎さんは，二次活動の時間と三次活動の時間に関係があるのではないかと思い，平日の二次活動の時間と三次活動の時間の散布図を図５，日曜日の二次活動の時間と三次活動の時間の散布図を図６として作成した。都道府県単位でみたとき，平日の二次活動の時間と，三次活動の時間の間には，全体的に負の相関があることが分かり，日曜日についても，同様に負の相関があることが分かった。この場合の負の相関の解釈として最も適当なものを，次の⓪～⑤のうちから一つ選べ。なお，ここでは，データの範囲を散らばりの度合いとして考えることにする。 ウ

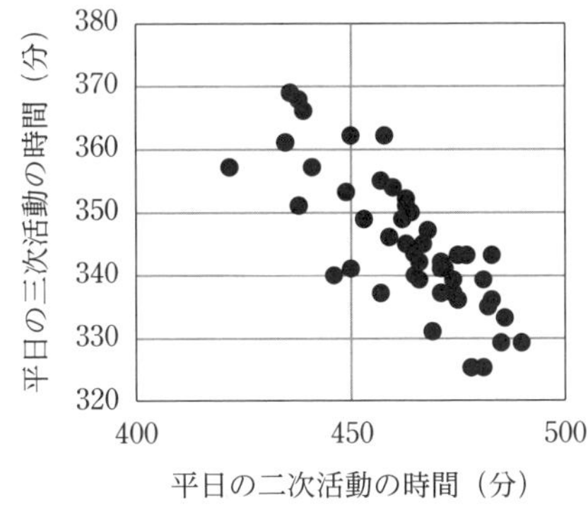

図５ 平日の二次活動と三次活動の時間の散布図

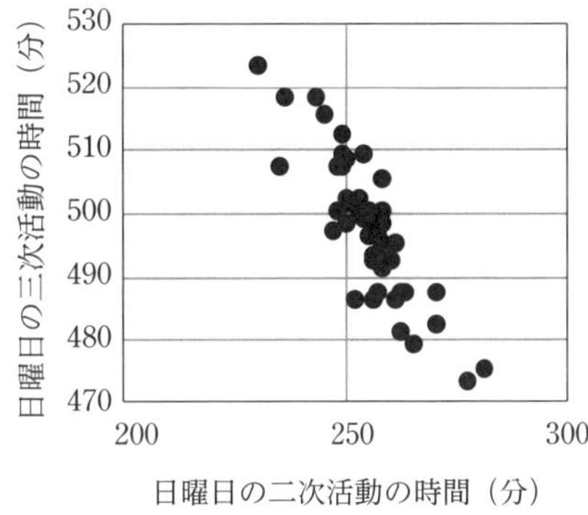

図６ 日曜日の二次活動と三次活動の時間の散布図

⓪ 平日の二次活動の時間が長くなるほど，日曜日の三次活動の時間は短くなる傾向がある。

① 日曜日の三次活動の時間が長くなるほど，日曜日の二次活動の時間は長くなる傾向がある。

② 平日の一次活動の時間が長くなるほど，日曜日の一次活動の時間は短くなる傾向がある。

③ 平日の三次活動の時間が長くなるほど，平日の二次活動の時間は短くなる傾向がある。

④ 平日の一次活動の時間は，二次活動の時間に影響を与えている。

⑤ 日曜日の三次活動の時間が長くなるほど，日曜日の一次活動の時間は短くなる傾向がある。

問4 太郎さんは，各活動の分類に着目し，自分の職業や，婚姻状況などによって差があるのではないかと考えた。そこで，6歳未満の子どもがいる夫と妻の活動時間と，6歳未満の子どもがいない夫と妻の活動時間について分析することにした。都道府県ごとに，週全体（平日に土曜日と日曜日を加えたもの）の一次活動，二次活動，三次活動にあたる，様々な時間を夫と妻で区別した。さらに，二次活動の中から育児に着目し，都道府県ごとの育児の平均時間のうち，6歳未満の子どもがいる夫の値から，6歳未満の子どもがいない夫の差を求めた。また，妻も同様に差を求めた。その結果を箱ひげ図で表したものが図7である。この箱ひげ図から読み取れるものとして最も適当なものを，次の⓪～③のうちから一つ選べ。 **エ**

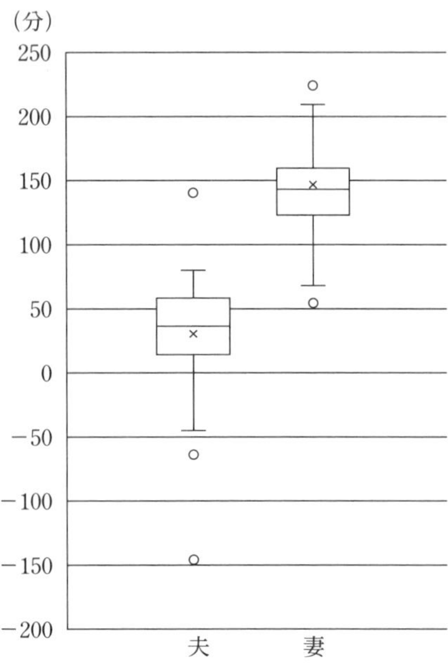

図7　6歳未満の子どもがいる夫または妻と，6歳未満の子どもがいない夫または妻のそれぞれの差

⓪ すべての都道府県において6歳未満の子どもがいない妻の育児にかける時間は，6歳未満の子どもがいる妻と比べ短くなる。

① すべての都道府県において6歳未満の子どもがいない妻の育児にかける時間は，6歳未満の子どもがいる妻と比べ長くなる。

② すべての都道府県において6歳未満の子どもがいない夫の育児にかける時間は，6歳未満の子どもがいる夫と比べ短くなる。

③ すべての都道府県において6歳未満の子どもがいない夫の育児にかける時間は，6歳未満の子どもがいる夫と比べ長くなる。

問５　各都道府県の，６歳未満の子どもがいる妻の二次活動の時間から，６歳未満の子どもがいない妻の二次活動の時間の差を求め，三次活動も同様に求めた。その結果を図８の箱ひげ図と図９の散布図で表した。散布図においては全体的に負の相関があることが分かった。この二つのグラフから読み取れるものとして適当なものを，次の⓪～③のうちから二つ選べ。［オ］・［カ］

⓪　６歳未満の子どもがいない妻の二次活動の時間が，６歳未満の子どもがいる妻より大きい都道府県は存在しない。

①　６歳未満の子どもがいない妻の三次活動の時間が，６歳未満の子どもがいる妻より大きい都道府県は存在しない。

②　二次活動の時間の差が大きい都道府県ほど，６歳未満の子どもがいる妻の三次活動の時間は，６歳未満の子どもがいない妻と比べ長くなる。

③　二次活動の時間の差が大きい都道府県ほど，６歳未満の子どもがいない妻の三次活動の時間は，６歳未満の子どもがいる妻と比べ長くなる。

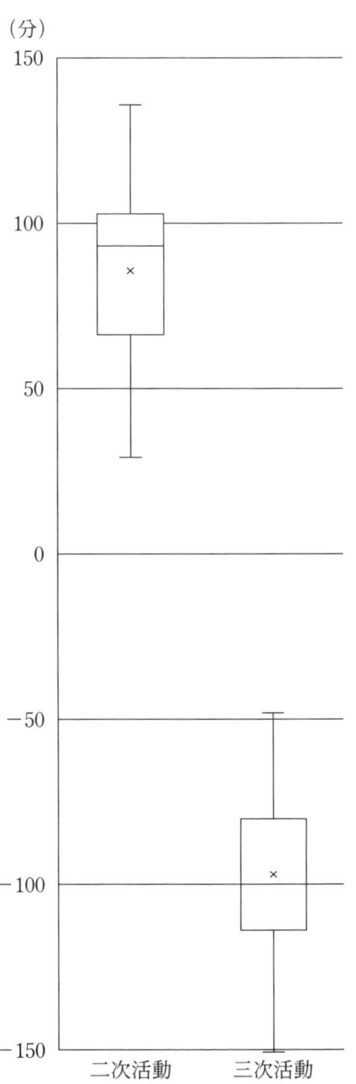

図８　６歳未満の子どもがいる妻と
６歳未満の子どもがいない妻の差

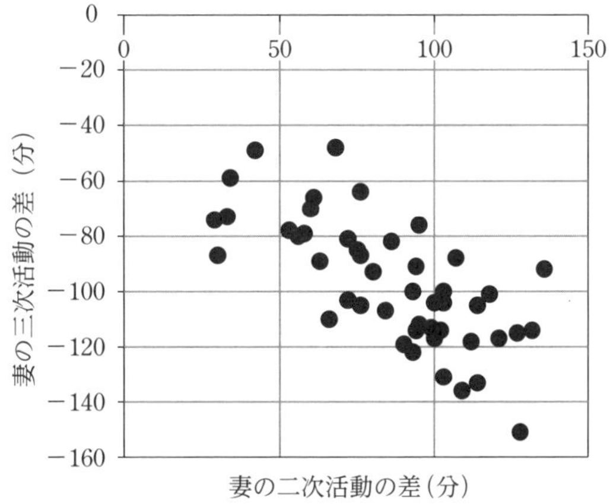

図９　６歳未満の子どもがいる妻と，
６歳未満の子どもがいない妻の差の散布図

実戦問題

68 生徒会のアンケート調査

難易度 ★★★　目安 15分　速習 ✓

太郎さんの通う高校では，生徒会が生徒の生活を調査するためにアンケート調査を行っている。以下は，アンケートの質問についての会話である。

会長：議題は今回行うアンケート調査についてです。何か意見のある人はいますか？
花子：はい，この質問１（図１）の質問項目に違和感があります。

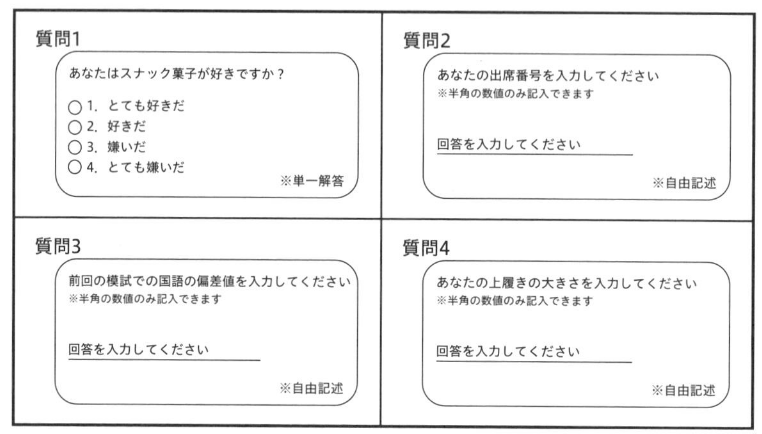

質問1
あなたはスナック菓子が好きですか？
1. とても好きだ
2. 好きだ
3. 嫌いだ
4. とても嫌いだ
※単一解答
質問2
あなたの出席番号を入力してください
※半角の数値のみ記入できます
回答を入力してください
※自由記述
質問3
前回の模試での国語の偏差値を入力してください
※半角の数値のみ記入できます
回答を入力してください
※自由記述
質問4
あなたの上履きの大きさを入力してください
※半角の数値のみ記入できます
回答を入力してください
※自由記述

図１　作成した質問項目

太郎：「あなたはスナック菓子が好きですか？」の質問ですね。どこに違和感がありますか？
花子：この質問だと，［ア］という問題があるので，選択肢を増やした方がいいと思います。
会長：そうですね。では適切な選択肢を追加しましょう。
花子：また，この質問のほかに「あなたはどのくらいの頻度でスナック菓子を食べますか？」のような質問を追加すれば，好きと答えた人がどのくらい好きなのか，具体的に知ることができると思います。
会長：確かにそうですね。二つの質問を掛け合わせるクロス集計を行い，［イ］グラフで作成すれば，花子さんの言う通り，好きと答えた人の中でもどのくらいの頻度で食べているかの構成比を確認できますね。

問１　空欄［ア］に当てはまる最も適切なものを，次の⓪～③のうちから一つ選べ。

⓪　スナック菓子は好きだが，あまり食べないという人が答えられない
①　スナック菓子は嫌いではないが，好きでもない人が答えられない
②　好きか嫌いかは，答えた数日後に変わる可能性があるので答えられない
③　スナック菓子は主食ではないので答えられない

問２　空欄［イ］に当てはまる最も適切なものを，次の⓪～④のうちから一つ選べ。

⓪　折れ線グラフ
①　ヒストグラム
②　箱ひげ図
③　帯グラフ
④　散布図

問3　図1のそれぞれの質問項目についての記述として**適当でないもの**を，次の⓪～③のうちから一つ選べ。［ウ］

⓪　質問1の数値は好きという程度の順番を表すものなので，最頻値や中央値は参考にならない。
①　質問2で得られたデータの最頻値や平均値は参考にならない。
②　質問3で得られたデータを比率で表すことに意味がない。
③　質問4で得られたデータは，比率や平均値などの代表値を用いて分析することができる。

後日，全校生徒に調査した別のアンケート結果を生徒会で確認し，会議を行った。

太郎：今回は以前に行ったアンケートの結果について，お話ししたいと思います。

会長：前回のアンケート調査では，生活に関する様々な調査を行いました。その中で，お小遣いについての結果をどのように扱うか，ご意見をいただきたく思います。

花子：会長，どのような箇所でしょうか？

会長：今回お小遣いをもらっていない生徒は，0（円）と回答するように設定していました。お小遣いの金額と，休日に友人と外出する時間で散布図を作成する際に，0（円）と回答した生徒の扱いをどうすればいいのか迷っています。

太郎：会長，どのような分析を行うかで扱いが変わってくると思います。あと，回答した人が全校生徒1557人のうち，どのくらいいるのかも関係してくると思います。

会長：お小遣いの金額と，友人と外出する時間は関係があるのかについて分析したいと思っています。そこで，クラスごとに平均値を求め，散布図を作成しようと考えています。0（円）と回答した生徒は1557人中259人でした。一番多いクラスで，クラスの$\frac{1}{3}$の生徒がもらっていませんでした。

太郎：ありがとうございます。今回の場合，平均値を用いて分析を行う際には，［エ］という問題があるように思います。お小遣いをもらっている人と，お小遣いをもらっていない人で分類しても問題がないように思いますので，［オ］というのはどうでしょうか？

会長：確かにそうですね。ではそのように変更しましょう。しかし，もらっていない人が多いクラスのデータの結果には，今回の扱いの影響が出る可能性があります。そのため，どのように処理したのかを適切に公表しましょう。

問4　空欄［エ］に入れるのに最も適当なものを，次の⓪～③のうちから一つ選べ。

⓪　調査対象は高校生なので，平均値を用いても同じような値になる
①　平均値を用いるとちょうど真ん中の値しか分からず，分析に向いていない
②　平均値は極端に大きな値や小さな値に影響されやすい
③　分散が大きい場合，データの平均値がより小さくなる傾向がある

問5　空欄［オ］に入れるのに最も適当なものを，次の⓪～③のうちから一つ選べ。

⓪　全校生徒からお小遣いをもらっていない人を除いたデータのみを用いて散布図を作成し，もらっていない人のデータを破棄する
①　全校生徒からお小遣いをもらっていない人を除き，もらっている人のデータで散布図を作り，もらっていない人は，出席番号順に並べ替え，友人と外出する時間の折れ線グラフを作成する
②　全校生徒からお小遣いをもらっていない人のデータを除き，もらっている人，もらっていない人それぞれの散布図を作成する
③　全校生徒からお小遣いをもらっていない人のデータを除き，もらっている人のデータで散布図を作り，もらっていない人は友人と外出する時間のヒストグラムを作成する

会長：次の調査結果について議論したいと思います。

花子：私はとあるクラスの1週間の平均睡眠時間（分）と1週間の友人と外出する平均時間（分）のデータを用いて，散布図を作成しました。今回の結果では，この二つに負の相関がみられることが分かりました。

会長：なるほど，興味深い結果ですね。つまり平均睡眠時間が増えるほど，友人と外出する時間は減少する傾向にあるということですね。

花子：はい，そうです。今回，この散布図に回帰直線を描画したものも用意しました（図2）。散布図を作成するにあたり，異常値が発見されました。異常値に関してはアンケート終了時に入力間違いがあったと報告があったため，修正したうえで散布図を作成しました。

会長：もう一つの図は何を表しているのでしょうか？

花子：散布図の分析を行ううえで外れ値の扱いが気になり，このようなグラフを作成しました（図3）。このグラフは，回帰直線から推定される睡眠時間を横軸とし，実際の睡眠時間と推定値の残差をグラフに表したものです。参考のために，任意の生徒Pさんを散布図と残差プロットの両方に記載しています。Qさんは散布図のみに記載しています。

太郎：残差の値がどの程度か直感的に分かりにくいので変換したのですね。

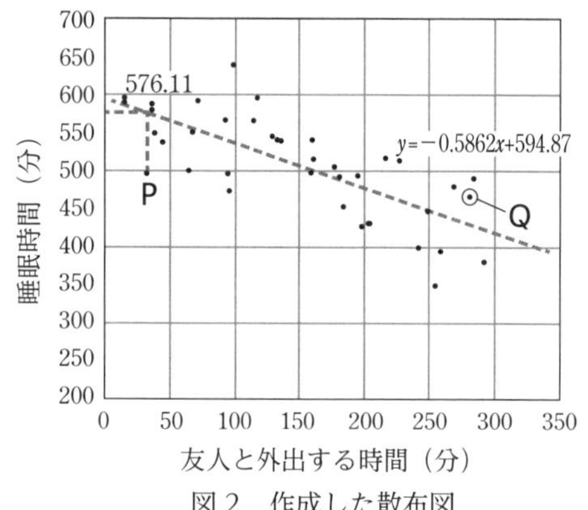

図2　作成した散布図

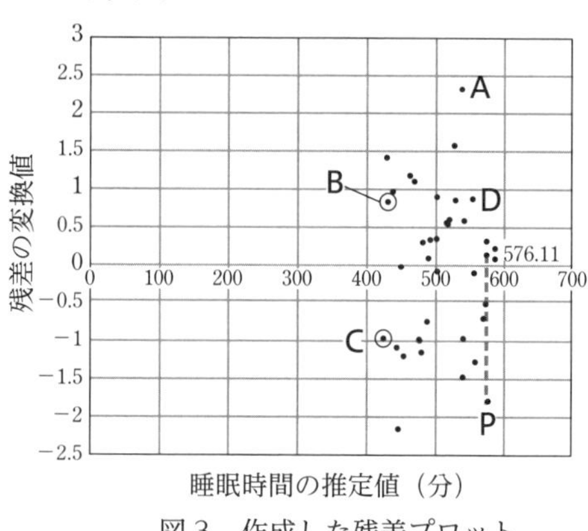

図3　作成した残差プロット

花子：はい。その通りです。平均値が0，標準偏差が1となるように変換しました。今回，標準偏差の2倍以上離れたものを外れ値とすると［い］個になりますね。そして，任意の生徒Qさんは残差プロットでは［ろ］になりますね。

会長：花子さん，今回作成したこのグラフを用いて，議論したいことはありますか？

花子：はい，今回私はこの二つのデータがなぜ負の相関になるのか，どちらが原因で，どちらが結果なのかについて議論したいと思います。

会長：なるほど，私はこの二つのデータからいえるのは［ク］と考えます。

太郎：私も会長の意見に賛成しますが，今回のこのデータからでは因果関係を特定できないように思います。

会長：睡眠時間について，友人と外出する時間以外の項目との相関関係は調べているのでしょうか？友人と外出する時間以外にも，ほかの原因があるかもしれません。

花子：はい，今回調査したすべての項目との相関関係は調べています。このクラスで相関関係があったのは，自宅学習の時間と友人と外出する時間の二つでした。自宅学習との相関関係はやや相関がある程度でした。全校生徒のデータを用いて行った結果も同様でした。

会長：なるほど。しかし，相関係数の大小が小さいからといって，因果関係がないとはいい切れないですね。では，因果関係を分析するために，全校生徒に追加のアンケート調査を実施しましょう。

問6　次のグラフ（図4）は異常値を処理する前のグラフである。異常値には，友人と外出する時間1320，睡眠時間3680と回答されていた。一般的に異常値の処理方法として**適当でないもの**を，次の⓪～③のうちから一つ選べ。 カ

⓪　異常値の原因は測定器の誤差や誤入力など様々な原因が考えられるので，原因を特定する必要がある。

①　異常値を削除できない場合，平均値や最頻値などで補完し，その結果を適切に報告する。

②　外れ値として扱い，外れ値を含めた場合と，含めない場合の2通りを用いる。その後，適切に報告する。

③　異常値であるかの判断がつかないため，いかなる場合でもそのまま分析を行う。

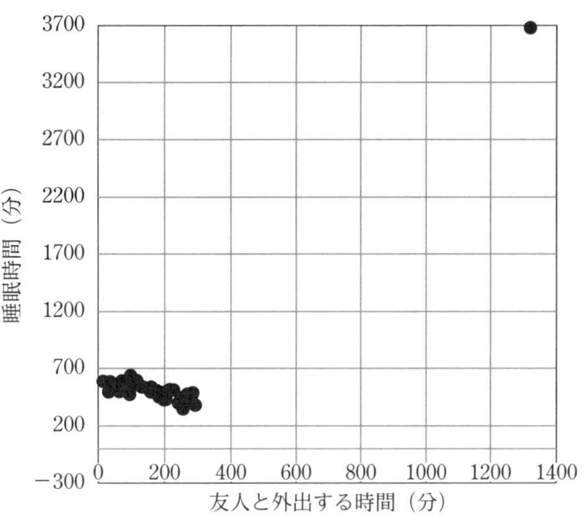

図4　異常値を含めた散布図

問7　空欄 い ・ ろ に入れるのに最も適当なものの組合せを，次の⓪～ⓑのうちから一つ選べ。 キ

	い	ろ
⓪	2	A
①	2	B
②	2	C
③	2	D
④	3	A
⑤	3	B

	い	ろ
⑥	3	C
⑦	3	D
⑧	4	A
⑨	4	B
ⓐ	4	C
ⓑ	4	D

問8　空欄 ク に入れるのに**適当でないもの**を，次の⓪～③のうちから一つ選べ。

⓪　友人と外出する時間が長くなると帰宅時間が遅くなり，睡眠時間が短くなるのではないか

①　睡眠時間を確保するために，友人と外出しないのではないか

②　オンラインで友人とつながることができるので，外出する時間は減少しているのではないか

③　友人と外出する時間を確保するために，睡眠時間を削っているのではないか

後日，生徒会では活動について改善を試みるために，「生徒会の活動について不満な点があれば自由にご記入ください」という質問項目を作成した。数日後，追加のアンケート調査を終えた生徒会は，自由記述で答える質問の回答を分析するためにいくつかの方法をあげた。

問9　自由記述の回答の分析方法として**適当でないもの**を，次の⓪～③のうちから一つ選べ。 ケ

⓪　頻出するキーワードをカラーペンなどで色分けし，分類していく。

①　回答を単語や文節で区切ったうえで，それぞれの相関関係を分析する。

②　不満な点を聞いているので，肯定的な意見を排除したうえで，文字数と文字の画数との相関関係を分析する。

③　肯定的な意見，否定的な意見など回答の分類を行い，そこからさらに小さく分類していく。

融合問題

01 公開鍵暗号方式

(1) 情報社会の問題解決	(2) コミュニケーションと情報デザイン
(3) コンピュータとプログラミング	(4) 情報通信ネットワークとデータの活用

問1　次の生徒（S）と先生（T）の会話文を読み，空欄 い ・ ろ に入れるのに最も適当なものの組合せを，次の⓪～⑤のうちから一つ選べ。 ア

S：先生，先週の授業で学んだ公開鍵暗号方式について納得いかないところがあります。
T：わかりました。そもそも公開鍵暗号方式がどのような手順で通信するか説明してみてください。
S：はい。アリスさんがボブさんから安全に情報を受け取りたいとします。そのときにボブさんは い を使用して情報を暗号化し，情報を送信します。アリスさんは ろ を使用して復号します。このような手順で通信を行うのが公開鍵暗号方式です。
T：その通りですね。

	い	ろ
⓪	アリスさんの公開鍵	アリスさんの秘密鍵
①	アリスさんの秘密鍵	アリスさんの公開鍵
②	ボブさんの公開鍵	ボブさんの秘密鍵
③	ボブさんの秘密鍵	アリスさんの公開鍵
④	アリスさんの公開鍵	ボブさんの秘密鍵
⑤	ボブさんの公開鍵	アリスさんの秘密鍵

問2　次の文章の空欄 イ ～ エ に入れるのに最も適当なものを，次の⓪～⑨のうちから一つずつ選べ。

T：正しく理解できているようですが，どこが納得いかないのですか？
S：公開鍵は誰でも手に入れることができるということですが，公開鍵から秘密鍵を作ればいいのではないでしょうか。先生は南京錠を公開鍵のたとえに使っていましたが，粘土などを利用して南京錠からその鍵を作ることはできますよね。
T：なるほど。素晴らしい着眼点ですね。実は公開鍵暗号方式として広く利用されているRSA暗号方式では，秘密鍵は二つの素数で，公開鍵はその二つの素数の積から生成されるという関係があります。
S：やっぱり関係がありますね！
T：そうです。例えば，秘密鍵が2と3なら，公開鍵はその積の6から生成されるという関係です。
S：つまり，公開鍵を素因数分解すれば秘密鍵が手に入るということですね！
T：その通りです。でも素因数分解ができますか？
S：もちろんです！何でも問題を出してください！
T：では，21。
S：3と7！
T：221。
S：…13と17。
T：頑張りましたね。では，280999
S：……。
T：大きい数の素因数分解は難しいようですね。でも，どんな大きい数でも素因数分解できる方法があります。それは，最初に2で割り，その後は3から順に奇数で割っていく，という方法です。
S：とても大変そうですね。コンピュータにさせられないでしょうか。
T：またまた，素晴らしい着眼点ですね。では，プログラムを作成してみましょう。3から順に奇数で割るようにしました。
S：この **flag** という変数は何をしているのですか？
T：繰り返しを続けるかどうかを制御しています。**flag** の値が1の間は繰り返しを続け，それ以外の値になった場合に繰り返しを止めるようにしています。今回のプログラムでは，繰り返しを終了する場合は値を0にするようにしています。

```
koukai_kagi = 【外部からの入力】
flag = 1
i = 3
flag == 1の間繰り返し：
  q = koukai_kagi [ イ ] i
  r = koukai_kagi % i
  もし [ ウ ] ならば：
    表示する("秘密鍵 1 は",i)
    表示する("秘密鍵 2 は", [ エ ] )
    flag = 0
  i = i + 2
```

図1　素因数分解を行うプログラム

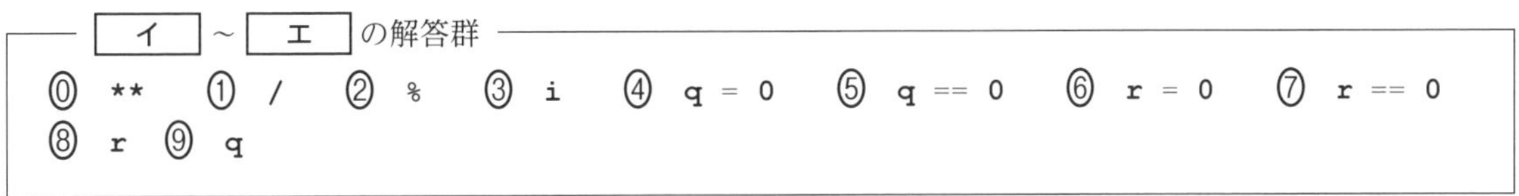

[イ] ～ [エ] の解答群

⓪ `**`　① `/`　② `%`　③ `i`　④ `q = 0`　⑤ `q == 0`　⑥ `r = 0`　⑦ `r == 0`
⑧ `r`　⑨ `q`

問3　次の文章の空欄 [オ] に入れるのに**適当でないもの**を，次の⓪～③のうちから一つ選べ。

T：このプログラムは，分解する公開鍵の値をユーザが入力するようになっていますが，入力する値によっては困ったことが起きます。

S：どうなってしまうのですか？

T：プログラムが永久に終了しなくなってしまいます。

S：例えば， [オ] を入力すると終了しなくなってしまうのですね。

T：その通りです。

[オ] の解答群

⓪ 1　① 4.7　② 3以上の素数　③ 2のべき乗数

問4　次の文章の下線部Aの問いに関して最も適当な説明を，次の⓪～③のうちから一つ選べ。 [カ]

S：先生が先ほど出された280999もあっという間に分解できました。これで秘密鍵を作れますね。

T：では，866421697541683はどうでしょうか。

S：…できましたが，10秒くらいかかりました。

T：ということは，実際の公開鍵に使われている数は，どんな数だと思いますか？

S：もっと途方もなく大きい数ということですね。公開鍵から秘密鍵が現実的には作れない理由が分かりました。では，そもそもインターネットでの通信において，公開鍵暗号方式が使用されているのはなぜですか？

T：では，インターネット以外に情報をやり取りする方法がなく，事前に情報の共有もできないとします。このときに，A<u>共通鍵暗号方式だけでインターネット上で安全に通信できるようにする方法はあるでしょうか？</u>

⓪ より複雑な共通鍵暗号方式が発明されれば，共通鍵暗号方式だけでインターネット上で安全に通信できるようになる。

① 共通鍵暗号方式だけでインターネット上で通信できるくらい複雑な共通鍵暗号方式は存在するが，コンピュータの処理速度の問題で実用性がない。

② すでに共通鍵暗号方式だけを用いてインターネット上で安全に通信することができる。

③ 原理的に共通鍵暗号方式だけを用いてインターネット上で安全に通信することはできない。

融合問題

02 パリティビット

(1) 情報社会の問題解決	(2) コミュニケーションと情報デザイン
(3) コンピュータとプログラミング	**(4) 情報通信ネットワークとデータの活用**

異なるコンピュータどうしをネットワークに接続してデータをやり取りする場合，通信に関する取り決め（約束事）が必要となる。これを通信プロトコル（プロトコル）という。インターネットにはさまざまな種類のコンピュータが接続されており，さらにOSやアプリケーションソフトウェアが異なっていてもインターネット上のサービスを利用することができる。これは，図1のようにTCP/IPという統一されたプロトコルで情報をやり取りしているからである。

階層	名称	機能
4層	アプリケーション層	（省略）
3層	トランスポート層	A
2層	インターネット層	B
1層	ネットワークインタフェース層	C

図1　TCP/IPにおける各層の名称と機能

ここで，文字コードの一つであるASCIIコードを用いて，「jyazu」という文字列を送信する場合を考える。ASCIIコード表を参考にすると，「jyazu」は16進数で「6A 79 61 7A 75」となる。ただし，コンピュータは2進数しか扱うことができないため，16進数を2進数に変換する必要がある。なお，「jyazu」の文字コードは16進数では10桁であるが，これを2進数に変換すると［イ］桁となる。

実際にデータをやり取りする際には，データをそのまま送信するのではなく，データ量を少なくする「圧縮」という技術が使われている。例えば，図2の16×16ビット（256ビット）のデータを，次のルールに従って1行ごとに圧縮する場合を考える。

> ①最初のビット：1行のデータが0か1のどちらで始まっているかを表す。
> ②次の4ビット：0または1が続く個数を表す。ただし，「個数－1」とする。

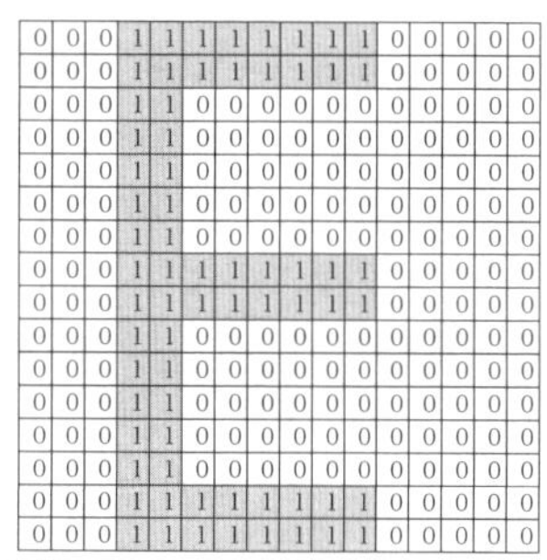

0	0	0	1	1	1	1	1	1	1	1	0	0	0	0	0
0	0	0	1	1	1	1	1	1	1	1	0	0	0	0	0
0	0	0	1	1	0	0	0	0	0	0	0	0	0	0	0
0	0	0	1	1	0	0	0	0	0	0	0	0	0	0	0
0	0	0	1	1	0	0	0	0	0	0	0	0	0	0	0
0	0	0	1	1	0	0	0	0	0	0	0	0	0	0	0
0	0	0	1	1	0	0	0	0	0	0	0	0	0	0	0
0	0	0	1	1	1	1	1	1	1	1	0	0	0	0	0
0	0	0	1	1	1	1	1	1	1	1	0	0	0	0	0
0	0	0	1	1	0	0	0	0	0	0	0	0	0	0	0
0	0	0	1	1	0	0	0	0	0	0	0	0	0	0	0
0	0	0	1	1	0	0	0	0	0	0	0	0	0	0	0
0	0	0	1	1	0	0	0	0	0	0	0	0	0	0	0
0	0	0	1	1	0	0	0	0	0	0	0	0	0	0	0
0	0	0	1	1	1	1	1	1	1	1	0	0	0	0	0
0	0	0	1	1	1	1	1	1	1	1	0	0	0	0	0

図2　16×16ビットのデータ

図2の1行目は，左から0が3個，1が8個，0が5個と続いている。また，先頭のビットは0であるため，圧縮後のデータは「0274」となり，これを2進数で表すと「0 0010 0111 0100」となる。この作業を16行目まで繰り返すと，圧縮後のデータを求めることができる。ここで，圧縮率を「圧縮後のデータ量（ビット数）÷圧縮前のデータ量（ビット数）×100」とすると，図2の圧縮率は約［ウ］となる。

次に，2進数に変換したデータを送受信する際，通信回線にノイズが入ることでデータの0と1が部分的に入れ替わり，送信データと受信データが異なるものになってしまう可能性について考える。信頼性が求められる場面でのデータ通信においては，1ビットの誤りも許されず，データの誤りを検出したり訂正したりする仕組みが必要となる。このような仕組みの一つに，パリティビットをデータに付与することで誤りを検出するパリティチェックがある。

ここで，パリティチェックの例として，ある7ビットのデータの最後（右側）にパリティビットを付加し，8ビットのデータとして送受信を行う場合を考える。パリティビットには，データ全体の1の個数を偶数個に揃える「偶数パリティ」と，奇数個に揃える「奇数パリティ」がある。例えば，「0011001」という7ビットのデータに対して，偶数パリティによりパリティビットを付与して送信する場合，送信データは［エ］となる。もし，データ通信の途中で1ビットの誤りが発生した場合，受信側が1の個数を数えることで誤りの検出が可能となる。なお，データ通信の途中で2ビットの誤りが発生した場合，［オ］。

問1　図1のA～Cに当てはまるTCP/IPの各層の機能として最も適当な**あ**～**う**の組合せを，次の⓪～③のうちから一つ選べ。［ア］

あ　データを通信媒体に適合した電気信号や光信号に変換して送受信を行う。
い　通信されたデータが確実に効率よくやり取りするための処理を行う。
う　送信先のコンピュータのアドレスをもとに，データの通信経路の選択などを行う。

⓪ A-あ　B-い　C-う　① A-あ　B-う　C-い　② A-い　B-あ　C-う　③ A-い　B-う　C-あ

問２　空欄 イ に入れるのに最も適当なものを，次の⓪～③のうちから一つ選べ。

⓪ 10　① 20　② 40　③ 80

問３　空欄 ウ に入れるのに最も適当なものを，次の⓪～③のうちから一つ選べ。

⓪ 75.0%　① 81.3%　② 87.5%　③ 93.8%

問４　空欄 エ に入れるのに最も適当なものを，次の⓪～③のうちから一つ選べ。

⓪ 00011001　① 10011001　② 00110010　③ 00110011

問５　空欄 オ に入れるのに最も適当なものを，次の⓪～③のうちから一つ選べ。

⓪ 誤りが発生したビットの位置によっては，誤りがあることを検出することができる
① 誤りが発生したビットの位置によっては，誤りが二つあることを検出することができる
② 誤りが発生したビットの位置に関係なく，誤りが二つあることを検出することができる
③ 誤りが発生したビットの位置に関係なく，誤りを検出することはできない

ここで，偶数パリティによるパリティチェックをプログラムで表現することを考える。図３は，７ビットの生成データに偶数パリティによりパリティビットを付与するプログラムである。まず，プログラムの（1）行目では，８個の要素を持つ配列 Data を定義している。なお，配列 Data の８個の要素は，先頭から順番に「７ビットのデータ」,「１ビットのパリティビット」を表している。次に，（3）～（6）行目では，変数 i を 1 ずつ増やしながら，50% の確率で配列 Data の要素に 1 を代入し，仮想のデータを作成している。なお，（4）行目の関数「乱数()」は 0 以上 1 未満の乱数（実数）を発生させる関数である。最後に，（7）行目では，パリティビットを配列の最後の要素に格納している。

```
(1)  Data = [0, 0, 0, 0, 0, 0, 0, 0]
(2)  kosu = 0
(3)  i を 0 から 6 まで 1 ずつ増やしながら繰り返す：
(4)  |  もし 乱数() < 0.5 ならば：
(5)  |  |  [ カ ]
(6)  └  └ kosu = kosu + 1
(7)  Data[7] = [ キ ]
```

図３　７ビットの生成データに偶数パリティによりパリティビットを付与するプログラム

問６　空欄 カ に入れるのに最も適当なものを，次の⓪～③のうちから一つ選べ。

⓪ `Data[i] = 0`　① `Data[i] = 1`　② `Data[i + 1] = 0`　③ `Data[i + 1] = 1`

問7　空欄 キ に入れるのに最も適当なものを，次の⓪～③のうちから一つ選べ。

⓪ `kosu / 2`　① `kosu / 2 + 1`　② `kosu % 2`　③ `kosu % 2 + 1`

次に，図3のプログラムで作成した送信データ（配列 **Data** の値）に対して擬似的にノイズを発生させるプログラムを追加する。図4は，ある条件を満たせば，配列 **Data** の要素からランダムに1個を選択し，**0** と **1** を反転させるプログラムである。まず，プログラムの **(1)～(7)** 行目は，図3に示した7ビットの生成データに偶数パリティによりパリティビットを付与するプログラムである。次に，**(8)** 行目では，引数に指定した範囲（最小～最大）の乱数（整数）を返す関数「**範囲乱数(最小，最大)**」を使用し，**0～8** の乱数（整数）を発生させて変数 **noizu** に代入している。次に，**(9)** 行目の条件式を満たせば，**(10)～(13)** 行目で **0** と **1** を入れ替える処理を実行している。なお，図4のプログラムの場合，送信データの中にノイズ（**0** と **1** の反転）が含まれる確率は約 ケ である。

```
(1)～(7)  【図 3 のプログラム】
(8)       noizu = 範囲乱数(0, 8)
(9)       もし noizu < 8 ならば：
(10)      | もし [ ク ] == 0 ならば：
(11)      | | [ ク ] = 1
(12)      | そうでなければ：
(13)      └ └ [ ク ] = 0
```

図4　送信データに対して擬似的にノイズを発生させるプログラム

問8　空欄 ク に入れるのに最も適当なものを，次の⓪～③のうちから一つ選べ。

⓪ `Data[noizu - 1]`　① `Data[noizu]`　② `Data[noizu + 1]`　③ `Data[noizu + 2]`

問9　空欄 ケ に入れるのに最も適当なものを，次の⓪～③のうちから一つ選べ。

⓪ 85.7%　① 87.5%　② 88.9%　③ 90.0%

最後に，受信したデータに誤りが発生しているかチェックするプログラムを作成する。図5は，偶数パリティによりパリティチェックを行うプログラムである。まず，プログラムの **(1)** 行目では，受信データ（8個の要素を持つ配列）を配列 **Data** に代入する。次に，**(3)(4)** 行目では，変数 **i** の値を **1** ずつ増やしながら，配列 **Data** の **1** の個数をカウントしている。最後に，**(5)～(8)** 行目では，**(5)** 行目の条件式をもとにパリティチェックの結果を画面に表示している。

```
(1)  Data = 【受信データ(8 個の要素を持つ配列)】
(2)  kosu = 0
(3)  i を 0 から 7 まで 1 ずつ増やしながら繰り返す：
(4)  └ kosu = [ コ ]
(5)  もし [ サ ] ならば：
(6)  | 表示する(" データに誤りがあります ")
(7)  そうでなければ：
(8)  └ 表示する(" データに誤りはありません ")
```

図5　偶数パリティによりパリティチェックを行うプログラム

問10　空欄 [コ] に入れるのに最も適当なものを，次の⓪〜③のうちから一つ選べ。

⓪ `kosu`　① `kosu + 1`　② `kosu + Data[i]`　③ `kosu + Data[i + 1]`

問11　空欄 [サ] に入れるのに最も適当なものを，次の⓪〜③のうちから一つ選べ。

⓪ `kosu / 2 == 0`　① `kosu / 2 == 1`　② `kosu % 2 == 0`　③ `kosu % 2 == 1`

このような1次元のパリティチェックでは，誤りの検出はできるが，誤りの位置が分からないため訂正ができない。そこで，水平方向だけではなく，垂直方向にもパリティビットを加えた2次元のパリティチェック（水平垂直パリティ）を考える。図6は，4×4の16ビットのデータに対し，水平方向と垂直方向にそれぞれ偶数パリティ（塗りつぶしのビット部）を付与したものである。このように，水平方向と垂直方向の二方向から確認することで，[シ] ビットまでの誤りを検出・訂正できるようになる。例えば，偶数パリティによるパリティビットが付与された図7のデータを受信した場合，[ス] 行 [セ] 列目のビットが誤りであると判定できる。

	1列目	2列目	3列目	4列目	5列目
1行目	0	0	0	0	0
2行目	0	1	1	0	0
3行目	0	0	0	0	0
4行目	0	1	0	0	1
5行目	0	0	1	0	

図6　水平垂直パリティ（誤りなし）

	1列目	2列目	3列目	4列目	5列目
1行目	1	0	0	0	1
2行目	1	0	1	0	0
3行目	1	0	0	1	0
4行目	0	1	0	1	1
5行目	1	1	0	0	

図7　水平垂直パリティ（誤りあり）

問12　空欄 [シ] に当てはまる数値を答えよ。

問13　空欄 [ス]・[セ] に当てはまる数値をそれぞれ答えよ。

ここで，水平垂直パリティによるパリティチェックをプログラムで表現することを考える。1次元のパリティチェックとは異なり，1次元の配列 `Data` では2次元の値を保持することはできない。そのため，2次元の配列として `Data[i, j]` を定義する。1次元の配列と同じように添字は0から始まるため，例えば，1行1列目は `Data[0, 0]`，1行2列目は `Data[0, 1]`，2行3列目は `Data[1, 2]`，4行5列目は `Data[` [ソ] `,` [タ] `]` と表すことができる。図8は，この2次元配列を使用し，4×4（16ビット）のデータに対して水平方向と垂直方向にそれぞれ偶数パリティを付与するプログラムである。なお，プログラムでは便宜上，1行1列目から5行5列目までを2次元配列として定義している。

まず，プログラムの（1）行目では，2次元配列 `Data` の5×5のすべての要素に `0` を代入して初期化をしている（プログラムは省略）。次に，（2）〜（5）行目では，変数 `i` と `j` を `1` ずつ増やしながら，50%の確率で配列 `Data[i, j]` の要素に `1` を代入し，仮想のデータを作成している。次に，（6）〜(13) 行目では，変数 `i` と `j` をそれぞれ1ずつ増やしながら，水平方向と垂直方向に対して偶数パリティによりパリティビットを最後の要素に格納している。

融合問題

```
( 1 )    【2次元配列Dataの 5 × 5 のすべての要素に 0 を代入】
( 2 )    i を 0 から 3 まで 1 ずつ増やしながら繰り返す：
( 3 )     | j を 0 から 3 まで 1 ずつ増やしながら繰り返す：
( 4 )     | | もし 乱数() < 0.5 ならば：
( 5 )     └ └ └ Data[i, j] = 1
( 6 )    i を 0 から 3 まで 1 ずつ増やしながら繰り返す：
( 7 )     | kosu_yoko = 0
( 8 )     | kosu_tate = 0
( 9 )     | j を 0 から 3 まで 1 ずつ増やしながら繰り返す：
(10)     | | kosu_yoko = kosu_yoko + Data[i, j]
(11)     | └ kosu_tate = kosu_tate + Data[j, i]
(12)     | [  チ  ] = kosu_yoko % 2
(13)     └ [  ツ  ] = kosu_tate % 2
```

図8　4×4（16ビット）の生成データに水平垂直パリティ（偶数パリティ）によりパリティビットを付与するプログラム

問14　空欄［ソ］・［タ］に当てはまる数値をそれぞれ答えよ。

問15　空欄［チ］・［ツ］に入れるのに最も適当なものを，次の⓪～③のうちから一つずつ選べ。

⓪ Data[i, 4]　① Data[j, 4]　② Data[4, i]　③ Data[4, j]

次に，図8のプログラムで作成した送信データ（2次元配列Dataの値）に対して擬似的にノイズを発生させるプログラムを追加する。ただし，ノイズはパリティビットを除くデータに対してのみ発生するものとする。図9は，ある条件を満たせば，2次元配列Dataのパリティビットを除く要素からランダムに1個を選択し，0と1を反転させるプログラムである。まず，プログラムの(1)～(13)行目は，図8に示した4×4（16ビット）の生成データに水平垂直パリティ（偶数パリティ）によりパリティビットを付与するプログラムである。次に，(14)(15)行目では「範囲乱数()」を使用して，0～4の乱数（整数）を発生させて変数noizu_tateとnoizu_yokoにそれぞれ代入している。次に，(16)行目の条件式を満たせば，(17)～(20)行目で0と1を反転させる処理を実行している。なお，図9のプログラムの場合，送信データの中にノイズ（0と1の反転）が含まれる確率は［ニ］である。

```
( 1 )~(13)    【図8のプログラム】
      (14)    noizu_tate = 範囲乱数(0, 4)
      (15)    noizu_yoko = 範囲乱数(0, 4)
      (16)    もし noizu_tate < 4 [  テ  ] noizu_yoko < 4 ならば：
      (17)     | もし Data[noizu_tate, noizu_yoko] == 0 ならば：
      (18)     | | Data[noizu_tate, noizu_yoko] = [  ト  ]
      (19)     | そうでなければ：
      (20)     └ └ Data[noizu_tate, noizu_yoko] = [  ナ  ]
```

図9　送信データ（2次元配列）に対して擬似的にノイズを発生させるプログラム

問16　空欄［テ］に入れるのに最も適当なものを，次の⓪～②のうちから一つ選べ。

⓪ and　① or　② not

問17　空欄［　ト　］・［　ナ　］に入れるのに最も適当なものを，次の⓪～③のうちから一つずつ選べ。

⓪ `0`　① `1`　② `noizu_tate`　③ `noizu_yoko`

問18　空欄［　ニ　］に入れるのに最も適当なものを，次の⓪～③のうちから一つ選べ。

⓪ 36.0%　① 43.7%　② 56.3%　③ 64.0%

最後に，受信したデータに誤りが発生しているかチェックするプログラムを作成する。図10は，水平垂直パリティ（偶数パリティ）によりパリティチェックを行い，誤りがあればその箇所を表示するプログラムである。ただし，データに発生する誤りは1箇所のみとする。まず，プログラムの **(1)** 行目では，受信データ（5×5の要素を持つ2次元配列）を配列 `Data` に代入する。次に，**(4)**～**(9)** 行目では，変数 `i` と `j` の値を `1` ずつ増やしながら2次元配列の行と列をそれぞれチェックしている。次に，**(10)**～**(13)** 行目では，データに誤りがあった場合に，変数 `noizu_tate` と `noizu_yoko` にそれぞれ誤りの位置を記録している。最後に，**(14)**～**(17)** 行目では，**(14)** 行目の条件式をもとにパリティチェックの結果を画面に表示している。

```
( 1 )   Data = 【受信データ(5 × 5 の要素を持つ 2 次元配列)】
( 2 )   noizu_tate = 0
( 3 )   noizu_yoko = 0
( 4 )   i を 0 から 3 まで 1 ずつ増やしながら繰り返す：
( 5 )   | kosu_yoko = 0
( 6 )   | kosu_tate = 0
( 7 )   | j を 0 から 4 まで 1 ずつ増やしながら繰り返す：
( 8 )   | | kosu_yoko = kosu_yoko + Data[i, j]
( 9 )   | ⎿ kosu_tate = kosu_tate + Data[j, i]
(10)    | もし kosu_yoko % 2 == 1 ならば：
(11)    | ⎿ noizu_tate = [ ヌ ]
(12)    | もし kosu_tate % 2 == 1 ならば：
(13)    ⎿ ⎿ noizu_yoko = [ ヌ ]
(14)    もし noizu_tate [ ネ ] 0 ならば：
(15)    | 表示する(" データに誤りはありません ")
(16)    そうでなければ：
(17)    ⎿ 表示する(noizu_tate, " 行 ", noizu_yoko, " 列に誤りあり ")
```

図10　水平垂直パリティ（偶数パリティ）によりパリティチェックを行うプログラム

問19　空欄［　ヌ　］に入れるのに最も適当なものを，次の⓪～③のうちから一つ選べ。

⓪ `i`　① `i + 1`　② `j`　③ `j + 1`

問20　空欄［　ネ　］に入れるのに最も適当なものを，次の⓪～③のうちから一つ選べ。

⓪ `==`　① `!=`　② `<`　③ `>`

実戦問題・融合問題　回数チェック表

分野	番号	問題タイトル	1回	2回
	1	情報の特性		
1章　情報社会の問題解決	2	メディアの特性		
	3	問題解決		
	4	法規による安全対策（不正アクセス禁止法）		
	5	情報漏えい		
	6	個人情報		
	7	プライバシー・肖像権・パブリシティ権		
	8	産業財産権		
	9	著作権		
	10	クリエイティブコモンズ		
	11	情報セキュリティ		
	12	暗号化		
2章　コミュニケーションと情報デザイン	13	コミュニケーション／メディアリテラシー		
	14	情報デザイン		
	15	カラーバリアフリー		
	16	情報の構造化と可視化		
	17	配色		
	18	HTML と CSS		
	19	デジタル化・情報量		
	20	２進数		
	21	文字のデジタル化		
	22	音のデジタル化		
	23	画像のデジタル化		
	24	図形の表現		
	25	動画の表現		
	26	圧縮		
3章　コンピュータとプログラミング	27	論理回路・真理値表		
	28	組合せ回路		
	29	コンピュータの構成		
	30	仮想コンピュータでの動作		
	31	CPU の処理能力		
	32	演算誤差		
	33	モデル化		
	34	待ち行列		
	35	フローチャート		

分野	番号	問題タイトル	1回	2回
	36	状態遷移図と状態遷移表		
3章　コンピュータとプログラミング	37	アクティビティ図		
	38	プログラムの基本構造		
	39	数当てゲーム		
	40	Fizz Buzz ゲーム		
	41	２１ゲーム		
	42	２次元配列		
	43	バトルゲーム		
	44	線形探索		
	45	二分探索		
	46	バブルソート		
	47	選択ソート		
	48	挿入ソート		
	49	アルゴリズムの比較		
	50	サイコロの確率		
	51	ランダムウォーク		
	52	モンテカルロ法による円周率の計算		
	53	モンティホール問題		
4章　情報通信ネットワークとデータの活用	54	ネットワークとプロトコル		
	55	LAN を構成する機器		
	56	インターネットと IP アドレス		
	57	ドメイン名と DNS		
	58	集中処理と分散処理		
	59	サーバの利用		
	60	メールの送受信の仕組み		
	61	POS システム		
	62	様々な情報システム		
	63	データベース		
	64	データ		
	65	情報通信機器と利用目的の関係		
	66	サンダルの売上分析		
	67	生活時間の分析		
	68	生徒会のアンケート調査		
融合問題	1	公開鍵暗号方式		
	2	パリティビット		

大学入学共通テスト

模擬問題

実際の試験と同様に，
60分時間をはかってチャレンジしてみましょう。
（解答は p.190）

第1問　次の問い（問1～4）に答えよ。（配点　20）

問1　Society5.0の社会に関する次の問い（a・b）に答えよ。

a　Society5.0の社会を生きるうえでの注意や判断として適当なものを，次の⓪～⑤のうちから二つ選べ。ただし，解答の順序は問わない。
［ア］・［イ］

⓪　バーコード決済をする際のバーコードは個人のアカウントと紐づいているため，他人に使用されることがあっても問題はない。

①　写真をＳＮＳなどにアップする際，ピースをした姿の写真などは，指紋や虹彩が悪用される可能性があるため，画質を落として投稿するなどの工夫が必要である。

②　不正な取引があったため，記載のURLなどからアカウント情報を更新することを勧める内容のメールが届いたら，基本的にはアカウント更新をするべきである。

③　生成AIを使用する際，データ数が少ない個人情報は入力しても学習されないので，個人に関することで使用することは効果的な結果を得られない。

④　常にスマートフォンのことが頭から離れない，などの様々なテクノストレスの対応としては，休息，休養を取って長時間の作業をしないようにすることがあげられる。

⑤　デジタルトランスフォーメーションを進めるためには，将来開発される情報技術を予想しながら，物事のやり方は変えずに慎重に進めることが重要とされる。

b　個人情報の保護と管理に関することに行われていることとして最も適当なものを，次の⓪～③のうちから一つ選べ。 ウ

⓪　商品の申し込み時に「情報メールを受け取る」欄にチェックボタンを入れてもらうことで利用者から登録してもらい，申し込み時に入力されたメールアドレスに情報メールを送信する。このような情報提供の方法をオプトイン方式という。

①　人種，信条，病歴などの要配慮個人情報を含む個人情報の取得にあたっては，利用者がサービスの中止を事業者に伝えるまでサービスを提供し続ける方式であるオプトアウトで提供することができる。

②　友人と一緒に写真を撮り，それをSNS上にアップする際は，肖像権の問題があるため本人の承諾を得たうえで，写真に写りこんだ建物やものの所有者にも許可を取る必要がある。

③　個人情報の保護に関する法律では，個人情報を第三者へ提供するときは，人の生命・身体・財産の保護に必要な場合も必ず本人の同意が必要である，と定められている。

問2　次の文章の空欄 エ ， オ に入れるのに最も適当なものを，後の解答群のうちから一つずつ選べ。また， カ キ に当てはまる数値をマークせよ。

インターネットを用いて様々なデータを恒常的にやり取りしている背景には，圧縮という技術があり，理解が簡単な圧縮技術としてはランレングス圧縮というものがある。同じものが連続している部分に着目して圧縮する方法である。例えば，図1に示すような画像で考える。白いマスを「0」，色の付いたマスを「1」としたとき，1行目は「0000000110000000」となる。これをランレングス圧縮する場合，「0」は7個，「1」は2個，「0」は7個，と並んでいるので，「0727」という情報があればよい。ここで，個数の部分を4ビットの2進数で表現するために「個数－1」とすると，「0727」は，「0 0110　0001　0110」と表現できる。こうすることで，元々16ビットであったデータが13ビットに減った。1行目だけに着目すれば，圧縮率は約81.3％である。

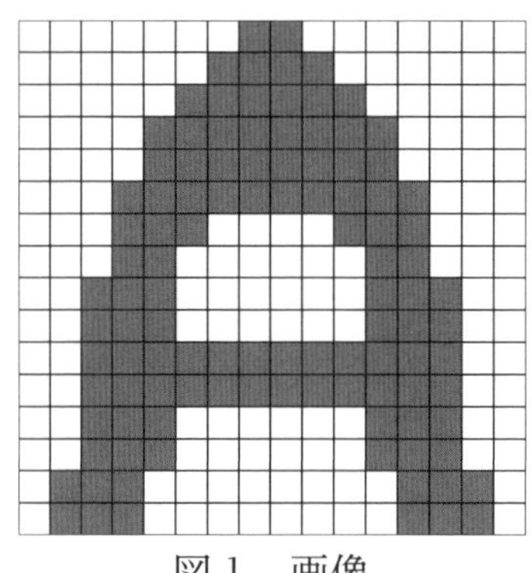

図1　画像

しかし，この圧縮方法は エ 。より実用的な圧縮方法としてはハフマン符号化というものがある。出現頻度に着目して圧縮する方法である。例えば，「A」を「00」，「B」を「01」，「C」を「10」，「D」を「11」と置き換えるものとする。すると，「ABBAABACDA」は「00010100000100101100」となる。ハフマン符号化では，この数値への置き換えを出現率が高いデータには短い数値を，低いデータには長い数値を割り当てることで効率よく圧縮を行っている。「A」の出現頻度は5回，「B」の出現頻度は3回，「C」の出現頻度は1回，「D」の出現頻度は1回なので，「A」を「0」，「B」を「10」，「C」を「110」，「D」を「111」と置き換えるものとする。よって， オ と表現できる。その際の圧縮率は カ キ ％となる。

エ の解答群

⓪ 例のような画像だと「0」と「1」に置き換えられるので圧縮できるが，文字だと置き換えが難しいのでそもそもこの圧縮方法が使えない

① 文字のように連続するデータが少なくなると圧縮率が低いという欠点がある

② 画像のようなデータ量が大きくなるものほど圧縮率が高くなるが，文字のようなデータ量が小さいものは圧縮率が低くなるという欠点がある

③ 複雑な画像や文字であればあるほど圧縮率は高くなるが，圧縮作業に時間がかかるという欠点がある

オ の解答群

⓪ 00010100000100101100

① 101010110111

② 0010100000100011011100

③ 01010001001101110

問3　次の文章の空欄 [ク] に入れるのに最も適当なものを，後の⓪〜③のうちから一つ選べ。

HTML を用いて Web ページを作成する際は，様々なことに配慮して作成する必要がある。提供されている情報に問題なくアクセスし，利用できることを Web アクセシビリティと呼ぶ。以下は，その際に注意をするべき事例の一部である。

Ⅰ：人の色覚には多様性があり，誰でも同じように色を識別できるとは限らない。見分けにくい色の組合せの例としては，「暖色系どうし」や「明度が近い色どうし」などがある。それに対して見分けやすい色の組合せは，「暖色系と寒色系」などがある。

Ⅱ：色の違いだけでは情報を区別し，認識することができない人もいるため，他の視覚情報を提供するなどの工夫も必要である。例えば，強調したい部分の色を変えるだけではなく，※などの記号を入れる，フォントサイズを大きくするなどがある。

Ⅲ：視覚に障がいがある人や高齢者のためには，Web ページの内容を理解するために音声読み上げ機能を利用することがある。HTML ファイルに alt 属性を設定することで指定したテキストを読み上げ，画像を見ることができなくてもどのような画像かを認識することができるなどの工夫をする。

```
<!DOCTYPE html>
<html lang="ja">
 <head>
  <title> 見本 </title>
  <style>
  body{background:#00FF00;}
  h1{color:#FF0000;}
  em{color:#0000FF;}
  </style>
 </head>
 <body>
  <h1> 見本2</h1>
  <p><img src="gazou.jpg" alt=" 見本3"></p>
  <p><em> 見本4</em></p>
  <p> 見本5</p>
 </body>
</html>
```

図2　見本の HTML ファイルの記述

また，図2は見本となるHTMLの記述である。それぞれの記述の簡単な説明は次の**あ**～**え**の通りである。

あ：6行目は，背景色を示している。

い：#000000は，前から順に2桁ずつが赤，緑，青を表している。00なら暗い色，FFなら明るい色を表現している。12行目は見本2という文字が赤色で表示されていることになる。特に指定がなければ黒色の文字が表示される。

う：7，8行目は，<h1>と<em>で囲まれた文字を指定の色に変える意味である。

え：13行目は画像の表示をする。また，alt属性が設定されている。

ここで次の図3のHTMLに対して，[ク]といえる。

```
( 1 ) <!DOCTYPE html>
( 2 ) <html lang="ja">
( 3 )  <head>
( 4 )   <title>日本の名所紹介</title>
( 5 )   <style>
( 6 )   body{background:#3333EE;}
( 7 )   h1{color:#FF0000;}
( 8 )   em{color:#0000FF;}
( 9 )   </style>
(10)  </head>
(11)  <body>
(12)   <h1>日本の名所紹介</h1>
(13)   <p>※印はおすすめ，青色はグルメ</p>
(14)   <p>※浅草<img src="tokyo.jpg" alt="浅草"></p>
(15)   <p><em>道頓堀</em><img src="osaka.jpg" alt="道頓堀"></p>
(16)   <p>鳥取砂丘<img src="tottori.jpg"></p>
(17)  </body>
(18) </html>
```

図3　日本の名所のHTMLファイルの記述

[ク]の解答群

⓪ 色の区別がしにくい人にとっても，おすすめやグルメの場所は認識しやすい状態になっている

① フォントや背景の色は見分けやすい色の組み合わせになっている

② 16行目の鳥取砂丘は，視覚に障がいがある人には画像があることが伝わらない

③ 特に問題はなく，デザイン面に関してよいWebサイトになることが予想される

問4　次の文章の空欄 ケ ・ コ に入れるのに最も適当なものを，後の解答群のうちから一つずつ選べ。

ピクトグラムが担う役割としては，言語や文化の違い，知識の有無にかかわらず，いかに情報を的確に伝達するかというものがある。

さらに，分かりやすいピクトグラム，よいピクトグラムを目指すためには，様々な観点が必要とされている。例えば，以下の点があげられる。

○すべての人に意味が正しく伝わること
○視認性に優れていること
○公共性を持ったデザインであること

以下の四つのピクトグラムは，現在新しいデザインが考えられたり，すでに新しいデザインが使用されたりしているデザインのピクトグラムである。その中でも ケ ということで， コ については，新しいデザインが作成された。

図４　様々なピクトグラム

ケ の解答群

⓪ このマークが示すものを知っている人はこのマークが何を意味するか認識できるが，知らない人は別のものに認識することも考えられるので，このマークの下に名前を表記することで誰でも分かるマークに変わる

① 男女の役割分担が分かりにくいため，一方は赤色，残りは青色にすることで，トイレなどと同様にすぐに男女の違いを認識することができる

② 文字が何を意味するものなのかが分からず伝わりにくいので，文字以外に車の絵を入れることでより分かりやすくするように変えればよい

③ 実際には有彩色を使用したピクトグラムであるが，販売店であることを示すような解釈もできてしまうので，白黒で作成すればよい

コ の解答群

⓪ 手荷物受取所マーク

① 駐車場マーク

② 受付マーク

③ 温泉マーク

模擬問題

第2問　次の問い（A・B）に答えよ。（配点　30）

A　次の生徒（S）と先生（T）の会話文を読み，後の問い（問1～3）に答えよ。

S：先日の二次元コードについての授業を受けてから，街中にある色々な物で情報を表現できないかと考えていました。

T：それで何か思いつきましたか？

S：はい，点字ブロックには突起がありますが，これを使ってはどうかと考えました。道路にある点字ブロックには２種類のものがありますが，そのうちの点状の突起があるブロックは，縦横それぞれ５個の合計25個の突起がありました。この突起の色が通常のものと黒くしたもので二つの状態，つまり０と１を表現できるのではないかと考えました。

T：なるほど，では通常の突起を０とし，黒い突起を１とすると，25個の突起のある点字ブロックで最大で何通りの状態を表現できるかな？

S：えっと，［　ア　］かな。

T：惜しい。ブロックは正方形であり，四つの向きから見ることができることを忘れているよ。

S：えっ？どういうことですか？

T：では，簡単のために突起を縦横それぞれ２個にしたブロックで考えてみよう。

S：はい。

T：このブロックでは，黒い突起の数に注目すると，図１のように黒い突起が０～４個のパターンがあることが分かります。

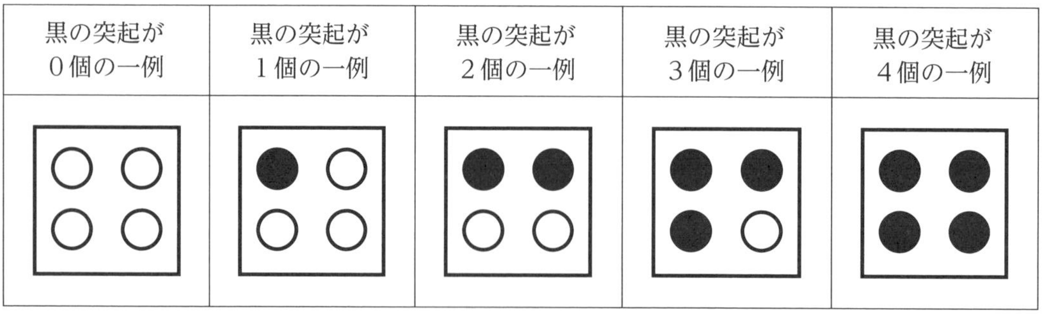

黒の突起が０個の一例	黒の突起が１個の一例	黒の突起が２個の一例	黒の突起が３個の一例	黒の突起が４個の一例
○○ ○○	●○ ○○	●● ○○	●● ●○	●● ●●

図１　突起が縦横それぞれ２個のブロックのパターン例

T：ここで，黒の突起が1個の場合を考えてみましょう。図2の①と②は，一見違うパターンに見えると思います。

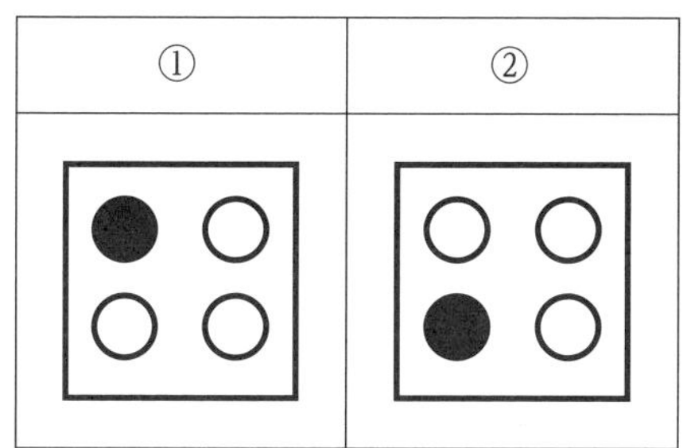

図2　黒の突起が1個の場合のパターン

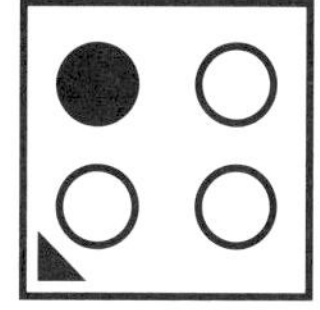
図3　マーク付きブロック

S：はい，その通りです。

T：ところが，これらのブロックは，見る向きによっては同じものに見えます。①のブロックをこの図の下の方から見ると②とは違うもののように見えるけれども，90度右を向いて，つまり，図の左の方から見ると同じものに見える。このように，これらのブロックは，回転の中心の周りを90度回転させるとお互いが重なるのです。

S：そうか，ブロックに上下左右の区別が付くようなマークがないから，これらは同じものと考えられるのですね。

T：そうです。これらのパターン群は，マーク付きブロックで区別された [イ] 個のパターンが一つとして数えられるのです。

　さらに，もう一つ，これらとは違ったパターン群もあります。それは，黒の突起が2個の場合で，回転の中心の周りを90度回転させるとお互いが重なり，180度回転させたときは自分自身と重なるものです。これらは，マーク付きブロックで区別された [ウ] 個のパターンが一つとして数えられます。

S：マーク付きブロックでは，見ている向きを区別できて，最大で [エ][オ] 通りの状態を表せますが，重複するパターン数を除いていくことにより，マークのないブロックの最大パターン数を計算することができるのですね。

T：その通り。

S：えっと…，マークのないブロックの最大パターン数は，[カ] 通りと求められました。

T：正解です。では，25個の突起のある点字ブロックの場合は，どう言えるでしょうか。

S：同様に，見ている向きを区別できないので，[キ] のですね。

T：その通りです。

模擬問題

問1　空欄 ア に当てはまる文として最も適当なものを，次の⓪～③のうちから一つ選べ。

⓪　0と1の2通りが25個なので，2×25＝50の50通り

①　0と1の2通りが横に5個並ぶので2^5通り，さらに縦に5つ並ぶので，合計は2^5×5通り

②　0と1の2通りが25個なので2^{25}通り

③　0と1の2通りが縦に5個，横に5個並んでいるので，2×5×5＝50通り

問2　空欄 イ ～ カ に当てはまる数字をマークせよ。

問3　空欄 キ に当てはまる文として最も適当なものを，次の⓪～③のうちから一つ選べ。

⓪　ア の数の4倍になる

①　ア の数の$\frac{1}{4}$になる

②　ア の数の4倍より少し多い数になる

③　ア の数の$\frac{1}{4}$より少し多い数になる

B　次の文章を読み，後の問い（**問 1 ～ 3**）に答えよ。

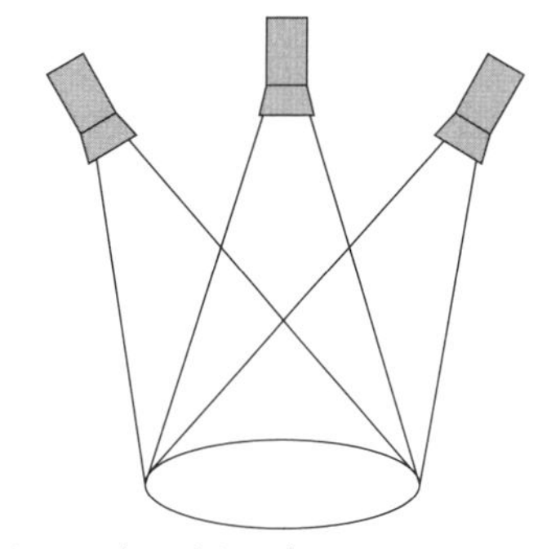
図 4　赤と緑と青の LED ライト

赤と緑と青の三つの LED ライトがある。これらの LED ライトは，図 4 のように暗室の中で，白い紙の上の同じ場所を照らすように固定されている。

また，赤の LED ライトは，計測をスタートすると同時に点灯し，3 秒間点灯してから 1 秒間消えて，また 3 秒間点灯してから 1 秒間消えるということを繰り返す。緑の LED ライトは，計測をスタートすると同時に点灯し，2 秒間点灯してから 3 秒間消えて，また 2 秒間点灯してから 3 秒間消えるということを繰り返す。青の LED ライトは，計測をスタートすると同時に点灯し，1 秒間点灯してから 2 秒間消えて，また 1 秒間点灯してから 2 秒間消えるということを繰り返す。

模擬問題

問 1　次の文章の空欄 [ク] ・ [ケ] に当てはまる数字をマークせよ。

計測をスタートすると同時に，赤と緑と青の LED ライトは，それぞれのサイクルで点滅を繰り返すが， [ク][ケ] 秒後に，はじめて最初の状態に戻る。つまり，赤・緑・青の LED ライトのそれぞれの点灯が，計測スタートと同じ状態になる。

また，LED ライトの混色により，シアン，マゼンタ，イエローを作ることができ，赤と緑と青の三つの LED ライトがすべて点灯したときは，白になった。なお，赤と緑と青の三つの LED ライトがすべて消灯したときは，黒を表現したものとする。このとき，これらの三つの LED ライトにより表現できた色数は，全部で 8 色になった。

問２　次の文章の空欄 [コ]・[サ] に入れるのに最も適当なものを，後の解答群のうちから一つずつ選べ。

計測をスタートしてからはじめの状態に戻るまでの間，混色により作られるシアン，マゼンタ，イエローの三色の出現回数は異なり，その回数の大小関係は [コ] となる。また，白と黒の出現回数は [サ] となる。

[コ] の解答群

⓪ イエロー ＜ マゼンタ ＜ シアン　　① マゼンタ ＜ シアン ＜ イエロー
② シアン ＜ イエロー ＜ マゼンタ　　③ イエロー ＜ シアン ＜ マゼンタ
④ マゼンタ ＜ イエロー ＜ シアン　　⑤ シアン ＜ マゼンタ ＜ イエロー

[サ] の解答群

⓪ 白が黒の２倍以上　　① 白が黒より大きい(２倍未満)
② 白と黒が同数　　③ 黒が白より大きい(２倍未満)
④ 黒が白の２倍以上

問３　次の文章の空欄 [シ] ～ [タ] に当てはまる数字をマークし，空欄 [セ]・[チ] に入れるのに最も適当なものを，後の⓪～⑦のうちから一つずつ選べ。

赤と緑と青の点滅のサイクルをもとに考えると，シアンが初めて出現するのは，計測をスタートしてから [シ][ス] 秒後になり，その１秒前にはシアンの補色に当たる [セ] が出現している。同様に考えると，マゼンタが２回目に出現するのは，計測をスタートしてから [ソ][タ] 秒後になり，その１秒前にはマゼンタの補色に当たる [チ] が出現している。

[セ]・[チ] の解答群

⓪ 赤　　① 緑　　② 青　　③ 白
④ 黒　　⑤ シアン　　⑥ マゼンタ　　⑦ イエロー

（下　書　き　用　紙）

情報Ⅰの試験問題は次に続く。

第3問 次の問い（問1 ～ 3）に答えよ。（配点 25）

問1 次のAさんとBさんの会話文を読み，空欄 [ア] ～ [オ] に入れるのに最も適当なものを，後の解答群のうちから一つずつ選べ。

A：情報の授業の課題で出た「三角形ができる確率を求めるプログラム」ってもうできた？

B：乱数を使って三辺の長さを決めた三つの直線を用意し，それで三角形ができる確率を求める問題だよね。もうできたの？

A：とりあえず，1回だけ三角形になるか判断するプログラムを作ってみたんだけど，合っているか見てくれないかな。

B：もちろんいいよ，プログラムを見せてくれるかい。

A：これがプログラムだよ。**1**から**5**までの乱数を使って三辺**a**，**b**，**c**を作成して，[ア] に並べ替えた後，もし [イ] であれば三角形ができるって考えたんだ。ちなみに，**乱数(x，y)**は**x**から**y**までの整数の中からランダムに数値を返す関数，**交換(x，y)**は変数**x**と**y**の値を入れ替える関数だよ。

```
a = 乱数(1, 5)
b = 乱数(1, 5)
c = 乱数(1, 5)
もし a > b ならば：
└ 交換(a, b)
もし b > c ならば：
└ 交換(b, c)
もし [ ウ ] ならば：
└ [ エ ]
もし [ イ ] ならば：
│ 表示する(a, b, c, "で三角形ができます")
そうでなければ：
└ 表示する(a, b, c, "で三角形はできません")
```

図1　1回だけ三角形ができるか判定するプログラム

B：うん，これで問題なく動作すると思うよ。ちなみに，プログラムで使っている関数「**交換**」は，どのような中身になってるの？

A：これが**交換(x，y)** のプログラムだよ。

B：なるほど，変数 **z** を利用して値を入れ替えているんだね。

```
交換(x, y) の定義：
│ z = x
│ [ オ ]
└ y = z
```

図2　関数「**交換**」のプログラム

[ア] の解答群

⓪ 昇順　①降順　② 逆順

[イ] の解答群

⓪ a > b + c　① a < b + c
② a + b > c　③ a + b < c

[ウ] の解答群

⓪ a > b　① a > c　② b > c
③ b > a　④ c > a　⑤ c > b

[エ] の解答群

⓪ 交換(a，b)　① 交換(a，c)　② 交換(b，c)

[オ] の解答群

⓪ x = z　① z = y　② x = y　③ y = x

問2　次の文章の空欄 [カ] ～ [ク] に入れるのに最も適当なものを，後の解答群のうちから一つずつ選べ。また，空欄 [ケ] に当てはまる数字を⓪～③のうちから一つマークせよ。

A：さっきの「1回だけ三角形ができるか判定するプログラム」を繰り返し実行するためにはどうしたらいいかな。

B：図1のプログラムの (1) ～ (9) 行目はそのまま使えそうだから，これを繰り返しのブロックの中に再利用できそうだね。

A：あと，三角形ができた確率を求めないといけないから，繰り返しの中で三角形ができた回数をカウントする必要がありそうだね。これには変数 **seiko** を使うことにするよ。

B：そうだね，これらを踏まえてプログラムを作成してみようか。とりあえず，繰り返しの回数は **100** 回にしておくよ。

```
      (1)    kaisu = 100
      (2)    seiko = 0
      (3)    i を 1 から kaisu まで 1 ずつ増やしながら繰り返す：
(4)~(12)    │  【図1の (1) ～ (9) 行目】
     (13)    │  もし [イ] ならば：
     (14)    └  └ seiko = [カ]
     (15)    表示する(" 成功した回数：", seiko)
     (16)    表示する(" 失敗した回数：", [キ] )
     (17)    表示する(" 三角形ができる確率：", [ク] )
```

図3　三角形ができる確率を求めるプログラム

A：とりあえず，図3のプログラムを5回実行してみたけど，三角形ができる確率は **0.54，0.62，0.50，0.49，0.52** になったよ。意外にも，三角形ができる確率はそこまで高くないんだね。

B：本当だね。ただ，確率に結構ばらつきがありそうだね。プログラムの繰り返す回数を増やしてみて，確率のばらつきの度合いについて調べてみたら面白いかもね。

A：確かに面白そう。やってみるね。

この後，Aさんと B さんは図3の (1) 行目の繰り返し回数を10回，100回，1000回，10000回と変化させながら，シミュレーションを10回ずつ実行した。次の折れ線グラフは，10回，100回，1000回，10000回における三角形ができる確率の変化を表したものである。このうち，繰り返し回数が1000回であると考えられるグラフは ケ である。

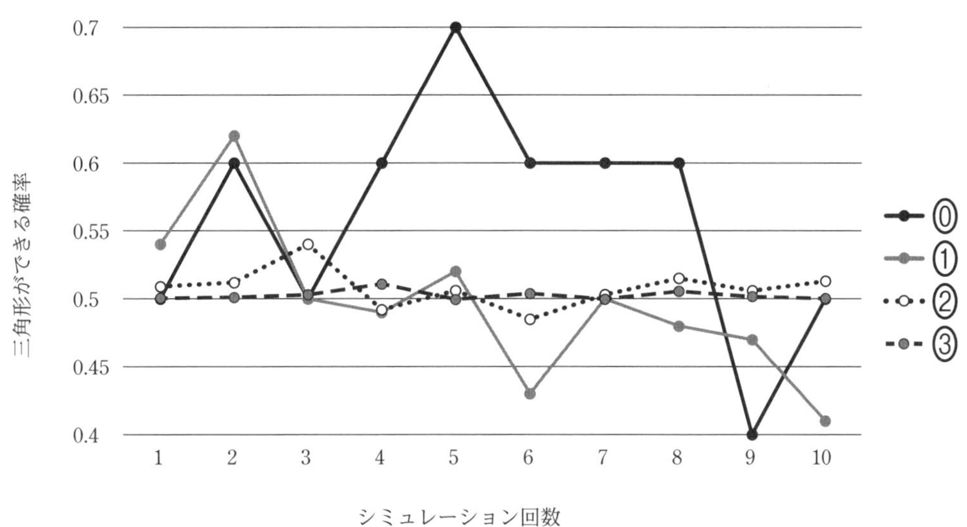

図4　シミュレーション回数と三角形ができる確率との関係

カ の解答群	
⓪ seiko + i	① seiko + 1
② kaisu + i	③ kaisu + 1

キ の解答群	
⓪ seiko + kaisu	① kaisu + seiko
② seiko - kaisu	③ kaisu - seiko

ク の解答群	
⓪ seiko * kaisu	① kaisu * seiko
② seiko / kaisu	③ kaisu / seiko

問 3　次の文章の空欄 [コ] ～ [ス] に入れるのに最も適当なものを，後の解答群のうちから一つずつ選べ。ただし，空欄 [シ] ・ [ス] は解答の順序は問わない。

A：今回は一辺が **1** から **5** までの乱数とした結果だから，一辺の最大値が変化すると，三角形ができる確率も変わってくるんじゃないかな？

B：そんな気がするよね。じゃあ，一辺の最大値を **3**，**4**，…，**10** と変化させてみて，同じように三角形ができる確率について調べてみようか。

A：あと，一辺の最大値が増えると三角形の面積も大きくなるだろうけど，どのくらいの割合で変化していくのか調べてみたいね。

B：よし，それも併せてシミュレーションしよう。配列 **Menseki** に三角形の面積を順番に格納して，最後に平均値を出力することにするよ。

A：プログラムの **(17)** 行目の「**三角形の面積(a, b, c)**」が三辺 **a**，**b**，**c** の三角形の面積を求める関数ということ？

B：そうだね。ちなみに，**(18)** 行目の「**Menseki.追加(s)**」は，配列 **Menseki** の最後尾に変数 **s** の値を要素として追加する処理を表しているよ。

```
( 1 )     kaisu = 10000
( 2 )     seiko = 0
( 3 )     goukei = 0
( 4 )     Menseki = []
( 5 )     i を 1 から kaisu まで 1 ずつ増やしながら繰り返す：
( 6 )~(14) |  【図 1 の ( 1 ) ～ ( 9 ) 行目】
(15)       |  もし [イ] ならば：
(16)       |  |  seiko = [カ]
(17)       |  |  s = 三角形の面積(a, b, c)
(18)       └  └  Menseki.追加(s)
(19)      i を 0 から [コ] まで 1 ずつ増やしながら繰り返す：
(20)      └  goukei = goukei + Menseki[i]
(21)      表示する("三角形の面積の平均：", [サ] )
```

図 5　三角形ができる確率と三角形の面積の平均を求めるプログラム

次のグラフは，一辺の最大値が **3**，**4**，…，**10** における「三角形になる確率」と「三角形の面積の平均」を表したシミュレーション結果である。このグラフから読み取れることは シ ・ ス である。

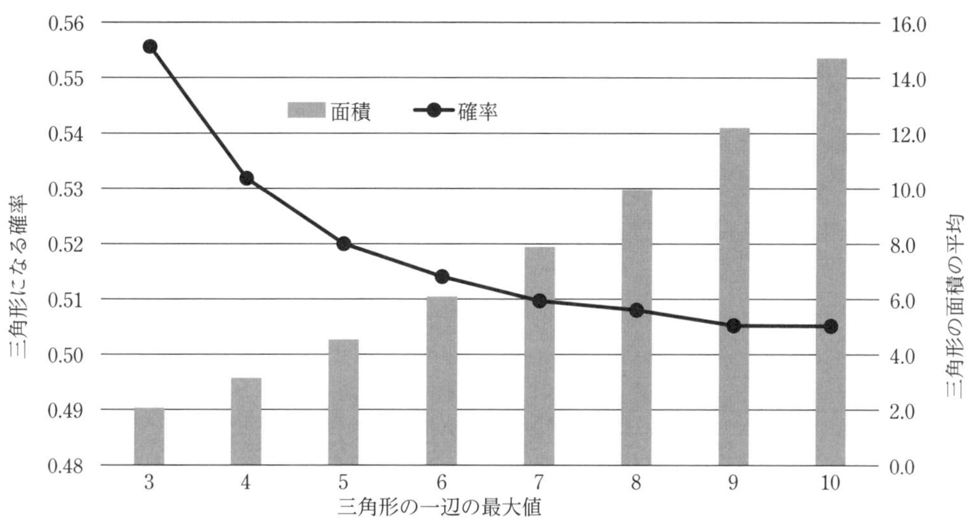

図6　三角形の一辺の最大値に対する「確率」と「平均」の関係

コ の解答群

⓪ **seiko**	① **seiko - 1**
② **kaisu**	③ **kaisu - 1**

サ の解答群

⓪ **goukei / kaisu**	① **goukei / (kaisu - 1)**
② **goukei / seiko**	③ **goukei / (seiko - 1)**

シ ・ ス の解答群

⓪ 一辺の最大値を増やすと三角形になる確率は 0 に近づいていく
① 三角形になる確率が増えると三角形の面積の平均も増える
② 一辺の最大値を増やすと三角形の面積は線形で増えていく
③ 三角形になる確率は一辺の最大値の増加に伴い0.505に近づいていく
④ 一辺の最大値を増やしても三角形になる確率はほとんど変化しない
⑤ 三角形の面積は一辺の最大値の増加に伴い非線形で増加している

模擬問題

第4問　次の問い（問1 ～ 6）に答えよ。（配点　25）

次の表1は，国が実施した生活行動に関する調査統計をもとに，都道府県別に，趣味や娯楽の行動者率を表したものの一部である。ここでは，30歳から49歳までの人を表1－A，50歳から69歳までの人を表1－Bとしている。行動者率とは，対象人口のうち特定の行動をした人の割合のことである。

表1-A　30歳から49歳までの人の趣味や娯楽の行動者率

都道府県	演芸・演劇・舞踊鑑賞	映画館での映画鑑賞	映画館以外での映画鑑賞	音楽鑑賞	邦楽	カラオケ	料理・菓子作り	園芸・庭いじり・ガーデニング	読書(マンガを除く)	マンガを読む	キャンプ
北海道	6.4%	40.5%	69.5%	77.9%	4.8%	26.9%	27.9%	18.5%	34.4%	62.2%	16.2%
青森県	4.2%	38.1%	65.8%	76.9%	6.1%	24.4%	21.9%	16.4%	26.4%	58.3%	10.8%
岩手県	4.7%	33.0%	64.6%	75.2%	4.5%	20.8%	25.1%	16.1%	28.0%	58.8%	7.1%
宮城県	7.8%	46.7%	70.5%	78.8%	4.5%	23.3%	29.0%	18.3%	37.4%	64.8%	10.6%
大分県	5.9%	41.9%	64.3%	75.4%	5.4%	20.1%	24.1%	16.7%	29.7%	56.7%	9.6%
宮崎県	4.5%	37.5%	64.0%	76.3%	4.8%	24.0%	23.7%	18.6%	28.2%	56.8%	9.6%
鹿児島県	5.8%	43.4%	68.9%	74.5%	5.8%	28.5%	29.1%	20.3%	35.5%	61.0%	12.4%
沖縄県	3.8%	35.4%	67.6%	75.2%	8.9%	20.8%	22.5%	14.8%	29.5%	54.9%	7.2%

表1-B　50歳から69歳までの人の趣味や娯楽の行動者率

都道府県	演芸・演劇・舞踊鑑賞	映画館での映画鑑賞	映画館以外での映画鑑賞	音楽鑑賞	邦楽	カラオケ	料理・菓子作り	園芸・庭いじり・ガーデニング	読書(マンガを除く)	マンガを読む	キャンプ
北海道	4.9%	14.0%	51.8%	44.1%	1.6%	8.6%	16.2%	44.6%	33.9%	20.8%	4.6%
青森県	4.2%	15.9%	47.6%	37.2%	1.1%	5.5%	13.9%	46.0%	30.1%	17.5%	2.9%
岩手県	6.2%	12.8%	45.2%	37.9%	1.9%	7.5%	15.8%	52.9%	31.5%	17.6%	2.4%
宮城県	7.2%	17.4%	47.0%	44.0%	2.0%	6.7%	16.1%	47.3%	37.9%	21.1%	2.8%
大分県	7.4%	18.4%	46.3%	41.9%	2.2%	8.6%	16.2%	47.8%	29.9%	17.6%	1.7%
宮崎県	5.6%	11.5%	44.3%	39.5%	1.6%	7.5%	16.5%	52.5%	28.5%	13.9%	2.9%
鹿児島県	4.0%	14.3%	43.1%	39.3%	1.3%	9.1%	15.4%	53.2%	28.9%	14.8%	2.9%
沖縄県	5.2%	17.7%	50.2%	42.4%	3.9%	11.6%	16.3%	42.9%	30.0%	17.5%	2.0%

太郎さんたちは，表1-Aと表1-Bを用いて，年代によって趣味や娯楽に関係があるのかについて分析することにした。ただし，表1-Aおよび表1-Bに一か所でも欠損値があった場合，適切に処理をしたものを全体として分析する。なお，以下については外れ値も考えるものとする。

問1 太郎さんたちは，これらのデータから次のような仮説を考えた。表1-A，および表1-Bのデータだけからは**分析できない仮説**を，次の⓪～③のうちから一つ選べ。 ア

⓪ 30歳から49歳までの人の方が，50歳から69歳までの人と比べ，「音楽鑑賞」の行動者率が少ないのではないか。

① 「カラオケ」の行動者率が多い都道府県ほど，「音楽鑑賞」の行動者率が多いのではないか。

② 「キャンプ」の行動者率が多い都道府県ほど，自家用車を保有している割合は多いのではないか。

③ 30歳から49歳までの人の方が，50歳から69歳までの人と比べ，「マンガを読む」の行動者率は少ないのではないか。

問2　太郎さんたちは表1-A，表1-Bのデータから趣味や娯楽の行動者率のうち，「邦楽」と「園芸・庭いじり・ガーデニング」に注目し，それぞれを図1と図2の箱ひげ図（外れ値は○で表記）にまとめた。これらから読み取ることのできる最も適当なものを，次の⓪～③のうちから一つ選べ。 **イ**

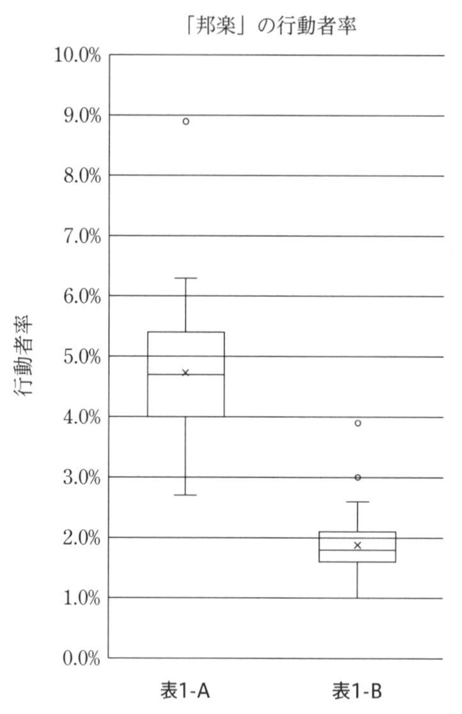

図1　「邦楽」の行動者率の分布

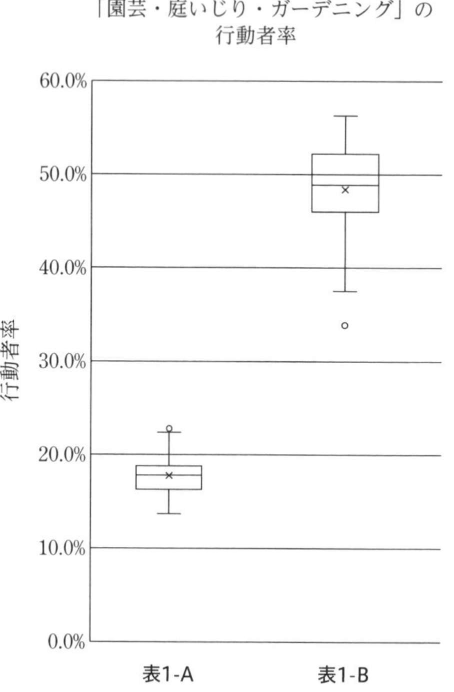

図2　「園芸・庭いじり・ガーデニング」の行動者率の分布

⓪　すべての都道府県において「邦楽」の行動者率は表1-Aの方が多い。

①　「園芸・庭いじり・ガーデニング」の行動者率が30％以上の都道府県は，表1-Bにおいてはすべての都道府県で，表1-Aにおいては25％以上である。

②　「邦楽」の行動者率が5％以上の都道府県は，表1-Aでは全体の75％以上であり，表1-Bにおいては一つもない。

③　「園芸・庭いじり・ガーデニング」の行動者率が30％以下の都道府県は，表1-Aにおいてはすべての都道府県で，表1-Bにおいては一つもない。

問３　花子さんたちは，表1-Aについて，「邦楽」の行動者率と「園芸・庭いじり・ガーデニング」の行動者率との関連を調べることにした。次の図３は，表1-Aについて「邦楽」と「園芸・庭いじり・ガーデニング」の行動者率を散布図で表したものである。

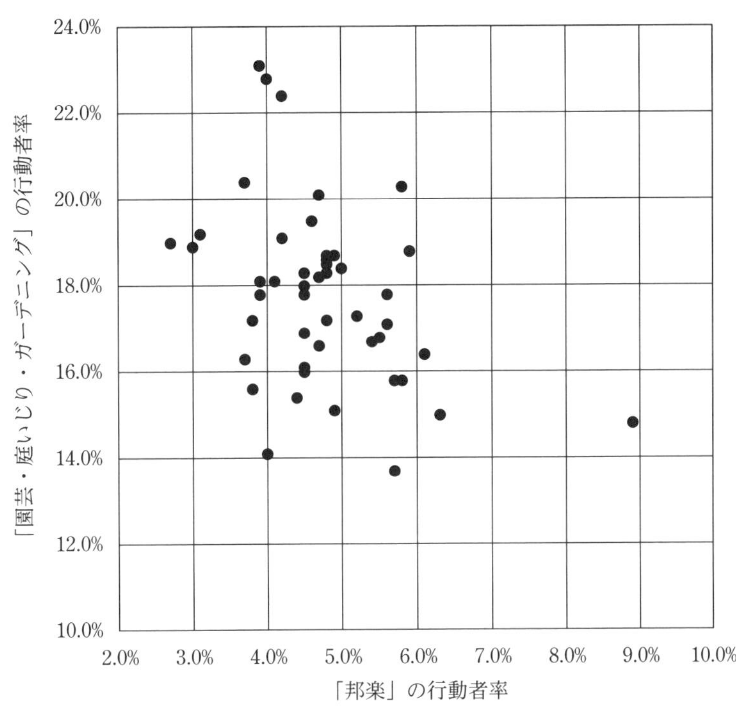

図３　「邦楽」と「園芸・庭いじり・ガーデニング」の行動者率の関係

都道府県単位でみたとき，「邦楽」の行動者率と「園芸・庭いじり・ガーデニング」の行動者率の間には，全体的に弱い負の相関があることが分かった。この場合の負の相関の解釈として最も適当なものを，次の⓪～③のうちから一つ選べ。なお，ここでは，データの範囲を散らばりの度合いとして考えることとする。 ウ

⓪ 「邦楽」の行動者率の方が，「園芸・庭いじり・ガーデニング」の行動者率より散らばりの度合いが大きいと考えられる。

① 「邦楽」の行動者率の方が，「園芸・庭いじり・ガーデニング」の行動者率より散らばりの度合いが小さいと考えられる。

② 「邦楽」の行動者率が高い都道府県ほど，「園芸・庭いじり・ガーデニング」の行動者率が高い傾向がみられる。

③ 「邦楽」の行動者率が高い都道府県ほど，「園芸・庭いじり・ガーデニング」の行動者率が低い傾向がみられる。

模擬問題

問４　太郎さんは「邦楽」の行動者率と，「園芸・庭いじり・ガーデニング」の行動者率の間に見られる相関関係が弱い負の相関である原因について興味を持った。疑似相関の解釈として最も適当なものを，次の⓪～③のうちから一つ選べ。ただし，データＡとは邦楽および園芸・庭いじり・ガーデニングの行動者率以外のデータである。また，各都道府県のデータであり，異常値や欠損値がある場合は適切に処理されているものとする。 エ

⓪　各都道府県の「邦楽」の行動者率とデータＡに正の相関があり，「園芸・庭いじり・ガーデニング」の行動者率とデータＡにも正の相関があるので，「邦楽」の行動者率と，「園芸・庭いじり・ガーデニング」の行動者率に負の相関がある。

①　各都道府県の「邦楽」の行動者率とデータＡに負の相関があり，「園芸・庭いじり・ガーデニング」の行動者率とデータＡに正の相関があるので，「邦楽」の行動者率と，「園芸・庭いじり・ガーデニング」の行動者率に負の相関がある。

②　各都道府県の「邦楽」の行動者率とデータＡに負の相関があり，「園芸・庭いじり・ガーデニング」の行動者率とデータＡに負の相関があるので，「邦楽」の行動者率と，「園芸・庭いじり・ガーデニング」の行動者率に負の相関がある。

③　各都道府県の「邦楽」の行動者率とデータＡに相関関係がないが，「園芸・庭いじり・ガーデニング」の行動者率とデータＡに負の相関があるので，「邦楽」の行動者率と，「園芸・庭いじり・ガーデニング」の行動者率に負の相関がある。

太郎さんたちは都道府県別にみたときの「園芸・庭いじり・ガーデニング」の行動者率を「邦楽」の行動者率で説明する回帰直線を求め，図３の散布図にかき加えた（図４）。その結果，回帰直線から大きく離れている県が多いことに気づいた。自分たちの住む P 県がどの程度外れているのかを調べようと考え，実際の行動者率から回帰直線により推定される行動者率を引いた差（残差）の程度を考えることにした。

残差を比較しやすいように，回帰直線の式をもとに「園芸・庭いじり・ガーデニング」の行動者率（推定値）を横軸に，残差を平均値 0，標準偏差 1 に変換した値（変換値）を縦軸にしてグラフ（図５）を作成した。参考に R 県がそれぞれの図でどこに配置されているかを示している。

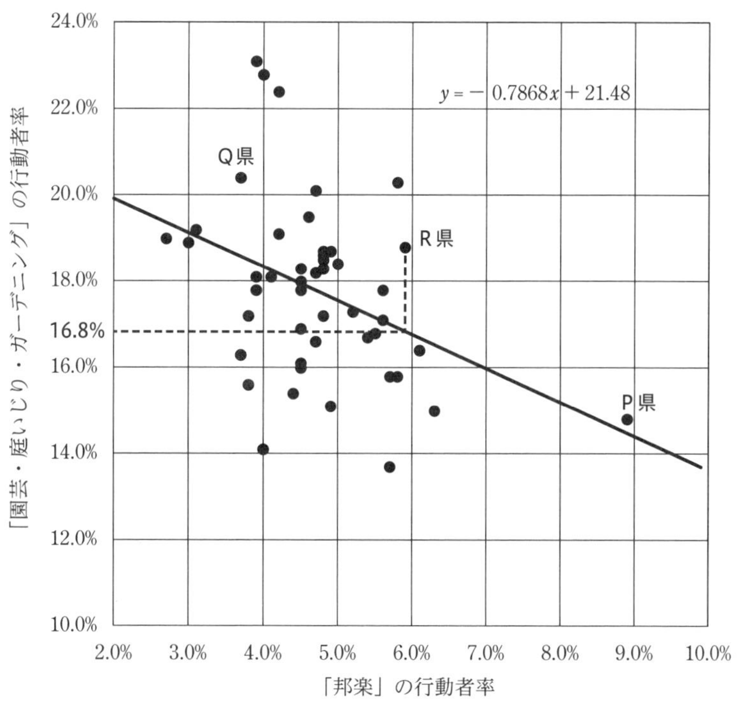

図４　回帰直線をかき加えた散布図

問 5　次の文章中の オ に当てはまる数字を記入せよ。

図 4 と図 5 から読み取ることができることとして，平均値から標準偏差の 2 倍以上離れた値を外れ値とする基準で考えれば，外れ値となる都道府県の数は オ 個である。

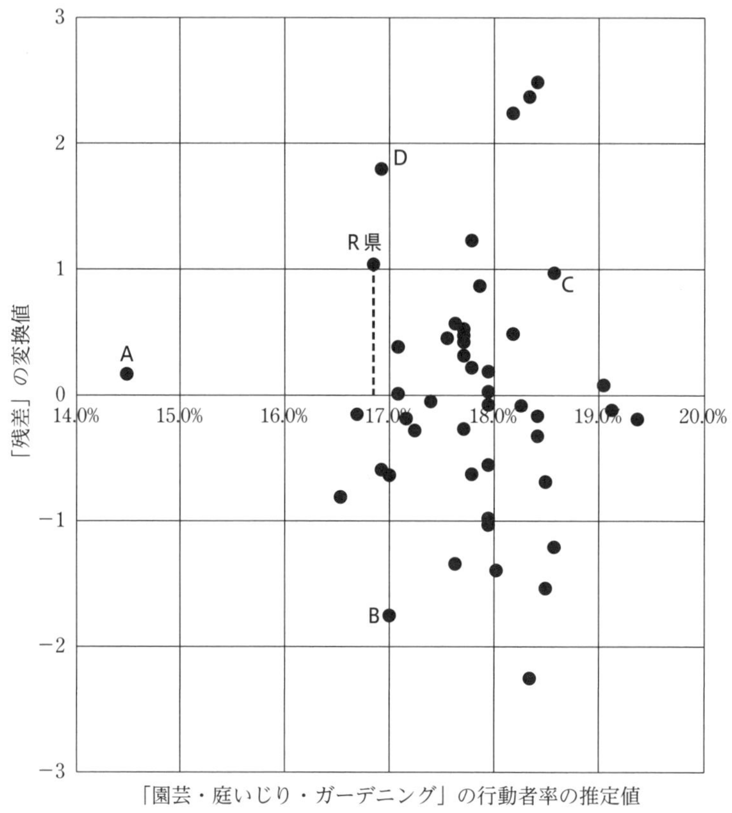

図 5　「園芸・庭いじり・ガーデニング」の行動者率（推定値）と残差の変換値との関係

問６　図中のＰ県はⅠに対応しており，Ｑ県はⅡに対応している。今回の基準に従えば，Ｐ県はⅢと判断し，Ｑ県はⅣと判断した。

（1）　ⅠとⅡの組合せとして最も適当なものを，次の⓪～ⓑのうちから一つ選べ。
カ

	Ⅰ	Ⅱ
⓪	A	B
①	A	C
②	A	D
③	B	A
④	B	C
⑤	B	D

	Ⅰ	Ⅱ
⑥	C	A
⑦	C	B
⑧	C	D
⑨	D	A
ⓐ	D	B
ⓑ	D	C

（2）　ⅢとⅣの組合せとして最も適当なものを，次の⓪～③のうちから一つ選べ。
キ

	Ⅲ	Ⅳ
⓪	外れ値である	外れ値である
①	外れ値である	外れ値ではない
②	外れ値ではない	外れ値である
③	外れ値ではない	外れ値ではない

模擬問題

実戦問題・融合問題　略解

1

ア	イ	ウ
2	3	4

2

ア	イ	ウ	エ	オ	カ	キ
4	4	4	5	1	2	3

（ウ・エ順不同）

3

ア	イ	ウ	エ	オ
2	1	1	3	5

4

ア	イ	ウ
4	3	0

5

ア	イ	ウ	エ	オ	カ	キ	ク	ケ	コ	サ	シ
5	0	1	4	2	3	0	1	2	1	3	0

6

ア	イ	ウ	エ	オ
7	2	3	2	2

（イ・ウ順不同）

7

ア	イ	ウ
2	1	4

8

ア	イ	ウ
1	2	3

9

ア	イ	ウ	エ	オ	カ	キ	ク	ケ	コ	サ	シ	ス
0	9	7	6	5	4	8	2	4	0	1	5	6

10

ア	イ	ウ	エ	オ	カ	キ	ク	ケ	コ
4	0	2	3	6	9	1	3	0	2

（オ・カ順不同）

11

ア	イ	ウ	エ	オ	カ	キ	ク	ケ	コ	サ	シ
2	3	5	3	4	2	1	0	2	1	4	3

（ア・イ順不同）

12

ア	イ	ウ	エ	オ	カ	キ	ク	ケ	コ	サ	シ	ス	セ	ソ
3	1	5	7	2	6	2	3	5	2	1	2	0	1	0

13

ア	イ	ウ	エ	オ	カ	キ	ク	ケ	コ	サ
3	1	0	1	3	3	2	5	2	3	4

（ケ～サ順不同）

14

ア	イ	ウ	エ	オ	カ	キ	ク	ケ
0	2	1	4	1	1	4	2	3

15

ア	イ	ウ	エ	オ	カ	キ	ク
3	5	1	3	1	2	5	3

（オ・カ順不同）

16

ア	イ	ウ	エ	オ	カ
4	3	2	4	5	0

（ウ・エ順不同）

17

ア	イ	ウ	エ	オ	カ	キ	ク	ケ	コ	サ	シ
2	6	4	1	7	4	1	3	5	4	1	3

18

ア	イ	ウ	エ	オ	カ	キ	ク	ケ	コ
0	1	3	1	3	0	2	1	2	4

（ケ・コ順不同）

19

ア	イ	ウ	エ	オ	カ	キ	ク	ケ	コ	サ	シ	ス	セ	ソ	タ
0	1	0	1	5	0	3	5	4	5	7	6	3	0	1	9

チ	ツ	テ	ト
2	1	2	4

20

ア	イ	ウ	エ	オ	カ	キ	ク	ケ	コ	サ	シ	ス	セ	ソ	タ
1	1	0	0	2	5	3	5	1	2	7	4	2	6	1	2

チ
6

21

ア	イ	ウ	エ	オ	カ	キ	ク
2	4	8	1	3	4	3	0

22

ア	イ	ウ	エ	オ	カ	キ	ク	ケ	コ	サ	シ	ス	セ	ソ	タ
5	4	0	3	2	1	1	3	4	5	3	0	4	5	8	2

チ	ツ
6	5

23

ア	イ	ウ	エ	オ	カ	キ	ク	ケ	コ	サ	シ	ス
3	1	2	4	3	4	5	2	5	8	6	0	3

24

ア	イ	ウ	エ	オ	カ
7	6	3	5	2	5

25

ア	イ	ウ	エ
1	4	2	3

26

ア	イ	ウ	エ	オ	カ	キ	ク	ケ	コ
6	6	0	3	2	9	0	2	1	2

27

ア	イ	ウ	エ	オ	カ
4	2	4	1	1	3

28

ア	イ	ウ	エ	オ
5	3	0	1	2

29

ア	イ	ウ	エ	オ	カ
1	3	1	2	1	1

30

ア	イ	ウ	エ	オ	カ	キ	ク	ケ	コ	サ
5	0	2	0	1	4	5	3	5	7	3

31

ア	イ	ウ	エ	オ	カ	キ	ク	ケ	コ	サ	シ	ス	セ	ソ
1	0	4	2	6	3	7	5	8	4	1	0	2	4	6

タ	チ	ツ	テ
1	3	2	0

（タ・チ順不同）

32

ア	イ	ウ	エ	オ	カ	キ	ク	ケ	コ	サ
1	3	2	0	2	8	2	7	9	4	1

33

ア	イ	ウ	エ	オ	カ	キ	ク	ケ
0	5	0	3	1	5	0	2	3

34

ア	イ	ウ	エ	オ
5	3	0	3	1

35

ア	イ	ウ	エ	オ	カ	キ	ク	ケ
5	4	1	2	3	0	3	1	1

36

ア	イ	ウ	エ
1	7	3	5

37

ア	イ	ウ
0	3	2

38

ア	イ	ウ	エ	オ	カ	キ	ク	ケ
4	2	5	8	7	2	3	2	3

39

ア	イ	ウ	エ	オ
4	1	9	1	5

40

ア	イ	ウ	エ	オ	カ	キ	ク	ケ
3	5	3	2	9	4	0	0	7

41

ア	イ	ウ	エ	オ	カ
8	4	7	5	7	3

42

ア	イ	ウ	エ	オ	カ	キ	ク	ケ	コ	サ	シ	ス	セ	ソ	タ
1	2	3	9	7	9	2	6	7	4	3	2	8	7	4	3

チ	ツ	テ	ト	ナ
2	6	9	4	3

43

ア	イ	ウ	エ	オ	カ	キ	ク	ケ	コ	サ	シ	ス	セ	ソ	タ
4	3	3	0	3	2	1	3	2	1	9	3	1	2	8	0

44

ア	イ	ウ	エ	オ	カ	キ	ク
3	0	2	4	0	3	2	2

45

ア	イ	ウ	エ	オ
2	3	1	2	0

46

ア	イ	ウ	エ	オ	カ	キ
3	1	3	2	0	0	1

47

ア	イ	ウ	エ	オ	カ	キ
1	0	2	3	0	1	0

48

ア	イ	ウ	エ	オ	カ	キ	ク
2	0	1	1	3	2	5	1

49

ア	イ	ウ	エ	オ	カ	キ	ク
0	2	3	2	4	2	5	7

（エ・オ，カ～ク順不同）

50

ア	イ	ウ	エ	オ	カ
0	2	3	2	3	2

51

ア	イ	ウ	エ	オ	カ	キ
2	3	0	1	3	0	2

52

ア	イ	ウ
1	3	2

53

ア	イ	ウ	エ	オ	カ	キ	ク	ケ
1	4	1	6	9	2	1	0	3

54

ア	イ	ウ	エ	オ	カ	キ
0	2	0	2	3	4	3

（オ・カ順不同）

55

ア	イ	ウ	エ	オ	カ	キ	ク
4	0	2	5	0	1	4	2

（ウ・エ，オ～キ順不同）

56

ア	イ	ウ	エ	オ
3	3	2	2	3

（エ・オ順不同）

57

ア	イ	ウ
0	2	3

58

ア	イ	ウ
2	4	3

59

ア	イ
3	0

60

ア	イ	ウ	エ	オ
1	3	0	1	5

（エ・オ順不同）

61

ア	イ	ウ	エ	オ
3	1	0	1	3

（ウ～オ順不同）

62

ア	イ	ウ
3	2	4

63

ア	イ	ウ	エ	オ	カ	キ	ク	ケ	コ	サ	シ	ス
2	1	5	6	4	3	1	3	1	0	4	3	0

64

ア	イ	ウ	エ	オ	カ	キ
3	2	1	1	3	3	2

65

ア	イ	ウ	エ	オ	カ
3	2	3	4	2	0

（ウ・エ順不同）

66

ア	イ	ウ	エ	オ
2	2	2	2	1

67

ア	イ	ウ	エ	オ	カ
4	2	3	0	0	3

（オ・カ順不同）

68

ア	イ	ウ	エ	オ	カ	キ	ク	ケ
1	3	0	2	3	3	1	2	2

融合01

ア	イ	ウ	エ	オ	カ
0	1	7	9	2	3

融合02

ア	イ	ウ	エ	オ	カ	キ	ク	ケ	コ	サ	シ	ス	セ	ソ	タ
3	2	1	3	3	1	2	1	2	2	3	1	4	3	3	4

チ	ツ	テ	ト	ナ	ニ	ヌ	ネ
0	2	0	1	0	3	1	0

模擬問題　情 報 Ⅰ（100点満点）

問題番号（配点）	設問	解答記号	正解	配点
第1問（20）	問1	ア－イ	1－4	各1
		ウ	0	2
	問2	エ	1	2
		オ	3	3
		カ	8	3[*1]
		キ	5	
	問3	ク	2	3
	問4	ケ	2	3
		コ	1	2
第2問（30）	A 問1	ア	2	3
	A 問2	イ	4	2
		ウ	2	2
		エ	1	3[*1]
		オ	6	
		カ	6	2
	A 問3	キ	3	3
	B 問1	ク	6	3[*1]
		ケ	0	
	B 問2	コ	5	3
		サ	2	3
	B 問3	シ	1	3[*1]
		ス	5	
		セ	0	
		ソ	1	3[*1]
		タ	2	
		チ	1	

問題番号（配点）	設問	解答記号	正解	配点
第3問（25）	問1	ア	0	2
		イ	2	2
		ウ	0	2
		エ	0	2
		オ	2	2
	問2	カ	1	2
		キ	3	2
		ク	2	2
		ケ	2	2
	問3	コ	1	2
		サ	2	2
		シ－ス	3－5	3[*1]
第4問（25）	問1	ア	2	4
	問2	イ	3	5
	問3	ウ	3	5
	問4	エ	1	5
	問5	オ	4	3
	問6	カ	1	3
		キ	3	

（注）

1　＊1は，全部正解の場合のみ点を与える。

2　－（ハイフン）でつながれた正解は，順序を問わない。

QRコードは㈱デンソーウェーブの登録商標です。

2025 実戦攻略「情報Ⅰ」
大学入学共通テスト問題集

表紙デザイン
エッジ・デザインオフィス

2024年　4月10日　初版第1刷発行

●編　者――実教出版編修部

●発行者――小田良次

●印刷所――株式会社　加藤文明社印刷所

●発行所――実教出版株式会社

〒102-8377　東京都千代田区五番町5
電話〈営業〉(03)3238-7777
〈編修〉(03)3238-7785
〈総務〉(03)3238-7700
https://www.jikkyo.co.jp/

002402024②

ISBN 978-4-407-36330-2

共通テスト用プログラム表記とPythonの記述比較

左：共通テスト用プログラム表記	右：Python

【分岐（if 文）】 条件式を満たすかどうかで分岐し，字下げされた部分の処理を実行する。

```
もし 条件式1 ならば：
│  処理A
そうでなくもし 条件2 ならば：
│  処理B
そうでなければ：
└  処理C
```

```
if 条件式1:
    処理A
elif 条件式2:
    処理B
else:
    処理C
```

※「そうでなくもし」や「そうでなければ」は，ない場合もある。

※elif や else は，ない場合もある。

【反復（for 文）】 変数の値を開始から終了まで増分ずつ増やしながら，字下げされた部分の処理を繰り返し実行する。

```
変数 を 開始 から 終了 まで
│    増分 ずつ増やしながら繰り返す：
└  処理
```

```
for 変数 in range(開始, 終了, 増分):
    処理
```

※終了値に等しくなるまで繰り返す。

※終了値に等しくなる直前まで繰り返す。
開始値を省略した場合は 0，増分を省略した場合は 1 となる。

【反復（while 文）】 条件式を満たす間繰り返す。

```
条件式 の間繰り返す：
└  処理
```

```
while 条件式:
    処理
```

【割り算】 割り算の結果（実数），商（整数）と余り（整数）を求める。

	共通テスト用プログラム表記	Python
結果	値1 / 値2	値1 / 値2
商	値1 ÷ 値2	値1 // 値2
余り	値1 % 値2	値1 % 値2

【リスト(配列)】一連の値に名前を付け，まとめて扱う。
リストに初期値を代入する

共通テスト用プログラム表記	Python
リスト名 = [値1, 値2, 値3, …]	リスト名 = [値1, 値2, 値3, …]

添字が指す要素に値を代入する

共通テスト用プログラム表記	Python
リスト名 [添字] = 値	リスト名 [添字] = 値

【標準関数】必要に応じて呼び出すことのできる，あらかじめ用意された関数。
表示する：ディスプレイなどの外部に表示する。文字列や数値はコンマ区切りで複数指定できる。

共通テスト用プログラム表記	Python
表示する (文字列や数値)	`print( 文字列や数値 )`

入力を受け取る：キーボードなどで外部から入力された文字列を受け取る。通常，左辺の変数に代入する形で記述する。

共通テスト用プログラム表記	Python
変数 = 【外部からの入力】	変数 = `input( 表示文字列 )`
変数 = 【外部からの入力】	変数 = `int(input( 表示文字列 ))`

※**input()** から戻された文字列が **int()** に渡され，整数に変換されて戻される。

【ユーザ定義関数】ユーザが作成する関数。
定義部：ユーザが関数の処理を定義する部分。引数や戻り値はない場合がある。

```
関数定義 関数名 ( 引数1, 引数2, …):
    処理
    戻り値 ( 値 )
```

```
def 関数名 ( 引数1, 引数2, …):
    処理
    return 戻り値
```

※共通テスト用プログラム表記では，定義部の記述方法は示されていないため，一例である。

呼び出し部：ユーザ定義関数を呼び出す部分。
戻り値あり：左辺の変数に代入する形で記述する。

共通テスト用プログラム表記	Python
変数 = 関数名 (引数1, 引数2, …)	変数 = 関数名 (引数1, 引数2, …)

戻り値なし

共通テスト用プログラム表記	Python
関数名 (引数1, 引数2, …)	関数名 (引数1, 引数2, …)

共通テスト形式の長文問題の読み解き方の例（カット&ラベリング）

大学入学共通テストでは，長文問題が出題されます。試験にとどまらず，大学や社会に出て様々な知識や技能を身に付けていく場合も，長文を読みこなす必要が出てくるでしょう。「カット&ラベリング」は，そのための手法です。長文を読み解く一つの手段として紹介します。

<基本的な手順>

① 問題文を意味のあるブロックに分ける(カット)
② 分けたブロックにタイトルを付ける(ラベル)
③ 設問および選択肢に応じてブロックを選ぶ
④ 解答する

<効果>

・ 問題文を切り分けてラベルを付けることにより，何回も問題文を読み直すことが防げます。
・ 長文の問題も切り分けてしまえば「短文」です。
・ 問題文の大切なところが分かります。
・ 短文＋設問＋選択肢は，答えやすい問題になっています。

では，やってみましょう。ここでは，大学入試センターから公表されている「試作問題」のプログラミングに関する部分を使用します。吹き出しの中は，切り分けた部分に対する対応です。

（例）問題文の大切なところを見抜く

S：この前，お客さんが 460 円の商品を買うのに，510 円を払って，釣り銭を 50 円受け取っていたのを見て，授業で勉強したプログラミングで，そんな「上手な払い方」を計算するプログラムを作ってみたいと思いました。

T：いいですね。まず，「上手な払い方」とは何かを考える必要がありますね。

前振り

ここは前振りなので問題を解く際は無視してもよい。

S：普通は手持ちの硬貨の枚数を少なくするような払い方でしょうか。

T：そうですね。ただ，ここでは，客が支払う枚数と釣り銭を受け取る枚数の合計を最小にする払い方を考えてみませんか？ 客も店も十分な枚数の硬貨を持っていると仮定しましょう。また，計算を簡単にするために，100 円以下の買い物とし，使う硬貨は 1 円玉，5 円玉，10 円玉，50 円玉，100 円玉のみで 500 円玉は使わない場合を考えてみましょう。例えば，46 円をちょうど支払う場合，支払う枚数はどうなりますか？

S：46 円を支払うには，10 円玉 4 枚，5 円玉 1 枚，1 円玉 1 枚という 6 枚で払い方が最小の枚数になります。

普通の払い方

普通の払い方が書いてあるけど，この方法は直接には問題の解法には結び付かない。

T：そうですね。一方，同じ 46 円を支払うのに，51 円を支払って釣り銭 5 円を受け取る払い方では，支払いに 2 枚，釣り銭に 1 枚で，合計 3 枚の硬貨のやり取りになります。こうすると交換する硬貨の枚数の合計が最小になりますね。

S：これが上手な払い方ですね。

T：そうです。このように，客と店が交換する硬貨の合計が最小となる枚数，すなわち「最小交換硬貨枚数」の計算を考えましょう。

上手な払い方

前振りにあった「上手な払い方」。この部分が解法に結び付く。

S：どうやって考えればいいかなぁ。

T：ここでは，次の関数のプログラムを作り，それを使う方法を考えてみましょう。目標の金額を釣り銭無くちょうど支払うために必要な最小の硬貨枚数を求める関数です。

関数を使う

この部分は【関数の説明と例】に対応する。

【関数の説明と例】

枚数(金額)… 引数として「金額」が与えられ，ちょうどその金額となる硬貨の組合せの中で，枚数が最小となる硬貨枚数が戻り値となる関数。
例：8 円は「5 円玉が 1 枚と 1 円玉が 3 枚」の組合せで最小の硬貨枚数になるので，**枚数**(8)の値は 4 となる。

長文問題の読み解きのコツは
カット＆ラベリング

オ ・ カ の解答群

⓪ 46 ÷ 10 ＋ 1　　① 46 ％ 10 − 1
② 46 ÷ 10　　③ 46 ％ 10

オ 46を10で割った商──カ 46を10で割った余り

（例）問題文と選択肢を対応させる

S：まずは，関数「**枚数(金額)**」のプログラムを作るために，与えられた金額ちょうどになる最小の硬貨枚数を計算するプログラムを考えてみます。もう少しヒントが欲しいなぁ。

何を作るか

T：金額に対して，**高額の硬貨から使うように考えて枚数と残金を計算**していくとよいでしょう。また，金額に対して，ある額の硬貨が何枚まで使えて，残金がいくらになるかを計算するには，**整数値の商を求める演算『÷』**と**その余りを求める演算『%』**が使えるでしょう。例えば，46円に対して10円玉が何枚まで使えるかは［オ］で，その際にいくら残るかは［カ］で求めることができますね。

S：なるほど！あとは自分でできそうです。

具体的にどうするか

Sさんは，先生（T）との会話からヒントを得て，変数 **kingaku** に与えられた目標の金額（100円以下）に対し，その金額ちょうどになる最小の硬貨枚数を計算するプログラムを考えてみた（図1）。ここでは例として目標の金額を46円としている。

変数の設定

配列 **Kouka** に硬貨の額を低い順に設定している。なお，配列の添字は **0** から始まるものとする。最低額の硬貨が1円玉なので **Kouka[0]** の値は **1** となる。

配列の説明

先生（T）のヒントに従い，高額の硬貨から何枚まで使えるかを計算する方針で，**(4)**〜**(6)** 行目のような繰返し文にした。この繰返しで，変数 **maisu** に支払いに使う硬貨の枚数の合計が計算され，変数 **nokori** に残りいくら支払えばよいか，という残金が計算される。

繰返しの中身

実行してみると［ア］が表示されたので，正しく計算できていることが分かる。いろいろな例で試してみたが，すべて正しく計算できていることを確認できた。

オ，カを参考にケ，コを考える

配列の添字＝0，1，2，3，4

```
(1) Kouka = [1,5,10,50,100]
(2) kingaku = 46
(3) maisu = 0, nokori = kingaku
(4) i を [キ] ながら繰り返す：
(5) |   maisu = [ク] + [ケ]
(6) └   nokori = [コ]
(7) 表示する(maisu)
```

キ の解答群

高額の硬貨から順に計算

⓪ 5から1まで1ずつ減らし　　① 4から0まで1ずつ減らし
② 0から4まで1ずつ増やし　　③ 1から5まで1ずつ増やし

ク の解答群

⓪ 1　　① maisu　　② i　　③ nokori

前のループで求めた maisu

ケ ・ コ の解答群

ケ ⓪ nokori ÷ Kouka[i]　　コ ① nokori ％ Kouka[i]
② maisu ÷ Kouka[i]　　③ maisu ％ Kouka[i]

前のループで求めた nokori をkouka[i] の額で割った商＝必要な kouka[i] の枚数

前のループで求めた nokori をkouka[i] の額で割った余り＝次のループで使う nokori

別冊解答の構成

compass
問題を解くうえでの指針や，必要となる知識を掲載しています。

側注
解説の補足や，知っておくとよい内容を掲載しています。

1 情報の特性 (p.4)

解答 問1 ア ② 問2 イ ③ 問3 ウ ④

compass
● データ・情報・知識の違いを理解しておく必要がある。
データの例：気温，降水量などの一つひとつの数値や名称。
情報の例：気温のグラフ，降水量の表など，データを積み上げて作成したもの。
知識の例：6月は雨の日が多そうだが，8月は晴れの日が多そうだから洗濯物がよく乾きそうだ。
● 情報の三つの特性（残存性，複製性，伝播性）について知っておく必要がある。

【解説】

問1

ア　情報はデータを整理したものなので，⓪の「最初に」，①の「最後に」，③の「五つある」，④の「最も短かった」という表現は情報でなければいえないことである。そのいずれも使われていないものは②である。

▶ 複数の情報から新しい情報を見つけられたことで，それを知識として考えた。

QRコンテンツについて

実戦問題の一部（難易度★★★の問題）や融合問題，模擬問題に解説動画をご用意いたしました。該当の問題の解答横に適宜 QR コードを掲載していますので，スマートフォンやタブレット端末を QR コードにかざすと，解説動画に直接ジャンプします。自学自習に役立ててください。

別冊解答 目次

第1章 情報社会の問題解決

1 情報の特性 (p.4)

解答 問1 ア ② 問2 イ ③ 問3 ウ ④

compass
- データ・情報・知識の違いを理解しておく必要がある。
  データの例：気温，降水量などの一つひとつの数値や名称。
  情報の例：気温のグラフ，降水量の表など，データを積み上げて作成したもの。
  知識の例：６月は雨の日が多そうだが，８月は晴れの日が多そうだから洗濯物がよく乾きそうだ。
- 情報の三つの特性（残存性，複製性，伝播性）について知っておく必要がある。

解説

問1

ア 情報はデータを整理したものなので，⓪の「最初に」，①の「最後に」，③の「五つある」，④の「最も短かった」という表現は情報でなければいえないことである。そのいずれも使われていないものは②である。

▶ 複数の情報から新しい情報を見つけられたことで，それを知識として考えた。

問2

イ ③は適当である。台風２号の消滅日は4/11で，台風３号の発生日は6/30であり，これらの間は２か月以上空いている。⓪①②は不適当である。

問3

ウ ⓪ 不適当である。デジタルなものは複製しても劣化することはないので，PDF データをダウンロードしてもファイルが劣化することはない。

① 不適当である。公開していた情報を指摘されている時点で，誤情報が伝播している。

② 不適当である。意図的に操作しない限り，Web ページを公開するためにサーバへアップロードする際は，手元のデータをコピーする形でアップロードされるため，データがなくなるという理解は正しくない。

③ 不適当である。情報を発信すれば，複製性や伝播性の性質によって広がり，残存性によりデータが残るため完全に消すことは難しい。

④ 適当である。Web ページは公開する際に誤ったデータをアップロードしないよう古いファイルを削除したり，別のフォルダに移したりしておくことで，誤った情報を伝播してしまうリスクを下げている。

2 メディアの特性 (p.5)

解答 問1 [ア] ④ 問2 [イ] ④
問3 [ウ]・[エ] ④・⑤（順不同） [オ] ① [カ] ② [キ] ③

compass
- メディアとその特性の違いを理解しておくようにする。
- 情報伝達の速さ（書籍＜雑誌＜新聞＜テレビ≦ラジオ）や，情報の蓄積のしやすさ（ラジオ＜テレビ＜新聞＜雑誌＜書籍），方向性や同期性について理解しておく。

第1章

解説

問1

[ア] ⓪：新聞，①：SNS，②：テレビ，③：Web ページ，⑤：ラジオという情報を人々に伝えるためのメディアが含まれている。④はそれらが含まれていない。

問2

[イ] ⓪ 紙は，授業中にプリントとして配布された課題で使われている。

① 電波は，母にメッセージアプリを使ってメッセージを送信する際に使われている。

② フラッシュメモリは，バス停の時刻表をスクリーンショットして写真として保存する場面で使われている。

③ 光は，フォトアプリを見る際に使用している電子機器で使われている。

④ 空気は，どの場面においても使用されていない。

よって，判断できないものは④となる。

▶ A さんはこの文章のやり取りからでは会話していることが読み取れない。また，電波は真空状態でも伝わるため，伝達のためのメディア，記録のためのメディアとしては空気を使用していない。

問3

[ウ] ～ [キ] ⓪はメディアの特徴と反する内容であるため，不適当である。

①は方向性についてマスメディアの特徴に当てはまるため，[オ] と判断できる。

②は伝達の速さについての内容であり，時間がかかるという記述から [カ] と判断できる。

③はなりすましに関する内容であり，マスメディアは情報発信までに複数の人の目を通るため [キ] と判断できる。

④は情報検索の困難さ，⑤は蓄積の困難さについての内容であるが，テレビは他の例に比べれば検索と蓄積について課題があると考えられるため，[ウ] と [エ] である。

▶「雑誌」と「紙の新聞」は，「テレビ」と比較すれば情報をいち早く伝えることは難しいが，「雑誌」と「紙の新聞」の大きな違いは，毎日発行されているかどうかであるため，情報伝達のスピードは「紙の新聞」の方が速いと考えられる。

3 問題解決 (p.6)

解答 問1 ア ② 問2 イ ① ウ ①
問3 エ ③ 問4 オ ⑤

compass ●問題解決の手順は，Ⅰ：問題の発見，Ⅱ：問題の明確化，Ⅲ：解決案の検討，Ⅳ：解決案の決定，Ⅴ：解決案の実施と評価である。

●トレードオフとは，「良いものを作るためにはコストを削減できない」といったように，一方を達成するために他方を犠牲にしなければならない関係をいう。

解説

問1

ア 問題を発見するためには，現状を分析する必要がある。また，問題はいくつかの要素が絡み合って生じる。
問題の明確化は，その要素を洗い出し，それらの相互の関係や重要性を整理し，何をもって解決とするかを明確化する。
解決案の検討は，解決に向けて何をするのかを検討し，解決案の決定へとつなげる。科学的な根拠を持って最終的な案を合理的に選択する。最後はそれらを実施し，よりよいものへの改良，再発防止の検討もする。以上から，②が適当である。

問2

イ ⓪は円グラフ，②は散布図，③は棒グラフの特徴について述べたものである。図1は割合を表現しているグラフであるが，円グラフと異なり学年ごとの比較をするのに適している帯グラフなので，①が適当である。

ウ ⓪ 不適当である。全国1年は，「1時間以上2時間未満」の項目が2番目の割合である。

① 適当である。「しない」，「0時間以上1時間未満」，「1時間以上2時間未満」，の割合の和は82.9％となり，無回答を除いた残りの項目は16.2％となる。

② 不適当である。それぞれの割合をみると，全国1年は82.9％，1年は89.3％である。

③ 不適当である。3年の「しない」，「0時間以上1時間未満」，「1時間以上2時間未満」，「2時間以上3時間未満」の人の割合の和は31.3％となり，1年の「しない」人の割合である30.1％より高い。

④ 不適当である。各学年の「しない」，「0時間以上1時間未満」，「1時間以上2時間未満」，「2時間以上3時間未満」の人の割合の和は順に，98.2％，94.6％，31.3％となるため，3時間以上学習している人は学年ごとに高くなる。

問 3

エ　⓪～②は他方を犠牲にしている内容ではない。

③は部活動で成果を出すために時間を使ったが，勉強時間を確保することができないため，学習を犠牲にしている。

問 4

オ　情報を収集，整理，分析することが，解決案の検討の段階として行うことなので，⓪～④はそれにあたる行動である。

⑤は，案について自己評価と外部評価を行っており，解決案の評価にかかわる内容である。

▶トレードオフは問題解決の場面以外に，データのデジタル化の場面で問われることがある。音などを忠実に再現するためにはデータ量が大きくなりすぎるという問題点がある。

4 法規による安全対策（不正アクセス禁止法）(p.8)

解答 問1 ア ④　問2 イ ③　問3 ウ ⓪

compass ●不正アクセス禁止法で禁止されている五つの行為は下の通りである（カッコ内は罪名）。

- ・不正アクセス行為（不正アクセス罪）
- ・不正アクセス行為の助長（不正助長罪）
- ・パスワードの不正取得（不正取得罪）
- ・パスワードの不正保管（不正保管罪）
- ・パスワードの入力を不正に要求（不正入力要求罪）

解説

問1

ア 不正アクセス行為には，「なりすまし」と「セキュリティホール攻撃」の二つの行為があり，不正アクセス禁止法違反で検挙されるのは，ほとんどがこの不正アクセス行為である。

問2

イ ランサムウェアとは，「Ransom（身代金）」と「Software（ソフトウェア）」の二つの英単語を組合せた造語である。マルウェアの一種で，「身代金要求型不正プログラム」などとも呼ばれる。ランサムウェアに感染すると，コンピュータに保存されたデータが暗号化されて読み出せなくなったり，コンピュータの機能が無効化されて動作しなくなったりする。これらを解除するためには，金銭（身代金）の支払いをするように画面に表示するプログラムである。

スパイウェアとは，コンピュータに不正侵入し，ユーザの個人情報や行動を監視して気付かれないように外部に情報を送信するプログラムである。スパイウェアには，個人情報などを外部送信し，悪用される場合と，企業などがマーケティング目的で使用し，悪用されない場合がある。

問3

ウ ⓪の行為は，認証ページに不正ログインしたのではないため，不正アクセス禁止法の対象外である。なお，これは刑法の詐欺罪で処罰される。

②の行為は，他人のIDとパスワードを取得・保管することになってしまっても，その取得が不正な手段によって行われたものではなく，かつ，不正アクセス目的の保管でなければ処罰対象にはならない。

③の行為は，他人のIDとパスワードを第三者に提供することは原則的に禁止であるが，情報セキュリティ研修という正当な理由であり，推測可能なパスワードを紹介しただけなので，処罰の対象外である。

④の行為は，不正アクセス禁止法の対象外である。この行為は，迷惑メールの関連法（特定電子メールの送信の適正化等に関する法律）などに違反している。

不正アクセスの手口

おもに以下の五つの方法が考えられる。

①不正に入手したIDやパスワードでの侵入

②システムの脆弱性（ぜいじゃくせい）を突いた侵入

③フィッシングサイトなどでの情報取得

④総当たり攻撃（ブルートフォース攻撃）での侵入

⑤ウイルス感染による侵入

総当たり攻撃（ブルートフォース攻撃）

推測しやすいIDやパスワードを大量に組合せ，不正アクセスを試みる攻撃である。パスワードの強度が低いと，突破される確率が高い。

5 情報漏えい (p.9)

解答 問1 ア ⑤ イ ⓪ ウ ① 問2 エ ④
問3 オ ② カ ③ キ ⓪ ク ① ケ ②
コ ① サ ③ シ ⓪

compass ●スパイウェアには，大きく分けて「アドウェア」，「キーロガー」，「リモートアクセスツール」，「トロイの木馬」の四つの種類が存在する。

解説

問1

ア ～ ウ メールアドレスをBCCとすべきところ，CCに設定し送信することにより，メールアドレスが漏えいしてしまう。
社員が持ち込んだコンピュータがウイルスに感染していた場合，会社の機器やネットワークに接続することで，それらに感染することになる。

問2

エ 図の東京商工リサーチの調査でも分かるように，外部からの攻撃（ウイルス感染・不正アクセス）にも企業内部からの脅威（誤表示・誤送信，紛失・誤廃棄）にも同様に対策を実施する必要がある。

問3

オ ～ シ アドウェアは，おもに広告表示を目的とした無料のソフトウェアやアプリの総称である（内容②）。ユーザに広告を閲覧させたり，特定ページへ誘導を図ったりすることで収益を上げる。最近では，セキュリティ警告に偽装したものをはじめとして，フィッシング詐欺への誘導を狙うものが増えている（不正行為②）。
キーロガーは，ユーザのキーボード操作を監視・記録するソフトウェアである。本来はソフトウェア開発の際に使用され，誤入力の履歴を取得するなど，ユーザの利便性向上を目的とする。スパイウェアの場合は，ユーザのキーボード入力情報（内容③）からアカウント情報などを窃取（せっしゅ）し，外部サーバに送信して不正アクセスを試みることを目的としている（不正行為①）。
リモートアクセスツールは，コンピュータを遠隔から操作するためのソフトウェアである（内容⓪）。本来の目的は，遠隔からのシステムサポートや社内端末を操作するといった場合が多い。スパイウェアの場合は，ユーザの許可を得ず，不正にユーザの端末を操作し，情報の窃取などを行う（不正行為③）。
トロイの木馬は，有益なソフトウェアやアプリを装い，裏で悪意ある行動を行うマルウェアである（内容①）。感染後，リモートアクセスが可能な経路（バックドア）を設置し，情報の窃取などを行う（不正行為⓪）。

▶メールの「CC」「BCC」の違い
どちらも，TO（宛先）以外にも情報を共有しておきたいときに使用するが，指定されたアドレスについて次のような違いがある。
CC：アドレスは他の受信者にも表示される。
BCC：アドレスは他の受信者には表示されない。
BCCは，面識のない複数の相手に，アドレスを知らせないで同じ内容のメールを送るときに使用する。

▶スパイウェア
正規のソフトウェアやスマートフォンのアプリでは，サービス改善につなげることを目的に，ユーザの操作履歴をサーバへ送信するものが存在する。その中には，ユーザの許可なく，操作履歴を送信するケースもある。このような背景もあり，正規のソフトウェアやアプリと，スパイウェアとの線引きが簡単ではないというのが実情である。
一般的に，「ユーザの知らないうちに」，「機密データのリモート監視」を行うものがスパイウェアであると考えてよい。

6 個人情報 (p.10)

解答 問1 ア ⑦ 問2 イ・ウ ②・③（順不同）
問3 エ ② 問4 オ ②

compass ●個人情報とは，生存する個人に関する情報であって，次のいずれかに該当するものをいう。
① 当該情報に含まれる記述により，特定の個人を識別することができるもの（他の情報と容易に照合することができ，それにより特定の個人を識別することができることとなるものを含む）
② 個人識別符号が含まれるもの

解説

問1

ア 「個人識別符号」とは，その情報単体から特定の個人を識別できる符号（文字，番号，記号など）として，政令で定められたものをいう。個人識別符号は，個人情報保護法では大きく二つの類型に分けられており，一つは個人の身体的特徴を示す符号で，［ろ］指紋や静脈などの生体認証データである。
もう一つは個人に割り当てられる符号で，パスポート番号，基礎年金番号，運転免許証番号，［い］マイナンバー，保険証番号などがある。
なお，個人識別符号ではない符号の例として，携帯電話番号，クレジットカード番号，運転免許証番号以外の各種免許証の番号など，民間事業者が割り当てた符号があげられる。

問2

イ・**ウ** 「特定の宗教に関する書籍の購買履歴」や「特定の政党が発行する新聞等を購読している」という情報だけでは，個人的な信条であるのか，単に情報の収集や教養を目的としたものであるのか判断することが困難であり，「信条」を推知させる情報にすぎないため，要配慮個人情報には該当しない。
「犯罪行為を撮影した防犯カメラ映像」は，犯罪行為が疑われる映像が映っているだけでは，犯罪の経歴（前科）にあたらないため，要配慮個人情報には該当しない。
これらは，要配慮個人情報に含まれるべき記述などを推測して知るに過ぎない情報であり，一般に「推知情報」という。

問3

エ 「オプトアウト」とは，本人の明示的な同意がなくとも，提供停止の求めを受けるまでは，個人データの第三者提供を行う方式である。通常の個人データについては，オプトアウト方式による第三者提供が認められているが，要配慮個人情報に該当する個人データについては，認められていない。

▶要配慮個人情報
要配慮個人情報とは，個人情報の中でも，本人に対する不当な差別，偏見その他の不利益が生じないように，その取り扱いについて特に配慮が必要なものを指す。本人の人種，信条，社会的身分，病歴，犯罪の経歴，犯罪により害を被った事実などがこれにあたる。

▶要配慮個人情報の取得
個人情報取扱事業者は，次の六つの場合を除き，あらかじめ本人の同意を得ないで，要配慮個人情報を取得することは禁止されている。
・法令に基づく場合
・人の生命，身体又は財産の保護のために必要がある場合
・公衆衛生の向上又は児童の健全な育成の推進のために特に必要がある場合
・国の機関などに協力する必要がある場合
・本人，国の機関などにより公開されている場合
・政令で定める場合

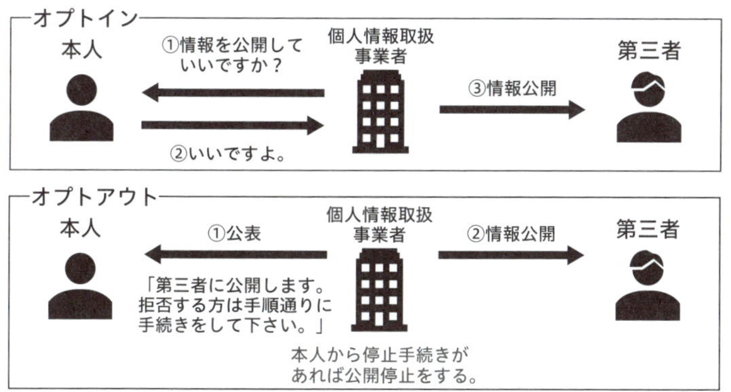

第1章

問 4

オ　匿名加工情報とは，特定の個人を識別することができないように個人情報を加工し，その個人情報を復元できないようにした情報のことをいう。「特定の個人を識別することができる記述等」の「暗号化」は適切な加工とはいえない。「全部又は一部を削除する」必要がある。

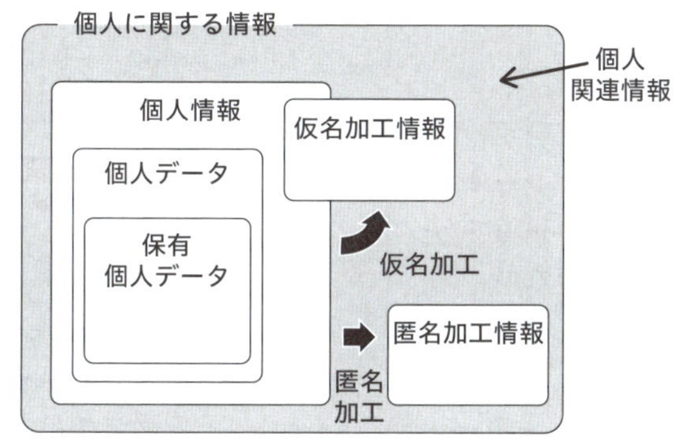

図　個人情報保護法の用語の整理

表　個人情報保護法の用語

個人に関する情報	個人の精神，身体，身分，社会的地位，財産その他一切の個人に関する事実，判断，評価を表すすべての情報。
個人情報	生存する個人に関する情報で，①特定の個人が識別できるもの，②個人識別符号が含まれるもの。
個人データ	「個人情報データベース等」を構成する個人情報のことで，容易に検索できるように体系的に構成されたもの。
保有個人データ	個人データのうち，個人情報取扱事業者が，開示，内容の訂正，追加または削除，利用の停止，消去および第三者への提供の停止を行うことのできる権限を有するもの。
匿名加工情報	個人情報を加工して，特定の個人を識別できないようにしたもの。
仮名加工情報	他の情報と照合しない限り，特定の個人を識別できないように，個人情報を加工して得られる個人に関する情報。
個人関連情報	個人に関する情報ではあるものの，個人情報，仮名加工情報，匿名加工情報のいずれにも該当しないもの。

仮名加工情報

他の情報と照合しない限り，特定の個人を識別できないように，個人情報を加工して得られる個人に関する情報のことを仮名加工情報という。

匿名加工情報が個人情報に該当しないのに対し，仮名加工情報の中には，個人情報に該当するものとそうでないものが存在する。この判断の基準となるのは，仮名加工情報と加工前の個人情報とを容易に照合できるかどうかである。例えば，自分の会社で加工を行い，加工前の個人情報も保持している場合，これらを容易に照合することが可能なので，この仮名加工情報は個人情報に該当する。

7 プライバシー・肖像権・パブリシティ権 (p.11)

解答 問1 ア ② 問2 イ ① 問3 ウ ④

compass ●プライバシー・肖像権・パブリシティ権の関係を図解すると，次の通りとなる。

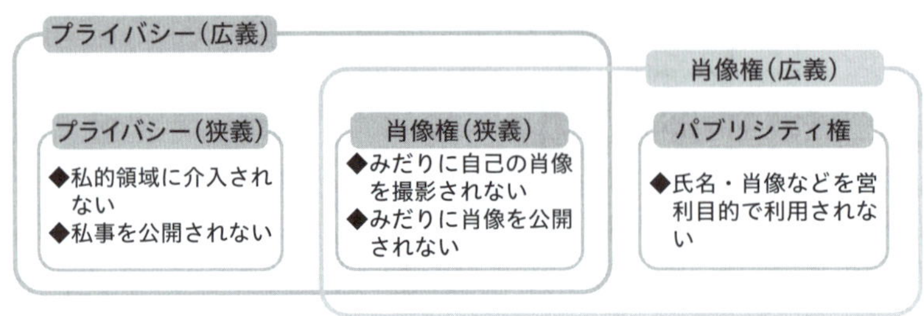

解説

問1

ア 封書の宛名や差出人欄には，住所・氏名が書かれており，これらは個人情報である。

問2

イ プライバシーである「個人の秘密」によって特定の個人を識別することができる場合があるので，個人情報とプライバシーは，重なるところがあるといえる。しかし，特定個人を識別できない情報であってもプライバシーを侵害し得ることがあるので，②は適当ではない。
また，特定個人を識別できる情報であってもプライバシーを侵害しないことがあるので，③は適当ではない。

▶プライバシー
個人情報は，「個人情報」と「個人情報ではない情報」を識別することができるが，プライバシーは，これがプライバシーであると対象を特定することができない。あくまでもプライバシーとは「権利」のことであり，人の主観によるものである。

問3

ウ 肖像権とは，自分の顔や姿態をみだりに「撮影」や「公表」などされない権利である。明文化はされておらず，判例によって確立されてきた権利であり，一般人も有名人も持っている権利である。
一方，有名人の氏名や肖像には一定の顧客誘引力があり，この価値に基づく権利のことをパブリシティ権という。この権利も判例によって確立されてきた権利であるが，有名人だけが持っている権利である。

8 産業財産権 (p.12)

解答 問1 ア ① 問2 イ ② 問3 ウ ③

compass ●産業財産権には，特許権，実用新案権，意匠権，商標権がある。

解説

問 1

ア　A　特許権…自然法則を利用した技術的アイデアのうち，新規かつ高度な発明を保護する権利

実用新案権…自然法則を利用した技術的アイデアのうち，形状，構造，組合せの工夫を保護する権利

B　特許も実用新案も「自然法則を利用した」ものであり，自然法則そのものは，特許でも実用新案でもない。

C　「コンピュータプログラムなどの形がないものや製造方法そのもの」を登録できるのは特許である。

D　産業財産権は，特許庁の所管である。

E　実用新案権は，形式的・基本的審査であるが，審査は行われる。

問 2

イ　意匠権は，新しいデザインの保護が目的であり，商標は，立体商標であったとしても，その目的は商品の識別にある。

問 3

ウ　A　商品が通常発する音　→『シュワシュワ』という泡のはじける音（①）

B　サービスの提供にあたり通常発する音　→『ジュー』と肉の焼ける音（⓪）

C　きわめて単純で，かつ，ありふれた音　→『チャリーン』という音（④）

D　広告などで，注意を喚起したり，印象付けたりするために効果音として使用される音　→『ピンポン』という音（②）

9 著作権 (p.13)

解答 問1 ア ⓪　イ ⑨　ウ ⑦　エ ⑥　オ ⑤
問2 カ ④　キ ⑧　ク ②　ケ ④　コ ⓪
サ ①　シ ⑤　ス ⑥

compass

●著作権（財産権）には，複製権，上演権などがあるが，これら「○○権」の意味は，「他人が無断で○○することを止めることができる権利」，「使用料などの条件を付けて，他人が○○することを認める権利」である。

●例外的に著作権が制限されるのは，私的使用，引用，教育機関における複製等，営利を目的としない上演等がある。

解説

問1

ア ～ オ　著作権法上の「公衆」は，一般的な「公衆」の概念とは異なるため，注意が必要である。著作権法上の「公衆」とは，「不特定の人」または「特定多数の人」を意味する。相手が「一人」であっても，「誰でも対象となる」場合には「不特定の人」にあたるので，公衆向けになる。

	少数の人（一人を含む）	多数の人
特定の人	公衆ではない	公衆
不特定の人	公衆	公衆

問2

(1) カ ～ ク　著作権法では，一定の「例外的」な場合に著作権などを制限して，著作権者等に許諾を得ることなく利用できることを定めている。しかし，著作権が制限される場合でも，著作者人格権は制限されないことに注意が必要である。

(2) ケ ～ シ　営利を目的とせず，観客から料金をとらない場合は，公表された著作物を上演・演奏・上映・口述することができる。よって，図書館のCDを劇中で使用する（演奏する）ことは，この例外規定によるものである。一方，インターネットの音源の利用に際しては，一般的にはダウンロード（複製）する必要があるが，「複製」する行為はこの例外規定には含まれない。この場合は，教育機関における複製等という例外規定によるものであると考える。

(3) ス　a：撮影し，家庭内で動画を視聴するのは，例外規定の「私的使用のための複製」にあたり，著作権手続きは不要である。

b：無料であってもクラスのみんなに配布することは，私的の範囲を超えているので，例外規定の「私的使用のための複製」にあたらず，また，クラスのみんなへの配布は，授業の目的を超えているので，例外規定の「教育機関における複製等」にあたらない。よってこの場合は，著作権手続きは必要である。

c：クラスのみんな個々でDVDの代金を負担しても，bと同様である。

d：学校のWebサイトにアップロードすることは，「教育機関における複製等」にあたらないので，著作権手続きは必要である。

▶音楽著作権管理事業者
長年にわたって日本音楽著作権協会（JASRAC）が音楽著作権管理事業を独占してきたが，2001年10月1日に施行された著作権等管理事業法により，著作権管理事業は自由競争の時代に突入した。
現在，音楽著作権管理事業者には，日本音楽著作権協会の他，株式会社NexToneや株式会社International Copyright Associationなどがある。

▶営利を目的としない上演等
非営利での利用目的で著作権者の許諾なく著作物を利用するためには，次の三つの条件が必要となる。
・未公表の著作物を扱わないこと
・営利を目的としないこと
・観客から入場料や観覧料などの料金を徴収しないこと

▶私的使用のための複製
私的使用といえるためには，次の三つの条件が必要となる。
・業務や営利目的ではないこと
・家庭や個人という限られた範囲内で私的に利用する目的であること
・使用する者自身が複製すること

10 クリエイティブコモンズ (p.15)

解答 問1 ア ④ イ ⓪ ウ ② エ ③
オ・カ ⑥・⑨（順不同）
問2 キ ① ク ③ ケ ⓪ 問3 コ ②

compass ●例外的に著作権が制限されるのは，私的使用，引用，教育機関における複製等，営利を目的としない上演等などがある。

第1章

解説

問2

ア ～ ケ い：①が付いていると営利目的には使用できず，「喫茶店営業のため」には使用することはできない。

ろ：③が付いていると改変することはできず，「写真の一部を切り取る」ことはできない。

は：⓪は，原作者のクレジット（氏名，作品タイトルなど）を表示することを条件としている。

問3

コ 元の作品にSA（継承）アイコンが付いている場合は，元の作品と同一のライセンスを付けなければならない。この場合は，SAアイコンが付いていないので，二次的著作物には，元の作品に付いているライセンスよりも同じか，より制限を課す条件でのライセンスを付けることができる。よって，元の作品の表示が「BY-NC」であるから，同じである「BY-NC」か，より制限を課す「BY-NC-ND」，「BY-NC-SA」を付けることができる。

表 原作品のライセンスと新しく作った作品に付けることができるライセンスの種類

原作品＼新作品	BY	BY-NC	BY-NC-ND	BY-NC-SA	BY-ND	BY-SA
BY	○	○	○	○	○	○
BY-NC	—	○	○	○	—	—
BY-NC-ND	—	—	—	—	—	—
BY-NC-SA	—	—	—	○	—	—
BY-ND	—	—	—	—	—	—
BY-SA	—	—	—	—	—	○

なお，「ND（改変禁止）」の条件の付いた作品は，そもそもその作品を利用して新しい作品を作ることが認められないので，「BY-NC-ND」と「BY-ND」の欄には○が一つもない。
また，「SA（継承）」の条件の付いた作品では，新しい作品は元の作品と同一のライセンスしか付けることができないので，「BY-NC-SA」と「BY-SA」では同一のライセンスのみとなる。

11 情報セキュリティ (p.16)

解答 問1 ア・イ ②・③（順不同） 問2 ウ ⑤ 問3 エ ③
問4 オ ④ カ ② キ ① 問5 ク ⓪
問6 ケ ② 問7 コ ① 問8 サ ④ 問9 シ ③

compass ●マルウェアには，コンピュータウイルス，トロイの木馬，ワームなどがあり，それぞれがどのようなものかを理解しておく。また，それに対して有効な対応策（ウイルス対策ソフトウェアや定義ファイルの更新など）も把握しておく。

解説

問1

ア・イ ⓪ 不適当である。使われる文字の種類を増やすことはパスワードの設定において推奨されることである。

① 不適当である。ワンタイムパスワード認証とは，一度だけ，あるいは短時間だけ利用できるパスワードを利用した認証のことである。同じ時間にワンタイムパスワードを発行しても異なるパスワードが発行されるので問題ない。

②③ 適当である。

④ 不適当である。一定回数続けてログインに失敗した場合に，一時的にログイン不能にする仕組みであるため，早くログインを繰り返せばよいというわけではない。

▶パスワードの付け方として，英字だけではなく数字と記号を含み，短すぎたり長すぎたりしないことや他人が類推しやすいものを使わない，といったものがある。

問2

ウ パスワードの数は，各桁に入り得る数字が10通りずつあるため，$10 \times 10 \times 10$通りある。一つのパスワードに0.1秒かかるので，$1000 \times 0.1 = 100$秒かかる。

問3

エ **あ**，**い**は適当である。**う**は被害軽減のためのバックアップを取る作業は重要なことだが，そのために常にネットワークにつないだ状態にしておくことは危険な場合があるため不適当である。よって，③が適当である。

問4

オ 機密性とは，ある情報へのアクセスを認められた人だけがその情報にアクセスできる状態を指すため，④である。

カ 完全性とは，情報が破壊，改ざんまたは消去されていない状態を指すため，②である。

キ 可用性とは，情報へのアクセスを認められた人が必要なときに，中断することなく情報にアクセスできる状態を指すため，①である。

問5

ク Aは，持ち出すことで紛失する事態を防ぐために管理し機密性を高める。
B，Cは，データの消去がなされても，ログの情報やバックアップデータから元に戻すこともできるため完全性と可用性を高める。

Dは，データを見られる人に制限がかかるため機密性を高める。
Eは，システムが破壊されても二重化などにより稼働させ続けることができるため可用性を高める。
Fは，機能を損なわないための措置であるため完全性と可用性を高める。

問 6

ケ ⓪ 不適当である。トロイの木馬ではなく，狭義のウイルスの説明である。

① 不適当である。トロイの木馬の説明である。アドウェアとは，意図せず広告を表示するものである。

② 適当である。

③ 不適当である。データを読み取れないようにして，金銭などを要求するランサムウェアの説明である。

問 7

コ ⓪ 不適当である。実際の防火壁のように火を防ぐものではない。

① 適当である。

② 不適当である。ハードウェアの基本的な制御のために使用するソフトウェアはファームウェアと呼ぶ。

③ 不適当である。このようなプログラムをバックドアという。

問 8

サ ⓪ 不適当である。佐藤は書込に許可をもらっており，ファイルを読み込むことができる。鈴木は読込を拒否されているのでファイルの読み込みはできない。高橋は読込を許可されているのでファイルを読み込むことができる。以上より，不適当だと判断できる。なお，田中は変更・削除に許可をもらっているので，ファイルの読込ができる。

① 不適当である。グループに与えられた権限は，グループのメンバー全員に継承されるため，佐藤自身には書込許可はあるが，総務部に拒否が設定されているため，書込の権限はない。

② 不適当である。営業部は書込に許可が設定されているため，書込することはできる。

③ 不適当である。営業部の権限は書込許可が出ているが，鈴木自身は書込が拒否されている。許可よりも拒否が優先される設定となっているため，書込はできない。

④ 適当である。

▶アクセス権の設定の表を漏れなく読み込むことができるかどうかが重要である。

問 9

シ ⓪ 不適当である。フィルタリングサービスを利用すると危険性を知る機会が減るため，利用は抑えるべきということは誤りである。

① 不適当である。内閣府の「青少年のインターネット利用環境実態調査」によると，青少年が所有する端末のフィルタリング利用率は2019年度に37.4%とあり，非常に高いとはいえない。

② 不適当である。家庭内ルールの啓発は推奨されているが，インターネットの利用を禁止することまではいわれてない。

③ 適当である。

▶問9について，総務省のWebサイトには，「我が国における青少年のインターネット利用に係るフィルタリングに関する調査結果」が報告されており，そこに詳細がある。①について，保護者の利用する端末にもフィルタリングサービスを導入することは推奨されている。③について，多くの大人や機関が協力して教育や対話の場を作ることが必要だとされている。

12 暗号化 (p.19)

解答										
問1	ア	③	エ	⑦	問2	イ	①	ウ	⑤	
問3	オ	②	カ	⑥	キ	②	ク	③	ケ	⑤
問4	コ	②	問5 サ	①	問6 シ	②				
問7	ス	⓪	問8 セ	①	問9 ソ	⓪				

compass ●共通鍵暗号方式や公開鍵暗号方式，デジタル署名などについて理解しておく必要がある。

解説

問1

ア アルファベットを考え，「DQCX」から左に3文字ずらしたときに出てくる文字列は，③「ANZU」である。

エ 表1の使い方を理解して読み解く。「二七」であれば，最初の数字「二」が横方向の「二」の位置であり，二つ目の「七」は縦方向の「七」の位置である。それに該当する文字は「か」である。残りの数字も同様に解読していけば，⑦「かのう」であると読み解ける。

問2

イ アルファベットは全部で26字であるため，一つ以上ずらすならば，自分自身を除いた最大25通りの組合せがある（①）。

ウ AからEまでに，1文字から5文字のどれだけずらすかの組合せを考えればよいので，1～5の並び方と一致する。つまり，5!（5の階乗）となり，120通りだと判断できる（⑤）。

▶Aは1文字～5文字ずらす場合をそれぞれ考えるので5通り，BはAのずらした文字数以外の文字数をずらす場合をそれぞれ考えるので4通り，…と繰り返し考えていく。

問3

オ・**カ** 共通鍵暗号方式は，1対1のやり取りに対して1個の鍵が必要となる。3人（Aさん，Bさん，Cさんとする）の場合は，AさんとBさん，AさんとCさん，BさんとCさんの3組できるので，鍵が3個必要だと考える。その考え方でいくと，4人の場合は②6個必要であり，10人の場合は⑥45個必要である。

▶4人から2人ずつの組合せを考えるので，${}_4C_2$で計算する。
10人の場合は，${}_{10}C_2$である。

キ～**ケ** 公開鍵暗号方式は，1人が用意する鍵の数は二つであり，それがやり取りする人数分必要になる。2人の場合は，(二つの鍵)×(2人)で4個必要だと考える。その考え方でいくと，3人の場合は②6個，4人の場合は③8個，10人の場合は⑤20個となる。

問4

コ 公開鍵暗号方式の流れは，受信者が公開鍵と秘密鍵を用意する。送信者は受信者が作成した公開鍵を用いて暗号化しデータを送信する。受信者は暗号化されたデータを受信者自身が作成した秘密鍵を用いて復号する。よって，②が適当である。

問5

サ ⓪ 不適当である。共通鍵暗号方式は公開鍵暗号方式より複雑ではないため，処理速度は速い。

① 適当である。

② 不適当である。鍵が二つあるため複雑な計算処理が必要となり，処理速度は遅い。

③ 不適当である。公開鍵を用いて暗号化したものは秘密鍵でしか復号することができないため，公開鍵を複製されても安全性は確保される。

問 6

シ SSL/TLS は，公開鍵暗号方式と共通鍵暗号方式の両方を利用しており，それぞれの欠点を補うような形で機能している。従来の共通鍵暗号方式と同様の方法で送信するデータを暗号化し送信する。その後，共通鍵は公開鍵を用いて暗号化し送信すれば，安全に共通鍵を相手に渡すことができる。

受信者は，暗号化された状態で届いた共通鍵を秘密鍵で復号する。さらに，復号した共通鍵を用いて暗号化されたデータを復号し，安全に通信をすることができる。よって，②の組合せが適当である。

問 7

ス デジタル署名は，公開鍵暗号方式の逆を行うことである。要約文を暗号化するのは送信者の手順なので，手順**い**は送信者の秘密鍵を使う。手順**え**は暗号化された要約文を元に戻すので，送信者の公開鍵である。

問 8

セ 公開されている公開鍵で正しく復号できればなりすましでないことを証明するものであることから，①が適当である。

問 9

ソ ⓪ 適当である。

① 不適当である。シーザー暗号や上杉暗号は鍵を知っていないと解けないが，簡単な鍵であれば自力で解くことは難しくない。そうなったときに，なりすましを防ぐ効果はなくなるため，なりすましを防ぐために作られた技術とはいえない。

② 不適当である。暗号と認証の関わりは深いが，認証のために暗号化方式が生み出されてきたとはいえない。また，暗号方式の種類の分の認証局も存在しない。

③ 不適当である。情報の隠蔽（いんぺい）を防ぐ効果はない。

▶第三者に鍵が渡らないように注意して送信者に鍵を渡さなければならない。計算速度の速いコンピュータが登場すれば，その限りではないが，現在の技術では公開鍵暗号方式の安全性は確保されている。

▶公開鍵暗号方式の欠点は処理が複雑で処理速度が遅いことであり，共通鍵暗号方式の欠点は鍵の受け渡しが面倒なことである。
なお，公開鍵を認証局に届け出ることで，間違いなく公開鍵が受信者のものであると証明することができるため，なりすましの防止にもつながる。

第2章 コミュニケーションと情報デザイン

13 コミュニケーション／メディアリテラシー (p.24)

解答 問1 ア ③ イ ① ウ ⓪ エ ①
オ ③ カ ③ キ ② ク ⑤
問2 ケ・コ・サ ②・③・④（順不同）

compass
- 情報の発信者と受信者の空間的位置関係やコミュニケーションの時間的な位置付け，また発信者と受信者の人数により，コミュニケーションを分類することができる。
- 発信者と受信者の空間的位置関係
  直接コミュニケーション，間接コミュニケーション
- コミュニケーションの時間的な位置付け
  同期コミュニケーション，非同期コミュニケーション
- 発信者と受信者の人数による分類
  個別型（1対1）コミュニケーション，マスコミ型（1対多）コミュニケーション，逆マスコミ型（多対1）コミュニケーション，会議型（多対多）コミュニケーション

解説

問1

ア～ク (1) い は，「相手が離れた場所にいて，いつメッセージを確認するか分からない状況」なので，間接および非同期コミュニケーションである。これに該当するのは，伝言と電子メールである。

ろ は，「相手が離れた場所にいて，いつでもメッセージを確認できる状況」なので，間接および同期コミュニケーションである。これに該当するのは，電話とチャットである。

以上のことから，組合せとしては，③と④が考えられるが，問題文中の ろ には「こちらは急いで要件を詳しく伝える必要がある」とあり，詳しく伝えるためにはチャットではなく電話が最適だと分かる。

(3) 相手と自分が直接対面している（直接）にもかかわらず，相手がいつ受信したか分からない（非同期）ようなコミュニケーションは，一般的にはあり得ない。

問2

ケ～サ 適当でない選択肢の理由は以下の通りである。

⓪ 公共機関のWebページだからといって，必ずしも「情報には誤りがない」と断言することはできない。

① 複数のWebページを比較すること（クロスチェック）はよいが，二つだけでは少ない。

クロスチェック
検証の精度や信頼性を高める手法の一つで，二つ以上の異なる方法や観点，資料などによりチェックを行うことをいう。

ダブルチェック
クロスチェックに似たものとして，ダブルチェックがある。これは，「チェックを二回，それぞれ別の人が行う」という意味の言葉である。

14 情報デザイン (p.25)

解答 問1 ア ⓪ イ ② ウ ①
問2 エ ④ オ ① カ ⓪
問3 キ ④ ク ② ケ ③

compass ●バリアフリーとユニバーサルデザインの考え方を整理しておく。

第2章

解説

問1

(1) ア・イ 情報バリアフリーは，障がい者や高齢者などの「特定の人に対して」バリアを取り除くものである。一方，ユニバーサルデザインは，「すべての人に対して」「はじめから障壁のないようにする」という考え方である。

	対象	内容
情報バリアフリー	特定の人	障壁を取り除く
ユニバーサルデザイン	すべての人	はじめから障壁なく設計する

(2) ウ ③の「品質を保証するマークや企業の商標など」はロゴである。ピクトグラムは，文字を使わずに情報を伝達するために作成された絵文字であり，次のような特徴がある。

・予備知識がなくても，その国の言語が分からない人でも理解しやすい。
・誰が見ても理解できるように単純化され，色は2色程度で表現されている。
一方，アイコンは，物事の機能を簡単な絵柄で記号化したものであり，パソコンやスマートフォンなどの画面上で使われることが多い。特徴は次の通りである。
・そのものだけでは何を表しているのか明確ではなく，補足説明が必要な場合が多い。
・表現される対象がひと目で分かりにくい場合には，文字を併用する。ピクトグラムと異なり，色の制限はない。

問2

(1) エ・オ 情報の出力部分の問題点は，次の四つである。
「メニューが多すぎて選びにくい」
「文字が小さい」
「画像も小さくて見にくい」
「アイコンに文字がないから，何のボタンなのか分かりにくい」
情報の入力部分の問題点は，次の一つである。
「タッチパネルが反応しないこともある」

(2) カ ⓪「メニューが多すぎる」ことは，お年寄りに限らず使いにくい。
② 「ボタンのアイコンに文字を表示」することは，お年寄りに限らず，すべての人にとっての改善点である。
③ 「ジャンルごとに，色分け」することは，お年寄りに限らず，すべての人にとっての改善点である。

▶ユーザインタフェースの歴史
1940年代～60年代の初期のコンピュータでは，ユーザはパンチカードや紙テープを用いてコンピュータを操作していた。その後，1960年代後半にUNIXが登場し，文字のみを入出力するCUI（Character User Interface）が主流となる。さらに1980年代にMacintosh，1990年代にWindows3.1やWindows95が登場したのを機にGUI（Graphical User Interface）が普及し，現在に至る。

▶間違った行為をアフォードしてしまう例
ある特急列車では，空席情報を伝えるランプが座席ごとに設置されている。指定席の予約をしていなくても，空席ならば座ることができるからである。その点灯している色により次のような説明が書かれている。
赤色：現在空席です。お座りいただけます。
黄色：まもなく指定席発売済の区間となります。
緑色：指定券発売済の区間です。
「空席＝座ることが許可されている」といった解釈から，「肯定的なイ

④「感度を調節」したり，「物理的なボタン」への変更をしたりすることは，お年寄りに限らず，すべての人にとっての改善点である。

問 3

(1) キ ・ ク シニフィアンとは，もともとフランス語で「意味するもの」にあたる表現であるが，言語学者フェルディナン・ド・ソシュールが導入した概念で，「文字や音声で意味しているもの」を指す用語である。アフォガードは，イタリア発祥のドルチェの一つで，バニラアイスに熱々のエスプレッソをかけて食べるものである。

(2) ケ 「ユニバーサルデザインの考え方を考慮」するというところがポイントである。例えば，「→」などの貼り紙を貼ること（⓪・①・②・④）は，目の不自由な方を導くことはできない。また，「右に引く」などの貼り紙を貼ること（①・④）は，漢字や英語を理解できない年少の子どもを導くことはできない。

メージの緑色は空席である」と誤解してしまう。そのため，緑色のランプが点灯している席に座ってしまう間違った行為をアフォードしてしまうのである。

15 カラーバリアフリー (p.27)

解答 問1 ア ③ イ ⑤ 問2 ウ ① エ ③
問3 オ ・ カ ①・②（順不同） キ ⑤ ク ③

compass ●色における様々な知識を整理しておく。

解説

問1

ア ・ イ ⓪「明るい気持ちにしたり，親しみやすいイメージを与えたりする」のは，オレンジ色の効果である。

①「気持ちを落ち着かせたり，集中力を高めたりする」のは，青色の効果である。

②「気持ちを引き締めたり，不安感を与えたりする」のは，黒色の効果である。

④「注目を集める効果があり，危険や注意・警告を伝える」のは，黄色の効果である。

問2

ウ ・ エ 中性色は，色相環の暖色と寒色の中間に位置する色のことである。

反対色は，補色の隣近辺の色のことである。

有彩色は，わずかでも彩度のある色のことである。ちなみに，白・灰・黒など，彩度のない色を無彩色という。

問3

オ ～ ク 文字と背景色の組合せで，見分けにくい色の例と見分けやすい色の例を示す。

＜見分けにくい色の例＞

白と黄色，赤と黒，赤と紫，緑と赤，緑と茶色　など

＜見分けやすい色の例＞

白と青，白と緑，白と赤，黄色と青，黄色と黒　など

▶色覚バリアフリーを商品などに活かした例

テレビのリモコンにある青，赤，緑，黄のボタンにそれぞれの色名が明記されている。

また，東京地下鉄路線図では，路線図の地図表示範囲を変更し，駅名表示を大きくし，コントラストを明瞭にして高齢者などにも分かりやすくしている。さらに，路線カラー相互の色相・明度・彩度の差が大きくなるように調整している。

16 情報の構造化と可視化 (p.28)

解答 問1 ア ④ 問2 イ ③ 問3 ウ・エ ②・④（順不同）
問4 オ ⑤ 問5 カ ⓪

compass
- 情報の整理の各基準の具体例は次の通りであり，押さえておくとよい。
  場所：時刻表，都道府県別，地域別の分類　など
  アルファベット：辞書，電話帳　など
  時間：スケジュール帳，年表　など
  カテゴリー：図書館の本棚，教科書　など
  階層（連続量）：身長別の分類，ランキング　など
- PDCA サイクル以外に，OODA（ウーダ）ループ，STPD サイクル，DCAP サイクルなどといったものがある。これらは業務改善のフレームワークとして用いる。

解説

問 1

ア LATCH 法に関して，各基準の説明とすでにあがっている例から他の例を判断できるかを問う問題である。
選択肢より，場所によって情報が整理されているものは，「番組表」，「スーパーの商品配置」，「路線図」であるため，①～⑤が当てはまる。
アルファベットによって整理されているものは「絵本の陳列」であるため，①，②，④であると絞り込める。
時間によって整理されているものは「番組表」であるため，さらに②，④となる。
カテゴリーによって整理されているものは「スーパーの商品配置」であるため，最後は④と判断できる。
なお，階層（連続量）によって整理されているものは「果物の等級」である。

問 2

イ 場所，時間，階層（連続量）に関する情報は特に読み取れないため，当てはまらない。アルファベットは，「商品一覧」と「お問い合わせ」と「ブログ」を比べた場合，特に言語的な順番になっていないため，③カテゴリーに沿って整理されていると判断できる。

問 3

ウ・**エ** ⓪ 新着順になっているため不適当である。
① 年月日の日に着目することが不適当である。
② 適当である。
③ 一桁目の数字に着目することが不適当である。
④ 適当である。
⑤ 実際の店舗の配置が分からず，Web ページ上での並びに関連させる必要はない内容のため不適当である。

問 4

オ　⓪について，月初，月中，月末の定義が人によって曖昧であることにより，提出されたものから順次確認する意図通りに管理できない。
①について，部署ごとのフォルダ分けをすることは提出を順次確認する意図にそぐうとは考えにくい。
②，③について，各フォルダ名はファイル名が自分の名前であるから提出しやすくする意図にはそぐわない。
④，⑥について，意図とファイル名がちぐはぐである。
⑤について，提出の有無と部署ごとのフォルダ名は対応付けがしやすい。

問 5

カ　Plan → Do → Check → Act という流れになっていることが文中より判断できる。その流れを踏まえている図は⓪である。その他の図は，どのような流れになっているかを判断できない。

第2章

17 配色 (p.30)

解答 問1 ア ② 問2 イ ⑥ ウ ④
問3 エ ① オ ⑦ カ ④ 問4 キ ① ク ③
問5 ケ ⑤ 問6 コ ④ 問7 サ ① 問8 シ ③

compass
- 現代社会では色を用いた情報伝達が行われており，道路標識などはJIS規格で配色が定められている。
- 色には，色味である色相，色の明るさの度合いである明度，色の鮮やかさの度合いである彩度の三つの属性がある。
- 色覚には多様性があるので，カラーユニバーサルデザインを意識して配色するとよい。

解説

問1

ア 暖かさを感じさせる赤やオレンジなどの色を暖色という。暖色は食欲を促進する色といわれており，ファストフード店など飲食店の看板やロゴなどで使用されていることが多い。赤やオレンジは物体が大きく見える膨張色でもあるが，膨張色には白なども含まれているため，④は不適当である。

⓪ 純色とは各色相において最も彩度の高い色のことをいう。
① 混色とは2色以上の色を混ぜることをいう。
③ 寒色は暖色の反対で青など冷たさを感じさせる色のことである。
⑤ 収縮色は膨張色の反対で物体が収縮して小さく見える色のことである。
⑥ 有彩色とは色味を持つ色のことである。
⑦ 無彩色は白，黒，灰などの色味のない色のことである。

問2

イ JISが定める安全色の規格をJIS安全色といい，禁止や停止を表すときは⑥赤を用いる。

ウ JIS安全色では注意や警告を表すときは，④黄を用いる。

問3

エ 色味のことを①色相という。⓪色覚とは，色を見分ける感覚のことをいう。②色度とは，色相と④彩度を合わせた情報を数量的に表したものである。

オ 明るさの度合いを明度という。

カ 鮮やかさの度合いを彩度という。感度は分野によって様々な定義があり，例えば受信機や測定器などでは電波を感じる度合いを表すときに用いる。照度は物体の表面を照らす光の明るさを表す度合いである。輝度は発光体の表面の明るさを表す度合いで，ディスプレイの明るさを表すときにも用いられている。

問4

キ 色相環で正反対に位置する関係の色の組合せのことを補色という。補色の関係にある色どうしを組合せると，互いの色を目立たせることができる。

ク 色相環上で隣の位置にある色のことを類似色という。色と色の差が小さいので，この組合せで配色すると統一感が生まれる。

問 5

ケ 色の見え方には個人差があり，人間の色覚の違いは多様性の一つである。このような色覚の多様性を踏まえ，誰もが利用しやすい環境や情報を提供できるように配色するという考え方がカラーユニバーサルデザインである。現在では多くの自治体がカラーユニバーサルデザインに関するガイドラインなどを作成し，誰にでも識別できる印刷物や案内標識などの普及に取り組んでいる。

第2章

問 6

コ 色の見え方には個人差がある。そのため，色のみや色の使い分けだけによって情報を伝達しようとしないことが重要である。よって，④「色だけで情報を伝えようとせずに，文字の大きさを変えたり，下線を引いたりなどの工夫をするとよい」が適当である。

問 7

サ 印刷用のデータを作成するときに使用するソフトウェアで編集モードが選択できるときは，CMYK モードを選択するとよい。プリンタはシアン（C），マゼンタ（M），イエロー（Y），ブラック（K）の4色を混ぜて色を表現しているが，ディスプレイは赤（R），緑（G），青（B）の3色を混ぜて色を表現しており，そもそも表現できる色の範囲が異なっているからである。ディスプレイで確認した色味と同じ色味で印刷するためには，最初からプリンタで表現できる色の範囲で表示する CMYK カラーで編集することで，印刷後に色味が違うといったトラブルを減らすことができる。

②のインデックスカラーは最大256色までの色が使用できるカラーモードである。色数が限定されてしまうため不適当である。

③のグレースケールは黒と白と254段階の濃淡で表した灰色で表すモードで無彩色しか表現できないため，不適当である。

問 8

シ ディスプレイでは RGB カラーで色を表現し，プリンタでは CMYK カラーで色を表現している。RGB カラーと CMYK カラーは色を表現できる範囲（色域）が異なり，RGB カラーで表現できても CMYK カラーでは表現できない色，あるいは CMYK カラーで表現できても RGB カラーでは表現できない色がそれぞれ存在する。CMYK カラーの方が RGB カラーで表現できる範囲よりも狭いので，③「プリンタで出力できる色の範囲になるようディスプレイの色の表現範囲を調整し合わせる」が正解となる。

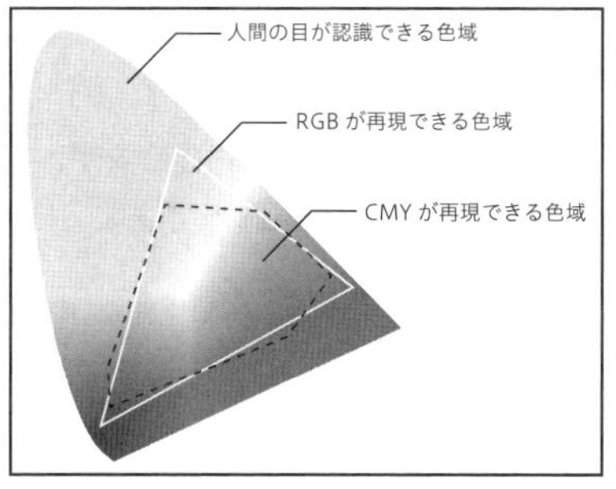

18 HTML と CSS (p.32)

解答 問 1 ア ⓪ 問 2 イ ① 問 3 ウ ③ 問 4 エ ①
問 5 オ ③ カ ⓪ キ ② ク ①
問 6 ケ ・ コ ②・④（順不同）

compass
- HTML では，文書の構造や表示する内容をタグと呼ばれる文字列を用いて記述する。
- タグは < タグ名 > ～要素の中身～ </ タグ名 > のように開始タグと終了タグで囲む。`<img>` といった開始タグのみの（終了タグがない）タグがある。
- タグには `<a href="…">` のように属性や属性値を指定するものもある。
- 属性値として表示させる画像やハイパーリンクのアドレスを指定する際に，ドメイン名から順に指定する絶対 URL と，表示させている HTML ファイルを基準としてどの階層にあるかを指定する相対 URL がある。
- CSS（カスケーディングスタイルシート）は，HTML 文書をどのような体裁（表示）にするかを指示するものである。
- CSS をそれぞれの要素（タグ）に装飾を指定する場合に，設定したい対象をセレクタで表し，{}（波かっこ）内に設定する内容を記述する。
- 要素（タグ）セレクタ・ID セレクタ・クラスセレクタの 3 種類の方法で指定することができる。

解説

問 1

ア タイトル，見出し，本文，画像の数や表示される順序で判断できる。図 2 の title タグ・body タグ内の h1 タグが「実教飲料」となっている。よって，⓪が適当である。

問 2

イ セレクタはページ全体を表す body タグを，背景の設定としてプロパティを background とし，設定値を色名で記述する。よって，①が適当である。

問 3

ウ 図 2 の下線部の一部分だけにスタイルを設定する場合を考える。p タグはページ内に複数あり，下線部は point がクラス名として記述されている。セレクタとしてクラス名を指定するには「.（ドット）クラス名」と記述することが必要である。よって，③が適当である。

問 4

エ ここは相対 URL の指定であり，トップページの「あ」は一番上の階層（ルートディレクトリ）にある「`index.html`」であり，「う」はその一つ下の階層「water」内にある。「/（スラッシュ）」はディレクトリの階層を区切る記号で，「..」は一つ上の階層への参照を表す。「う」からみて「あ」は一つ上の階層である。よって，①が適当である。

問 5

オ `<title>` ～ `</title>` とすべき部分を `<tittle>` ～ </

おもなHTMLのタグ
- html…html 文書の宣言
- head…ヘッダ情報
- title…文書のタイトル
- style…CSS を記述
- body…文書の本体
- h1，h2，…h6
  …見出し（レベル 1～6）
- p…段落
- ul…箇条書きリスト
- li…リストの各項目
- img…画像の表示
- a…ハイパーリンク

▶問 1 の①は図 1 の「う」，②は図 1 の「い」を表示させたもの。

▶問 2 のプロパティ color は，文字色を指定する際に用いる。

▶問 3 の⓪は p 要素すべてに設定する場合，②は ID 名で指定する場合，①は HTML には point 要素はないため誤った指定方法である。

tittle> のように誤って記述してしまった場合の例である（タグを誤って記述した場合でも，Web ブラウザでは何らかの表示がされるが，画面のデザインが崩れて表示されることになる)。よって，③が適当である。

カ　<img src="orange.jpg"> と半角文字で記述すべき部分を誤って全角文字で記述した場合の例である。HTML タグはすべて半角文字で記述する必要があり，全角文字と半角文字は同じ読みであっても，別の文字コードが割り当てられ別物である。よって，⓪が適当である。

キ　<h2> 商品データ </h2> とすべき部分を，<h2> 商品データ <h2> のように終了タグの「/」の記述を忘れた場合の例である。終了タグがなく h2（見出しレベル 2）が以降も続くと Web ブラウザが解釈することになり，「メーカー：」以降の行も「商品データ」と同じ表示となっている。よって，②が適当である。

ク　<img href="../index.html"> トップページへ <a> とすべき部分を，誤って記述した場合の例である。ハイパーリンクをクリックしページを読み込む際に，Web サーバから「Not Found（＝見つからない)」とエラー表示が返される。よって，①が適当である。

▶問 4 の⓪と②は「う（参照元自身)」，③は「う」の階層以下は「water」がないためエラーとなる。

問 6

ケ・**コ**　⓪は文字色を指定，①背景画像の設定，⑤は表示させる端末により表示を変化させる。これらは見た目の設定項目であり，CSS で指定する内容である。
③を行うと文字の大きさは変わるが，<h2> や <h3> は見出しのレベルを記述するものであり，文字の大きさを変える目的で指定するものではない。文字の大きさは CSS で指定すべき内容である。よって，②と④が適当である。

▶問 6 の③は勘違いされやすいものである。見出しを表す <h1> ～ <h6> は，6 種類のレベルしかない。文字の大きさは CSS で変更できる。
⑤は「レスポンシブデザイン」といい，同じ HTML であっても読み込む端末の種類によって CSS を変え，それぞれの見やすい表示にする方法である。

19 デジタル化・情報量 (p.34)

解答 問1 ア ⓪ イ ① ウ ⓪ エ ① オ ⑤
問2 カ ⓪ 問3 キ ③ ク ⑤ ケ ④
問4 コサシ ⑤⑦⑥ 問5 ス ③ 問6 セ ⓪ 問7 ソ ①
問8 タチ ⑨② 問9 ツテ ①② 問10 ト ④

compass
- アナログデータをデジタルデータに変換する過程として，標本化，量子化，符号化がある。
- アナログデータをデジタルデータにすることをA/D変換といい，逆にデジタルデータをアナログデータにすることをD/A変換という。
- 1ビットにつき，0か1の二つの情報を区別することができ，ビット数が増えるほど，多くの情報を扱うことができる。

解説

問1

ア 連続して聞こえている音声はコンピュータで加工されていない⓪アナログデータである。

イ コンピュータで処理するためには音声をデジタル化しなければならない。よって，コンピュータの中にある音声データは①デジタルデータである。

ウ コンピュータに保存されているデジタル化された音声データは，⓪アナログデータに変換され，スピーカーから流れている。

エ 簡単にデータの加工や編集をすることができるのが①デジタルデータの特徴である。

オ 情報の最小単位を⑤ビットという。

問2

カ アナログデータをデジタルデータに変換する処理を行うのは⓪ A/D変換器（A/Dコンバータ）である。デジタルデータをアナログデータに戻すときには② D/A変換器（D/Aコンバータ）を用いる。

▶ AC/DC変換器は交流電圧を直流電圧に変換する機器のことである。その逆がDC/AC変換器である。
HDMI変換器はアナログのビデオ信号などをHDMI信号に変換する機器のことである。
VGA変換器はVGAが搭載されたディスプレイなどに出力できるようにHDMIによる映像信号を変換する機器のことである。

問3

キ データを一定の間隔で分割し，量として取り出すことを③標本化という。

ク 一定の間隔で分割して取り出した量を，あらかじめ定めた段階値に変換することを⑤量子化という。

ケ 量子化された数値を0と1に変換することを④符号化という。

問4

コサシ スイッチは横24個，縦24個なので，24×24＝576個ある。

▶ 8で割るのは総ビット数をバイト単位で表すためである。

問 5

ス　一つのスイッチにつきオンかオフの２通りを区別できればよい。よって，１ビットあれば区別できる。
24×24×1（ビット）÷8＝72（バイト）であることから，③が正解である。

問 6

セ　反転させても一つのスイッチにつき，オンかオフの２通りを区別していることに変わりはない。情報量に変化はないので，⓪が適当である。

第2章

問 7

ソ　分割する間隔を小さくするほど元の音声に近づけることはできるが，デジタルデータは一定の間隔で区切って変換してしまっているため，アナログデータと完全に一致させることはできない。なお，標本化定理により，元の信号の最大周波数の２倍よりも高い周波数にすればアナログ信号が再現できるとされているが，標準分割回数が定められているわけではない。よって，①が適当である。

問 8

タ チ （135×10－108）÷1350＝0.92　よって，92％の削減
一つにつき135kバイトある画像ファイルが10個あるので，ファイルサイズは合計で1350kバイトになる。このファイルが108kバイトになったことから，削減されたデータの割合を求めると，上記の計算式となる。

削減されたデータ量の割合を計算する問題である。圧縮率の計算ではないことに注意する。

問 9

ツ テ 3156を２進数に変換すると，110001010100となる。よって，メンバー全員を区別するために必要なビット数は12である。

問 10

ト　デジタル化された音声データの情報は数値化されることで加工が容易になる。よって改ざんしにくいことはないため，⓪は不適当である。
デジタル化した情報は，例えばデータを転送する際に情報が欠けたり，保存時に書き込みエラーが発生することもあるので，劣化したり破損したりするおそれがないとはいえない。よって，①は不適当である。
非可逆圧縮を選択した場合は完全に元の状態には復元できない。よって，②は不適当である。
圧縮処理をしても効果がないデータもある。よって，データ量が膨大になることもあるため，③は不適当である。
デジタル化のメリットは情報が数値化されることによって簡単に編集や修正作業ができることである。よって，④が適当である。

20 2進数（p.36）

解答 問1 アイウエ ①①⓪⓪ 問2 オ ② 問3 カ ⑤
問4 キ ③ 問5 ク ⑤ ケ ① 問6 コ ②
サ ⑦ 問7 シ ④ 問8 ス ② セ ⑥
ソ ① 問9 タ ② チ ⑥

compass
- 2進法で加算する場合，1＋1＝10で桁が上がる。
- 2進法で減算する場合，0－1は上の桁から値をもらって引くので1になる。
- 補数とは，ある自然数に足して桁が上がる数のうち，最も小さな数のことである。

（例）10進数の1がある。この場合，10進数の9が10の補数
　　2進数の1がある。この場合，2進数の1が2の補数
　　2進数の110がある。この場合，2進数の10が2の補数
- 2進法において補数を求めるときは，0と1を反転させて1を加えればよい。

解説

問1

アイウエ 2進法では，0と1の二つの数字のみで数値を表現する。0がオフで1がオンである。4ビット目と3ビット目がオンと表記されているので，1100が適当である。

問2

オ ここでは，AからDまでの4枚のカードを使って数当てマジックをしている。すべてのカードに数字がある状態は2進数で1111となり，10進数にすると15となる。すべてのカードに数字がないということは2進数で表すと0000となるが，Sさんは「1から16までの数字を思い浮かべて」と言っているので，この場合0を思い浮かべたということにはならない。つまり，桁が上がって5ビット目が1となり，2進数で表すと10000，10進数で16であるということになる。よって，思い浮かべた数字は16になるので，②が適当である。

問3

カ 4枚のカードを使った数当てゲームは，$2^4=16$で1～16までの数値を当てると考えればよい。同じルールなので，7枚のカードでは$2^7=128$となる。よって，⑤が適当である。

問4

キ 10101100000100000000101010110100を8ビットごとに四つに区切る。
左端から順に10進数に変換する。
10101100 → 172
00010000 → 16
00001010 → 10
10110100 → 180
よって，③が適当である。

問 5

ク 下記の手順により，⑤が適当である。

```
 1繰り上げ                                    1繰り上げ
  11001       11001        11001        11001        11001
+ 10101  →  + 10101  →   + 10101  →   + 10101  →   + 10101
     10         110         1110        01110       101110
```

ケ 下記の手順により，①が適当である。

左の桁から繰り下げる。2の固まりが下りたので2-1で3桁目は1

4桁目は繰り下げて使ったので残りは10001

```
                          10001        10001
  11001       11001      ~~11001~~    ~~11001~~      11001
- 10101  →  - 10101  →   - 10101  →   - 10101  →   - 10101
     00         100         0100        00100        00100
```

2進法に2という概念はないが，10進法の引き算のように10の固まりが下の桁に下りて引き算するのと同様に，2の固まりが下の桁に下りて引き算するという考え方である。

問 6

コ 補数は，ある自然数に足して桁が上がる数のうち，最も小さな数のことをいう。よって，②が適当である。

サ 2進法で補数を求めるときは，各桁の0と1を反転し，1を加えることで求められる。よって，⑦が適当である。

問 7

シ 10011100の各桁を反転させると01100011となる。これに1を加えると，01100100となる。よって，④が適当である。

問 8

ス 1011の各桁を反転させると0100である。これに1を加えると，0101となる。よって，②が適当である。

セ

```
  0101
+ 1111
 10100
```

となる。よって，⑥が適当である。

ソ 10100の5ビット目を無視するので0100となる。よって，①が適当である。

問 9

タ

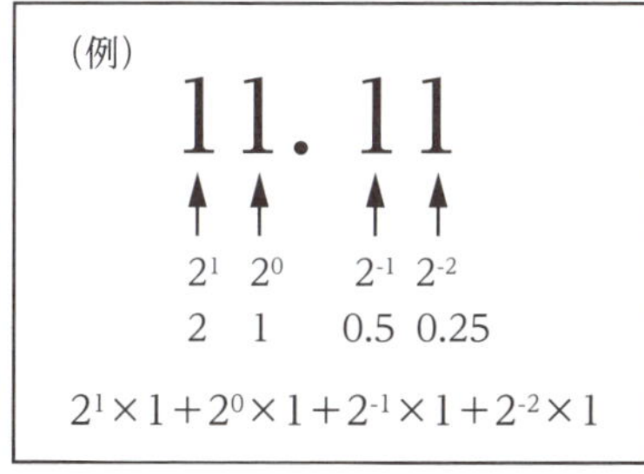

第2章

2桁目は2^1で2の位，1桁目は2^0で1の位である。つまり下位の桁は左にある上位の桁の$\frac{1}{2}$となっていることが分かる。このことから，小数第1位の箇所は$\frac{1}{2}$となる。よって，②が適当である。

チ　8.75のうち8は2進数にすると，1000である。残りの0.75は0.5（$\frac{1}{2}$）と0.25（$\frac{1}{4}$）を合わせたものである。よって，⑥が適当である。

21 文字のデジタル化 (p.40)

解答 問1 ア ② 問2 イ ④ ウ ⑧ 問3 エ ①
問4 オ ③ 問5 カ ④ 問6 キ ③ 問7 ク ⓪

compass
- コンピュータでは文字は符号化され，２進法で表されている。
- コンピュータ上で文字を扱うために，それぞれの文字に割り当てられた固有の番号を文字コードという。
- 日本語を扱う文字コードは複数あるので，ファイルを開いたときに適切な文字コードでないときは文字化けが発生する。
- インターネットの普及に伴って，世界中の様々な言語の文字を統一して扱える文字コードとしてUnicodeが策定された。
- ある形式のデータを一定の規則に基づいて別の形式のデータに変換することエンコードといい，変換したデータを元に戻すことをデコードという。

第2章

解説

問1

ア エンコード（encode）とは，ある形式のデータを一定の規則に基づいて別の形式のデータに変換することである。Webブラウザで表示したときに文字化けを起こしたということはHTML形式で保存するときに使用する文字コードの指定が誤っていたため，正しく符号化されなかったことが原因である。よって，②が適当である。

テキスト形式やXML形式で保存することは文字化け発生の原因にはならない。よって，⓪および①は不適当である。

デコードとは，エンコードしたデータを元のデータに復元することである。よって，③は不適当である。

問2

イ 文字コード表からキの上位４ビットを示す16進数の値は３である。

ウ 文字コード表からキの下位４ビットを示す16進数の値は７である。

問3

エ 文字コード表からキの上位４ビットを示す２進数の値は0011，下位４ビットを示す２進数の値は0111となる。よって，①が適当である。

問4

オ インターネットの普及に伴い，世界中の様々な言語の文字を統一して扱える文字コードであるUnicodeが策定された。

問5

カ 世界中の様々な言語の文字を統一して扱える文字コードはUnicodeである。よって，④が適当である。

⓪ ASCIIコードは，７ビットで英数字や記号などを表している最も基本的な文字コードである。

① JISコードは，ASCIIコードに８ビットの半角カタカナ文字と16ビットの漢字コードを使って日本語を扱えるようにしたものである。

② Shift_JIS コードは，Microsoft 社が開発した文字コードで，JIS コードにおいて 8 ビットで扱っていた半角カタカナも漢字と同様に 16 ビットで扱うようにした文字コードである。

③ EUC_JP コードは，UNIX 系の OS で広く利用されている文字コードである。

問 6

キ Unicode は，世界で使われるすべての文字を統一して利用できるようにしようという考え方で作られた文字の集合体である。UTF-8 は，Unicode 用の文字符号化方式の一つであり，ASCII コードで定義している文字を，そのまま Unicode で使用することを目的として制定されている。

▶ 文字符号化方式とは，文字集合で定義した各文字を実際にコンピュータが利用できる数値に変換する方式のことである。

問 7

ク meta タグを使って様々な情報を記述することができる。その内容は，ブラウザや検索エンジンのロボットに情報として伝えられている。`<meta charset="UTF-8">` という記述は，Unicode 用の文字符号化方式である UTF-8 を文字コードとして使用していることをブラウザに伝えている。ブラウザはこれを解釈し，それに基づいて HTML ファイルを表示するのである。よって，⓪が適当である。

meta タグは文字コードを変更するようにサーバ側やパソコンに伝えるものではない。よって，②および③は不適当である。

Unicode では文字符号化方式として UTF-8，UTF-16，UTF-32 などがあるが，UTF-32 はあまり使用されていない。よって，①は不適当である。

22 音のデジタル化 (p.42)

解答

問1	ア ⑤	問2	イ ④	エ ③	問3	ウ ⓪	
問4	オ ②	問5	カ ①	ク ③	問6	キ ①	
	ケ ④	問7	コ ⑤	問8	サ ③	シ ⓪	
問9	ス ④	問10	セ ⑤	問11	ソ ⑧		
問12	タ ②	問13	チ ⑥	問14	ツ ⑤		

compass

- 音の要素には，音色，音の大小（振幅），音の高低（周波数）がある。
- 一定の時間間隔で波の高さを取り出すことを標本化（サンプリング）という。
- 1秒間に標本化する回数を標本化（サンプリング）周波数といい，その単位はHz（ヘルツ）である。
- 一定の間隔で分割して抽出した値を，あらかじめ定めた段階値に変換することを量子化という。
- 量子化する際に，何段階の数値で表現するかを示しているのが量子化ビット数で，その値が大きいほど元の信号に近づけることができる。
- 量子化された値を0と1に変換することを符号化という。
- 音声データのデータ容量は下記の計算式で求める。
  標本化周波数（Hz）×量子化ビット数×チャンネル数×時間（秒）

解説

問1

ア 物体などの振動が波として人間の耳に伝わることで音は認識される。このとき，ある一定の時間に物体などが振動する回数のことを周波数という。周波数は，一般に1秒間あたりの振動回数（周期）をHz（ヘルツ）という単位を用いて表すことから，⑤が適当である。

▶1Hzは1秒間に1回振動することである。

問2

イ 横軸の間隔から1秒間に100回抽出しているものは図3と図4である。よって，④が適当である。

エ 右側の縦軸の間隔から，3ビットである8段階で量子化しているものは図2と図4である。よって，③が適当である。

問3

ウ 分割した回数が多いということは抽出した回数が多いということである。この回数が多ければ記録間隔が狭くなるため，原音に近い音質で記録できるが，データ量がその分増加する。よって，⓪が適当である。

問4

オ 量子化ビット数の数値が大きいほど音の強弱を滑らかに表現することができ，より原音に近づくが，記録するデータ量は増加する。よって，②が適当である。

問5

カ 図3から段階値が1であることが分かる。

ク 図4から段階値が3であることが分かる。

問 6

キ　図3は2ビットで段階値を表している。よって，段階値1を表す①が適当である。

ケ　図4は3ビットで段階値を表している。よって，段階値3を表す④が適当である。

問 7

コ　量子化された段階値を0と1の2進数に変換することを符号化という。よって，⑤が適当である。

問 8

サ　図2から，時刻0秒と時刻0.02秒の間で電圧が下がってから，上がっていることが表せていないことが分かる。よって，③が適当である。

シ　図1と図4を比較すると，図4は時刻0.06秒が段階値3，時刻0.08秒が段階値4と異なる段階値で表されているが，図1ではどちらも段階値2で表されている。よって，⓪が適当である。

問 9

ス　音のデータを一定の間隔で分割し，その量を取り出すことを標本化やサンプリングという。よって，④が適当である。

問 10

セ　PCM（Pulse Code Modulation）はパルス符号変調方式といって，音楽などのアナログ信号をデジタル信号に変換する方式の一つである。音楽ＣＤに採用されたことで広く知られた。よって，⑤が適当である。

問 11

ソ　$2^{16}=65536$である。よって，⑧が適当である。

問 12

タ　標本化定理とは，アナログ信号をデジタル信号に変換する際に，元の信号に含まれる最大周波数の2倍よりも高い周波数で標本化すれば，元の信号を再現することができるという理論である。よって，②が適当である。

問 13

チ　サンプリング周波数44.1 kHzとは1秒間に44100回のデータを抽出することである。演奏時間の1分は60秒である。したがって，1分間で$44100\times60=2646000$回のデータを抽出したことになる。量子化ビット数16ビットなので，つまり2バイトである。PCM形式なので，この2バイトのデータがそのまま符号となる。1回のデータ抽出量が2バイトの符号になることから，2646000回のデータの抽出は，2×

2646000＝5292000バイトの容量になる。そしてステレオ（2チャンネル）であることから，同じ容量のデータが二つ（左チャンネル用と右チャンネル用）あるので，このことから，全体の容量は，
5292000×2＝10584000バイトになる。これをMバイトの単位に変換すると，
10584000÷1000÷1000≒約10Mバイトとなり，⑥が適当である。

問14

ツ　ハイレゾはハイレゾリューション（High-Resolution Audio）の略であり，高精細や高解像度という意味がある。ハイレゾオーディオとは，一般的に音楽CDで用いられているサンプリング周波数44.1 kHzおよび量子化ビット数16ビットを超えているオーディオデータのことを指すが，広義では人間の聴覚を超えるレベルのオーディオを指すこともある。ここでは，サンプリング周波数が96kHz，量子化ビット数が24ビットであることから，⑤が適当である。
他の選択肢の解説は以下の通りである。

⓪　圧縮音源とは，圧縮技術により情報量を減らした音楽データのことである。

①　オーディオデバイスとは，マイクやスピーカなど音声の入出力を行う周辺機器のことである。

②　サラウンドとは，聞き手の周囲を三つ以上のスピーカで囲んでいる状態のことである。

③　サウンドエフェクトとは，音響効果のことである。

④　ローレゾとは，ハイレゾの反対で低解像度を示す用語である。

⑥　ワイヤレスオーディオとは，音声データを無線で送受信するオーディオシステムのことである。

⑦　ワイヤレスサウンドとは，スピーカなどで出力するオーディオデータのうち，無線で受信したオーディオデータのことである。

23 画像のデジタル化 (p.45)

解答 問1 ア ③　問2 イ ①　問3 ウ ② エ ④
問4 オ ③　問5 カ ④　問6 キ ⑤
問7 ク ② ケ ⑤ コ ⑧　問8 サ ⑥
問9 シ ⓪　問10 ス ③

compass
- デジタル化した画像は，画素（ピクセル）と呼ばれる小さな点で構成されている。
- デジタルカメラで撮影した写真は，画素ごとに色や濃度の情報を持っている。
- 画像を編集するソフトウェアにはペイント系とドロー系があり，写真の編集にはペイント系のソフトウェアを用いる。
- 解像度とは，デジタル画像がどれだけ精細かを表す指標である。ディスプレイや画像は「横の画素数×縦の画素数」で表し，プリンタやスキャナは1インチ（2.54cm）あたりの画素数で表す。いずれも数値が大きいほど解像度が高く，きめ細かい滑らかな画像となる。
- ディスプレイでは，光の3原色である赤（R），緑（G），青（B）を用いて色を表現している。この3色を用いて色を表現することを加法混色という。プリンタはシアン（C），マゼンタ（M），イエロー（Y）の3色を混ぜ合わせて色を表現している。この3色を用いて色を表現することを減法混色という。

解説

問1

ア デジタルカメラで撮影した写真は画素ごとに色や濃度の情報を持っている。このことから，C先輩が言う画像編集ソフトウェアは「画像を点の集まりとして扱い，その点ごとに色や濃度の情報を持つ」ので，③が適当である。
⓪の「座標軸にZがある」や④の記述は，3DCGソフトウェアが持つ特徴であるため，不適当である。
①および②はドロー系のソフトウェアの特徴であり，写真の編集には適していないため，不適当である。

問2

イ C先輩が言っている解像度は画像の解像度である。よって，プリンタの解像度を示す②と③は不適当である。
画像の解像度を下げる処理を行っている記述がある①が適当である。

問3

ウ ペイント系のソフトウェアは基本的にRGBカラーで画像を表示する。
初めて画像を編集するAさんとBさんは初期設定のまま使用していると考えられることから②が適当である。
⓪のCMYKカラーはプリンタで用いられるシアン（C），マゼンタ（M），イエロー（Y），ブラック（K）の4色を混ぜて色を表現するモードで，印刷物を作成するときに使用する。
①のLabカラーは，人が認知できるすべての色域をカバーしたモードである。色域が広く，RGBカラーとCMYKカラーの両方の色域を含んでいるが，ディスプレイが表示できる色域を超えているため，ディスプレイ

▶ CMYの3色を混ぜ合わせると原理的には黒になるが，実際にはやや濁るため，プリンタの場合は別に黒も用いている。この4色を用いたものをCMYKカラーという。

で色調を確認することができない。
③のインデックスカラーは，最大256色までの色を使用できるモードである。色数が限定されてしまうため，写真の編集では使用しない。
④のグレースケールは，黒と白と254段階の濃淡で表した灰色で表すモードである。

エ　「これは黒と白とさらに254段階の濃淡を用いた灰色を使って表現する画像」と記述されていることから，グレースケールであることが分かる。よって，④が適当である。

問4

オ　画素はピクセルともいう。

問5

カ　「これは黒と白とさらに254段階の濃淡を用いた灰色を使って表現する画像」と記述されていることから，黒と白を合わせて256階調で表現した画像であることが分かる。$256 = 2^8$であることから8ビットで色を表現していることになる。よって，④が適当である。

問6

キ　「カラーの写真は赤を256階調，緑を256階調，青を256階調で表現する」という記述から，赤が2^8，緑が2^8，青が2^8で各色8ビットを用いていることが分かる。合計24ビットで色を表現していることから⑤が適当である。

24ビットカラーのことをフルカラーともいう。フルカラーでは約1677万色を表現できる。

問7

ク　320×320×1ビット÷8÷1000＝12.8kバイト　よって，最も近い②が適当である。

ケ　320×320×8ビット÷8÷1000＝102.4kバイト　よって，最も近い⑤が適当である。

コ　320×320×24ビット÷8÷1000＝307.2kバイト　よって，最も近い⑧が適当である。

問8

サ　3264×2448×24÷8÷1000÷1000≒24.0Mバイト　よって，最も近い⑥が適当である。

問9

シ　デジタルカメラで撮影した写真の標準ファイル形式はJPEGである。JPEG形式では基本的に圧縮処理を行ってファイルを保存している。そのため，理論値で求めたデータ容量よりも実際のファイルサイズは小さくなる。よって，⓪が適当である。

問 10

ス　ディスプレイは加法混色，プリンタは減法混色で色の表現方法が異なるため，写真を印刷する前にディスプレイで表示されている色とプリンタで出力される色が一致しているかを確認した方がよい。よって，③が適当である。

なお，写真の印刷にはカラーレーザプリンタよりもカラーインクジェットプリンタが適している。カラーレーザプリンタは，印刷にトナーを用いているが，トナーは粉であるため，カラーの色が混じりにくく不鮮明で色に深みが出ないという特性がある。それに対し，カラーインクジェットプリンタは，染料カラーインクが使用されることが多く，にじみやすいというデメリットはあるが，陰影など微妙な色のコントラストも細かく表現でき，色彩豊かな印刷が可能である。

⓪はプリンタに関する記述については正しいが，「ディスプレイとプリンタも色の表現方法は同じ」という記述が誤りであるため不適当である。

24 図形の表現 (p.48)

解答 問1 ア ⑦ イ ⑥ ウ ③ エ ⑤
問2 オ ② 問3 カ ⑤

compass
- 画像を編集するソフトウェアには，ラスタ（ビットマップ）形式の画像を扱うペイント系ソフトウェアとベクタ（ベクトル）形式の画像を扱うドロー系ソフトウェアがある。
- ラスタ形式の画像は，画像を画素（点）の集まりとして表現するため，拡大するとジャギーと呼ばれるギザギザが発生するが，ベクタ形式の画像は座標や数式を用いて表現するため，拡大や縮小をしてもジャギーが発生しない。

第2章

解説

問1

ア ギザギザが発生するのは，⑦ペイント系ソフトウェアである。ドロー系ソフトウェアでは拡大や縮小を行うたびに座標と数式を用いて画像を描き直すことで，その形状を保持することができるので，ギザギザが発生することなく滑らかに画像を表すことができる。

イ ギザギザのことを，⑥ジャギーという。

ウ ペイント系のソフトウェアでは，縦横に並んだピクセル（画素）の色情報が記録され，これを用いて画像を表現している。このような画像の形式を，③ラスタ形式という。

エ 画像を構成する最小単位の一つひとつの点を，⑤ピクセルや画素という。

▶デジタルカメラで撮影した写真などを扱うときは微妙な色合いの違いを表現するため，ピクセル単位で情報を記録するペイント系のソフトウェアを用いる必要がある。
ドロー系のソフトウェアで作成した画像は拡大しても滑らかさを失わないという特徴があり，ロゴやイラストなどの作成に適している。

問2

オ 画像を編集するソフトウェアには大きく分けてペイント系とドロー系があるが，ベクタ系，ラスタ系，RGB 系，CMY 系という系列はない。拡大しても縮小してもギザギザがなく滑らかな状態で画像を表現するためにはドロー系のソフトウェアを用いて，ベクタ形式で保存する必要がある。
ドロー系ソフトウェアを用いてもラスタ形式で保存した場合は，画像をピクセル単位で扱うことになるため，ジャギーが発生する。よって，②が適当である。

▶ラスタライズとは，ベクタ形式の画像をピクセル単位で画像を表現するラスタ形式に変換することをいう。作成したロゴを Web ページで使用するときはラスタライズしてから公開することが多い。ただし，ラスタライズした画像を再びベクタ形式に戻すことはできないため，ラスタ形式とは別に元のベクタ形式のファイルを，そのまま保存しておいた方がよい。

問3

カ 画像の形式にはラスタ（ビットマップ）形式とベクタ（ベクトル）形式があるが，ジャギー形式やピクセル形式はない。ピクトグラムは写真ではないため，拡大しても縮小してもジャギーが発生することなく滑らかに表現できる形式が適している。よって，画像が乱れないベクタ形式について記述している⑤が適当である。

25 動画の表現 (p.49)

解答 問1 ア ① イ ④ 問2 ウ ② 問3 エ ③

compass

- 映画やテレビなどの動画は，実際には連続した静止画像を高速で表示させることで人間に動いているように認識させている。
- 連続する静止画像の一つひとつをフレームやコマという。1秒間に表示するフレーム数のことをフレームレートといい，その単位として fps が用いられている。
- 動画のデータ量は非常に大きくなるため，さまざまな圧縮方法が考え出されている。そのうちの一つに，人間の動きなど変化のある部分だけを変更し，背景はそのまま利用するといった方式がある。

解説

問1

ア 一つひとつの静止画像のことをフレームまたはコマという。

イ 1秒間あたりに表示する画像の枚数を④フレームレートという。キーフレームとは，動画を編集するときに定義する開始点や終了点を示すフレームのことである。フレームインおよびフレームアウトは撮影時に使用される用語で，人物や物体などの被写体が画面の中に入ってくることをフレームインといい，反対に最初からあった被写体が画面からなくなることをフレームアウトという。フレームワークは，ビジネスやシステム開発などにおいて使用される用語で，共通して利用できる思考の枠組みのことをいう。

問2

ウ ② fps（frames per second）が1秒間当たりに表示する画像の枚数を表す単位である。⓪ bps（bits per second），④ Gbps，⑤ Mbps は1秒当たりに転送できるデータ量を表す単位である。① dpi（dots per inch），および⑦ ppi（pixels per inch）は解像度を表す単位で，幅1インチ当たりのドット（ピクセル）数を表す。③ ftp（file transfer protocol）は，ファイル転送を行うプロトコルのことである。⑥ MPEG-4は動画および音声データの圧縮を行う方式の一つである。

▶ 1bps は，1秒間に1ビットのデータを転送できることを表している。同様に 1Gbps は，1秒間に 1G ビットのデータ，1Mbps は1秒間に 1M ビットのデータを転送できることをそれぞれ表している。

問3

エ 連続する静止画像を「色×回数」という情報に置き換えることでデータを圧縮することはないので，⓪は不適当である。
出現頻度の高いデータに短い符号を割り当ててデータを圧縮する方法をハフマン符号化という。符号化は出現頻度の高いデータごとに行われ，静止画像ごとではないので，①は不適当である。
フレームレートは設定することができるので，「連続する静止画像の枚数を減らすことはできない」という②は不適当である。
よって，「連続する静止画像の背景がほとんど変わらない場合は，変化がある部分だけを変更し，背景はそのまま利用することでデータ量を減らす。」③が適当である。

▶ ④ MPEG-4 は ISO（国際標準化機構）および IEC（国際電気標準会議）の MPEG 委員会で策定された標準規格の一つである。MP4は，MPEG-4 規格の一部として策定された，動画や音声などを記録するためのファイル形式の一つである。

26 圧縮 (p.50)

解答 問1 ア ⑥　問2 イ ⑥　問3 ウ ⓪　問4 エ ③
問5 オ ②　問6 カキ ⑨⓪　問7 ク ②　問8 ケ ①
問9 コ ②

compass
- 一定の手順に従ってデータ量を減らすことを圧縮という。
- 圧縮には完全に元の状態に戻すことができる可逆圧縮と，元の状態に戻すことができない非可逆圧縮がある。
- デジタルカメラで撮影した写真の標準的なファイル形式は，JPEG で高い圧縮率でフルカラーの画像を保存することができる。
- 圧縮率は，圧縮後のファイルサイズを元のファイルサイズで割って求める。

第2章

解説

問1

ア　複数のファイルを一つのフォルダにまとめた後，圧縮できる形式は選択肢の中では ZIP のみである。よって，⑥が適当である。

問2

イ　ZIP 形式は可逆圧縮であるため，圧縮したファイルは完全に元の状態に戻すことができる。

問3

ウ　可逆圧縮とは圧縮したファイルを元と同じファイルに戻すことができる圧縮形式である。よって，⓪が適当である。
元のデータの一部が失われることはないので，①は不適当である。
画像データを圧縮するときには可逆圧縮と非可逆圧縮のいずれかを選択することができるので，②は不適当である。
ZIP 形式は圧縮したファイルを完全に元に戻せることから非可逆圧縮ではないので，③は不適当である。

問4

エ　解像度を150×100にして保存した時点で元の写真が保持していた多くの画素情報は失われている。そのため，このファイルを450×300に変更したとしてもすでに情報は失われているため，元の写真が保持していた情報を復元することはできない。元の写真から450×300の解像度に変更したファイルの方が150×100のファイルよりも多くの情報を保持しているため画質もよく，ファイルサイズも大きくなる。よって，③が適当である。

問5

オ　画像のサイズが大きいことが原因で Web ページとして表示できないことや，データを転送することができないことはない。また，データ量が多いからといって HTML 形式で保存できないこともない。データ量が多いことが原因で Web ページを表示するのに時間がかかることはある。よって，②が適当である。

問 6

カ キ　圧縮率は圧縮後のファイルサイズ108kバイトを元のファイルサイズ120kバイトで割ることで求められる。108÷120=0.9であることから，圧縮率は90%である。

問 7

ク　解像度を150×100にして保存した時点で元の写真が保持していた多くの情報は失われている。そのため，解像度が150×100のファイルを450×300の解像度に変更したとしても，すでに情報が失われた状態から画素の数を増やしているだけなので，画質は劣化したままである。よって，②が適当である。

問 8

ケ　デジタルカメラの撮影した写真の標準的なファイル形式はJPEGである。よって，①が適当である。

RAW形式はデジタルカメラでの撮影時にイメージセンサで取得した色の情報をほぼそのままの状態で保存することができる無圧縮のファイル形式である。デジタル一眼レフカメラなどではRAW形式で保存できるものがあるが，すべてのデジタルカメラで使用できるファイル形式ではないため標準的なファイル形式ではない。よって，③は不適当である。

問 9

コ　画像データは人間の視覚が認識できない箇所については情報が失われても問題がないため完全に元に戻す必要はない。よって，可逆圧縮である必要がないため，⓪は不適当である。

画像データは，可逆圧縮による圧縮方法を選択することもできるので，①は不適当である。

デジタルカメラで撮影した画像はJPEG形式で，基本的に最初から圧縮した状態で保存されているため，③は不適当である。

第3章 コンピュータとプログラミング

27 論理回路・真理値表 (p.56)

解答 問1 ア ④ 問2 イ ② ウ ④ エ ①
問3 オ ① 問4 カ ③

compass
- コンピュータでは「0」と「1」の2つの段階で演算や制御を行う。
- スイッチのオン・オフや磁石のN極・S極などを「0」と「1」で表す。
- 入力と出力の関係は，論理積回路（AND回路），論理和回路（OR回路），否定回路（NOT回路）の三つの組合せですべての計算を行うことができる。

第3章

解説

問1

ア 論理和回路はOR回路，論理積回路はAND回路，否定回路はNOT回路という。よって，④が適当である。

問2

イ～エ 論理積回路（AND回路）は，二つの入力値がどちらも「1」のとき出力値が「1」となり，それ以外は出力値が「0」となる。よって，②が適当である。
論理和回路（OR回路）は，二つの入力値のどちらか一方が「1」のとき，または両方が「1」のとき出力値が「1」となり，それ以外は出力値が「0」となる。よって，④が適当である。
否定回路（NOT回路）は，入力値が「1」のとき出力値が「0」となり，入力値が「0」のとき出力値が「1」となる。よって，①が適当である。
それぞれの論理演算の回路を真理値表にまとめると次のようになる。

入力	出力
A	否定 NOT A
0	1
1	0

入力		出力				
		論理積	論理和	排他的論理	否定論理積	否定論理和
A	B	A AND B	A OR B	和 A XOR B	A NAND B	A NOR B
0	0	0	0	0	1	1
0	1	0	1	1	1	0
1	0	0	1	1	1	0
1	1	1	1	0	0	0

③は排他的論理和（XORまたはEOR），⑤は否定論理和（NOR），⑥は排他的論理積（XAND）または否定排他的論理和（NXORまたはNEOR），⑦は否定論理積（NAND）を表す。

問3

オ AND・OR・NOT回路を組合せると「半加算回路」を構成できる。半加算回路は1桁の2進数の加算と同じ結果を出力することができる。入力A・Bに対し，出力Sは入力の和（下位の桁）を表し，出力C

さまざまな論理回路
論理回路は他にもある。
●排他的論理和（XORまたはEOR）回路
二つの入力値がどちらも同一のとき出力値が「0」となり，二つの入力値が異なるとき出力値が「1」となる。
●否定論理積（NAND）回路
二つの入力値がどちらも「1」のとき出力値が「0」となり，それ以外は出力値が「1」となる。
●否定論理和（NOR）回路
二つの入力値のどちらか一方が「1」のとき，または両方が「1」のとき出力値が「0」となり，それ以外（二つの入力値がどちらも「0」のとき）は出力値が「1」となる。

は桁上がり部分（上位の桁）を表す。出力までの途中の点 X・Y・Z と出力 C・S を真理値表で表すと次のようになる。

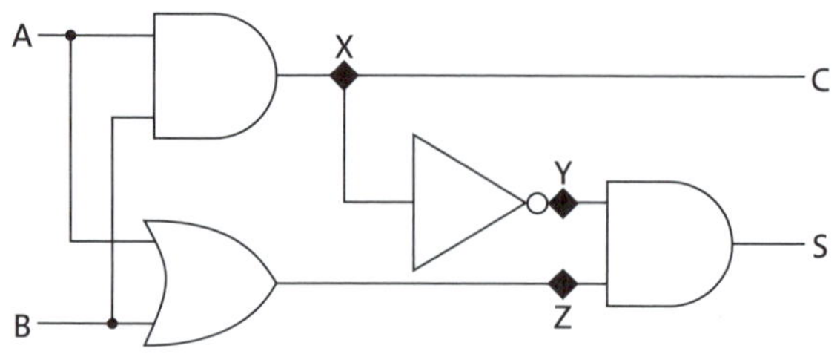

入力		出力			出力
A	B	C=X =A AND B	Y= NOT X	Z=A OR B	S=Y AND Z =A XOR B
0	0	0	1	0	0
0	1	0	1	1	1
1	0	0	1	1	1
1	1	1	0	1	0

よって，①が適当である。

問 4

カ　「半加算回路」を二つ組合せると，桁上げを考慮した演算を行うことができる。この回路を「全加算回路」という。

全加算回路の真理値表は以下のようになる。

入力			出力	
A	B	C_{in}	C_{out}	S
0	0	1	0	1
0	1	0	0	1
0	1	1	1	0
1	0	0	0	1
1	0	1	1	0
1	1	0	1	0
1	1	1	1	1

入力 A・B・C がすべて「1」の場合は，C_{out}，S いずれも「1」が出力される。

よって，③が適当である。

▶半加算回路において，出力 C は入力 A・B の論理積，出力 S は入力 A・B の排他的論理和で表すことができる。

▶例えば，2 進数の加算
0101+0111=1100
を筆算で表すと以下のようになる。

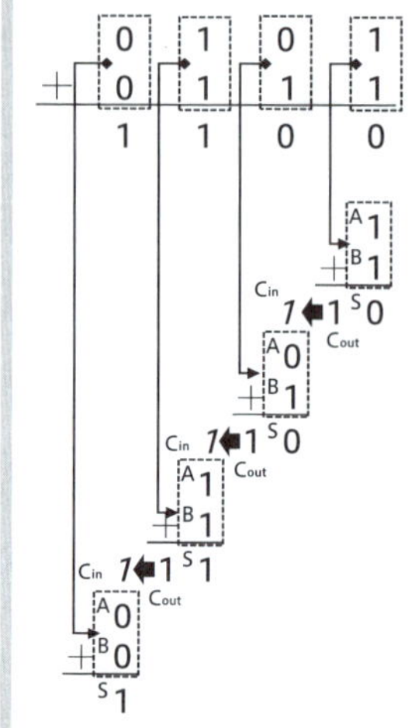

全加算回路で下位から一桁ずつ演算することで，たくさんの桁数の計算が可能になる。

28 組合せ回路 (p.58)

解答 問1 ア ⑤　問2 イ ③　ウ ⓪
問3 エ ①　オ ②

compass
- 論理演算は，真(1)または偽(0)の二つの値しか持たない演算のこと。
- 組合せ回路は，入力の値が決まると，出力の値が決定する論理回路である。
- AND・OR・NOT の三つの基本回路の組合せで，様々な回路を表現できる。
- NAND 回路を組合せるだけで，AND・OR・NOT の基本回路を表現できる。

第3章

解説

問1

ア 否定論理和（NOR）回路の真理値表は次のようになる。また，入力と出力の関係を(1)～(4)とする。

表1 NOR 回路の真理値表

入力		出力 否定論理和	
A	B	A NOR B	
0	0	1	…(1)
0	1	0	…(2)
1	0	0	…(3)
1	1	0	…(4)

あ・い・うの回路について入力と出力の関係を真理値表で次の通りとなる。回路図の途中の点 X ～ Z での演算が表1(1)～(4)のどのパターンによるものかを表している。

「**あ**」の真理値表→ NOT 回路と同じ

入力	出力
A	X=A NOR A
0	1…(1)
1	0…(4)

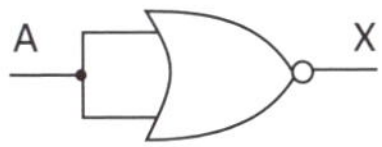

「**い**」の真理値表→ OR 回路と同じ

入力		出力	
A	B	X=A NOR B	Y=X NOR X
0	0	1…(1)	0…(4)
0	1	0…(2)	1…(1)
1	0	0…(3)	1…(1)
1	1	0…(4)	1…(1)

い

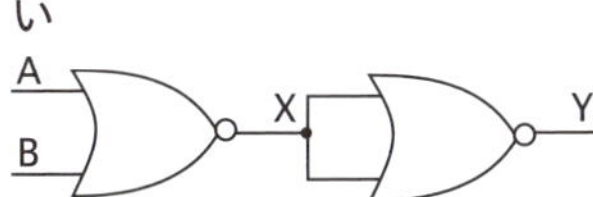

論理演算の基本法則

●べき等法則
・A OR A = A
・A AND A = A

●交換法則
・X AND Y = Y AND X
・X OR Y = Y OR X

●結合法則
・X AND(Y AND Z)
=(X AND Y)AND Z
・X OR(Y OR Z)
=(X OR Y)OR Z

●分配法則
・X AND(Y OR Z)
=(X AND Y)OR(X AND Z)
・X OR(Y AND Z)
=(X OR Y)AND(X OR Z)

●吸収法則
・X AND(X OR Y)=X
・X OR(X AND Y)=X

●ド・モルガンの法則
・$\overline{\text{X AND Y}} = \overline{\text{X}} \text{ OR } \overline{\text{Y}}$
・$\overline{\text{X OR Y}} = \overline{\text{X}} \text{ AND } \overline{\text{Y}}$

論理演算は，集合演算と共通する部分が多い。
($\overline{\text{A}}$ は NOT A を表す)

NOR 回路の論理式は
A NOR B = $\overline{\textbf{A OR B}}$
と表す。

「**あ**」の論理式は
A NOR A = $\overline{\text{A OR A}} = \overline{\textbf{A}}$
べき等法則

「**い**」の論理式は
(**A NOR B**)**NOR**(**A NOR B**)
$= \overline{(\overline{\text{A OR B}})\text{OR}(\overline{\text{A OR B}})}$
べき等法則
$= \overline{\overline{\text{A OR B}}} =$ **A OR B**
二重否定

「う」の真理値表→ AND 回路と同じ

入力		出力		
A	B	X=A NOR A	Y=B NOR B	Z=X NOR Y
0	0	1…(1)	1…(4)	0…(4)
0	1	1…(1)	0…(1)	0…(3)
1	0	0…(4)	1…(4)	0…(2)
1	1	0…(4)	0…(1)	1…(1)

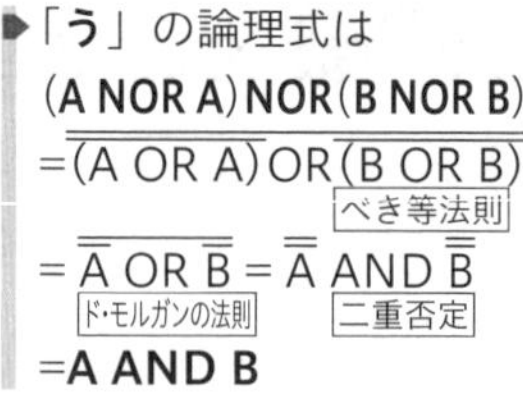

「う」の論理式は
(A NOR A) NOR (B NOR B)
=$\overline{\overline{(A\ OR\ A)}\ OR\ \overline{(B\ OR\ B)}}$
べき等法則
=$\overline{\overline{A}\ OR\ \overline{B}} = \overline{\overline{A}}\ AND\ \overline{\overline{B}}$
ド・モルガンの法則
二重否定
=A AND B

う

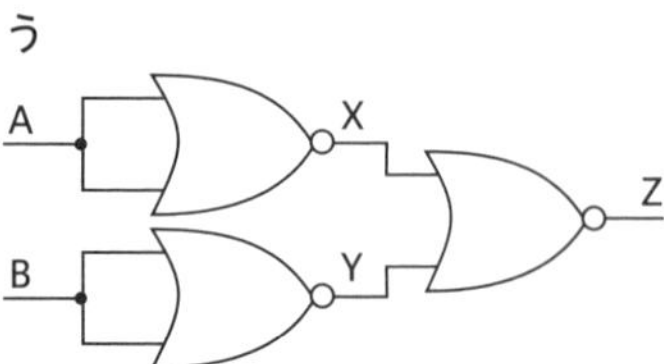

よって，⑤が適当である。

問 2

状況 a：**イ**

「階段の電灯」の真理値表→排他的論理和と同じ

入力		出力
1 階スイッチ(A)	2 階スイッチ(B)	電灯(L)
OFF(0)	OFF(0)	消灯(0)
OFF(0)	ON(1)	点灯(1)
ON(1)	OFF(0)	点灯(1)
ON(1)	ON(1)	消灯(0)

よって，③が適当である。

状況 b：**ウ**

「プレス機の安全装置」の真理値表→論理積と同じ

入力		出力
ボタン A	ボタン B	プレス機（L）
離す(0)	離す(0)	停止(0)
離す(0)	押す(1)	停止(0)
押す(1)	離す(0)	停止(0)
押す(1)	押す(1)	作動(1)

よって，⓪が適当である。

他の解答群は

①論理和（OR）回路，②否定（NOT 回路），④否定論理和（NOR）回路，

⑤否定論理積（NAND）回路

をそれぞれ表している。

問 3

状況 c：**エ**

1 階・2 階・3 階のすべてのスイッチが OFF(0)のときは消灯し，スイッチの状態が 1 箇所変化すると点灯，さらにもう 1 箇所変化すると消灯する動作を表している。スイッチと電灯の状態の変化を図で表すと，次のようになる。

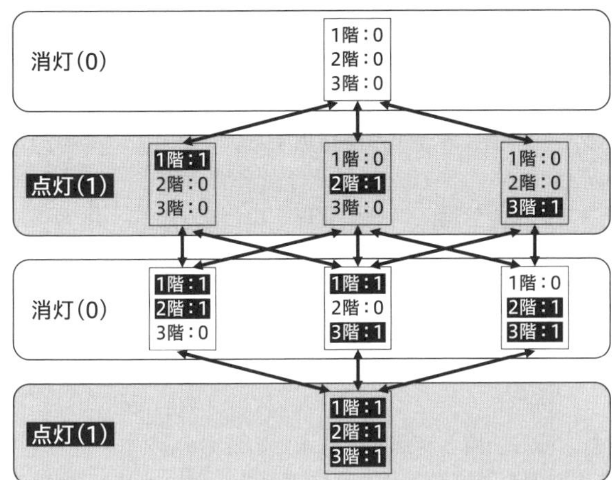

ON(1)が一つまたは三つのときに点灯(1)，それ以外は消灯(0)となる真理値表を選ぶ。よって，①が適当である。

状況 d：**オ**

ボタン A・B・C のうち，二つ以上のスイッチが押す(1)状態のときに，ランプ L が点灯(1)となる真理値表を選ぶ。よって，②が適当である。

第3章

29 コンピュータの構成 (p.60)

解答 問1 ア ① 問2 イ ③ 問3 ウ ① 問4 エ ②
問5 オ ① 問6 カ ①

compass 次の点を理解していると解きやすい。

- オペレーティングシステム（OS）の機能
  ①ハードウェアの抽象化（コンピュータごとの差異を吸収する）
  →同じ OS であれば，メーカーや機種が違っても同じアプリが動作する。
  ②ハードウェアの動作を管理する
  →周辺機器を動作させるため，デバイスドライバを追加する。
  ③コンピュータの利用効率の向上
  →タスク管理，メモリ管理，ファイル管理，ユーザ管理　など
  ④ユーザインタフェースの提供
- GUI（グラフィカルユーザインタフェース）
  マウスやタッチパネルなどの入力装置により，直感的に画面を操作してパソコンを使用することができる。
- CPU（中央処理装置）
  コンピュータの五大装置のうち，演算装置と制御装置をまとめたもの。
  CPU の演算性能は，クロック周波数やコアの数によって変わる。クロック周波数が大きいほど，また，コア数が多いほど演算性能が高い。
- 補助記憶装置
  HDD（ハードディスクドライブ）は高速に回転する円盤に磁気でデータを読み書きする装置。
  SSD（ソリッドステートドライブ）はメモリーチップに電気的にデータを記憶する装置。SSD は，HDD に比べて物理的に稼働する部分がなく，読み書き速度が速く衝撃にも強い。

【解説】

問1

ア ⓪②③　適当である。

① 不適当である。パソコン購入時に「プリインストール」として OS が初期導入されている場合がほとんどであるが，利用者の目的に応じて他の OS を導入することは可能である。また，導入されているものよりも新しいものを後から導入することもある。

問2

イ ⓪　不適当である。タッチパネルは，視覚情報に強く依存した入力装置であり，目の不自由な方が使用するには難しい場合がある。

① 不適当である。キーボードは，指で押すキーが明確に区別され，物理的な反応があるため，より感覚的に操作が可能でタッチタイピングのように，指を見ずに画面のみに注視して効率よく文字入力をすることができる。

② 不適当である。スマートフォンやタブレット端末のように持ち運んで利用するなど，端末の小型化が必要なものにタッチパネルが搭載されている。

③ 適当である。

問3

ウ ⓪　不適当である。コアが複数ある場合は同時に処理できる命令が

増えるが，すべてが効率よく並列処理ができるわけではなく，処理速度がコア数に必ずしも比例するわけではない。

① 適当である。

② 不適当である。CPU「F」と「G」を比較すると，クロック周波数・コア数ともに「G」の方が大きいため「G」の方が性能が高く，計算処理も「G」の方が早く終了する。

③ 不適当である。同じ種類のCPUの場合でクロック周波数が同じ場合，コア数が多い方が処理時間は早い。

第
3
章

問 4

エ ⓪ 不適当である。SSDはHDDに比べ新しい規格である。より高性能なもので，同じ容量の場合はSSDの方が高価である。

① 不適当である。SSDは物理的に稼働する部分がなく，HDDに比べ小型化できる。

② 適当である。

③ 不適当である。SSDはHDDに比べ消費電力が少なく，バッテリーの消費量もより小さくなり，ノートパソコンなどでの使用が多い。

問 5

オ ⓪ 不適当である。USBは周辺機器を接続するためのインタフェースであり，パソコン本体には限られた数のポートしかないが，USBハブを用いることで複数台を接続することができる。

① 適当である。

② 不適当である。出力装置のディスプレイへ接続するインタフェースは様々あり，HDMIの場合も多いが，USB（Type-C）で接続するものや，別途アダプタを用いて接続することも可能である。

③ 不適当である。インターネットへの接続手段は有線であるイーサネットだけでなく，無線で接続するWi-Fiも用いることができる。どの機種もWi-Fiが利用できると表記がある。

USB（ユニバーサルシリアルバス）
USBハブは最大5段まで接続ができ，周辺機器は最大127台まで接続できる規格となっている。

問 6

カ 会話文より必要な性能・要件をまとめると，以下の表のようになる。

	A	B	C	D
持ち運んで使用するノートパソコン	○	○	○	×
バッテリーの駆動時間	○	○	△	×
OSが学校と同じ	×	○	○	○
レポート・スライド・会計処理ができるソフトウェア	○	○	×	×
ストレージの容量が大きい	△	○	○	◎

条件を満たすのはノートパソコンBなので，①が適当である。

30 仮想コンピュータでの動作 (p.62)

解答 問1 ア ⑤ イ ⓪ 問2 ウ ②
問3 エ ⓪ オ ① カ ④ キ ⑤
ク ③ ケ ⑤
問4 コ ⑦ サ ③

compass
- CPU［中央処理装置］は制御装置（プログラムカウンタ・命令レジスタ・命令解読器）と演算装置（ALU［算術論理演算装置］・データレジスタ・フラグレジスタ［条件コードレジスタ］）で構成される。
- 主記憶装置のデータと様々なレジスタに記憶された命令やデータをもとに，読み込み・演算・書き込みを行い，様々な処理を実行する。

【解説】

問1

(1) ア　プログラムAの演算を順に実行すると，レジスタや主記憶装置の内容は次のように変化する。

段階			番地	内容
実行開始時 プログラム開始 （0番地を読み込む）	プログラムカウンタ	→0	10	3
			11	5
	レジスタA		12	
0番地の命令 10番地のデータをレジスタAに	プログラムカウンタ	0→1	10	3
			11	5
	レジスタA	→3	12	
1番地の命令 11番地のデータをレジスタAに足し算	プログラムカウンタ	1→2	10	3
			11	5
	レジスタA	3＋5→8	12	
2番地の命令 レジスタAのデータを12番地に	プログラムカウンタ	2→3	10	3
			11	5
	レジスタA	8	12	→8
3番地の命令 プログラム停止	プログラムカウンタ	3	10	3
			11	5
	レジスタA	8	12	8

プログラム停止時に12番地は「8」となる。よって，⑤が適当である。

(2) イ　プログラムBの演算を順に実行すると，次のように変化する。

段階			番地	内容
実行開始時 プログラム開始 （0番地を読み込む）	プログラムカウンタ	→0	10	3
			11	5
	レジスタA		12	
0番地の命令 10番地のデータをレジスタAに	プログラムカウンタ	0→1	10	3
			11	5
	レジスタA	→3	12	
1番地の命令 11番地のデータをレジスタAに引き算	プログラムカウンタ	1→2	10	3
			11	5
	レジスタA	3−5→−2	12	
2番地の命令 レジスタAのデータを12番地に	プログラムカウンタ	2→3	10	3
			11	5
	レジスタA	−2	12	→−2
3番地の命令 プログラム停止	プログラムカウンタ	3	10	3
			11	5
	レジスタA	−2	12	−2

プログラム停止時に12番地は「−2」となる。よって，⓪が適当である。

演算装置
- ALU（算術論理演算装置）
  …演算回路の本体
- データレジスタ
  …データを一時的に記憶
- フラグレジスタ［条件コードレジスタ］
  …演算結果の状況を記憶（結果の正負や0であるか）

制御装置
- プログラムカウンタ
  …どのアドレスの命令を読み込むかを記憶
- 命令レジスタ
  …主記憶装置から読み込んだ命令を一時的に記憶
- 命令解読器
  …命令レジスタの内容をもとにALUや各種レジスタを操作

問 2

ウ　この仮想コンピュータでは，「ADD」「SUB」「CMP」の命令を実行したときに，条件コードレジスタが変化する。
プログラムBを実行した場合，1番地の「SUB」命令の計算「3－5」の計算結果が「－2」で負の数となるので，条件コードレジスタは「10」となる。よって，②が適当である。

問 3

エ～**ケ**　プログラムCの演算を順に実行すると，次のように変化する。

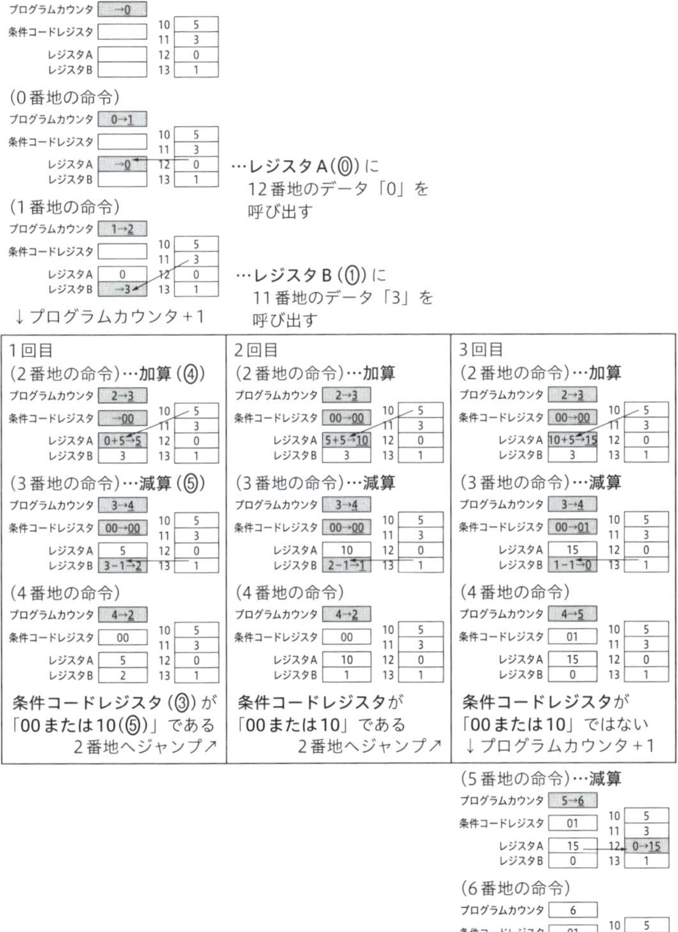

(実行開始時)
(0番地の命令)
…レジスタA(⓪)に12番地のデータ「0」を呼び出す
(1番地の命令)
…レジスタB(①)に11番地のデータ「3」を呼び出す
↓プログラムカウンタ+1
1回目
(2番地の命令)…加算(④)
(3番地の命令)…減算(⑤)
(4番地の命令)
条件コードレジスタ(③)が「00または10(⑤)」である
2番地へジャンプ↗
2回目
(2番地の命令)…加算
(3番地の命令)…減算
(4番地の命令)
条件コードレジスタが「00または10」である
2番地へジャンプ↗
3回目
(2番地の命令)…加算
(3番地の命令)…減算
(4番地の命令)
条件コードレジスタが「00または10」ではない
↓プログラムカウンタ+1
(5番地の命令)…減算
(6番地の命令)

▶プログラムCをフローチャートで表すと次のようになる。

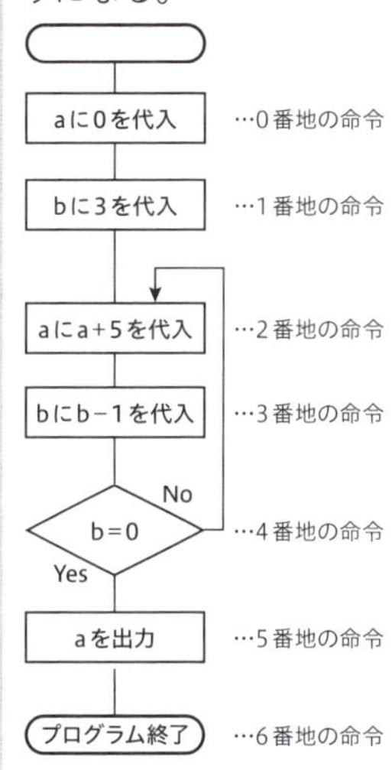

aに0を代入 …0番地の命令
bに3を代入 …1番地の命令
aにa+5を代入 …2番地の命令
bにb−1を代入 …3番地の命令
b=0 …4番地の命令
No
Yes
aを出力 …5番地の命令
プログラム終了 …6番地の命令

▶プログラムDをフローチャートで表すと次のようになる。

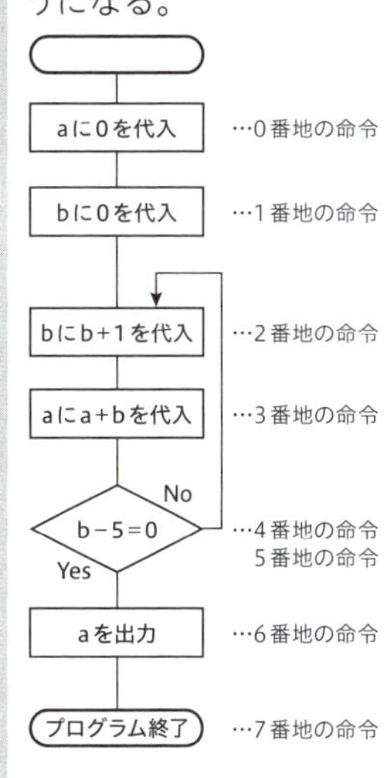

aに0を代入 …0番地の命令
bに0を代入 …1番地の命令
bにb+1を代入 …2番地の命令
aにa+bを代入 …3番地の命令
b−5=0 …4番地の命令 5番地の命令
No
Yes
aを出力 …6番地の命令
プログラム終了 …7番地の命令

問 4

コ　プログラムCは，12番地のデータ「0」に10番地のデータ「5」を3回足し算するプログラムとなり，「5＋5＋5」の計算を行う。よって，⑦が適当である。

サ　プログラムDは，12番地のデータ「0」，レジスタBのデータを「0」から「5」になるまで1ずつ増やし，それぞれを12番地のデータに足し算するプログラムとなり，「1＋2＋3＋4＋5」の計算を行う。よって，③が適当である。

31 CPUの処理能力 (p.64)

解答 問1 ア ① イ ⓪ ウ ④ エ ② オ ⑥
カ ③ キ ⑦ ク ⑤ ケ ⑧
問2 コ ④ 問3 サ ① シ ⓪ ス ②
問4 セ ④ 問5 ソ ⑥
問6 タ・チ ①・③（順不同） 問7 ツ ② テ ⓪

compass
- CPUのビット数が大きいほど1度に処理できるデータ量が多い。（例：32ビットCPU，64ビットCPU）
- クロック周波数が高いほど処理速度が速い。
- CPUには複数のコアを搭載し，複数の命令を同時に実行するような高速化の手法がとられている。コア数が多いと，同時処理できる作業の数が増える。

解説

問1

ア・イ　コンピュータが登場した初期のものは，一部屋分ほどの大きさがある巨大なものであり，計算手順を電気の配線で構成するものであった。その後，今日のコンピュータにつながるプログラム記憶方式を用いるものが開発された。配線で構成する＝ハードウェアを変更するものではなく，プログラム＝ソフトウェアを変更することで，同じ機械を用いて様々な計算を行えるようになった。

ウ～ケ　コンピュータの五大機能

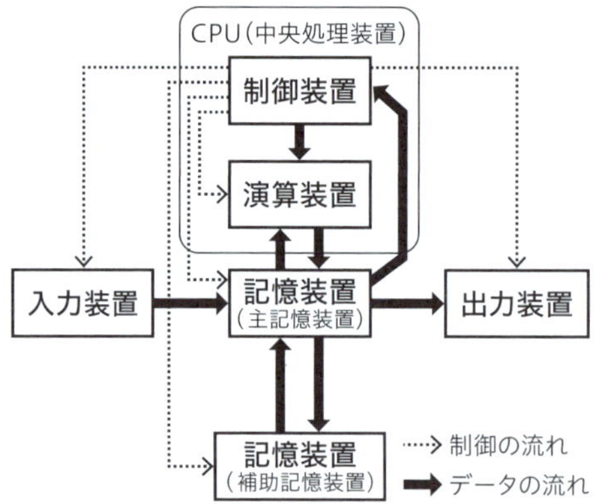

主記憶装置に記憶させた命令やデータをもとに演算を行う。その際に，主記憶装置にある演算にかかわるデータをCPU内のレジスタに読み込み，そのレジスタ内のデータをもとに演算装置が加算・減算などを行い，その結果を主記憶装置に書き込む。制御装置はコンピュータの動作のすべてにかかわる装置を制御する。

入力装置はコンピュータそのものに指示や情報を与え，その結果を知るために出力装置を用いる。主記憶装置は命令やデータを一時的に記憶するために用い，永続的に記憶させるためにはHDDやSSDなどの補助記憶装置に記憶させる。

▶コンピュータの五大装置
・制御装置
・演算装置
・記憶装置
　- 主記憶装置
　- 補助記憶装置
・入力装置
・出力装置

▶CPU（中央処理装置）
制御装置＋演算装置

HDD
＝ハードディスクドライブ
SSD
＝ソリッドステートドライブ

問 2

コ　4004のレジスタ長は4ビットで，2^4(=16)通りの情報を記憶できる。プロセッサAのレジスタ長は64ビットで，2^{64}(=18446744073709551616)通りの情報を記憶できる。つまり，$2^{64} \div 2^4 = 2^{60}$(=1152921504606846976)倍になる。

よって，④が適当である。

問 3

サ ～ ス　CPUの動作と一つの命令を実行する1サイクルは以下のようになる。

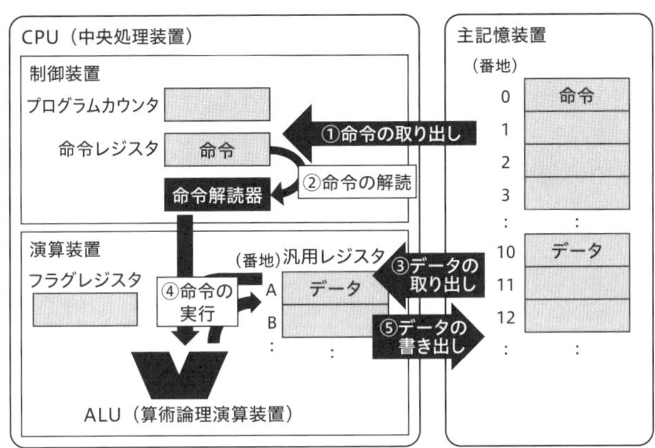

問 4

セ　クロック周波数は，1秒間にクロックサイクルが何回あるかを表す。1クロック当たりの時間は，クロック周波数の逆数で求められる。

750kHz = 750 × 1000 回／秒

$$\frac{1}{750000} = \frac{1}{75} \times 10^{-4} = 0.0133\cdots \times 10^{-4} \fallingdotseq 1.33 \times 10^{-6} \text{秒}$$

よって，④が適当である。

問 5

ソ　平均CPI ÷ クロック周波数で，一つの命令を実行するのにかかる平均的な時間が求められる。これを平均命令実行時間という。

4004の平均命令実行時間は　10 ÷ 750kHz［秒］…A

プロセッサAの平均命令実行時間は　0.8 ÷ 2.4GHz［秒］…B

A ÷ Bを計算することで，何倍の速度で計算できるかを求めることができる。

$$\frac{10}{750\text{kHz}} \div \frac{0.8}{2.4\text{GHz}} = \frac{10 \times 2.4\text{GHz}}{750\text{kHz} \times 0.8} = \frac{10 \times 2.4 \times 10^9}{750 \times 10^3 \times 0.8} = \frac{24 \times 10^9}{75 \times 10^3 \times 8} = \frac{1}{25} \times 10^6$$

$$= 0.04 \times 10^6 = 4 \times 10^4 = 40000 \text{倍}$$

よって，⑥が適当である。

問 6

タ ・ チ　⓪・②・④は記述の通りである。

ある演算結果をもとに次の演算が必要な命令の組合せの場合，複数のコアが搭載されていても同時に命令を処理することができない。そのため，必ずしもコア数と処理できる命令の数が比例するわけではなく，実際にはそれよりも少なくなる（オーバーヘッドという）ため，①は不適当な記述となる。
また，条件分岐の結果を想定してあらかじめ演算を行うことを投機的実行という高速化のための手法があるが，すべての条件分岐の組合せを想定することはできないため，③は不適当な記述となる。

問 7

（1） ツ　クロック周波数が大きいほど時間あたりに計算処理できる命令の数が多く，コア数が多いほど同時に実行できる命令の数が多くなる。その両方が一番大きな数となるプロセッサＺが一番動作が高速なプロセッサである。よって，②が適当である。

（2） テ　発熱や放熱量が多いことは，それだけ消費電力が大きいことを表している。最大の性能を発揮する状態での最大放熱量がTDPであり，その数が小さいプロセッサＸが，ノートパソコンでの使用に適しているといえる。よって，⓪が適当である。

32 演算誤差 (p.67)

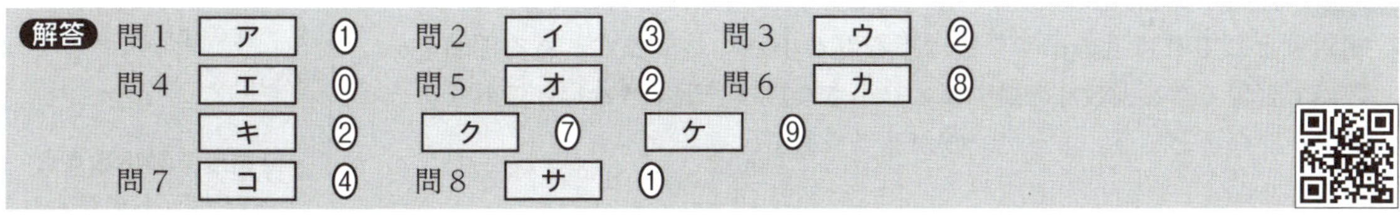
解答 問1 ア ① 問2 イ ③ 問3 ウ ②
問4 エ ⓪ 問5 オ ② 問6 カ ⑧
キ ② ク ⑦ ケ ⑨
問7 コ ④ 問8 サ ①

compass
- 浮動小数点数表現は，実数をコンピュータで演算するために，有限桁の小数で近似値として扱う方式である。
- 固定小数点数表現は小数点の位置を固定して数値を表現する方法である。
小数点の位置を最後にすることで，整数を表現することができる。

解説

問 1

ア　い：分数で表すことのできない実数を無理数という。その中で円周率π（=3.14159…）や$\sqrt{2}$（=1.4142…）のように，小数点以下の数が不規則で無限に続く小数を無限小数という。

ろ：無限小数の中でも，1÷3=0.33333…のように，小数部の桁数が無限ではあるが規則的に続くものを循環小数という。

は：10進数において有限小数だったものが，2進数に変換すると循環小数になるもの。また10進数において循環小数だったものが，2進数に変換すると有限小数になる場合がある。ここではAが循環小数となるため，は には有限小数の答えが当てはまる。

よって，①が適当である。

▶ 実数
- 有理数
  - 整数（－3, 0, 2）
  - 整数でない有理数
    - 有限小数（0.1, 0.25）
    - 循環小数（0.333…）
- 無理数（π, $\sqrt{2}$）

▶ 無限小数
- 循環しない→無理数
- 循環小数→有理数

問 2

イ　⓪ $0.125_{(10)}=0.001_{(2)}$ →有限小数

① $0.375_{(10)}=0.011_{(2)}$ →有限小数

② $0.5_{(10)}=0.1_{(2)}$ →有限小数

③ $0.525_{(10)}=0.1000\dot{0}01\dot{1}_{(2)}$ →循環小数

④ $0.75_{(10)}=0.11_{(2)}$ →有限小数

よって，③が適当である。

▶ ●小数での基数変換
10進数の有限小数
→2進数の有限小数
または循環小数

問 3

ウ　10進数の小数を含む実数を2進数に変換し，それが循環小数となる場合に，コンピュータで数を表す際は一定の桁数までしか記録することができない。そのため途中で計算を打ち切り，切り上げ・切り捨てや四捨五入（2進数の場合は0捨1入）するなどの処理が行われる。この処理によって生じる実際の値との誤差を丸め誤差という。よって，②が適当である。

▶ 無理数は基数変換しても無理数のまま変わらない。有理数の有限小数は基数変換をすると循環小数となる場合がある。

問 4

エ 浮動小数点数表現において，大きな数は指数部を大きくして表し，絶対値として0に近い小さな数は指数部を小さくして表す。ある浮動小数点で表現できる指数部の最小値より小さな数は表現できない。これをアンダーフローという。よって，⓪が適当である。

問 5

オ 浮動小数点表現の符号部をS・指数部をE・仮数部をMとすると，表すことができる数は $(-1)^S \times 2^E \times M$ となる。PとQを比べた場合に

・符号部はP（1ビット）＝Q（1ビット）で同一

・指数部はP（8ビット）＞Q（5ビット）で，$2^8 > 2^5$ となり，Pのほうがより絶対値の大きな数を表すことができる。

・仮数部はP（7ビット）＜Q（10ビット）で，Qのほうがより有効桁数の大きい数を表すことができる。

⓪は不適当である。

①は指数部を $2^0 = 1$ とすれば，P・Qいずれも整数値を表すことができるため不適当である。

③は不適当である。よって，②が適当である。

問 6

カ～**ケ** ・符号部Sは「0」で正の数

・指数部Eは $01111111_{(2)}=127_{(10)}$ であるが 2^{127} ではなく，図4の説明の通り，その数から127を引いた $2^0(=1)$ となる。

・仮数部は「1110000」であるが，「1.111000」のうち，整数部の「1」を取り除いた表現となっている。

したがって，$(-1)^0 \times 2^0 \times 1.111 = 1.111_{(2)}$ となる。これを10進数に変換すると $1.875_{(10)}$ となる。

▶浮動小数点演算の標準規格としてIEEE 754があり，次のような表現が定められている。

・半精度浮動小数点数
　→16ビットで表す
　　符号部1ビット
　　指数部5ビット
　　仮数部10ビット

・単精度浮動小数点数
　→32ビットで表す
　　符号部1ビット
　　指数部8ビット
　　仮数部23ビット

・倍精度浮動小数点数
　→64ビットで表す
　　符号部1ビット
　　指数部11ビット
　　仮数部52ビット

・四倍精度浮動小数点数
　→128ビットで表す
　　符号部1ビット
　　指数部15ビット
　　仮数部112ビット

問 7

コ　・$(1.5 \times 2^9) + (1.5 \times 2^1) = (1.1_{(2)} \times 2^9) + (1.1_{(2)} \times 2^1)$

小数点の桁を揃えて２進数の筆算で表すと，

$$
\begin{array}{lll}
1.1_{(2)} \times 2^9 & \rightarrow & (1.\ )\,1\,0\,0\,0\,0\,0\,0\,\vdots\,0\,0_{(2)} \times 2^9 \\
1.1_{(2)} \times 2^1 & \rightarrow + & (0.\ )\,0\,0\,0\,0\,0\,0\,0\,\vdots\,1\,1_{(2)} \times 2^9 \\
\hline
 & & (1.\ )\,1\,0\,0\,0\,0\,0\,0\,\vdots\,\cancel{1\,1}_{(2)} \times 2^9
\end{array}
$$

仮数部M(7ビット)

$\rightarrow 1.1_{(2)} \times 2^9$

計算結果の 1.100000011×2^9 において仮数部M（7ビット）は「1000000」で 1.5×2^9 となる。つまり，1.5×2^1 の部分が計算結果に反映されず情報落ちが生じている。

・$(1.5 \times 2^{64}) \times (3 \times 2^{65}) = (1.1_{(2)} \times 2^{64}) \times (1.1_{(2)} \times 2^{66}) = 10.01_{(2)} \times 2^{130}$ となる。

図４の浮動小数点表現では指数部Ｅは８ビットである。指数部で表すことができるのは $2^{-127} \sim 2^{128}$ の範囲内となるが，計算結果の指数部は $\times 2^{130}$ となるため，その範囲を上回ってしまう。これを桁あふれ誤差という。

・$31.875 - 31.625 = 1.1111111_{(2)} \times 2^4 - 1.1111101_{(2)} \times 2^4$

小数点の桁を揃えて２進数の筆算で表すと，

仮数部M(7ビット)

$$
\begin{array}{lll}
31.875_{(10)} & \rightarrow & (1.\ )\,1\,1\,1\,1\,1\,1\,1_{(2)} \times 2^4 \\
31.625_{(10)} & \rightarrow - & (1.\ )\,1\,1\,1\,1\,1\,0\,1_{(2)} \times 2^4 \\
\hline
 & & 0.\ \ 0\,0\,0\,0\,0\,1\,0_{(2)} \times 2^4
\end{array}
$$

↓仮数部を「1.M」の形式に直す

$= (1.\ )\,0\,0\,0\,0\,0\,0\,0_{(2)} \times 2^{-2}$

31.875も31.625も２進数で表すと整数部を含めて有効桁数が８桁であるが，引き算の答えは 1.0×2^{-2} となり，有効桁数が８桁から１桁に大きく減る。これを桁落ちという。よって，④が適当である。

小数点の位置を調整し，最上位桁を１にする作業のことを正規化という。有効桁数を最大化し誤差を少なくするため行われる作業である。

問 8

サ　⓪　不適当である。浮動小数点数での演算は誤差を生じる場合があるが，限られた桁数の情報量の中で非常に広い範囲を扱うことができ，科学的な計算やシミュレーションにおいても利用される。

①　適当である。

②　不適当である。整数演算は浮動小数点数演算よりも単純なため，より高速に演算できる。

③　不適当である。浮動小数点数は仮数部の桁数によって精度が異なる。

33 モデル化 (p.70)

解答 問1 ア ⓪ イ ⑤ ウ ⓪ エ ③
オ ① カ ⑤
問2 キ ⓪ ク ② ケ ③

compass ●モデル化を行うときには，関連している要素を見出すことから行う必要がある。次の手順として，それらの要素がどのように関連しているか，問題に指定された方法で表現すればよい。

解説

問1

ア 会話から，感染者の増加数（新規感染者数）は，既存の感染者数と感染率から決まっていることが分かる。解答群の中で，新規感染者数にその二つの要素がかかわっているものを選べばよい。また，新規感染者数が変化の速さに該当し，感染者数が蓄積量にあたることも会話から分かる。それらの条件に当てはまるモデルは⓪だけである。

イ 会話から，新規接種者数が変化の速さに該当し，接種者数が蓄積量に該当することが分かる。また，新規接種者数に影響する要素は，ワクチンの生産数だけであることが分かる。これらの条件に当てはまるモデルは⑤となる。

ウ 新規感染者数は，感染率と既存の感染者数に比例するので，$P_i \times S$ となる。これを既存の感染者数に加算したものが，新たな感染者数となるので，$P_1=P_i+P_i \times s$ となる。

エ 1日当たりの接種者数が i として与えられており，初日の接種者数は 0 となっているので，1日後の接種者数 W_1 は $W_1=i$ となる。

オ 2日目の感染者数 P_2 をまずは考える。 ウ と同様に考えると，$P_2=P_i+P_i \times s$ となる。$P_1=P_i+P_i \times s=P_i \times (1+s)$ であるため，
$P_2=P_i \times (1+s)+P_i \times (1+s) \times s=P_i \times (1+s)^2$ となる。
3日後も同様に計算すると，$P_3=P_i \times (1+s)^3$ となる。
ここから，$P_n=P_i \times (1+s)^n$ となる。

カ ワクチン接種者数は，1日当たりの接種者数 i が一定であるため，$W_n=i \times n$ となる。

▶銀行預金などの複利計算を図的モデルで表すと，感染者のモデルと同じ形になる。図的モデルで表現することで，比例なのか，指数関数的に増えるのか予想することができる。

▶預金の複利計算も，元金 a，利率 r，期間 n とすると，最終的な預金額 b を $b=a(1+r)^n$ で表すことができる。

問2

キ 会話から，水温の変化量が水温と設定温度の差に比例して決まることが分かる。また，水温が蓄積量となるため，当てはまるのは⓪か③となる。このうち，③は温度差に対し，水温が影響していないため，誤りであることが分かる。したがって，⓪のモデルが適当である。

ク 図的モデルから，変化がどのような形になるか予想して解答する。モデル A の場合，温度差が大きくなると水温の変化量が大きく，温度差が小さくなると水温の変化量が小さくなる。言い換えると，温度差が大きいときはグラフの傾きが大きく，温度差が小さくなればなるほど傾きが小さくなるグラフを選べばよい。これに該当するグラフは②である。

▶水温の変化量が温度差に無関係に決まるモデルであれば，①のグラフとなる。温度差が小さくなると変化量が大きくなるモデルであれば，⓪のようなグラフとなる。

▶体温計の動作でも分かるように，温度の計測には時間がかかる。これは，温度計そのものの温度が，周囲の環境と同じになるまでに，時間がかかるためである。

24 (02)

ケ　Bの場合，水温の変化量が温度差に比例するのは同じであるが，一定時間過去の温度によって変化量が決まる。そのため，設定した温度になったときに，水温の変化量を0にすることができずに，水温が設定温度以上になると予想される。したがって，③が該当するグラフとなる。

34 待ち行列 (p.73)

解答 問1 ア ⑤ 問2 イ ③ 問3 ウ ⓪
エ ③ オ ①

compass ●シミュレーションに関する問題は，扱っている問題が何か，どのようなモデルを使用しているのか，シミュレーションの条件（パラメータ）は何か，を問題文から読み解くことが重要である。また，シミュレーションの結果がグラフで示されることが多いので，棒グラフやヒストグラムなど，代表的なグラフの見方を押さえておくことが重要である。

解説

問1

ア　代表的なモデルの種類を以下に示しておく。

物理モデルと論理モデル	物理モデル	実物を模したモデル。
	論理モデル	現象や手続きなどを表現したモデル。
静的モデルと動的モデル	静的モデル	時間の経過が時間以外の要素に影響を与えないモデル。
	動的モデル	時間の経過が時間以外の要素に影響を与えるモデル。
確定的モデルと確率的モデル	確定的モデル	同じ条件で実行した場合，実行結果が一つに定まるモデル。
	確率的モデル	同じ条件で実行しても，実行結果が実行するたびに異なるモデル。

よって，い が静的モデル，ろ が動的モデル，は が物理モデル，に が論理モデルとなり，⑤が適当である。

▶パラメータとは，シミュレーションを行う条件であるとともに，変化させることができる値でもある。パラメータを変化させ，結果を比較することで，どのような傾向があるのか読み解くことができる。

問2

イ　表より，待ち時間は後に来た利用者ほど長くなっているのが分かる。

問3

ウ　平均待ち時間は図1から読み取ることができる。ブース数を2どうしのグラフを比較すると，平均利用時間が8分のグラフは，全体的に左に移動していることが分かる。しかし，グラフ全体の広がり方は変化が見られない。したがって，「平均待ち時間が減るが平均待ち時間のばらつきは減らない」傾向があるといえる。

▶平均待ち時間が実行するたびに異なるということは，もともとの待ち時間も人によって大きく異なると推測することができる。

エ　平均利用時間を変えずにブース数を増やしたグラフでは，いずれもグラフが左に移動するとともに，グラフ全体の広がり方が狭くなっている。また，図2からも同様の傾向があることが読み取れる。このことから，③「平均待ち時間が減り，平均待ち時間のばらつきも減る」傾向があるといえる。

オ　⓪　適当である。待ち時間の短縮が難しい場合は，そのことで利用者に不満を感じさせないようにする対応も有効である。

① 不適当である。ウ の考察から，待ち時間のばらつきは平均利用時間の短縮では減少しない可能性が高い。

② 適当である。エ の考察から，ブース数を増やすことは，平均時間の短縮にもばらつきを減らすためにも有効である可能性が高い。

③ 適当である。ウ の考察から，平均利用時間の短縮は，平均待ち時間の短縮に効果がある可能性が高い。

35 フローチャート (p.76)

解答 問1 ア ⑤ イ ④ ウ ① エ ② オ ③
カ ⓪ 問2 キ ③ ク ① 問3 ケ ①

compass ●フローチャートで表したアルゴリズムを理解するためには，流れに沿ってアルゴリズムをたどればよい。それぞれの条件で，どのような結果となるのか整理すればよい。

解説

問1

ア 端子と呼ばれる記号で，アルゴリズムの開始と終了を表す（⑤）。

イ 演算などの処理を表す（④）。

ウ 条件による分岐を表す（①）。この記号から処理の流れが分岐し，Yes/No，True/False などの条件も書かれるため，そこから意味を推測することもできる。

エ 繰り返しの開始を表す（②）。繰り返す条件がこの中に記載されるため，そこから意味を推測することもできる。

オ 繰り返しの終了を表す（③）。

カ 定義済み処理を表す（⓪）。関数など別の場所で処理の流れを定めたものを，ここで呼び出すことを表す。

▶条件分岐の記号中に書かれた条件が満たされた場合は，Yes/True と書かれた処理の流れに進み，満たされなかった場合は，No/False と書かれた処理に進む。

繰り返し開始の記号中に書かれた条件が満たされている間，繰り返し終了までの処理を繰り返すことになる。

問2

キ 会話から，ハサミを1本買い，その上でボンドがあるならボンドを6個買ってきて欲しい，という指示であったことが読み取れる。これに該当するフローチャートは③である。

ク 会話からボンドがあったことは分かっているので，「ボンドがある」という条件分岐で Yes に進んだことが分かる。また，結果としてハサミを6本，ボンドを0個買ってきている。これに当てはまるフローチャートを探せばよい。
⓪のフローチャートに従うと，ハサミ0本，ボンド6個という結果となる。
②のフローチャートでは，ハサミ7本，ボンド0個という結果となる。
①のフローチャートに従うと，ハサミ6本，ボンド0個となるため，これが該当するフローチャートであることが分かる。

▶フローチャート記号
・データの入出力
・処理の流れ

問3

ケ このフローチャートにある繰り返しの条件より，グループの人数が10－中の人数より大きい間は，繰り返しを継続することになっている。

例えば，5人グループの場合，中の人数が6人だと，グループ人数(5)＞10－中の人数(6)となり条件が成立するため，繰り返しが継続する。中の人数が5人になると，条件が成り立たなくなるため，繰り返しが終了し，「中に案内する」という処理が実行される。

グループの人数が11人以上の場合，中の人数が0になっても条件が成り立ってしまうため，繰り返し処理が永久に継続されることとなる。

▶繰り返しの条件とは，繰り返しを継続する条件であることに注意する。

▶永久に続いてしまう繰り返しのことを無限ループと呼ぶ。プログラムを作成するときに発生しやすいプログラムの誤り（バグ）の一つである。

36 状態遷移図と状態遷移表 (p.78)

解答 ア ① イ ⑦ ウ ③ エ ⑤

compass ●状態遷移図はシステムが取りうる状態が，どのように遷移する（移り変わる）かを表現している図である。遷移する可能性がある状態を把握することで解答することができる。状態遷移図は，矢印と状態を表す箱で構成されているシンプルな構成のため，詳細に図形の意味を把握していなくても，図形をしっかり読み取ることで解答することができる。

解説

ア　イベント：分析異常が，どの状態で発生するのか，状態遷移図から把握する。状態遷移図から，分析異常は，状態：道のり分析で発生し，状態：分析エラーに遷移することが分かる。道のり分析列に，遷移先である分析エラーが記載されていればよいことになる。状態：道のり分析以外で，分析異常が発生するケースはないため，他の列はすべて「×」が記載されていればよい。よって，①が適当である。

イ　イベント：リセットボタンはユーザが任意のタイミングで押すことができるため，どの状態でも発生する可能性がある。しかし，それによって状態が遷移するのは状態遷移図から状態：分析エラーであり，遷移先は状態：データ取得であることが分かる。分析エラー列に状態：データ取得が書かれているものを探せばよい。したがって，⑦が適当である。

ウ　イベント：分析完了が発生するのは，状態：道のり分析のときで，状態：運転に遷移することが状態遷移図から読み取れる。これに該当する③が適当である。

エ　イベント：センサ異常が発生するのは，状態：運転で，遷移先は状態：運転エラーである。これに該当する⑤が適当である。

▶状態遷移図は，統一モデリング言語で定義された図の中に含まれている。統一モデリング言語とは，システムなどをモデルとして表現するための言語である。UML（Unified Modeling Language）と省略して呼ばれることもある。

▶状態遷移表は，状態遷移図を違った形で表現したものである。本書の問題では，行方向に「イベント」，列方向に「状態」を配置したが，逆に配置されている場合もある。

37 アクティビティ図 (p.80)

解答 問1 ア ⓪ イ ③ 問2 ウ ②

compass ●一つの状態から操作によって遷移する状態が複数あると，操作（アクション）を統一することはできない。これを状態遷移図から読み取れば解答することができる。アクティビティ図は，処理の流れを表すことが目的の図形である。記号の種類が少ないため直感的に理解できる。並列処理を表現する場合，同期バーと呼ばれる記号が使われる。この同期バーが書かれた地点で，並列に行われていた処理の同期がするので，それをよく読み取って解答する。

第3章

解説

問1

ア 四つの図の違いを確認すると，状態：ペアリング中のイベント：3回押しの有無，状態：着信中のイベント：長押しの遷移先，状態：通話中の1回押しの遷移先，が異なっている点であることが分かる。マニュアルの記載から，3回押しをするとリダイアル機能が働き，状態：通話中に遷移することが分かる。よって，①は適当ではないことが分かる。
状態：着信中に関するマニュアルの記載から，ボタンを1回押すと通話中に遷移し，長押しすると着信拒否機能が働くことが分かる。よって，②は適当でないことが分かる。
状態：通話中にボタンの1回押しで電話を切ることがマニュアルから読み取れるため，③は適当ではないことが分かる。
これらから，⓪が適当である。

イ 操作（アクション）を統一するためには，一つの状態から操作によって遷移する状態が一つだけであればよい。状態遷移図から，操作によって複数の状態に遷移する可能性があるのは，ペアリング中（通話中と音声アシスタント起動中），着信中（通話中とペアリング中）の二つである。ペアリング中の操作による遷移先を一つにするためには，音声アシスタント機能かリダイアル機能のどちらかを削除すればよい。着信中の遷移先を一つにするためには，通話機能か着信拒否機能のどちらかを削除すればよい。これを満たす選択肢は③となる。

問2

ウ このアクティビティ図では，スタートの下にあるフォークノードから，処理1と処理2が並列で実行される。処理2の下にあるフォークノードから，処理3とその右側にある分岐から始まる処理の流れが同期をとらずに実行される。処理4と処理5は条件によって分岐しているため，どちらかしか実行されない。処理4と処理6は縦に並んでいるため，処理4が終了すると処理6は実行される。処理6の下にあるジョインノードの地点では，処理3，処理6か処理5のいずれか，の両方の処理が完了してから，処理7が実行される。これらから，②の説明が，処理5と処理6はどちらかしか実行されないため，不適当なものであることが分かる。

▶アクティビティ図もUMLで定義されている図形の一つである。フローチャートと役割が非常に近い。繰り返しが矢印で表現されているため，使用する記号の種類が少ない。

▶**アクティビティ図の記号**

・アクション（処理）

・条件による分岐

・フォークノード（複数の非同期処理の開始）／ジョインノード処理の同期（非同期処理の終了）

▶フォークノードやジョインノードにより，並列処理（非同期処理）の開始と終了が表現される。フォークノード（非同期処理の開始）から，横に並んだそれぞれの処理は同時に実行され，それぞれの処理を待つことなく次の処理に進んでいく。ジョインノードで並列処理の終了が表現される。そこでは，並列で実行されてきた処理がすべて終了するのを待って，ジョインノードの先にある処理が実行される。

38 プログラムの基本構造 (p.82)

解答 問1 ア ④ イ ② ウ ⑤ エ ⑧
オ ⑦ 問2 カ ② キ ③
問3 ク ② ケ ③

compass ●アルゴリズムは順次，分岐，反復（繰り返し）の三つの構造でできている。それぞれを表すプログラムの書き方を把握していれば，出題されているプログラムを読み解くことができる。

解説

問1

ア プログラム1は変数に数値を代入している。4行目は，その二つの変数を加算した結果を表示している。そのため表示される値は6となる。

イ プログラム2は変数に文字列を代入している。これは代入する値を「"」（ダブルコーテーション）で囲っていることから分かる。4行目は，その二つの変数に格納されている文字列を連結した結果を表示する，という意味となる。そのため，表示される値は15となる。

▶構造化定理：一つの入口と一つの出口をもつアルゴリズムは，順次，選択（条件分岐），反復（繰り返し）の三つの基本制御構造で表すことができる。

ウ 変数ごとに格納するデータの種類は決まっており，それを型と呼んでいる。例えば，文字型の変数には文字，日付型の変数には日付データが格納される。

エ 2行目，3行目で数字を代入しているため，数値型の変数となる。

オ 2行目，3行目で「"」で囲った値を代入しているため，格納されるのは文字列として扱われ，文字型の変数となる。

▶「"」(ダブルコーテーション）で囲むと文字列として扱われる。

問2

カ プログラム3は「**a**（36）を12で割った余りが0」かつ「**a**（36）を12で割った商が3」の場合，条件が成立する。これは，どちらも成り立つため **T** が表示される。
プログラム4は，「**a**（36）を12で割った余りが0」もしくは「**a**（36）を9で割った余りが0でない」場合，条件が成立する。前者の条件が成立するため，**T** が表示される。
プログラム5は，「**a**（36）を12で割った余りが0」かつ「**a**（36）を9で割った余りが0でない」場合，条件が成立する。後者の条件が成り立たないため条件は成立せず，**F** が表示される。よって，②が適当である。

▶「A かつ B」の否定になるのは，「A でない もしくは B でない」となる。

キ プログラム6はプログラム5と比較し，**F** と **T** の位置が入れ替わっている。これに同じ動作を行わせるためには，元の条件の否定を条件とする必要がある。「**a** を12で割った余りが0」かつ「**a** を9で割った余りが0でない」の否定は，「**a** を12で割った余りが0でない」もしくは「**a** を9で割った余りが0」となる。したがって，③が適当である。

問 3

ク・**ケ** 表を作って変数の変化を記録して整理するとよい。プログラム７の変数の変化は，以下のようになる。

i		1	2	3	4	5	6	7	8	9	10
a	5	8	11	14	17	20	23	26	29	32	35
wa	0	8	19	33	50	70	93	119	148	180	215

誤っている点は，最初の **a** の値である５が変数 **wa** に加算されていない点と，11番目の **a** まで加算してしまっている点の二つである。前者を修正するためには，３行目を **wa=a** とすればよい（②）。後者を修正するためには，繰り返しの条件を「**i** を２から10まで１ずつ増やしながら繰り返す」（③）に修正すればよい。

▶繰り返しのプログラムが正しく動作するときには，繰り返しの始まりと，終わりに注目するとよい。特に繰り返しの終わりは間違いやすいので注意する。

39 数当てゲーム (p.84)

解答 ア ④　イ ①　ウ ⑨　エ ①
オ ⑤

compass ●反復構造と選択構造を組合せたアルゴリズムを扱っている。それぞれの条件を正確に把握することで，プログラムを読み解くことができる。また，会話文には必ずプログラムの仕様，つまりあるべき姿が述べられている。読み解いたプログラムの構造と，仕様を重ね合わせることで，欠けている点や修正すべき点を埋めることができる。また，理解が難しい場合は，表などを用いて変数の変化を整理してみることも重要である。

解説

ア この条件が成立した場合，8行目と9行目を実行する。9行目の表示内容と会話文に示されている仕様を見比べると，この条件は「プレイヤーの予想した数字が当たっていれば」，という条件であることが分かる。その条件は，プレイヤーの予想した数字が格納されている変数 **b** と，コンピュータが決めた数字である変数 **a** が等しい，と読み替えられる。したがって，④ **a==b** が適当である。なお，③の **a=b** は，変数 **a** に **b** の値を代入するという意味になり，この場合に必要とする条件とはならない。

▶処理結果の成否や，条件の判定結果を格納する変数をフラグと呼ぶ。一般に，フラグには True（1），False（0）の 2 通りの値が格納される。

イ プレイヤーが勝った場合に行う必要がある処理は，ゲームを終了させることである。これは，繰り返しを終了させることに相当する。繰り返しの条件は，4行目で指定されており，変数 **flag** が 1 と等しい間，繰り返すことになっている。そのため，ここでは変数 **flag** に 1 以外の数字を代入する必要がある。そのため，**flag** に 0 を代入している①が適当である。

▶ イ は，flag に 1 以外の数を代入すればよいので，例えば 3 などを代入しても動作する。フラグのように 2 通りの値を格納する場合は，0 と 1 のいずれかの値を格納するのが一般的である。

ウ 12行目より，この条件はプレイヤーが負けた場合であることが分かる。会話文から10回以内に当てられない場合，プレイヤーの負けとなる。プレイヤーが予測した回数は変数 **i** でカウントしており，10回目の予想が外れた場合にプレイヤーの負けとなる。したがって，⑨ **i>=10** という条件が適当である。11回目の予想をプレイヤーにさせてはいけないので，**i>10** ではないことに注意する。

▶ ウ は，**i==10** と書いても同じ動作となる。

エ プレイヤーが負けた場合であるため，ゲームを終了させる必要がある。 イ と同様に，① **flag=0** が適当である。

オ 14行目の条件が成り立った場合に実行されるのは15行目である。そのため，この条件はユーザの予想値（変数 **b**）より，コンピュータが決めた値（変数 **a**）が大きい場合であることが分かる。したがって，⑤ **a>b** が適当である。

40 Fizz Buzz ゲーム (p.85)

解答

問1	ア	③	イ	⑤	ウ	③	エ	②	オ	⑨
問2	カ	④	キ	⓪	ク	⓪	ケ	⑦		

compass ●分岐構造と反復構造を組合せたアルゴリズムである。このようなアルゴリズムやプログラムが正常に動作するかを確認するためには，選択構造でのすべての分岐を試してみる必要がある。この問題であれば，3の倍数，5の倍数，3と5の倍数，それ以外の数字の少なくとも4パターンで，どのような動作をするか試してみる必要がある。

第3章

解説

問1

ア 3の倍数の場合，三つの条件分岐のうち，一つ目だけが成り立つので **Fizz** と表示される。また，三つ目の条件が成り立たない場合，数字を表示する処理が実行されるため，数字も **Fizz** に続いて表示される。5の倍数の場合，二つ目の条件分岐の条件だけが成り立つので，**Buzz** と表示される。また，3の倍数の場合と同様に数字は **Buzz** に続いて表示される。15の倍数の場合，一つ目の条件，二つ目の条件，三つ目の条件のすべてが成り立つので，**Fizz**，**Buzz**，**Fizz Buzz** の三つの単語が表示される。それ以外の数字の場合は，すべての条件が成り立たないので，数字がそのまま表示される。これが当てはまるのは③である。

イ 条件が成り立っている場合 **Fizz Buzz** を表示しているので，⑤15の倍数が当てはまる。

ウ 条件が成り立っている場合 **Fizz** を表示しているので，③3の倍数が当てはまる。

エ 15の倍数でもなく，3の倍数でもなく，かつ，5の倍数である場合なので，② **Buzz** を表示するが適当である。

オ ここまでの条件がすべて成り立たなかった場合なので，数字をそのまま表示するケースになる。そのため，⑨ **i** を表示するが適当である。

▶Fizz Buzz 問題では，順次，分岐，反復の3要素をそれぞれ正しく扱う必要がある。そのため，基本制御構造を理解できているか確かめる問題として適している。Fizz Buzz 問題のアルゴリズムをフローチャートなどで表現する練習と，任意のプログラミング言語で実際にプログラムを書く練習をしておくとよい。

▶そのプログラムが正しく動作するか確かめるためには，すべての条件分岐について正しく動作するか確かめる必要がある。そのためにパターンを洗い出す必要がある。パターンの洗い出しには，プログラム中の選択構造を探してパターンを洗い出す方法と，仕様から洗い出す方法の二つがある。

問2

カ 3の倍数の場合，5行目の条件だけが成立するため，**Fizz** が表示される。

5の倍数の場合，7行目の条件だけが成立するため，**Buzz** が表示される。15の倍数の場合，3行目の条件と5行目の条件が成立するため，**Fizz Buzz** と **Fizz** が表示される。7行目の条件は5行目の条件が成り立たない場合だけ評価されるため，15の倍数の場合は実行されない。それ以外の数字は，9行目の条件だけが成り立ち，普通の数字が表示される。

キ 問1の図2の正しいアルゴリズムに沿ったプログラムである（⓪）。

ク 変数 **a** に文字列を連結して格納するアルゴリズムで作成されている。3の倍数の場合，4行目の条件だけが成り立つので，変数 **a** には **Fizz** が格納される。

5の倍数の場合は，6行目の条件だけが成り立つので，変数 **a** には **Buzz**

が格納される。
15の倍数の場合は，4行目と6行目の条件が両方とも成り立つため，変数 **a** には **Fizz Buzz** が格納される。それ以外の数字の場合は，8行目において，**a** には何も格納されていない。そのため **a** が何も格納されていないかどうかを判定し，数字をそのまま格納している。したがって，プログラム3は正しく動作する。

ケ プログラム3との違いは，7行目である。ここで，変数 **a** に **Buzz** を連結ではなく，代入している。そのため，あらかじめ **Fizz** が格納されている場合でも，値が **Buzz** に上書きされてしまう。これが発生するのは，15の倍数の場合である。したがって，⑦「**Fizz Buzz** と表示すべきときに **Buzz** と表示される」という動作となる。

41 21ゲーム (p.87)

解答 問1 ア ⑧　イ ④　ウ ⑦　エ ⑤　オ ⑦
問2 カ ③

compass ●これまでの問題と同様に，繰り返しと条件分岐に注意し，プログラムを読み解くことと，問題文から仕様を正しく理解することが重要である。

解説

問1

ア 3行目の条件で，15行目までを繰り返す処理となっているため，この条件はゲームを継続する条件であることが分かる。合計が21になった場合に数字の入力をさせてはいけないため，条件は21未満（**goukei<max**）とすればよい。

イ 次の行で変数**goukei**を「今の数は」というメッセージとともに表示しているため，5行目でプレイヤーが入力した数字を変数**goukei**に加算する処理を実行していると推測できる。**goukei=goukei+a**となる。よって，④が適当である。

ウ この空欄には8行目を実行する条件が入る。8行目で表示しているメッセージから，プレイヤーの入力が**max**（21）以上になったときであることが分かる。したがって，条件は⑦**goukei>=max**となる。

エ 13行目で変数**goukei**を表示しているため，コンピュータが選んだ数を**goukei**に加算している処理であることが分かる。**goukei=goukei+b**となる。よって，⑤が適当である。

オ ここには15行目を実行する条件が入る。15行目からコンピュータが負けた場合であることが分かる。したがって，条件は⑦**goukei>=max**となる。

▶繰り返しに関する条件を扱う場合，求められているものが，繰り返しの継続条件なのか，終了条件なのか，区別して理解することが大切である。「条件の間繰り返す」のようなプログラムで求められているのは継続条件である。そのとき，問題文から継続条件を考えるのが難しければ，いったん繰り返しの終了条件を考えてみて，その否定を考えればそれが継続条件となる。

問2

カ プレイヤーの負けでなければ，10行目から14行目の処理は条件分岐がないため必ず実行され，パスできてしまうようなことは起き得ない。したがって，⓪ではない。コンピュータの選択する数字は10行目の処理において乱数の範囲が1から3と定められているため，ルール通りの値を必ず選択することとなる。したがって，①ではない。プレイヤーが数値を入力する処理である4行目は必ず実行されるため，②ではない。プレイヤーの入力した数値を制限するようなアルゴリズムはプログラム中に存在しないため，ルールを無視して0や4以上の数を入力してもゲームはそのまま継続してしまう。よって，③が適当である。

42 2次元配列 (p.88)

解答 問1 ア ① 問2 イ ② ウ ③
エ ⑨ オ ⑦ カ ⑨
問3 キ ② ク ⑥ ケ ⑦ コ ④
サ ③ シ ② ス ⑧ セ ⑦
ソ ④ タ ③
問4 チ ② ツ ⑥ テ ⑨ ト ④
ナ ③

compass ●配列を扱うプログラムを読み解くためには，まず添字がいくつから始まるのかをしっかり理解する必要がある。人間は直感的に1からカウントを始めるが，0から添字が始まる場合，意識して読み替えないと誤って理解する可能性がある。2次元配列の構造を把握するためには，表をイメージするとよい。一つ目の添字が行を表し，二つ目の添字が列を表し，要素が表に書かれているものだと考えるとよい。

解説

問1

ア 配列 **Pet** の一つ目の添字が家族の番号を表し，二つ目の添字がペットを表している。添字は0から始まっているため，4番目の家族を表す添字は3，2番目に飼い始めたペットの添字は1となる。要素がペットの添字を表しており，メスは2であるため，要素の値は2となる。そのため，空欄の値は① い:3，ろ:1，は:2 となる。

▶共通テスト用プログラム表記では，添字は説明がない限り0から始まるとされている。

▶共通テスト用プログラム表記では，2次元配列の要素を Array[添字1, 添字2] のように指定する。

問2

イ 変数 **kazoku_No** の値の回数だけデータの作成を繰り返す。そのためには，制御変数の **i** が **0** から始まっているため，**i** が② **kazoku_No －1** になるまで繰り返す。

▶配列に値を格納するときは，反復構造を使用することが多い。

ウ 3行目はi番目の家族が1番目に飼い始めたペットの性別を配列の要素に格納している。したがって，最初の添字は③ **i** となる。

エ 要素の値には，関数「性別決定」の戻り値を代入すればよい。したがって，=(イコール) の右側は，⑨**性別決定()** となる。

オ 4行目はi番目の家族の2番目に飼い始めたペットの性別を決定し配列に代入すればよい。そのため，添字は **[i, 1]** となる（⑦)。

カ 代入する値は，3行目と同様に関数「**性別決定**」の値となる（⑨)。

▶図2と図3のプログラムは一見同じ条件であるように見えるが，異なる場合を扱っている。この違いを理解することが，この問題を解くための最大のポイントである。

問3

キ **kazoku_No** の値の回数だけ繰り返すための条件が入るため，② **kazoku_No-1** となる。

ク 図2の6行目で条件（ペットの1匹がメス）に当てはまる数を格納する変数である **kazokusu_f** を増やしているので，5行目はペットの1匹がメスかどうかを判定していることが分かる。
1匹がメスかどうかという条件は，「1番目に飼い始めたペットがメス，もしくは，2番目に飼い始めたペットがメス」と言い換えられる。そのた

▶この問題で題材にしている「ペットの1匹がメスだった場合に2匹ともメスである確率」のような，ある条件に当てはまる場合の確率を，条件付き確率という。
条件付き確率は直感に反する結果となることがあるため，慎重に条件などを見定める必要がある。

め，⑥が入る。

ケ　図２の８行目で条件に当てはまる家族のうち，２匹ともメスである家族の数を表す変数 **kazokusu_f2** を増やしているため， ケ には２匹ともメスであるという条件が入る。その条件は，「１番目に飼い始めたペットがメス，かつ２番目に飼い始めたペットがメス」と言い換えられるため，⑦が入る。

コ・**サ**　このプログラムで求めたいのは，ペットの１匹がメスだった場合に２匹ともメスである確率であるため， コ にはそのうち２匹ともメスである家族数④ **kazokusu_f2** が入り， サ にはペットの１匹がメスである家族数③ **kazokusu_f** が入る。

シ　図２のプログラムと同様に，**kazoku_No** の値の回数だけ繰り返すための条件が入るため，② **kazoku_No - 1** となる。

ス　６行目で条件「最初に飼い始めたペットがメスだった場合に」に当てはまる数を格納する変数である **kazokusu_f** を増やしているので，ここでは１番目のペットがメスである，という条件が入る。この条件は，二つ目の添字が０の要素が２であると言い換えられるため，⑧が入る。

セ　図２のプログラムと同様に，条件に当てはまる家族のうち，２匹ともメスである家族の数を表す変数 **kazokusu_f2** を増やしているため，２匹ともメスであるという条件が入る。

ソ・**タ**　図２のプログラムと同様となる。

問４

チ　これまでのプログラムと同様に，**kazoku_No** の値の回数だけ繰り返すための条件が入るため，② **kazoku_No - 1** となる。

ツ　ここは，「ペットの１匹がメスでツナ子という名前だった場合」が入る。どちらのペットがツナ子でも条件に該当するため，「１番目に飼い始めたペットの名前がツナ子，もしくは，２番目に飼い始めたペットの名前がツナ子」と言い換えられる。名前がツナ子である場合は要素に３が格納されているため，条件は
⑥ **Pet[i, 0] == 3 or Pet[i, 1] == 3** となる。

テ　ここは８行目を実行する条件が入る。８行目では２匹ともメスである数を表す **kazokusu_f2** を増やしている。そのためここは「１番目のペットがメス，かつ，２番目のペットがメス」という条件が入るが，メスである場合の要素の値は２または３なので，⑨が入る。

ト・**ナ**　図２のプログラムと同様となる。

第３章

43 バトルゲーム (p.91)

解答 問1 ア ④ 問2 イ ③ 問3 ウ ③ エ ⓪
問4 オ ③ カ ② キ ①
問5 ク ③ ケ ② コ ① サ ⑨
シ ③ ス ① セ ② ソ ⑧
問6 タ ⓪

compass ●関数の引数を決定するためには，その関数の機能を実現するためにはどのような情報が必要か考えればよい。例えば，円の面積を求める関数であれば，半径は情報として必要となるため，引数にする必要がある。円周率は一定であるため，関数内で定義することができる。三角形の面積を求める関数であれば，底辺と高さの二つの情報が必要であるため，引数はこの二つとなる。このように考えて引数にすべき要素を決定する。

解説

問1

ア **Damage_hyou[0,0]** は最初の添字が 0 であるため攻撃側のスキルが水，次の添字も 0 であるため防御側のスキルが水であることを表している。表 1 から要素の値が 1 になっていればよいことが分かる。**Damage_hyou[1,2]** は，攻撃側のスキルが火，防御側のスキルが風であることを表しているため，表 1 から要素の値が 2 となっていればよいことが分かる。**Damage_hyou[2,1]** の場合も同様に，攻撃側：風，防御側：火であるため，要素の値は 0 となる。よって，④が適当である。

▶この問題では，関数の中身は示されていない。このように関数の中身が分からなくても，引数と戻り値が分かれば使用できる点が関数のよい点である。

問2

イ 攻撃側が火であるため最初の添字は 1，防御側が水であるため二つ目の添字は 0 となる。よって，③が適当である。

問3

ウ・**エ** 会話の内容から関数「**戦い**」はダメージの値を決定する関数であるため，戻り値はダメージの値になっていればよいことが分かる（⓪）。ダメージの決定には，攻撃側のスキルと防御側のスキルの両方が必要であるため，その二つを引数とする（③）。

問4

オ 7 行目からダメージの値を変数 **damage** に格納していることが分かる。関数「**戦い**」の戻り値がダメージであり，それを変数 **damage** に格納すればよい。そのため，③が入る。

カ 問 3 から，関数「**戦い**」の最初の引数は攻撃側のスキルである。プログラム 1 ではプレイヤーが攻撃側であるため，プレイヤーが選択したスキルを一つ目の引数にする。そのため，②が入る。

キ カ の考察から，二つ目の引数にはコンピュータが選択したスキルの番号を設定すればよいことが分かる。そのため，①が入る。

問5

ク 8 行目の条件から 9 行目から 12 行目まではプレイヤー側の攻撃で

あることが分かる。したがって，問４と同じように考えて選択すればよい。［ク］は問４の［オ］に相当するため，③ **damage** が入る。

ケ　これも問４と同様に考えればよい。［ケ］は問４の［カ］に相当するため，② **jibun_waza** が入る。

コ　これも問４と同様になる。［コ］は問４の［キ］に相当するため，① **teki_waza** が入る。

サ　**ban** はどちらの攻撃かを制御する変数である。この値をどこかで書き換えないと，ずっとどちらかが攻撃することになってしまう。プレイヤーの攻撃の場合，12行目以外には次の攻撃の番をコンピュータに切り替える処理を行う場所がないため，ここで変数 **ban** に **1** を代入する（⑨）。

シ　14行目から17行目まではコンピュータ側の攻撃の場合の処理となっている。関数「**戦い**」に渡す引数は，プレイヤー側攻撃の場合と逆に指定すればよい。戻り値はプレイヤー側の場合と同じ変数③ **damage** に格納する。

ス　問４の場合と引数を逆に指定する。［ス］は攻撃側のスキルを意味する引数であるため，コンピュータのスキルを示す① **teki_waza** となる。

セ　［ス］と同様に考えて，防御側であるプレイヤーのスキルを表す② **jibun_waza** が入る。

ソ　次のターンはプレイヤー側の攻撃に戻るため，変数 **ban** には **0** を代入する（⑧）。

問６

タ　⓪　不適当である。今のアルゴリズムは，必ずプレイヤーの攻撃から始まり，交互に攻撃するようになっているので，**i** の値が偶数か奇数かでどちらの攻撃か判断することができる。

① 適当である。変数 **ban** を使用することで３行目を変更し，実行するたびにどちらの攻撃が始まるか変わるように変更することもできる。**i** が偶数か奇数で判断するアルゴリズムにすると，どちらの攻撃から始まるかが固定される。

② 適当である。変数 **ban** を使用することで12行目と17行目を変更し，次の攻撃をどちらにするか乱数やその他の要素で決定するか変更することもできる。**i** が偶数か奇数で判断するアルゴリズムにすると，交互に攻撃する仕様に固定される。

③ 適当である。一つの変数に複数の役割を持たせると，プログラムを読んだときに意味をつかみにくくなる。

▶問６で問われているように，プログラムを作成するときは，人に読みやすく，そして将来的な拡張がしやすいように作ることが重要である。そのための方法の一つが，一つの変数の役割を一つにすることである。

44 線形探索 (p.94)

解答 ア ③ イ ⓪ ウ ② エ ④ オ ⓪ カ ③ キ ② ク ②

compass
- 線形探索は，探索のアルゴリズムのうち，配列の要素を先頭から一つずつチェックしていく手法である。
- 繰り返しの中に条件分岐が含まれる構文を用いて，添字を増やしながら配列を操作するプログラムは頻繁に用いられる。

解説

問1

ア 関数は「**関数名()**」のように表され，関数に渡す値を引数といい，関数の（　）の中に指定する。また，関数から返ってくる値を戻り値という。要素数（　）は引数に渡された配列の要素数を返す関数であり，プログラムの **(2)** 行目で次のように引数に配列 **Data** を指定して実行している。

```
(2)    kazu = 要素数(Data)
```

つまり，配列 **Data** の要素数である10が戻り値として変数 **kazu** に代入されるため，［ア］は③ **10** となる。

▶「**表示する()**」のように，戻り値がない関数も存在する。

イ 図1のプログラムでは，**(3)** 行目で変数 **kekka** に **0** を代入して初期化している。

```
(3)    kekka = 0
```

また，**(6)**～**(8)** 行目では，次のように配列の中に目的の値が見つかった場合に，変数 **kekka** に［エ］を代入していることが分かる。

```
(6)    i を 0 から [ウ] まで 1 ずつ増やしながら繰り返す：
(7)    ｜ もし Data[i] == atai ならば：
(8)    └ └ kekka = [エ]
```

この時点で［エ］が分からなくても，逆をいえば，配列の中に目的の値が見つからなかった場合は変数 **kekka** の値は **0** のままであるため，［イ］は⓪ **0** であることが分かる。

▶変数の初期化には，一般的に 0 や 1，False や True を代入することが多い。

▶このように，繰り返しの中に条件分岐が含まれる構文は頻繁に用いられる。条件式に合致した場合に，どのような処理がされるのかを推測することが重要である。

ウ 配列の要素は「**配列名[添字]**」という形で指定する。添字は配列の各要素に付けられた番号のことで，次のように先頭から 0, 1, 2, …と続く。

添字	0	1	2	3	4	5	6	7	8	9
配列 **Data**	48	89	52	18	77	29	62	3	97	33

つまり，要素数が10個の配列 **Data** の場合，上のように最後の要素の添字は9となる。プログラムの **(6)** 行目では，添字 **i** を0から［ウ］まで1ずつ増やしながら配列 **Data** の要素をチェックしていくため，［ウ］は **9** であることが分かる。ただし，**9** は選択肢にないため，「要素数 − **1**」の②「**kazu - 1**」が適当である。

▶共通テスト用プログラム表記では，変数名はすべて小文字であるが，配列名の先頭は大文字になる。

▶繰り返し構文の中で配列を処理する場合，一般的に添字は 0 から始めることが多い。そのため，最後の要素は「要素数 − 1」になる。

▶添字が 0 から始まっていることを考慮しないと誤答になるため注意が必要である。

エ プログラムの **(6)**～**(8)** 行目だけを見ても，変数 **kekka** に代入する［エ］は分からない。そこで，**(11)**～**(12)** 行目に着目する。

```
(11)    そうでなければ：
(12)    └ 表示する("見つかりました：", kekka, "番目")
```

もし配列の中に目的の値が見つかった場合は，「見つかりました：」の後に「○番目」と続けて表示していることが分かる。(6)～(8)行目では，添字 **i** によって配列 **Data** の要素を一つひとつチェックしているため，これを利用できそうである。ただし，添字は **0** から始まっているため，変数 **kekka** に代入する値（目的の値の番号）は④ **i + 1** となることに注意する。

オ　プログラムの(9)(10)行目から，[オ]には配列の中に目的の値が見つからなかった場合の条件式が当てはまることが分かる。

```
(9)     もし [ オ ] ならば：
(10)    │ 表示する("見つかりませんでした")
```

ここで，プログラムの(6)～(8)行目では，配列の中に目的の値が見つかった場合に，変数 **kekka** に目的の値の番号である「**i + 1**」を代入することが分かっている。つまり，配列の中に目的の値が見つからなかった場合は，(3)行目から分かるように変数 **kekka** の値は初期状態の **0** のままであるはずである。よって，条件式には⓪ **kekka == 0** が当てはまることが分かる。

▶共通テスト用プログラム表記では，Python と同様に「=」は代入，「==」は比較演算子の等価（等しい）を意味する。

カ　配列の中に値が見つかった時点で繰り返しを抜けるために，「繰り返しを抜ける」をプログラムの適切な位置に挿入する。図 1 のプログラムでは，(7)(8)行目が配列の中に値が見つかった場合の処理を表している。

```
(7)     │ もし Data[i] == atai ならば：
(8)     └ └ kekka = [ エ ]
```

ここでは，(8)行目の処理を実行した後に繰り返しを抜ける必要があるため，「繰り返しを抜ける」を挿入する位置は，次のように③(8)行目の下となる。

```
(7)     │ もし Data[i] == atai ならば：
(8)     │ │ kekka = [ エ ]
(9)     └ └ 繰り返しを抜ける
(10)    もし [ オ ] ならば：
```

▶Python では，「繰り返しを抜ける」は「break」に相当する。

▶「繰り返しを抜ける」は(7)行目から始まる条件式の構文内に入れることに注意する。

キ　配列の中に指定した値が複数含まれていた場合を考える。図 1 のプログラムでは，(6)～(8)行目のように，配列の中に目的の値が見つかった場合に，変数 **kekka** に目的の値の番号である「**i + 1**」を代入していた。

```
(6)     i を 0 から [ ウ ] まで 1 ずつ増やしながら繰り返す：
(7)     │ もし Data[i] == atai ならば：
(8)     └ └ kekka = [ エ ]
```

もしこの後，二つ目の目的の値が見つかった場合，同様に(6)～(8)行目のプログラムを実行するため，変数 **kekka** の値が上書きされることが分かる。つまり，配列の中に指定した値が複数含まれていた場合は，見つかった②最後の値が表示されることになる。

▶変数には一つの値しか保持することができないため，2 回目以降の代入では元の値が上書きされることに注意する。

ク　配列の中に指定した値が複数含まれていた場合に，場所ではなく個数を表示する場合を考える。図２のプログラムの **(4)** 行目では，次のように変数 **kosu** を用意し，**0** を代入して初期化していることが分かる。

```
( 4 )    kosu = 0
```

さらに，**(10)** 行目において，配列の中に目的の値が見つかった場合に，変数 **kosu** の値を１増やしていることが分かる。

```
(10)     └  └ kosu = kosu + 1
```

最終的に **(13) (14)** 行目の処理において，配列の中に指定した値が複数含まれていた場合に，「複数見つかりました：」に続けて「○個」と表示している。

```
(13)     そうでなくもし［ ク ］ならば：
(14)     │  表示する("複数見つかりました：", kosu, "個")
```

この **(13) (14)** 行目の処理が実行されるためには，**(11)** 行目の条件式である「**kekka == 0**」が偽である必要がある（つまり，「**kekka != 0**」を満たす）。さらに，配列の中に指定した値が複数含まれていた場合は，**(10)** 行目が複数回実行されるため，変数 **kosu** は１より大きくなっているはずである。そのため，［ ク ］に当てはまる条件式は② **kosu > 1** となる。

▶「kosu = kosu + 1」のように，変数の値を１増やす処理をインクリメントといい，プログラムでは頻繁に使用される。

▶共通テスト用プログラム表記では，Python と同様に「!=」は比較演算子の不等価（等しくない）を意味する。

45 二分探索 (p.96)

解答 ア ② イ ③ ウ ① エ ② オ ⓪

compass
- 二分探索は，データが昇順また降順に整列されている配列に対し，探索範囲を半分に狭めることを繰り返して探索値を絞り込んでいく手法である。
- 配列の要素を半分に絞っていく際に，もし探索範囲の要素の個数が偶数であれば，中央の二つの数値のうち左側の数値を探索している。

【解説】

ア 二分探索にもいくつか種類があるが，問題文には「配列の要素を半分に絞っていく際に，もし探索範囲の要素の個数が偶数であれば中央の二つの数値のうち左側の数値を探索している」とある。例えば，図1のように10個の配列を持つ場合，偶数であるため中央の添字は（0+9)/2=4.5となるが，ここでは小数部分を切り捨て，添字が4の要素（48）と探索値を比較することになる。そのため， ア は②「変数 **hidari** と変数 **migi** を足して2で割った商を変数 **aida** に代入する」が適当である。

▶配列の添字が0で始まっていることに注意する。

イ 図2のプログラムの（6）～(10) 行目を見ると， ア で配列の中央の添字を変数 **aida** に代入し，条件式 イ を満たせば「見つかりました」と表示して繰り返しを抜けていることが分かる。

▶共通テスト用プログラム表記では，「A÷B」はAをBで割った商を表す。

```
( 6 )  hidari <= migi の間繰り返す：
( 7 )  │ aida = (hidari + migi) ÷ 2
( 8 )  │ もし［ イ ］ならば：
( 9 )  │ │ 表示する("見つかりました：", aida + 1, "番目")
(10)   │ │ 繰り返しを抜ける
```

つまり，配列の添字 **aida** の値と探索値 **atai** が等しいことが条件式に当てはまるため， イ は③ **Data[aida] == atai** が適当である。

ウ・**エ** 図2のプログラムの（11）～（14）行目を見ると，条件式 イ を満たさないとき，二つ目の条件式「**Data[aida] < atai**」を満たす場合は，変数 **hidari** に ウ を代入し，満たさない場合は変数 **migi** に エ を代入していることが分かる。

▶二分探索は，このように探索範囲を二分（半分）にしていくことに由来する。

```
(11)   │ そうでなくもし Data[aida] < atai ならば：
(12)   │ │ hidari = ［ ウ ］
(13)   │ そうでなければ：
(14)   └ └ migi = ［ エ ］
```

二つ目の条件式「**Data[aida] < atai**」を満たすときは，探索値 **atai** が **Data[aida]** より大きい，つまり右側にあることを示しているため，変数 **hidari** には **Data[aida]** より一つ右側の値（添字は **aida+1** となる）を代入すればよい。そのため， ウ には① **aida+1** が入る。
一方，二つ目の条件式「**Data[aida] < atai**」を満たさないときは，探索値 **atai** が **Data[aida]** より小さい，つまり左側にあることを示しているため，変数 **migi** には **Data[aida]** より一つ左側の値（添字は **aida −1** となる）を代入すればよい。そのため， エ には② **aida −1** が入る。

▶三つの変数 hidari，migi，aida の値がどのように変化していくのかに着目してトレースするとよい。

第3章

オ　図２のプログラムでは，探索値が配列の中に含まれていない場合が想定されていない。そこで，探索値が配列の中に見つからなかった場合を考慮して図３のプログラムのように修正している。図３のプログラムを見ると，**（６）**行目に変数**hakken**が加わり，**0**が代入されている。さらに，**(11)**行目のように，もし探索値が見つかった場合は，変数**hakken**に**1**が代入されていることが分かる。つまり，探索値が見つからなかった場合は変数**hakken**が**0**のままであるため，［オ］に入る条件式は⓪ **hakken** == **0**である。

▶図２のプログラムでは，**（６）**行目の条件式の逆，つまり hidari > migi を満たしたときに繰り返しを終了する。

46 バブルソート (p.98)

解答 ア ③　イ ①　ウ ③　エ ②　オ ⓪　カ ⓪　キ ①

compass
- データを昇順または降順に並べ替えるアルゴリズムのことをソートといい，バブルソート，選択ソート，挿入ソートなどがある。
- バブルソートは，配列の中の隣り合うデータの大小を比較し交換を繰り返していく手法である。

解説

ア バブルソートは，まず配列の先頭とその次の要素を比較し，左の方が大きければ右と交換する。これを一つずつずらしながら配列の最後尾まで繰り返していくため，1周目の比較がすべて終了した段階で，配列の最後尾［ア］には③最大値が入る。

▶問題文のバブルソートでは，最後尾から順番に値が確定していくため，先頭の値が確定するのは最後である。

イ 1周目の比較がすべて終了した段階で，配列の最後尾には最大値が入っているため，最後尾は確定している。つまり，2周目は，配列の最後尾を除いて1周目と同じように比較することになるため，［イ］に入るのは①最後尾となる。

▶このように3重の入れ子(for-for-if)は難易度は高いが，共通テストで出題される可能性はあるため，しっかり理解しておきたい。

ウ 次は図2のプログラムの(3)～(5)行目であるが，(3)(4)行目で変数 `i` と `j` が入れ子となって繰り返し文が構成されており，さらに(5)行目で条件分岐が入れ子になっていることが分かる。

```
(3)  i を 1 から kazu - 1 まで 1 ずつ増やしながら繰り返す：
(4)  │  j を 0 から［ ウ ］まで 1 ずつ増やしながら繰り返す：
(5)  │  │  もし Data[j] > Data[j+1] ならば：
```

プログラムの(4)(5)行目に着目すると，(4)行目で `j` を `0` から［ウ］まで `1` ずつ増やしながら，(5)行目で `Data[j]` と `Data[j + 1]` の比較を行っているため，バブルソートの1周目では，次のように比較と交換が行われると考えられる。

添字	0	1	2	3	4	5	6	7	8	9
1周目1回目	j	j+1								
1周目2回目		j	j+1							
1周目3回目			j	j+1						
⋮										
1周目9回目									j	j+1

▶左の図の灰色の部分は，実際に比較（条件を満たせば交換）が行われている部分であることを押さえたい。

▶繰り返しの範囲を解答する［ウ］の難易度は高い。バブルソートがそのようなアルゴリズムで値を決定しているのかしっかり押さえて解答したい。

この1周目だけ考えると，(4)行目の `j` は `0` から `8` まで増やせばいいため，［ウ］には `8`，つまり `kazu - 2` が入ることが考えられる（`kazu` には要素数の10が代入されている）。ただし，1周目が終了した段階で，配列の最後尾には最大値が入っているため，2周目では最後尾を除いた要素を比較することになる。具体的には，各周における要素の比較範囲は次のようになる（灰色の部分が比較範囲）。

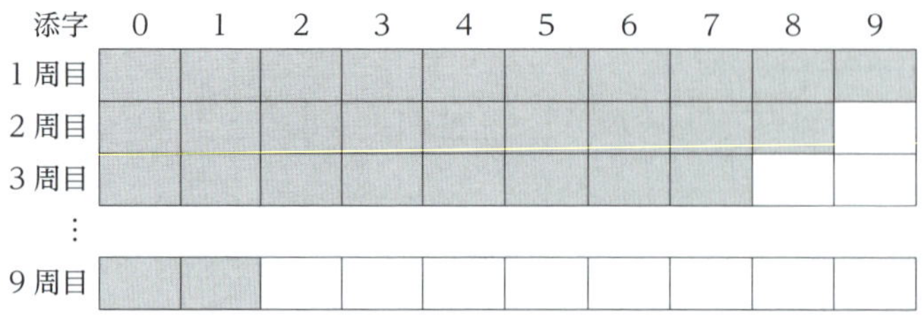

▶左の図の灰色の部分は，比較対象となっている範囲であることを押さえたい。

このように，プログラムの **(4)(5)** 行目は，繰り返すごとに比較範囲を縮めていかなければいけない。ここで，プログラムの **(3)** 行目に着目する。プログラムの **(3)** 行目では，**i** を **1** から **kazu - 1** まで **1** ずつ増やしながら，**(4)(5)** 行目を繰り返していることが分かる。上の図のように，**(4)(5)** 行目は各周において比較範囲を１ずつ縮めていきながら９周目まで繰り返す必要があり，これに **1** から **kazu - 1** まで **1** ずつ増えていく変数 **i** を利用する。プログラムの **(4)** 行目の［ ウ ］について，上の図から１周目は **8** まで，２周目は **7** まで，３周目は **6** まで…９周目は **0** まで，という具合に変化させればよい。そのため，［ ウ ］は③ **kazu - 1 - i** であることが分かる。

エ 次は図２のプログラムの **(5)**～**(8)** 行目であるが，**(5)** 行目の条件式を満たす場合に，**(6)**～**(8)** 行目が実行されることが分かる。

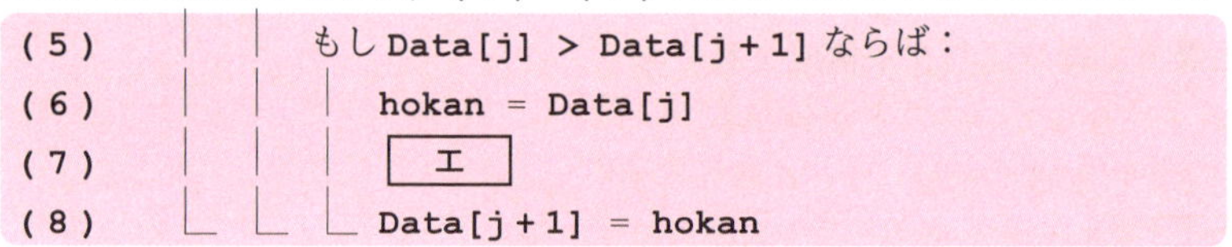

```
(5) │ │ もし Data[j] > Data[j+1] ならば：
(6) │ │ │ hokan = Data[j]
(7) │ │ │ [ エ ]
(8) └ └ └ Data[j+1] = hokan
```

もし **Data[j] > Data[j+1]** を満たす場合，つまり右の要素より左の要素の方が大きい場合は，要素を入れ替える必要がある。変数 **hokan** は，二つの要素を入れ替えるときに一時的に値を保管しておく変数である。

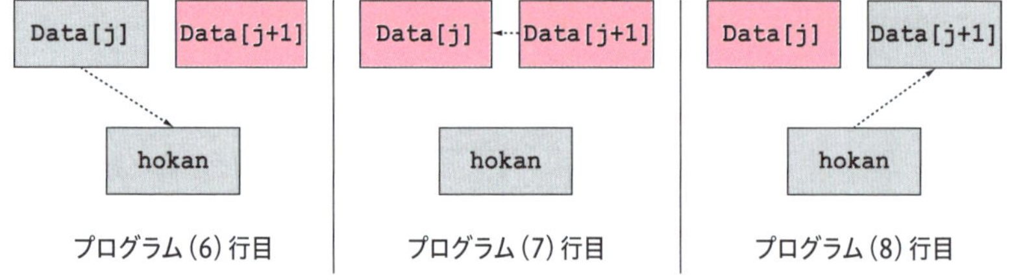

▶この変数の値の交換手法は様々なプログラムで多用されるため，左の図の流れをしっかり理解しておきたい（図の同じ色の箇所には，同じ値が入っていることを表している）。

上の図のように，**(6)** 行目は **Data[j]** の値を変数 **hokan** に代入する作業であり，**(7)** 行目で **Data[j+1]** の値が **Data[j]** に代入される。つまり，［ エ ］に入るのは② **Data[j] = Data[j+1]** となる。なお，この **(7)** 行目の段階では **Data[j]** と **Data[j+1]** の値は等しくなっているため，**(8)** 行目で変数 **hokan** に保管した値を **Data[j+1]** に戻すことで，**Data[j]** と **Data[j+1]** の値の交換が完了する。

オ・**カ** 図１のプログラムでは，もし仮に最初からデータが昇順に並んでいても，配列 **Data** の場合と同じ回数だけ比較を繰り返さないといけない。この場合，配列の要素に対してすべての比較は行われるが，交換は１度も行われない。つまり，図１の配列 **Data** の値の並びと，元から昇順になっている値の並びの比較回数は等しくなる。そのため，交換回数の［ オ ］は⓪０回，比較回数の［ カ ］は⓪「配列 **Data** の場合と等しい」が入る。

▶図２のプログラムでは，どのような配列の並びであったとしても，すべての値の比較が行われることを理解する。

キ 図1のプログラムでは，昇順に並んでいる配列に対しては効率が悪いため，データの整列が完了した段階で繰り返しを抜けるように修正する。図3のプログラムを見ると，**(3)** 行目に新たに変数 **koukan** を用意し，**1** を代入していることが分かる。一方，図4のプログラムは，もし変数 **koukan** の値が **0** であれば，繰り返しを抜けるというものである。さらにその下には，変数 **koukan** の値に **0** を代入している。改めて図3のプログラムを見ると，**(10)** 行目で変数 **koukan** に **1** を代入していることから，もし **(6)**～**(9)** 行目の交換が実行されれば，繰り返しは抜けないようにしていることが分かる。もし仮にはじめから昇順に値が並んでいた場合，**(4)** 行目の繰り返しの1周目で交換は一度も実行されず，2周目に入る段階でバブルソートを終了させるようにしたい。そのため，図4のプログラムが入る位置を問われている［キ］は①「**(4)** 行目の繰り返しの直下」となる。確認のため，図4のプログラムを図3に挿入した後のプログラム（完成版）を下に示す。

```
(1)   Data = [77,52,89,48,97,3,18,62,33,29]
(2)   kazu = 要素数(Data)
(3)   koukan = 1
(4)   i を 1 から kazu - 1 まで 1 ずつ増やしながら繰り返す：
(5)   |  もし koukan == 0 ならば：
(6)   |  └ 繰り返しを抜ける
(7)   |  koukan = 0
(8)   |  j を 0 から kazu - 1 - i まで 1 ずつ増やしながら繰り返す：
(9)   |  |  もし Data[j] > Data[j+1] ならば：
(10)  |  |  |  hokan = Data[j]
(11)  |  |  |  Data[j] = Data[j+1]
(12)  |  |  |  Data[j+1] = hokan
(13)  └  └  └  koukan = 1
```

この問いのように，プログラムを評価して改善するという流れは，共通テストでも出題される可能性は十分考えられる。問題文で問われているプログラムの問題点をしっかり理解し，それを修正するための手順について考え，答えを導き出さなくてはならない。そのためには，できるだけたくさんのプログラムに触れ，いくつかの基本的なプログラムのパターンを身に付けておくことが解答の近道となる。

47 選択ソート (p.100)

解答 ア ① イ ⓪ ウ ② エ ③ オ ⓪
カ ① キ ⓪

compass ●選択ソートは，配列の中から最小値または最大値を探し出し，先頭の値と交換する作業を繰り返していく手法である。

解説

ア・イ 二つの変数の値を交換する方法について問われている。片方の変数をもう片方に代入すると，値が上書きされてしまうため，変数 **hokan** のように一時的に保管する変数を用意する。まず，変数 **a** の値を変数 **hokan** に代入して保管する。次に，変数 **b** の値を変数 **a** に代入する。よって，［ア］は①変数 **b**，［イ］は⓪変数 **a** となる。最後に，変数 **hokan** の値を変数 **b** に戻す。これで二つの変数の値の交換が完了する。

▶ Python では，このような二つの変数の値の交換を，一時的な変数を使用せずに次のように表記することができる。

```
a, b = b, a
```

ウ・エ 図２のプログラムの **(4)**～**(6)** 行目では，配列 **Data** の１番目から10番目まで一つずつデータを見ていき，一番小さな値を見つけて，変数 **min** にその添字 **i** を代入していることが分かる。

```
(4)  i を 1 から kazu - 1 まで 1 ずつ増やしながら繰り返す：
(5)  │ もし Data[min] [ ウ ] Data[i] ならば：
(6)  └ └ min = i
```

変数 **min** には一番小さな値の添字を代入しなければならないため，［ウ］は② **>** となる。一方，降順に整列させた場合は，［ウ］の条件式を逆にすればよいため，［エ］には③ **<** が当てはまる。

▶ 条件式の不等号に＝を含めるかどうか（例：「>」と「>=」）で結果が大きく変わってくることがあるため，具体的な数値をイメージして考えるとよい。

オ・カ 図２のプログラムは比較・交換を１周目だけ行うものであったが，この手順を最後まで繰り返すプログラムが図３である。図３のプログラムのうち，**(3)**～**(7)** 行目を次に示す。

```
(3)  i を 0 から kazu - 2 まで 1 ずつ増やしながら繰り返す：
(4)  │ min = [ オ ]
(5)  │ j を [ カ ] から kazu - 1 まで 1 ずつ増やしながら繰り返す：
(6)  │ │ もし Data[min] [ ウ ] Data[j] ならば：
(7)  │ └ min = j
```

▶ このように３重の入れ子（**for-for-if**）は難易度は高いが，共通テストで出題される可能性はあるため，しっかり理解しておきたい。
様々なプログラムで多用されるため，しっかり理解しておきたい。

図２では変数 **min** に **0** を代入していたが，今回は **(3)** 行目の変数 **i** の繰り返しごとに（**i** が増えるたびに），次のように比較範囲を一つずつずらしながら比較・交換が行われる（灰色の部分が「比較範囲」を示す）。

1周目	i	i+1								
2周目		i	i+1							
3周目			i	i+1						

最初は比較範囲の先頭の値を変数 **min** に代入すればいいため，［オ］は⓪ **i** となる。さらに，**(5)** 行目の変数 **j** の繰り返しでは，比較範囲の先頭（添字が変数 **i**）の次の値から比較していくため，［カ］には① **i + 1** が入る。

キ 図3のプログラムの **(8)**～**(10)** 行目が，実際に配列の値が交換される部分になる。先に［ア］・［イ］で問われていたことを踏まえると，［キ］は⓪ **Data[i] = Data[min]** であることが分かる。

```
( 8 )  |   hokan = Data[i]
( 9 )  |   [ キ ]
(10)   ⎿  Data[min] = hokan
```

48 挿入ソート (p.102)

解答　ア ②　イ ⓪　ウ ①　エ ①　オ ③
カ ②　キ ⑤　ク ①

compass ●挿入ソートは，未整列の配列から一つずつ値を取り出し，整列済み配列の適切な位置へ挿入していく手法である。

解説

ア ～ エ　挿入ソートは，配列を「整列済み」と「未整列」の二つのブロックに分けて「未整列」の先頭から順番に数値を取り出し，それを「整列済み」の適切な位置に挿入していく方法であると，会話文で説明されている。

ここでは，図1を参考に ア ～ エ ついて説明する。

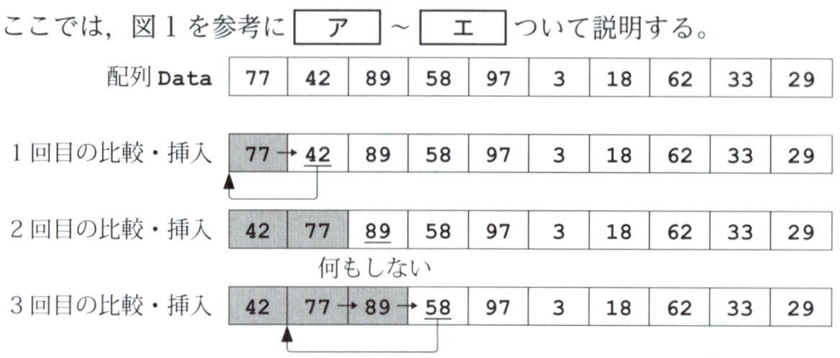

まず，配列 **Data** の先頭の［77］については，すでに整列が済んでいるものとして考える。次に，「1回目の比較・挿入」において，［42］を［77］の前に挿入することで，［42, 77］が「整列済み」となる。次に，「2回目の比較・挿入」において，［89］は［77］よりも大きいため，［42, 77, 89］が「整列済み」となる（挿入は行われない）。次に，「3回目の比較・挿入」において，［58］を［42］と［77］の間に挿入することで，［42, 58, 77, 89］が「整列済み」となる。つまり， エ には「2番目」が入る。この流れを踏まえると，図1の灰色のブロック ア は「整列済み」，白色のブロック イ は「未整列」，下線部の数値 ウ は「未整列の先頭」を表していることが分かる。

オ　図2のプログラム（未完成）の（3）～（9）行目は，未整列の先頭の値を，整列済みの配列の適切な位置に挿入する処理を表している。

```
(3)    i を 1 から kazu - 1まで 1 ずつ増やしながら繰り返す：
(4)    |  hokan = Data[i]
(5)    |  j = i - 1
(6)    |  Data[j] > hokan の間繰り返す：
(7)    |  |  Data[j + 1] = Data[j]
(8)    |  └  j = j - 1
(9)    └  オ
```

（3）行目の繰り返しで使用されている変数 **i** が，**0** からではなく **1** から始まっていることに着目する。配列の先頭である **Data[0]**，つまり［77］はすでに整列が済んでいるものとして考えるため，変数 **i** は「未整列の先頭」を表していることが分かる。（6）～（8）行目では，「未整列の先頭」を「整列済み」の配列のどの位置に挿入するかを調べている部分であ

▶ソートの流れを頭の中だけで考えるのは難しい。この図のように，具体的な数値を用いて，どのように変数の値が変化していくのか，アルゴリズムを視覚的に考えると理解がしやすい。

▶繰り返しの二重の入れ子（ネスト）にも，「for-for」や左のような「for-while」を使ったものもある。
【参考】
for 文：変数を増減させながら繰り返す
while 文：条件式を満たす間繰り返す

▶繰り返しが何を行っているかを判断する際には，まず変数の値（ここでは変数 i）の開始値，終了値，増減値をヒントに考える。一般に，開始値が 0 である場合，終了値は「要素数 − 1」であることが多い。

る。問題の［オ］の部分は，変数 **hokan** に入れた値（未整列の先頭）をどの位置に入れるかが問われている。ここで，**(6)** 行目の条件式に着目すると，「**Data[j] > hokan**」とあるため，逆の「**Data[j] <= hokan**」となれば繰り返しを抜ける（挿入する位置が決まる）ことが分かる。つまり，挿入する位置は **Data[j]** の右側であることが分かるため，［オ］には③ **Data[j + 1] = hokan** が入る。

カ～**ク** 図２のプログラム（未完成）には誤りがあり，それを修正するという問題の流れにトレース表を使用して確認を行っている。次は，図２のプログラム（未完成）の **(6)**～**(8)** 行目である。

```
(6)  |  Data[j] > hokan の間繰り返す：
(7)  |  |  Data[j + 1] = Data[j]
(8)  |  └ j = j - 1
```

これは，変数 **hokan** に入れた値（未整列の先頭）をどの位置に入れるかを判断している部分であり，一見して正しいように思われる。しかし，整列済みの配列のすべての要素が「**Data[j] > hokan**」を満たす場合はどうなるだろうか。例えば，次のような状態である。

配列 Data	50	55	60	65	45	80	75	85	90	70

ここでは，未整列の範囲［45, 80, 75, 85, 90, 70］の先頭の値［45］（変数 **hokan** の値）を，整列済みの範囲［50, 55, 60, 65］の適切な位置に挿入する場面である。整列済みの範囲［50, 55, 60, 65］のすべての値が，変数 **hokan** の値［45］より大きいため，常に **(6)** 行目の条件式「**Data[j] > hokan**」が満たされることになり，**(8)** 行目の処理で **j** が「−**1**」になったところで，**(7)** 行目の **Data**[−**1**] が表せなくなり「エラー」となる。

プログラムでは，変数の値の変化を順を追って確認していくことをトレースといい，トレースした結果を表にまとめたものをトレース表という。ここで，問題で問われている表１「配列 **Data** に対する挿入ソートのトレース表（一部抜粋）」について，［カ］と［キ］を埋めたものを次に示す。

実行順	行番号	kazu	hokan	i	Data[i]	j	Data[j]
1	(1)	—	—	—	—	—	—
2	(2)	10	—	—	—	—	—
3	(3)	10	—	1	—	—	—
4	(4)	10	42	1	42	—	—
5	(5)	10	42	1	42	0	—
6	(6)	10	42	1	42	0	77
7	(7)	10	42	1	42	0	77
8	(8)	10	42	1	42	−1	77
9	(6)	10	42	1	42	−1	エラー

上のトレース表の実行順８において，変数 **j** の値が「−**1**」になっている。ただし，この段階での行番号は **(8)** であるため，まだエラーは起こらない。エラーとなるのは，実行順９の行番号が **(6)** になったときに **Data[j]** を使用するときである。そのため，［カ］は②−1，［キ］は⑤エラーとなる。

このエラーを起こさないようにするためには，変数 **j** の値がマイナスに

実際にプログラムを作成する場面において，１回で最終的なプログラムを完成させられるようなことはほとんどない。多くの場合は，完成したと思っても，実行時に何かしらのエラーが発生するので，メッセージを見ながら，プログラムを修正する作業が必要となる。ときには，この問いで使用されているようなトレース表を作成することも，プログラムを修正するヒントとなる。

ならないように，「**j >= 0**」を条件式に「**and**」を使用して結合すればよい。そのため， ク に該当するのは①**j >= 0 and Data[j] > hokan**となる。最後に，参考までに図２のプログラムの修正した完成版を下に示す。

```
Data = [77,42,89,58,97, 3 ,18,62,33,29]
kazu = 要素数(Data)
i を 1 から kazu - 1まで 1 ずつ増やしながら繰り返す：
│ hokan = Data[i]
│ j = i - 1
│ j >= 0 and Data[j] > hokan の間繰り返す：
│ │ Data[j + 1] = Data[j]
│ └ j = j - 1
└ Data[j + 1] = hokan
```

条件式 ク で使用されている and を論理演算子という。次は，基本的な三つの論理演算子である。
・A and B：A かつ B
・A or B：A または B
・not A：A でない
なお，論理演算子の表記はプログラミング言語によって様々である。

49 アルゴリズムの比較 (p.104)

解答 ［ア］⓪　［イ］②　［ウ］③　［エ］・［オ］②・④
［カ］・［キ］・［ク］②・⑤・⑦
※［エ］・［オ］と［カ］～［ク］はそれぞれ順不同

compass
- この問題は，実戦問題46～48に取り組んだ後で解答すると，より効果的に理解が深まる。
- バブルソート，選択ソート，挿入ソートは，配列の要素の並びによっては，ソートの時間に差が生じる（向き・不向きがある）。

解説

ア　アルゴリズムの比較を行うために，バブルソート，選択ソート，挿入ソートをそれぞれ図1～3のように関数で定義している。なお，これら三つのソートはこれまでに学習済みであるが，図1～3で定義した関数の中身（アルゴリズム）が理解できていなくても，解答は可能である。
次は，図4に示した「シャッフルされた配列に対して関数『バブルソート』を呼び出すメインプログラム」である。

▶本書では，関数は「関数名（引数）の定義：」として定義し，関数の戻り値は「変数／配列を返す」と表記する。

```
(1)  kaisu = 100
(2)  kosu = 1000
(3)  goukei = 0
(4)  i を 1 から [ ア ] まで 1 ずつ増やしながら繰り返す：
(5)  │ Data = [1, 2, 3, …, kosu]
(6)  │ Data = シャッフル (Data)
(7)  │ kaisi = 時刻 ()
(8)  │ Data = バブルソート (Data)
(9)  │ owari = 時刻 ()
(10) └ goukei = [ イ ]
(11) 表示する(" 配列の要素数：", kosu)
(12) 表示する(" バブルソートの平均時間：", [ ウ ])
```

会話文から，メインプログラムを用いて「各ソートをそれぞれ100回実行した時間の平均値を比較する」という処理を実行したいことが分かる。図4のプログラムの（4）行目で変数 **i** を使用しているが，（5）～（10）行目の繰り返しの中において変数 **i** は使用されていないため，指定した回数（100回）を繰り返すために変数 **i** を用いていると推測できる。さらに，変数 **i** の初期値は「1」であることから，終了値の［ア］には⓪ **kaisu** が入る。

▶もし変数 **i** が「1」ではなく「0」から始まっていれば，［ア］には「kaisu − 1」が入る。
例えば，ソートの開始時刻が12:10:30.300（12時10分30秒300），終了時刻が12:10:34.500（12時10分34秒500）であった場合，ソートに要した時間は00:00:04.200（4秒200）となる。

イ　図4のメインプログラムでは，ソートに要した時間を計測するため，関数を呼び出す前後で時刻を記録している。プログラムの（7）行目がソートの開始時刻，（9）行目がソートの終了時刻であり，それぞれ変数 **kaisi** と **owari** に時刻を代入している。なお，問題文にもあるように，「時刻」は現在の時刻を1ms単位で返す関数，「シャッフル（配列）」は引数に与えられた配列の要素をランダムに並べ替える関数である。
ソートに要した時間は「終了時刻－開始時刻」，つまり「**owari − kaisi**」で求めることができる。ただし，プログラムの（4）～（10）行目でソートを100回実行し，その平均を（12）行目で求めていることから，（10）行目ではソートに要した時間を繰り返しごとに足していけばよい。そのため，合計する値は「goukei = goukei + (owari − kaisi)」となり，これを並べ替えた「goukei = goukei - kaisi + owari」(②) が［イ］に入る。

ウ　ソートの平均時間［ウ］を求めるには，変数 goukei の値（100回の合計値）を変数 kaisu（100回）で割ればいいため，③ goukei / kaisu が入る。

エ・**オ**　図5の「シャッフルされた配列に対して各ソートを100回実行した時間の比較」を表した箱ひげ図から読み取る問題である。箱ひげ図で使用される基本的な用語を押さえたうえで，グラフを読み取り解答する。

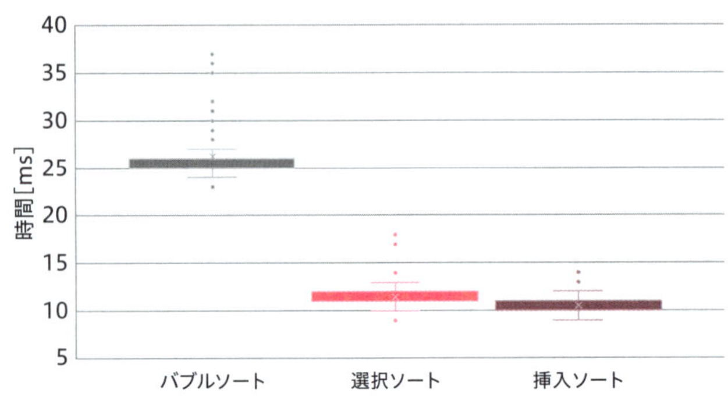

箱ひげ図で使用される基本的な用語は次の通りである。なお，四分位範囲は，第３四分位数から第１四分位数を引いた値である。

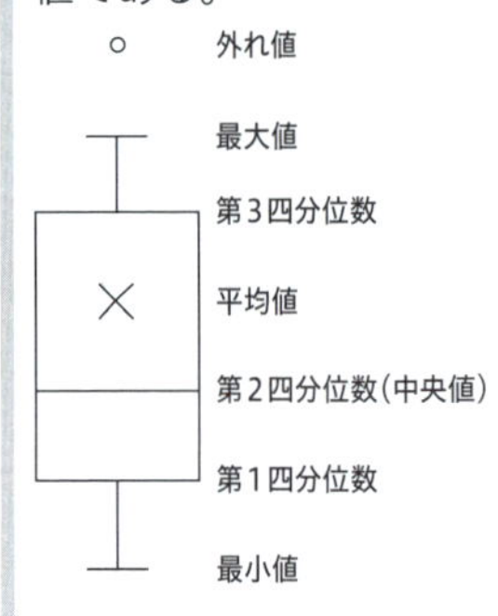

ただし，平均値は「＋」で表されることもある。

誤：⓪ データの個数が最も多いのはバブルソートである。
　→ データの個数はすべてのソートで同じ（100個）である。

誤：① 選択ソートの平均値は，挿入ソートの平均値よりも低い。
　→ 選択ソートの平均値は，挿入ソートの平均値よりも高い。

正：② 選択ソートの第１四分位数と挿入ソートの第３四分位数はほぼ同じ値である。

誤：③ バブルソートでは，平均値よりも中央値の方が高い。
　→ バブルソートでは，中央値よりも平均値の方が高い。

正：④ すべてのソートにおいて，データの範囲は15[ms] に収まっている。

誤：⑤ 外れ値が最も多く発生しているソートは挿入ソートである。
　→ 外れ値が最も多く発生しているソートはバブルソートである。

以上から，［エ］・［オ］は②・④（順不同）となる。

カ ～ ク　図8の「シャッフル／昇順／降順にソートされた配列に対して各ソートを100回実行した時間の比較」を表した箱ひげ図から読み取る問題である。全部で九つの箱ひげ図があり，左から三つごとにバブルソート，選択ソート，挿入ソートを表している。

まず，初期状態の配列の並びがシャッフル（ランダム）である場合，各ソートの左側の箱ひげ図を比較すると，並べ替えに要する時間が平均して最も短くなると考えられるソートは挿入ソートであると考えられる②。

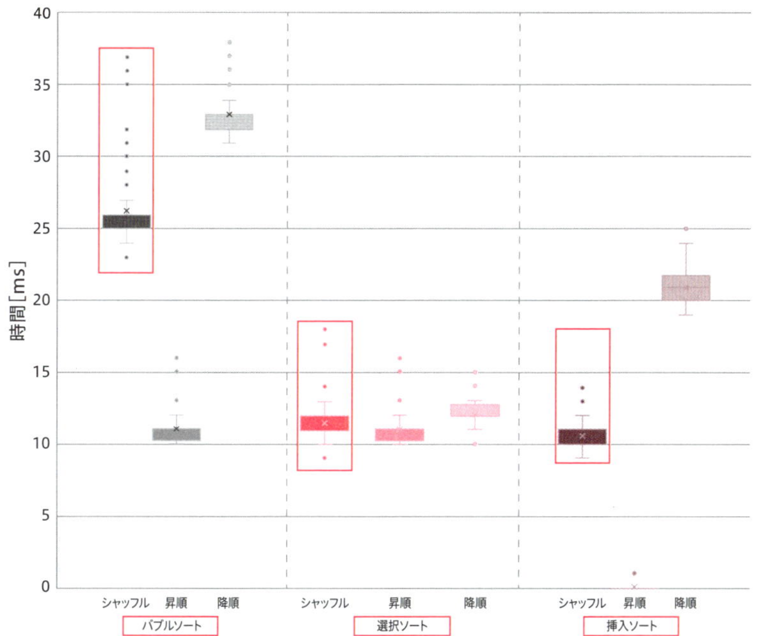

次に，初期状態の配列の並びが「昇順」である場合，各ソートの真ん中の箱ひげ図を比較すると，並べ替えに要する時間が平均して最も短くなると考えられるソートは挿入ソートであると考えられる⑤。

初期状態の配列の並びがシャッフル（ランダム）である場合，バブルソートが他の二つに比べて時間がかかっている。バブルソートでは，データの範囲が広く外れ値も多いことから，配列の並びに結果が影響されやすいことが分かる。

初期状態の配列の並びが「昇順」ということは，すでにデータが並べ終わっている配列を意味する。データが並べ終わっている（あるいはほぼ並べ終わっている）配列に対しては，挿入ソートが最も効率がよいことが分かる。

初期状態の配列の並びが「降順」ということは，配列のすべてのデータに対して並べ替えを行わなくてはならないことを意味する。この場合，バブルソートが最も効率が悪い結果となっている。

第3章

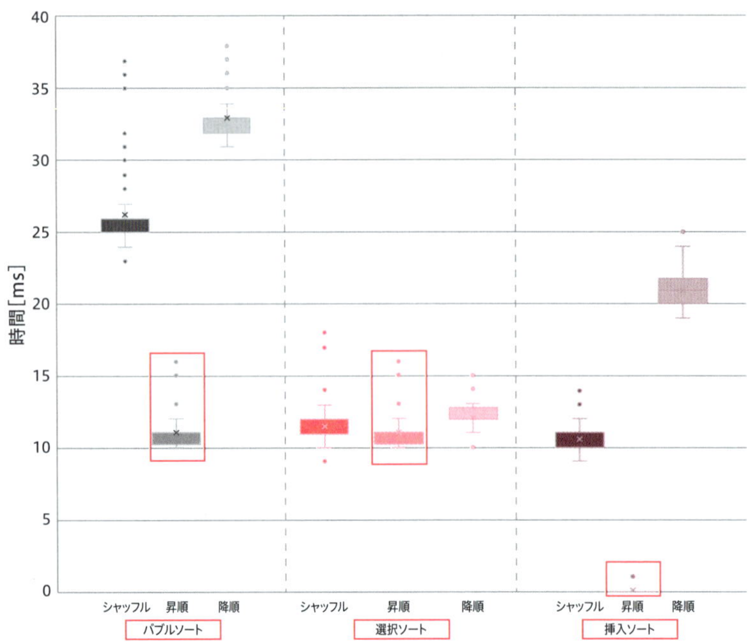

最後に，初期状態の配列の並びが「降順」である場合，各ソートの右側の箱ひげ図を比較すると，並べ替えに要する時間が平均して最も短くなると考えられるソートは選択ソートであると考えられる⑦。

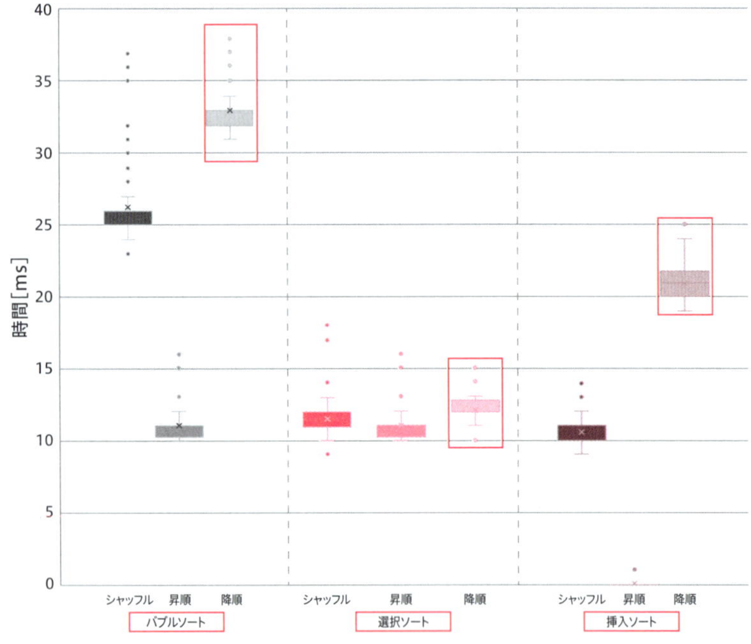

以上から，［カ］～［ク］は②・⑤・⑦（順不同）となる。

シャッフル／昇順／降順にソートされた配列に対しては，選択ソートが安定してよい結果を示している。一方，バブルソートと挿入ソートは，配列の並びによって結果が大きく影響を受けることが読み取れる。

50 サイコロの確率 (p.109)

解答 ア ⓪ イ ② ウ ③ エ ② オ ③ カ ②

compass
- サイコロやコインのシミュレーションは確率的モデルで表すことができ，プログラムでは乱数（一様乱数）を使用する。
- サイコロを振る回数（シミュレーションの回数）を増やすと，各目が出る回数と確率（シミュレーション結果）は均等に近づいていく。

第3章

解説

ア・**イ** 図1のプログラムは，サイコロを1000回振って各目が出た回数を配列 **kaisu** に，各目が出た確率を配列 **kakuritsu** に代入し，最後にこれら配列の値を表示するものである。

まず，プログラムの（4）～（6）行目を見ると次のようになっている。なお，問題文にあるように，「乱数（1, 6）」は，1から6までの整数からランダムに一つを返す関数であり，これがサイコロを振る動作を表している。

```
(4)  i を 0 から kazu - 1 まで 1 ずつ増やしながら繰り返す：
(5)  │  deme = 乱数(1, 6)
(6)  └ kaisu[ オ ] = kaisu[ オ ] + 1
```

（4）～（6）行目は一つの繰り返しのブロックになっており，（4）行目からブロックの処理を1000回繰り返していることが分かる。まだ（6）行目の空欄は分からないが，右辺から配列 **kaisu** のある値に1を足しているため，おそらく（4）～（6）行目において，サイコロを1000回振って出た目を記録していることが予想できる。そのため，［ア］は⓪となる。

▶乱数を発生させる関数はプログラミング言語によって異なる。例えば，1～6からランダムに整数を発生させて変数 **a** に代入し，変数 **a** の値を表示したいとき，Python であれば次のように記述する。

```
import random
a = random.randint
(1, 6)
print(a)
```

次に，プログラムの（7）（8）行目を見ると次のようになっている。

```
(7)  i を 0 から 5 まで 1 ずつ増やしながら繰り返す：
(8)  └ kakuritsu[i] = カ
```

（7）（8）行目は一つの繰り返しのブロックになっており，（7）行目からブロックの処理を6回繰り返していることが分かる。まだ（8）行目の空欄は分からないが，左辺から配列 **kakuritsu** の **i** 番目の要素に何かを代入しており，要素数がサイコロの面と同じ6個であることや，配列 **kakuritsu** の名称から確率を記録していることが予想できる。そのため，［イ］は②となる。

▶このように，変数名から処理の内容を推測できる場合も多い。

ウ・**エ** （1）行目の **kazu** の値を増やしていくと，（9）行目と（10）行目で表示される値がそれぞれ何に近づくのか考える。変数 **kazu** は，問題文からも分かるようにサイコロを振る数である。サイコロを振る回数を増やすと，各目の回数と確率は均等になっていくため，（9）行目の「各目の回数」は **kazu/6** に，（10）行目の「各目の確率」は1/6に近づくことが予想できる。そのため，［ウ］は③，［エ］は②となる。

▶シミュレーション回数を増やすほど，シミュレーション結果（この場合はサイコロの確率）は"真の値"に近づく。

オ 図1のプログラムの［オ］が絡む（4）～（6）行目のブロックを見ると次のようになっている。

```
(4)   i を 0 から kazu - 1 まで 1 ずつ増やしながら繰り返す：
(5)   │  deme = 乱数(1, 6)
(6)   └  kaisu[ オ ] = kaisu[ オ ] + 1
```

先の [ア] から，この (4)～(6) 行目が「各目の回数を記録するプログラム」を表していることが分かっている。配列 **kaisu** の各要素には，それぞれ各目が出た回数を記録するが，配列 **kaisu** の添字（0～5）と，(5) 行目の乱数で決まる変数 **deme** の値（1～6）は 1 ずれている。配列 **kaisu** の添字（0～5）に各目が出た回数を揃えるためには，**deme - 1** とし，配列の要素は **kaisu[deme - 1]** とする必要がある。そのため，[オ] は③となる。

▶ 基本的に配列の添字は 0 から始まることに注意して解答する。

カ 図 1 のプログラムの [カ] が絡む (7)(8) 行目のブロックを見ると，次のようになっている。

```
(7)   i を 0 から 5 まで 1 ずつ増やしながら繰り返す：
(8)   └  kakuritsu[i] = カ
```

先の [イ] から，この (7)(8) 行目が「各目の確率を記録するプログラム」を表していることが分かっている。なお，(7) 行目で 1 ずつ増やす **i** の値（0～5）が「サイコロの目 **- 1**」を表す。各目の確率は，「出た目の回数 / サイコロを振った回数」であるため，「**kaisu[i] / kazu**」が当てはまることが分かる。そのため，[カ] は②となる。

▶ このようにプログラムによるシミュレーションでは，最後にシミュレーション結果を表示させることが多い。

51 ランダムウォーク (p.110)

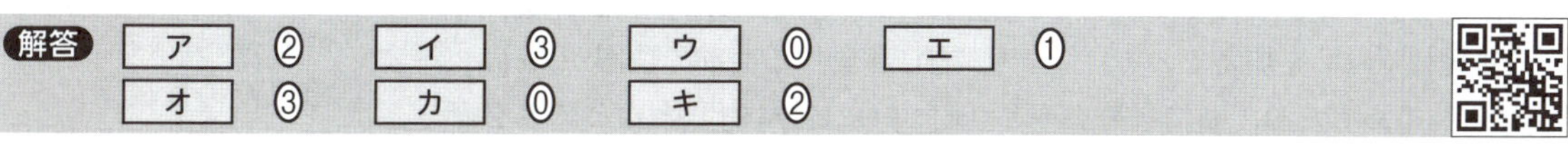

compass
- 乱数などを使用してランダムに直線上，あるいは平面上を移動するものをランダムウォークという。
- 配列の要素数があらかじめ決まっている場合もあるが，プログラムの処理の過程で増えたり減ったりすることもある。

解説

ア～**ウ** 図1は，乱数（1～4）を発生させ，出た数値の方向にランダムに動くプログラムである。動く方向については，問題文から右の通りである。ここでは，乱数が1, 2, 3, 4の順に発生した場合，移動した先の座標について問われている。各乱数が発生した段階の座標は次の通りである。

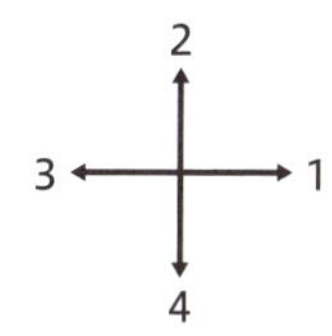

回数	乱数	移動方向	x座標	y座標
初期状態	－	－	0	0
1回目の移動	1	東	1	0
2回目の移動	2	北	1	1
3回目の移動	3	西	0	1
4回目の移動	4	南	0	0

▶このような表を作成し，乱数（移動方向）によってどのようにx座標とy座標が変化するのかまとめると理解しやすい。

つまり，乱数が1, 2, 3, 4の順に発生した場合，点の座標は初期状態の位置である原点 (0, 0) に戻っていることが分かる。そのため， ア は②， イ は③， ウ は⓪となる。

エ・**オ** 図1のプログラムの(4)～(17)行目の繰り返しのブロックを次に示す。

```
( 4 )  i を 0 から kazu - 1 まで 1 ずつ増やしながら繰り返す：
( 5 )  |  hougaku = 乱数(1, 4)
( 6 )  |  もし hougaku == 1 ならば：
( 7 )  |  |  x.追加(x[i] + 1)
( 8 )  |  |  y.追加(y[i])
( 9 )  |  そうでなくもし hougaku == 2 ならば：
(10)   |  |  x.追加(x[i])
(11)   |  |  y.追加(y[i] + 1)
(12)   |  そうでなくもし hougaku == 3 ならば：
(13)   |  |  x.追加(x[i] - 1)
(14)   |  |  y.追加(y[i])
(15)   |  そうでなければ：
(16)   |  |  x.追加( エ )
(17)   └  └  y.追加( オ )
```

(4)～(17)行目から，変数iを0から99まで1ずつ増やしながら，100回繰り返していることが分かる。(5)行目において1～4の乱数を発生させるとともに，(6)～(17)行目の条件分岐の中で四つの処理を乱数の値をもとに選択している。

例えば，(6)～(8) 行目の「乱数で 1 が出た場合」，つまり「右に移動する場合」を確認する。このとき，配列 **x** の後尾に「**x[i] + 1**」，配列 **y** の後尾に **y[i]** を加えている。つまり，右に移動する直前の位置が（**x[i]**, **y[i]**）であるため，右に移動すると（**x[i] + 1**, **y[i]**）となることを表している（y 座標は動かないため 1 を加えない）。

これを踏まえて (15)～(17) 行目を考える。(15)～(17) 行目は，「乱数で 4 が出た場合」，つまり「下に移動する場合」の処理を表している。下に移動するということは，x 座標はそのままで，y 座標が－1 となるため，移動後の座標は（**x[i]**, **y[i] - 1**）で表すことができる。そのため，[エ] は①，[オ] は③となる。

▶ 配列に要素を追加する方法はプログラミング言語によって異なる。例えば，配列 A の最後尾に 5 を加え，配列 A を表示したいとき，Python であれば次のように記述する。

```
A = [1,2,3,4]
A.append(5)
print(A)
```

カ・**キ** 原点からの移動距離を求めるために，次の図 2 のプログラムを追加している。

```
(19)   xzahyo = x[ カ ]
(20)   yzahyo = y[ カ ]
(21)   kyori = [ キ ]
(22)   表示する("原点からの移動距離：", kyori)
```

(19) (20) 行目において，x 座標と y 座標の値をそれぞれ変数 **xzahyo** と **yzahyo** に代入していることが分かる。(4) 行目の変数 **i** は **0** から **kazu - 1** まで増えているため，繰り返しが終了した地点で配列 **x** と配列 **y** の最後の値の添字は **kazu** であるから，[カ] は⓪となる。

また，原点からの移動距離を求めるには，三平方の定理「$c^2 = a^2 + b^2$」を利用する。この三平方の定理において，c を「原点からの移動距離」，a を「x 座標」（**xzahyo**），b を「y 座標」（**yzahyo**）とすると，下図のように $c = \sqrt{\mathrm{xzahyo}^2 + \mathrm{yzahyo}^2}$ と表すことができる。そのため，[キ] は②となる。

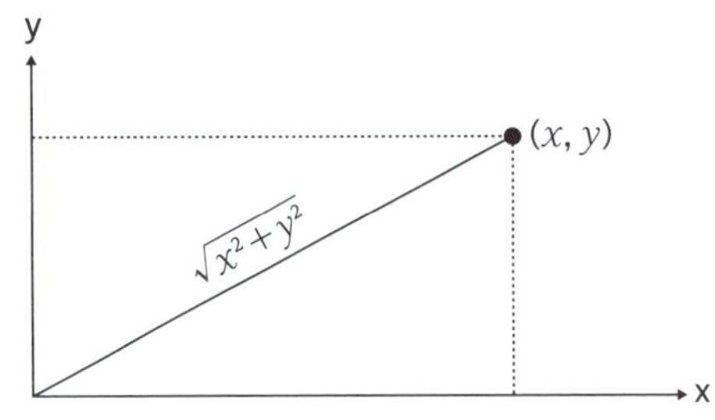

▶ このように座標上において原点からの距離を求める場合，三平方の定理「$c^2 = a^2 + b^2$」を使用することが多い。

52 モンテカルロ法による円周率の計算 (p.112)

解答 ア ① イ ③ ウ ②

compass
- 乱数を使用して数値計算やシミュレーションを行う手法をモンテカルロ法という。
- モンテカルロ法によるシミュレーションの代表例として，円周率の計算がよく取り上げられる。

解説

ア モンテカルロ法による乱数を使用して円周率を求めるプログラムでは，「点の数」が円周率の計算に大きく影響する。点の数を増やすほど，円周率は実際の値に近づくことなる。図1のプログラムでは，**(1)**行目の変数**kazu**の値だけ，**(3)**～**(7)**行目のブロックを繰り返すことになるが，この繰り返しの数だけ点を打つことになる。つまり，変数**kazu**の値を大きくするほど，求めたい円周率は実際の値に近づく。そのため，ア は①となる。

なお，**(2)**行目の変数**kosu**は初期値0を代入しているが，これは円の内側に入った点の数を数える変数として使用しているため，ア の解答としては不適当である。

▶このように，ある独立的に起こる事象において，サンプル数が多くなるほど確率が一定値に近づいていくことを「大数の法則」という。

イ 図1のプログラムの**(3)**～**(7)**行目のブロックが，変数**kazu**の値だけ点を打つ処理を表している。

```
(3)   i を 0 から kazu - 1まで 1 ずつ増やしながら繰り返す：
(4)   │ x = 乱数(-1,1)
(5)   │ y = 乱数(-1,1)
(6)   │ もし [ イ ] ならば：
(7)   └ └ kosu = kosu + 1
```

また，**(6)**行目の条件式を満たせば，**(7)**行目の処理「変数**kosu**の値を1増やす」を実行している。そのため，**(6)**行目には，「点が円の内側にあれば」という条件式が入ることが予想できる。

ここで，**(4)(5)**行目を見ると，変数**x**と**y**にそれぞれ乱数-1～1の実数を代入しており，右の図のように一辺が2の正方形に内接する半径1の円になっていることが分かる。円の内部にあるかどうかの判断には，三平方の定理「$c^2 = a^2 + b^2$」を使用する。この三平方の定理において，cを「原点からの距離」，aを「x座標」，bを「y座標」とすると，原点からの距離が1以下（円周上は内側）であればいいため，$x^2 + y^2 <= 1$と表すことができる。そのため，イ は③となる。

▶この問題では，点を打つ領域が「一辺が2の正方形」であったが，「一辺が1の正方形」とした円周率を扱った問題も多い。「一辺が1の正方形」とした場合，正方形の内部は円ではなく，円の1/4の扇形となる。その場合も，考え方や解き方は同じである。

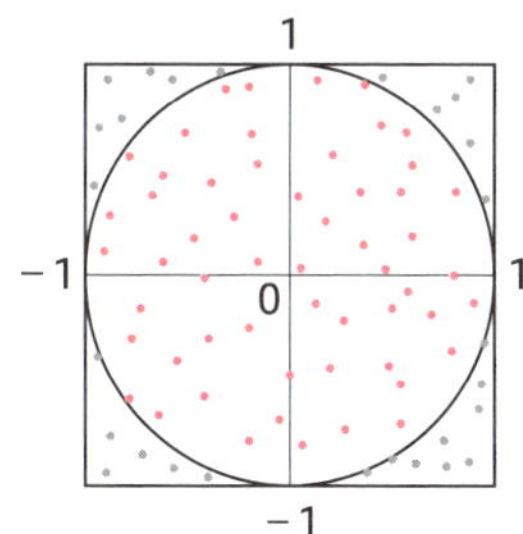

ウ 図1のプログラムの**(8)**行目において，次のように円周率を表示している。

```
(8)   表示する("円周率：", [ ウ ])
```

ここで，円に外接する一辺が2の正方形の面積は4である。また，その正方形に内接する半径1の円の面積はπであるため，「正方形の面積：円の面積」は「$4 : \pi$」となる。一方，「正方形上の点（すべての点）の数：円の内側の点の数」は「**kazu**:**kosu**」となる。この「$4 : \pi$」と「**kazu**:**kosu**」が等しいため，「4 * **kosu** = π * **kazu**」が成り立ち，変形すると，「π = 4 * **kosu** / **kazu**」となる。そのため，ウ は②となる。

▶このように，「正方形と円の面積比」と「点の数の比」に着目できるかどうかが解答のポイントとなる。

53 モンティホール問題 (p.113)

解答 問1 ア ① 問2 イ ④ ウ ① エ ⑥ オ ⑨
問3 カ ② キ ① ク ⓪ 問4 ケ ③

compass ●シミュレーションによる問題解決においては，問題の理解，モデル化，プログラム作成，シミュレーション，という順番で進んでいく。この過程では，モデル化が重要である。現実の問題を，コンピュータで扱いやすいようにモデル化することが求められる。テスト問題を解くうえでも，どうモデル化しているかをよく読み解くことが重要である。

解説

問1

ア 確率によって実行するたびに結果が異なるモデルを確率的モデルという。

▶モンティホール問題は，様々な議論を呼ぶ，直感的に理解することが難しい問題である。
このような問題を解くには，コンピュータによるシミュレーションは非常に効果的である。

問2

イ 会話からケース１は添字１の扉をプレイヤーが開けるケースである。そのため，プレイヤーが扉を開けた直後の状態は，[0, 1, 0] となる。

ウ 会話からケース１では司会者が添字２の扉を開けたことが分かるので，配列の要素は [0, 1, 2] となる。

エ 会話からケース２は添字０の扉をプレイヤーが開けるケースである。そのため，プレイヤーが扉を開けた直後の状態は，[1, 0, 0] となる。

オ 会話からケース２では司会者が添字２の扉を開けたことが分かるので，配列の要素は [1, 0, 2] となる。

問3

カ 会話より関数「**プレイヤー選択**」が配列 `Tobira` の値を更新するので，引数に配列 `Tobira` を渡す必要がある。プレイヤーの選択は賞品の位置などの情報によらずに行われるため，他に引数は必要ない。

▶関数で呼び出し側のプログラムが宣言した変数を更新できるかどうかは，プログラミング言語や，関数の定義の仕方や引数の書き方によって異なる。ここでは，会話から関数内で引数の配列の値を更新できる，という前提となっている。

キ 司会者の選択には，プレイヤーがどの扉を開けたかという情報と，賞品がどこにあるかという情報が必要になる。したがって，関数「**司会者選択**」に必要な引数は，変数 `shohin` と配列 `Tobira` になる。

ク 変更した場合に勝つか，変更しない場合に勝つかは，プレイヤーが最初に選択した扉と賞品の位置で決まる。プレイヤーが最初に選択した扉に賞品がある場合は変更しなければ勝ち，プレイヤーが最初に選択した扉に賞品がない場合は，変更すれば勝ちとなる。賞品の位置の扉の添字は変数 `shohin` に格納されているため，`Tobira[shohin]==1` であれば，プレイヤーが最初に選択した扉に賞品がある，ということになる。これが変更しない場合に勝つための条件でとなる。

問4

ケ 変更しない場合にプレイヤーが勝つ条件を［ク］で考察したが，司会者がどの扉を開けたかという情報は必要ないことが分かった。したがって，関数「**司会者選択**」を完成させても結果の傾向には変化がない。

また，プレイヤーが最初に賞品のある扉を選ぶ確率は，賞品がある扉がランダムで決まるため，いつも決まった扉を選択した場合でも，ランダムに扉を選択しても，同じ３分の１となる。したがって，関数「**プレイヤー選択**」を変更しても結果の傾向は変わらない。このため，**司会者選択**と**プレイヤー選択**の両方を変えても，結果の傾向には変化がない。以上の理由から，③が適当である。

第4章 情報通信ネットワークとデータの活用

54 ネットワークとプロトコル (p.118)

解答 問1 ア ⓪ 問2 イ ② 問3 ウ ⓪ 問4 エ ②
問5 オ ③ カ ④ 問6 キ ③ ※ オ ・ カ は順不同

compass
- 異なるコンピュータどうしをネットワークに接続してデータをやり取りする際に必要となる通信に関する取り決めを通信プロトコルという。
- TCP/IP モデルでは，通信の役割を四つの階層に分けて効率的に通信を制御している。

【解説】

問1

ア ネットワークの規模とサービスについて表した用語を問う問題である。次の説明を踏まえると，正しい用語の組合せは⓪となる。

用語	説明
LAN	Local Area Network の略。比較的狭い範囲の中で構築されたネットワークを表す。
WAN	Wide Area Network の略。離れたネットワークどうしを結合した広域のネットワークを表す。
サーバ	ネットワーク上でサービスを提供する側のコンピュータを表す。
クライアント	ネットワーク上でサービスを要求する側のコンピュータを表す。

▶ クライアントとサーバで構成されるシステムをクライアントサーバシステムという。

問2

イ 現在のインターネットの元になった ARPANET ができた 1969 年以降，様々なネットワークが誕生した。このとき，それぞれのネットワークで独自のプロトコルが使用されていたことが原因でできなかったことを答える問題である。

⓪ 不適当である。インターネットには自由に接続することはできなかったが，それは独自のプロトコルが使用されていたことが原因ではない。

① 不適当である。ARPANET で 4 台のコンピュータを結んだネットワークの回線速度は 50Kbps で低速であった。しかし，それは独自のプロトコルが使用されていたことが原因ではない。

② 適当である。同一のネットワークに接続するためには，互いに共通のプロトコルを使用する必要がある。それぞれのネットワークで独自のプロトコルが使用されていたため，異なるネットワークを相互に接続することができなかった。

③ 不適当である。ARPANET は有線のネットワークであるため無線で接続することはできなかったが，それは独自のプロトコルが使用されていたことが原因ではない。

▶ bps は bits per second の略。伝送速度の単位で，1 秒間に伝送できるビット数を表す。

問3

ウ ネットワークの通信プロトコル（通信規約）について正しい説明を答える問題である。

▶ Protocol という単語には，手順，手続き，指令，命令といった意味がある。

⓪ 適当である。ネットワークには様々な種類のプロトコルが存在し，情報を伝達し処理するための手順や形式が定められている。

① 不適当である。IP やインターネット層の話であり，プロトコル全体を表した説明としては不適当である。

② 不適当である。ユーザ認証や認証技術の話であり，プロトコル全体を表した説明としては不適当である。

③ 不適当である。Web ブラウザやプロキシサーバのキャッシュ機能の話であり，プロトコル全体を表した説明としては不適当である。

第4章

問 4

エ ネットワークによる通信の役割を四つの階層に分けた TCP/IP モデルの各層の機能について答える問題である。次の各層の機能を踏まえると，正しい選択肢は②となる。

層	各層の名称	各層の機能
4層	アプリケーション層	WWW やファイル転送，電子メールなどが動作できるようにデータの処理を行う。
3層	トランスポート層	通信されたデータが確実に効率よくやり取りするための処理を行う。
2層	インターネット層	送信先のコンピュータのアドレスをもとに，データの通信経路の選択などを行う。
1層	ネットワーク インタフェース層	データを通信媒体に適合した電気信号や光信号に変換し送受信を行う。

TCP/IP モデルの他に，通信の役割を七つの階層に分けた OSI 参照モデルがある。
【OSI 参照モデル】
7 層：アプリケーション層
6 層：プレゼンテーション層
5 層：セッション層
4 層：トランスポート層
3 層：ネットワーク層
2 層：データリンク層
1 層：物理層

問 5

オ ・ **カ** プロトコルの階層化モデルを「二人の電話での会話」として考えたとき，適当でない文を答える問題である。

⓪ 適当である。相手が英語話者であれば，1. は「英語の言葉で表す」，6. は「英語の言葉を解釈する」になる。

① 適当である。電話でなく SNS のメッセージを伝えるのであれば，2. は「文字に書き表す」，5. は「文字を読む」，3. は「メッセージを送信」，4. は「メッセージを受信」となる。

② 適当である。SNS の音声通話機能を利用する場合，3. と 4. のみ変更するだけでよい。

③ 不適当である。階層化モデルでは，それぞれの層は独立しているため，送信側が 2. を変更しても，その下に位置する 3. も変更する必要はない。

④ 不適当である。階層化モデルの同一の階層では，相手と同じ伝送手段や伝送媒体を用いなければいけない。

⑤ 適当である。通信の条件が変更されたときは，一部の階層を共通なものに変更するだけでよく，他の階層を意識する必要がない。

プロトコルを階層化させることで，各階層の作業を単純化させることができ，新しい機能を追加することが容易となる。

問 6

キ 単位変換の考え方として，1G バイトを 1024M バイトとする場合と，1000M バイトとする場合がある。なお，100Mbps は「1 秒間に 100M ビットのデータを伝送できる」という意味である。まず，バイトとビットの単位を揃えてから（100M ビット＝12.5M バイト），伝送時間

コンピュータの内部は 2 進数で表現されるため，一般的には 2^{10} である 1024 が使用される。ただし，1000 が使用されることもある。

を計算すると次のようになる。

・1G バイトを 1024M バイトとする場合【S さん】
  1024M バイト÷12.5M バイト / 秒＝81.92 秒

・1G バイトを 1000M バイトとする場合【U さん】
  1000M バイト÷12.5M バイト / 秒＝80.0 秒

次に，二つの計算結果を比較すると，U さんの結果の方が，S さんの結果よりも 1.92 秒短いことが分かる。つまり，正解は③の「計算結果は S さんよりも U さんの方が約 2 秒短い」となる。

55 LANを構成する機器 (p.120)

解答 問1 ア ④ 問2 イ ⓪ 問3 ウ ② エ ⑤
問4 オ ⓪ カ ① キ ④ 問5 ク ②
※ ウ ・ エ と オ ・ カ ・ キ は順不同

compass
- 小規模のLANを構成する機器としては，スイッチングハブ，ルータ，ONU，無線LANアクセスポイントなどがある。
- 交換方式には回線交換方式とパケット交換方式があり，インターネットはパケット交換方式によってデータ通信が行われている。

解説

問1

ア 自宅のネットワークを構成している装置の名称を答える問題である。次の説明を踏まえると，④が適当である。

機器	説明
スイッチングハブ	LANにつながれた機器どうしを接続するための装置で，ハブともいう。
ルータ	ネットワークどうしを接続する装置で，IPアドレスをもとにルーティング（経路制御）を行う。
アクセスポイント	電波を用いてコンピュータをネットワークに接続する装置で，無線LANアクセスポイントともいう。
ONU	Optical Network Unitの略。光通信回線の光信号とLAN内の電気信号を変換する。

▶ハブにもリピータハブやスイッチングハブといった種類があるが，現在はハブといえばスイッチングハブのことを指すことが多い。

問2

イ ネットワークに接続する機器について答える問題である。図を見ると，太郎さんのノートパソコンにはLANケーブルが接続されていないため，無線LANで接続されていると考えられる。 ア の装置の説明を踏まえると，答えは⓪のアクセスポイントである。なお，ルータにアクセスポイントの機能が備わっている場合もあるが，図にはアクセスポイントがあるため，⓪が正解と考えることが自然である。

▶家庭用のルータには，ハブやアクセスポイント，ONUの機能が統合されているものが多い。

問3

ウ ・ **エ** ルータが持つ機能の一つであるルーティング（経路制御）について，適当でない文を答える問題である。

⓪ 適当である。ルーティングには，パケットを目的のネットワークに送るための経路情報が必要である。

① 適当である。宛先までの通信経路は複数あることが多く，常に同じ経路になるとは限らない。

② 不適当である。ルーティングでは，物理的な距離は関係なく，宛先までの回線速度やホップ数（経由するルータの数）から経路が選択される。

③ 適当である。障害などで一部の経路が切断されても，経路を変えることで宛先に届く仕組みになっている。

④ 適当である。IPアドレスと呼ばれる情報を用いてルーティングを行っている。

▶ルータには，ルーティング機能の他にも，フィルタリング機能やIPアドレスの変換機能（NATやNAPTなど）を持つ場合がある。

⑤　不適当である。ルーティングに使用される経路情報は，小規模なネットワークでは手動で設定することもあるが，大規模なネットワークでは自動で設定することが一般的である。なお，前者を静的ルーティング（スタティックルーティング），後者を動的ルーティング（ダイナミックルーティング）という。

問 4

オ ～ **キ**　インターネットに接続できない理由として，故障している可能性があると考えられる機器の組合せを答える問題である。

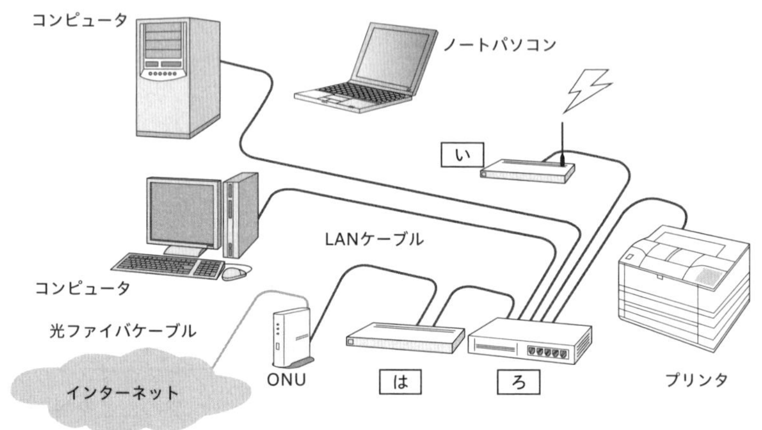

図の構成の場合，それぞれの機器がノートパソコンとインターネットの経路上に位置しているため，いずれの機器が故障していてもインターネットには接続できなくなる。ただし，プリンタには接続できるため，ノートパソコンからプリンタの経路上にある機器は故障していないと考えられる。それぞれの機器について，次のように考えるとよい。

▶ネットワークに障害が発生した場合は，このようなネットワーク障害の切り分けをすることが重要である。

機器 い （アクセスポイント）：アクセスポイントが故障していた場合，そもそもネットワークに接続できず，プリンタへの接続もできない。そのため，アクセスポイントは故障していないと考えられる。

機器 ろ （スイッチングハブ）：スイッチングハブが故障していた場合，インターネットに接続できず，プリンタへの接続もできない。そのため，スイッチングハブは故障していないと考えられる。

機器 は （ルータ）：ルータが故障していた場合，インターネットには接続できないが，プリンタへの接続は可能である。そのため，ルータが故障している可能性はあると考えられる。

ONU：ONU が故障していた場合，インターネットには接続できないが，プリンタへの接続は可能である。そのため，ONU が故障している可能性があると考えられる。

以上のことを踏まえると，故障している可能性がある機器は，機器 は （ルータ）か ONU となる。この組合せとしては，どちらかが故障しているか，どちらも故障しているかのパターンであり，⓪，①，④が正解となる。

ク　回線交換方式とパケット交換方式の特徴について答える問題である。次の特徴を踏まえると，②が適当である。

通信方式	特徴
回線交換方式	通信する二点間を直接接続して回線を確立して行う通信方式のこと。電話回線がこの方式である。
パケット交換方式	データを小さなパケットと呼ばれる単位に分割して行う通信方式のこと。同じ回線に複数の宛先のデータを混在させることができる。インターネットはこの方式である。

インターネットで使用される一般的なパケットのサイズは1500バイトである。

第4章

56 インターネットとIPアドレス (p.122)

解答 問1 ア ③　問2 イ ③　問3 ウ ②
問4 エ ②　オ ③　※ エ ・ オ は順不同

compass
- ネットワークに接続するために割り当てられる番号をIPアドレスといい，IPv4は32ビット，IPv6は128ビットで構成される。
- IPアドレスは大きくプライベートIPアドレスとグローバルIPアドレスの2種類に分類される。

解説

問1

ア IPアドレスの種類やDNS，DHCPの用語の組合せについて答える問題である。次の説明を踏まえると，③が適当である。

用語	説明
プライベートIPアドレス	LAN内のみで自由に割り当てることができるIPアドレスのこと。
グローバルIPアドレス	インターネットに直接接続する機器に割り当てるIPアドレスのこと。
DNS	ドメイン名をIPアドレスに変換する仕組みのことで，名前解決とも呼ばれる。
DHCP	コンピュータにIPアドレスを自動的に割り当てるプロトコルのこと。

▶ DHCPの機能により，コンピュータにIPアドレスを手動で設定しなくてもネットワークに接続することができる。

問2

イ IPアドレスのアドレス空間について答える問題である。IPアドレスには二つの種類があり，IPv4は32ビット，IPv6は128ビットで構成される。つまり，IPv4は2^{32}通り（約43億），IPv6は2^{128}通り（約340澗(かん)）であることから，IPv6はIPv4と比較して$2^{128} \div 2^{32} = 2^{96}$倍のアドレス空間を持つことになる。よって，③が適当である。

▶ IPv4のIPアドレスはすでに枯渇しているため，世界的にIPv6への移行が進んでいる。

問3

ウ 下線部「急速に普及するインターネットとそれに接続するコンピュータ機器が増大した」に関連する用語を答える問題である。次の説明を踏まえると，②が適当である。

用語	説明
VR	Virtual Realityの略。仮想世界を現実世界のように疑似体験できる仕組みのこと。
AR	Augmented Realityの略。現実世界に仮想世界を重ね合わせて表示する仕組みのこと。
IoT	Internet of Thingsの略。様々な「モノ」がインターネットに接続され，情報交換することにより相互に制御する仕組みのこと。
AI	Artificial Intelligenceの略。人工知能と呼ばれ，人が実現する様々な知覚や知性を人工的に再現する仕組みのこと。

▶ IoTにより，ありとあらゆるモノがインターネットに接続されるようになった。

問 4

エ ・ **オ** 実際にコンピュータに割り当てることができるIPアドレス（IPv4）を答える問題である。IPアドレスは，32ビットの値を8ビットごとに四つのブロックに分け，それらを10進数で表現したものである。各ブロックの数値は0～255の範囲となる。これを踏まえると，適当なIPアドレスは②，③となる。

IPv6（128ビット）の場合は，16ビットごとに「：」（コロン）で区切り，16進数で表す。

57 ドメイン名とDNS (p.123)

解答 問1 ア ⓪ 問2 イ ② 問3 ウ ③

compass
- ドメイン名は，ホスト名，組織名，組織区分，国名などから構成され，URLにも使用される。
- DNSはドメイン名をIPアドレスに変換する仕組みのことであり，DNSの働きをするサーバをDNSサーバという。

解説

問1

ア ドメイン名とURLの構成について答える問題である。次は，ドメイン名の構成を表している。これを踏まえると，⓪が適当である。

https://www. mext. go. jp
（www.：ホスト名　mext.：組織名　go.：組織区分　jp：国名）

なお，次は組織区分（SLD:Second Level Domain）と国名（ccTLD: country code Top Level Domain）の例である。

組織区分（SLD）の例		国名（ccTLD）の例	
co	企業	au	オーストラリア
ac	高等教育機関	cn	中国
ed	初等中等教育機関	de	ドイツ
go	政府機関	it	イタリア
or	法人組織	jp	日本
ne	ネットワークサービス	uk	イギリス
gr	任意団体	us	アメリカ

▶ドメイン名の一番右側をTLD（Top Level Domain）という。TLDには，国名を表すccTLDの他にも，.com/.org/.netなどのgTLD（generic TLD）がある。

問2

イ ホスト名の意味について適切な文を選択する問題である。

⓪ 不適当である。IPアドレスの管理を委任されている組織はインターネットレジストリと呼ばれる。日本の場合（jpドメイン）は，JPNICという団体がIPアドレスを管理している。

① 不適当である。URLに使用される.com/.net/.jpなどのTLD（Top Level Domain）を管理する団体の総称をレジストリという。

② 適当である。ホスト名は，組織内にあるコンピュータに付けられた名前（例えばwww）のことである。

③ 不適当である。Webページが保存されているフォルダ名は，例えば，URLが「https://www.mext.go.jp/sample/index.html」の場合だと「sample」がこれに該当する。

▶一般的にホスト名にはwwwが使用されることが多いが，特に決まりはなく，任意の文字列を設定することができる。

問3

ウ DNSサーバの役割について適切な文を選択する問題である。

⓪ 不適当である。DNSサーバは，ドメイン名からIPアドレスへの変換や，その逆の変換も可能である。

① 不適当である。プライベートIPアドレスとグローバルIPアドレスの相互変換を行うのはNAT（Network Address Translation）またはNAPT（Network Address Port Translation）という機能である。

② 不適当である。クライアントの要求に応じてIPアドレスを自動的に

▶NATは，プライベートIPアドレスとグローバルIPアドレスを1対1で対応付けるのに対し，NAPTは一つのグローバルIPアドレスに対して複数のプライベートIPアドレスを対応付けることができる。

割り当てるのはDHCPサーバである。

③　適当である。DNSサーバは，そこに属するドメイン名とIPアドレスの関係を管理している。

第4章

58 集中処理と分散処理 (p.124)

解答 問1 ア ② 問2 イ ④ 問3 ウ ③

compass
- 集中処理システムは，大型コンピュータ（ホストコンピュータ）に複数台の端末を接続して，すべての処理をホストコンピュータで行う。
- 分散処理システムは，ネットワークを利用してそれぞれの端末で処理を分担するシステムであり，クライアントサーバシステムやピアツーピアシステムがある。

解説

問1

ア 分散処理システムは，ネットワークを利用してそれぞれの端末で処理を分担するシステムである。この分散処理システムには，サービスを提供する側（サーバ）と要求する側（クライアント）が明確に分かれているクライアントサーバシステムと，コンピュータがすべて対等な関係のピアツーピアシステムがある。これらを踏まえると，正解は②となる。

問2

イ クライアントサーバシステムについて適切な文の組合せを選択する問題である。選択肢の正誤は次の通りであり，これらを踏まえると，正解は④（BとD）となる。

A 不適当である。データ処理の負荷を軽減することができ，匿名性も確保することができるのはピアツーピアシステムある。

B 適当である。クライアントサーバシステムでは，すべての情報を特定のコンピュータで集中管理することができる。

C 不適当である。コンピュータどうしが対等な立場で直接通信を行うのはピアツーピアシステムである。

D 適当である。クライアントサーバシステムでは，トラブル時の原因追及と復旧を素早く行うことができる。

▶ クライアントとサーバで構成されるシステムをクライアントサーバシステムという。

問3

ウ ネットワークの構成について適切な文を選択する問題である。選択肢の正誤は次の通りである。

⓪ 不適当である。インターネットを経由する必要はなく，成績処理という観点からも，不用意に外部のネットワークに接続するのは危険である。

① 不適当である。説明文には「負荷を分散させるシステムへの移行を検討している」とあるため，負荷がホストコンピュータに集中する集中処理システムは不適当である。

② 不適当である。説明文には「ユーザ管理やデータの保守も行えるようにしたい」とあるため，コンピュータどうしが対等な立場で直接通信を行うピアツーピアシステムは不適当である。

③ 適当である。クライアントサーバシステムであれば，説明文の条件を満たすため適当である。

▶ クライアントサーバシステムでは，ネットワークを利用してそれぞれの端末で負荷を分散することができる。

59 サーバの利用 (p.125)

解答 問1 ア ③ 問2 イ ⓪

compass
- ISP とは，公衆通信回線などを経由して契約者にインターネットへの接続を提供する事業者のことで，プロバイダと呼ばれる。
- プロキシサーバは，クライアントの代わりに Web サーバに接続する機能を持ち，不要なサイトへのアクセスを制限することが可能となる。

解説

問1

ア ネットワークの構成について適切な語句の組合せを選択する問題である。図を見ると，クライアントから ろ サーバに向けて Web ページが要求され， ろ サーバからクライアントに向けて Web ページが提供されている。これを踏まえると， ろ は Web サーバの可能性もあるが，選択肢には「プロキシ」が含まれている。プロキシサーバは，クライアントの代わりに Web サーバに接続する機能を持ち，不要なサイトへのアクセスを制限することが可能となる。そのため， い が「Web サーバ」， ろ が「プロキシサーバ」であると考えられる。また，インターネット接続業者のことは ISP やプロバイダと呼ばれる。これらを踏まえると，③が適当である。

▶ ISP は Internet Service Provider の略である。

問2

イ プロキシサーバの機能について適切な文を選択する問題である。選択肢の正誤は次の通りであり，これらを踏まえると，不適当なものは⓪となる。

⓪ 不適当である。同じネットワークに属するコンピュータに IP アドレスを自動的に割り当てることができるのは，プロキシサーバではなく DHCP サーバがもつ機能である。

① 適当である。プロキシサーバは内部ネットワークのコンピュータの代わりに Web サーバに接続する機能をもつ。その結果，外部から内部の IP アドレスを特定されにくくなり，サイバー犯罪の攻撃対象となることを抑制することができる。

② 適当である。内部ネットワークのコンピュータからのインターネットへのすべてのアクセスがプロキシサーバを経由するため，アクセス先を確認することで不正サイトへのアクセスをブロックすることができる。

③ 適当である。内部ネットワークのコンピュータからのインターネットへのすべてのアクセスがプロキシサーバを経由するため，アクセスログ（どのコンピュータがどのサイトにアクセスしたかなどの記録）をプロキシサーバに一括して記録することができる。

▶ プロキシサーバは，一度閲覧した Web ページのデータを保存するキャッシュ機能を有する。そのため，一度閲覧した Web ページを高速に表示でき，回線の負荷を軽減することができる。

60 メールの送受信の仕組み (p.126)

解答 問1 ア ① 問2 イ ③ 問3 ウ ⓪
問4 エ・オ ①・⑤（順不同）

compass
- SMTP はメールを送信（転送）するときに使用するプロトコル，POP と IMAP はメールを受信するときに使用するプロトコルである。
- メールにおける宛先の指定方法には To，CC，BCC があり，BCC で指定されたメールアドレスは，To や CC，ほかの BCC に指定されている受信者にはそのメールアドレスは表示されない。

解説

問1

ア メールの送受信の仕組みについて適切な語句の組合せを選択する問題である。次は，メールを送る場合の手順（該当する箇所）を表す。これらを踏まえると，①が適当である。

手順① 送信側コンピュータから，送信側のメールサーバ（SMTP サーバ）にメールのデータが送られる。

手順② 宛先として指定された受信側のメールアドレスからドメイン名を取り出し，そのドメインのメールサーバの IP アドレスを DNS サーバに問い合わせる。

手順⑥ 受信側コンピュータは，自分宛（taro）のメールが来ていないか受信側のメールサーバ（POP または IMAP サーバ）に確認し受信要求をする。

▶ SMTP は Simple Mail Transfer Protocol，POP は Post Office Protocol，IMAP は Internet Message Access Protocol の略である。

問2

イ メールアドレスから取り出されるドメイン名の範囲を答える問題である。メールアドレスでは，「@」より右側がドメイン名となるため，メールアドレスが taro@sample.ed.jp の場合，「sample.ed.jp」がドメイン名である。よって，③が適当である。

▶ メールアドレスの「@」より左側はユーザ名を表す。

問3

ウ メールの送受信の仕組みについて適切な語句の組合せを選択する問題である。次は，メールを送る場合の手順（該当する手順）を表す。これらを踏まえると，正解は⓪となる。

手順④ メールのデータに宛先として 受信側のメールサーバの IP アドレス，送信元として 送信側のメールサーバの IP アドレス を付けて，インターネットへ送り出す。

▶ 受信側のメールサーバの IP アドレスは，ドメイン名を元にして DNS サーバから提供される。

問4

エ・**オ** To（宛先），CC，BCC の違いについて適切な文を選択する問題である。選択肢の正誤は次の通りであり，これらを踏まえると，正解は①，⑤となる。

⓪ 不適当である。To（宛先），CC，BCC は宛先の指定方法であり，暗号化とは関係がない。

① 適当である。To（宛先），CC，BCC いずれの宛先の指定で送られたメールも，メール本文は同じである。

▶ CC は Carbon Copy，BCC は Blind Carbon Copy の略である。

② 不適当である。To，CC，BCC いずれで宛先を指定しても，添付ファイルは送信される。

③ 不適当である。太郎さん（To）は，花子さんからのメールが次郎さん（CC）に送られていることはわかるが，三郎さん（BCC）に送られていることは分からない。

④ 不適当である。次郎さん（CC）は，花子さんからのメールが太郎さん（To）に送られていることはわかるが，三郎さん（BCC）に送られていることは分からない。

⑤ 適当である。三郎さん（BCC）は，花子さんからのメールが太郎さん（To）と次郎さん（CC）に送られていることが分かる。

61 POSシステム (p.128)

解答 問1 ア ③ 問2 イ ①
問3 ウ・エ・オ ⓪・①・③（順不同）

compass
- ネットワークに接続された個々の情報機器が連携しながら，様々な機能を提供する仕組みを情報システムという。
- POSシステムにより，ネットワークを利用して販売時点での売り上げ情報を集約し，データに基づいて売り上げや在庫を管理することができる。

解説

問1

ア POSにおけるバーコードの読み取りについて適切な語句の組合せを選択する問題である。商品に付けられたバーコードを読み取り，対応付けられた価格や商品名をデータベースから検索する。また，コンビニエンスストアなどでは，店員が，客の年齢層や性別を入力しているところもある。よって，③が適当である。

▶POSシステムが備わっているレジをPOSレジといい，多くのコンビニエンスストアやスーパーなどが導入している。

問2

イ POSシステムでの情報と商品の流れについて適切な語句の組合せを選択する問題である。バーコードで読み取った情報や店員が入力した情報は，ネットワークを通じて定期的に本部や商品メーカーに送られ，店舗ごとに必要な数の商品が配送センターや問屋から効率よく補充される（店舗が発注する場合もある）。よって，①が適当である。

問3

ウ～**オ** POSシステムの導入によって受けられる利点について適切な文を選択する問題である。選択肢の正誤は次の通りであり，これらを踏まえると，⓪，①，③が適当である。

⓪ 適当である。POSシステムにより商品の在庫情報をリアルタイムに把握できるため，発注量を決定するスピードを向上させることができる。

① 適当である。POSシステムにより商品の在庫情報を管理できるため，データ上の在庫数と店頭の実在庫を突き合わせることで，在庫管理の効率化を図ることができる。

② 不適当である。POSシステムの導入により仕入れのタイミングを決定することはできるが，仕入れに必要な資金の調達ができるわけではない。

③ 適当である。POSシステムでの商品売り上げのデータと，その日の天候のデータを組み合わせることで，天候による商品の売り上げ傾向を分析することができる。

④ 不適当である。POSシステムで商品の価格を管理しているが，POSシステムが商品の価格を決定しているわけではない。

▶POSシステムにより，商品の売り上げ傾向を把握し，販売戦略にも役立てられている。

62 様々な情報システム (p.129)

解答 問1 ア ③ 問2 イ ② 問3 ウ ④

compass
- インターネットなどのネットワーク上で契約や決済といった商取引をするシステムを電子商取引システムという。
- レコメンデーション機能は，Webサイトへのアクセス履歴などの膨大な情報から，利用者に関心のある商品を表示させる仕組みのことである。

第4章

解説

問1

ア 様々な情報システムに関する適切な語句の組合せを選択する問題である。まず，下線部Aがレコメンデーション機能であることを踏まえると，［い］には「オンラインショップ」が当てはまる。次に，［ろ］は「残高照会」や「振り込み」といったキーワードから「インターネットバンキング」が当てはまる。最後に，［は］はクレジットカードやバーコード決済のように現金（キャッシュ）を使用しない社会である「キャッシュレス社会」が当てはまる。これらを踏まえると，③が適当である。

▶ キャッシュレス決済は，インターネットを用いた売買の決済手段としての利便性が高い。

問2

イ レコメンデーション機能の導入によって得られるメリットについて適切な文を選択する問題である。選択肢の正誤は次の通りであり，これらを踏まえると，不適当なものは②となる。

⓪ 適当である。顧客の興味・関心がありそうな商品を提示することで，顧客が商品を購入する確率を高めることができる。

① 適当である。顧客の興味・関心がありそうな商品を提示し，顧客一人の商品を購入する回数や単価が増えることで，顧客一人当たりの購入単価を上げることができる。

② 不適当である。商品やコンテンツが少ないと，顧客に提示できる興味・関心がありそうな商品が限定されてしまうため，効果的に利用者の購入を促進させることができない。

③ 適当である。顧客の興味・関心がありそうな商品を提示することで，商品ページの閲覧数やWebサイトへの滞在時間を増加させることができる。

▶ レコメンデーション機能によって，利用者が今まで存在を知らなかった商品に気づくきっかけとなり，利用者の潜在的なニーズを引き出すことができる。

問3

ウ 様々な決済方法について適切な語句の組合せを選択する問題である。クレジットカード，交通系ICカード，バーコード決済は次の通りであり，これらを踏まえると，④が適当である。

名称	説明
クレジットカード	高額な物品を購入する際に支払回数を選択できる。
交通系ICカード	自動販売機や店舗，改札などで使用できる。
バーコード決済	機能を有するモバイル端末が必要となる。

▶ 最近では，バーコードを読み取るのではなく，スマホに表示されているQRコードを使用した決済方法（QRコード決済）も普及している。

63 データベース (p.130)

解答

問1	ア ②		イ ①		ウ ⑤		エ ⑥		オ ④
問2	カ ③	問3	キ ①	問4	ク ③		ケ ①		
問5	コ ⓪		サ ④	問6	シ ③	問7	ス ⓪		

compass
- データベースには階層型・ネットワーク型・リレーショナル型がある。
- データベースへのデータの追加・更新・削除などの操作は，DBMS（データベース管理システム）を介して行われる。

解説

問1

ア ～ オ　リレーショナルデータベースは，複数の表で構成し共通する項目を関連付け（リレーションシップ）することでデータを統合的に扱う。

リレーションシップ　リレーションシップ　フィールド　レコード

ISBN	書籍名	著者コード	分類コード
978-4-00-33△△-△△-6	学問のすゝめ	JP015	370
978-4-90-36△△-△△-7	舞姫	JP821	910
978-4-04-40△△-△△-2	春琴抄	JP034	910
978-4-04-10△△-△△-1	雪国	JP194	910
978-4-10-11△△-△△-4	高熱隧道	JP701	910

著者コード	著者名
JP015	福沢諭吉
JP194	川端康成
JP823	宮沢賢治
US222	Rバック
US891	ソロー

分類コード	分類名
910	日本文学
920	中国文学
930	英米文学
940	ドイツ文学
950	フランス文学

テーブル（表）には，1件ごとのデータをレコード（行）として格納する。各レコードに保存する情報の種類をフィールド（列）に分ける。
リレーショナルデータベースの大きな特徴は関係演算を用いて，複数のテーブルから様々な形でデータを扱えることである。

結合	複数の表を共通する項目で結び付け，一つの表として表示する。
選択	与えた条件に合う行を取り出して表として表示する。
射影	表の中から一部の列を抽出して表として表示する。

▶ リレーショナルデータベースは関係データベースともいう。

問2

カ　卒業時のクラス・出席番号は卒業後も同一である。また所属するクラブも卒業後は変化しない。一方で，引っ越しなどにより，現住所（郵便番号・住所）は変わる可能性がある。また，結婚などで氏名の変更の可能性もある。よって，③が適当である。

問3

キ　⓪，②，③，④は適当である。①は，卒業生の中で同じ氏名となる人が複数いる可能性があり，氏名だけで同一人物とはいえず不適当である。

問4

ク ・ ケ　下線部Bは「③機密性」の特徴を，下線部Cは「①一貫性」の特徴を述べている。また，「⓪独立性」はデータベースからソフトウェアやプログラムを切り離し，プログラム修正とデータの更新を分けて扱うことができる特徴のこと。「②可用性」は障害が起こった際にも速やかに復旧ができるようなDBMSの機能の事をそれぞれ表している。

問 5

コ・**サ** データベースの機密性を保つための仕組みであるアクセス制御や権限設定についての問題である。

「レコードの検索」は，データベースから必要なデータを取り出す際に必要な権限であり，このデータベースの利用者には必ず必要となる。

データベースの作成やシステムそのものの管理をする場合には，テーブルの設計に必要な「テーブルの作成・削除」権限が必要である。また，必要なデータの追加・更新を行うためには「レコードの追加・更新・削除」権限が必要となる。管理者に付与する権限としては⓪が適当である。

データベースへ情報を追加したり，登録されたデータを訂正したりするためには「テーブルの作成・削除」権限までは必要がない。学年ごとの役員への権限としては④が適当である。

問 6

シ 「卒業生」の 1 レコードに対し，「クラス」は在籍した年度ごとに中学 1 年生から 3 年生まで複数のレコードがある。したがって，表「卒業生」と表「クラス」は 1 対多の関係性となる。

「卒業生」の 1 レコードに対し，複数のクラブに所属していた場合，クラブへの「所属」は複数レコードある。したがって，表「卒業生」と表「所属」は 1 対多の関係性となる。

「クラブ」の 1 レコードに対し，「所属」は複数レコードが対応する。したがって，表「所属」と表「クラブ」は多対 1 の関係性となる。

よって，③が適当である。

問 7

ス

仮想表の列	データがある表
出席番号	表「クラス」
氏名	表「卒業生」
郵便番号	表「卒業生」
住所	表「卒業生」

表「卒業生」と表「クラス」にあるデータをもとに表を組合せれば，仮想表を作成することができる。よって，⓪が適当である。

この仮想表の作成を SQL で表すと，以下の通りとなる。

```
SELECT
  クラス.出席番号,
  卒業生.氏名,
  卒業生.郵便番号,
  卒業生.住所
FROM 卒業生 JOIN クラス
  ON 卒業生.生徒番号
    = クラス.生徒番号
WHERE
  クラス.年度 =20XX
  AND クラス.学年 =3
  AND クラス.組 =8
  ORDER BY クラス.出席番号
```

64 データ (p.133)

解答								
問1	ア ③	問2	イ ②	問3	ウ ①	問4	エ ①
問5	オ ③	問6	カ ③	問7	キ ②		

compass
- 誰もが扱いやすいような形式として，二次利用が可能な形で公開されているオープンデータがある。
- データベースは構造化されたデータを扱うのに対し，ビッグデータは非構造化されたデータも含まれる。

解説

問1

ア　⓪①②はビッグデータの特徴を説明している。③が不適当な説明である。ビッグデータは，多様な形式や種類のデータを含み，テキストや画像，音声などの様々な形態の情報が処理される。しかし，ビッグデータは，収集したデータをそのまま使うわけではなく，前処理を行い不正確なデータを排除し正確なデータのみを集計するなどの作業が必要になる場合がある。

問2

イ　⓪　Artificial Intelligence の略で人工知能のこと。
① Business to Business の略で企業間取引のこと。
② Internet of Things の略で，様々な機器がインターネットにつながる仕組みのこと。
③ Power over Ethernet の略で LAN ケーブルを通して電力を供給する仕組みのこと。
④ System on a Chip でシステム全体を一つの半導体チップに実装する仕組みのこと。
よって，②が適当である。

問3

ウ　CSV は（Comma Separated Value）の略で，カンマ区切り形式ともいう。データ 1 件を 1 行で表し，列の情報をカンマで区切って表される。
よって，①オープンデータ B が適当である。

▶オープンデータ A は JSON 形式，オープンデータ C は XML 形式のデータである。

問4

エ　匿名加工情報とは，特定の個人を識別することができないように個人情報を加工し，当該個人情報を復元できないようにした情報のこと。一定のルールの下で，本人の同意を得ることなく，企業間でのデータ取引や利活用をすることができる。ただし，本人を識別するために他の情報と照合することは禁止されており，匿名加工情報を作成したときや第三者に提供するときは，あらかじめ匿名加工情報に含まれる個人に関する情報の項目や提供の方法を公表しなければならない。よって，①が適当である。

問5

オ　NoSQL は，SQL を用いたリレーショナルデータベースとは異なりデータの一貫性や整合性の保証の程度を低くする代わりに，JSON 形式や XML 形式といったドキュメント形式のデータを記録するなど，列や行といったテーブルの形式にとらわれない柔軟な形でデータの管理を行うことができる仕組みである。また，①・②はリレーショナルデータベースの特徴を述べており不適当である。よって，③が適当である。

問 6

カ 駅の自動改札機の最適な台数は，一定時間内に駅の改札を通る人数を，自動改札機の処理できる性能（1 分あたりに処理できる人数）で割り算することで求められる。よって，③が適当である。

問 7

キ ⓪①③④⑤は，データサイエンスの特徴として適当である。②は不適当である。欠損値は，他に収集したデータから予測することはできても，正確に元のデータとすることはできない。

65 情報通信機器と利用目的の関係 (p.136)

解答 問1 ア ③ 問2 イ ② 問3 ウ・エ ③・④(順不同)
問4 オ ② 問5 カ ⓪

compass
- データ分析を行う場合は，公平な視点を持って行うべきである。自分自身の状況や，データのない仮説に影響されてしまうと，適切に分析できないことがある。特に相関関係があったとしても因果関係があるとは限らない。
- 今回は情報通信機器と，無料動画サービスの利用率に正の相関があるが，本当にその情報通信機器で無料動画サービスを利用しているかまでは，アンケート調査などを行わないと分からない。

解説

問1

ア オープンデータとは，オープンデータ基本指針（平成29年5月30日 高度情報通信ネットワーク社会推進戦略本部・官民データ活用推進戦略会議決定）で次のように定義されている。「国，地方公共団体及び事業者が保有する官民データのうち，国民誰もがインターネット等を通じて容易に利用（加工，編集，再配布等）できるよう，次のいずれの項目にも該当する形で公開されたデータをオープンデータと定義する。」
1. 営利目的，非営利目的を問わず二次利用可能なルールが適用されたもの
2. 機械判読に適したもの
3. 無償で利用できるもの
したがって，機械判読できないデータは，オープンデータとはいえない。

▶「機械判読できるデータ」とは，コンピュータで容易に処理できるデータのこと。アメリカ合衆国でのオープンデータ法では「意味を失うことなく，人の介入なくコンピュータで容易に処理可能な形式のデータ」と定義されている。

問2

イ データ分析をするうえで，欠損値が生じる事例は多くある。欠損値が生じたデータについては，適切な処理を行ったうえで用いることができる。よって，②は不適当である。欠損値の適切な処理方法は，分析を行うデータ数や，欠損値の数によって異なる。

▶欠損値が少ない場合は，欠損値を削除する。数値データの場合は，平均値や中央値，最頻値などで補完する場合もある。回帰分析などを用いて補完することもある。いずれの方法でも，データの偏りがないよう原因を特定し，適切な処理方法で行う必要がある。

問3

ウ・**エ** ⓪ スマートウォッチに関するデータがないため不適当である。
① スマートフォンの使用時間，オンラインゲーム利用時間に関するデータがないため不適当である。
② スマートフォンを保有している幼児や児童に関するデータがないため不適当である。
これらの仮説を実証するためには，それぞれの統計データが必要になる。

▶問3では，表1，表2で与えられたデータから分析できるものは何か考える。

問4

オ 正の相関は片方のデータが増加すれば，もう片方のデータも増加する関係があることなので②が適当である。

問5

カ それぞれの情報通信機器と，無料動画サービスの利用率に正の相関があり，相関関係が認められたとしても，因果関係があるとは限らない。つまり，相関関係があったとしても，その情報通信機器で無料動画サービ

スを利用しているとは限らない。

⓪　この調査方法が複数回答のため，無料動画サービスを利用している端末とゲーム機の両方を持っている人も「ゲーム機を持っている」と回答している。したがって，花子さんの反論の根拠となり得る。

①　花子さん自身の意見であり，表１～表３のデータからは分からない。

②　表１～表３のデータからは分からない。また，これを立証したとしても反論の根拠とはならない。

③　表１～表３のデータからは分からない。また，これを立証するためにはゲームをインターネットに接続する目的などを調査しなければならない。

第4章

66 サンダルの売上分析 (p.139)

解答 問1 ア ②　問2 イ ②　問3 ウ ②　エ ②
問4 オ ①

compass ●時系列データを様々な視点から分析した問題である。移動平均を用いてデータの傾向をつかみ，相関係数を用いて周期を把握し，相関関係が疑似相関であることを立証するまでの流れを問題にしている。

解説

問1

ア 折れ線グラフから読み取れることとして最も適当なものは②である。

⓪③ 減少している月もあるが，増加している月もあるので不適当である。

① エアコンに関するデータがないため不適当である。

問2

イ 今回のデータのように，月ごとの変動が大きいデータの場合，6か月平均，9か月平均，12か月平均となるにつれてグラフが滑らかになる。12か月平均以降は元の形とは逆の動きになり，24か月平均に近づくにつれ，再び滑らかになる。

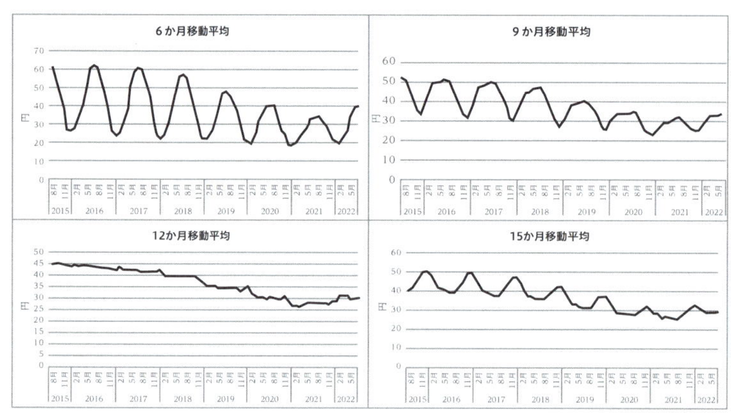

問3

ウ・**エ** 相関係数が1に近いほど同じような変化をしていると考えることができる。また，0か月は相関関係が1となる。次に相関関係が高いのはおよそ12か月，その次は24か月となっている。そのため，12か月ごとに同じような変化をしているといえる。

▶今回のように，二つの変数の間に相関がみられる場合でも，別の要因によって相関が生じる場合がある。このような相関のことを疑似相関という。例えば，夏の間はアイスクリームの売り上げが上がるが，海水浴によって水難事故の件数も増える。だからといって，アイスクリームを食べたら，水難事故にあうわけではない。

問4

オ 散布図・相関行列とは，複数のデータ間の相関関係や，分布をまとめた行列である。今回サンダルと灯油の間に負の相関がみられたが，平均気温がサンダルと灯油の支出金額に関係しているといえる。

① 平均湿度とサンダルの支出金額の相関係数は0.54であり，平均気温とサンダルの支出金額の相関係数は0.73である。よって，サンダルの支出金額に最も関係しているのは平均湿度であるとは言い難い。

67 生活時間の分析 (p.142)

解答 問1 ア ④ 問2 イ ② 問3 ウ ③ 問4 エ ⓪
問5 オ ・ カ ⓪・③（順不同）

compass
- 生活活動の時間を分析することで，見えなかったものが見えてくる可能性がある。しかし，データを読み取るだけでは本当にそれが現実に起きているかどうかは断定できない。実際の調査では，なぜそのような傾向になるのかの因果関係を明らかにしていく必要がある。
- この問題を解くにあたって大切なことは，6歳未満の子どもがいる夫や妻の活動時間から子どもがいない夫や妻の活動時間を引いて分析していることである。その値が正の値だとどのような意味を持つのか，負の値だとどのような意味を持つのかを理解しておく。

第4章

解説

問1

ア ④ 日曜日の一次活動と三次活動の最小値（図1より，各箱ひげ図の最下部）はそれぞれの平日の最大値を上回っているため適当である。(○印の外れ値を含めた各箱ひげ図の最上部)

⓪ すべての活動時間ではないので不適当である。

① 日曜日の三次活動の時間は平日の三次活動の時間を上回っているため不適当である。

② 平日の一次活動の時間は日曜日の一次活動の時間を下回っているため不適当である。

③ 平日の三次活動の時間は日曜日の三次活動の時間を下回っているため不適当である。

⑤ 箱ひげ図だけでは，二次活動の時間と三次活動の時間にどのような関係があるか分からないため不適当である。

▶ ⑤のような関係性を調査する際には，散布図を作成するとよい。

問2

イ ② 二次活動の時間の差の最小値は160.0～170.0の範囲であるので，すべての都道府県が二時間以上である。三次活動の時間の差の最大値は−125.0～−120.0なので，すべての都道府県が二時間以上である。

⓪ 一次活動の時間の差の最小値は−75.0～−70.0の範囲であり，差は一時間より大きいため不適当である。差が負であるから「平日−日曜＜0」つまり，日曜日の方が活動時間が長いということである。

① 二次活動の時間の差の最小値が160.0～170.0のため，すべての都道府県について二時間以上である。一方，一次活動の時間の差が55分以上の都道府県は明らかに1県以上あるので不適当である。

③ 最大値は230.0～240.0の範囲ではあるが，ヒストグラムの階級のため，厳密には230.0以上240.0未満であるから4時間未満であり不適当である。

④ 一次活動の時間の差の中には一時間未満の都道府県も含まれているため不適当である。

▶ ②−125.0 ～−120.0 と記載しているが，ヒストグラムの階級なので厳密にいうと−125.0以上−120.0未満である。
平日の活動時間から日曜日の活動時間を引いているので「平日−日曜＞0」「平日−日曜＜0」がそれぞれ何を意味しているかを理解しておかないといけない。

問3

ウ 負の相関の解釈は，片方の要素が増加すれば，もう一方は減少する。また，片方が減少すれば，もう一方は増加する傾向にあるということである。よって，③が適当である。

⓪②⑤　今回はこの二つの要素の相関を調べたわけではないので不適当である。

①　正の相関の解釈であるため不適当である。

④　この二つのグラフからは読み取れないため不適当である。

問 4

エ　⓪　すべての都道府県の「(6歳未満の子どもがいる妻の育児の時間) −（6歳未満の子どもがいない妻)」で差を求めた結果，箱ひげ図の全体が0以上であるため，すべての都道府県が正の値であることが分かる。よって，適当である。

①　⓪の反対の記述なので不適当である。

②③　すべての都道府県の「(6歳未満の子どもがいる妻の育児の時間) −（6歳未満の子どもがいない妻)」で差を求めた結果はすべての都道府県で正の値だったため，すべての都道府県において6歳未満の子どもがいない妻の方が「育児」の活動時間が長いといえるが，夫の場合は都道府県によって正負が分かれているので，すべての都道府県において，6歳未満の子どもがいない夫の方が長いとはいえない。

▶すべての都道府県において，「6歳未満の子どもがいる妻－6歳未満の子どもがいない妻＞0」であるため，「いる妻＞いない妻」であるといえる。夫の場合は都道府県によって正負が異なるので，判断できない。

問 5

オ・**カ**　この問題を解く前に「6歳未満の子どもがいる妻の活動時間－6歳未満の子どもがいない妻の活動時間」を求めていることを理解すること。便宜的に「いる妻」「いない妻」と省略して記載する。

「いる妻－いない妻＞0」であれば「いる妻＞いない妻」といえる。

「いる妻－いない妻＜0」であれば「いる妻＜いない妻」といえる。

つまり，二次活動はすべての都道府県において<u>6歳未満の子どもがいる妻</u>の方が長いといえる

三次活動については，すべての都道府県において<u>6歳未満の子どもがいない妻</u>の方が長いといえる。箱ひげ図を見ると，二次活動の時間の差は箱ひげ図がすべて0以上の範囲に描画されている。反対に三次活動は0以下に描画されている。よって，二次活動においてはすべての都道府県で「いる妻＞いない妻」，三次活動においては「いる妻＜いない妻」である。よって，⓪は適当である。

散布図から負の相関であることが読み取れる。つまり，二次活動の時間の差が大きい都道府県は，三次活動の時間の差の値が小さくなるといえる。ここで注意したいことは，差が小さいのではなく，差の値が小さいことである。

差を求める際には絶対値を使うが，今回の場合は正と負にそれぞれ意味があるので使えない。

差が正：「いる妻－いない妻＞0」→「いる妻＞いない妻」

差が負：「いる妻－いない妻＜0」→「いる妻＜いない妻」

つまり，二次活動の時間の差はすべての都道府県で正の値であるから，より大きな値を参照すればよい。

しかし，三次活動の時間の差はすべての都道府県が負の値であるから，より値が小さな都道府県の方が差は大きいといえる。つまり，−50よりも−150の方が値は小さくなるが，差は大きくなる。

▶問5は，まずは各活動時間の差が正の値なのか，負の値なのかを確認する。そして，正の値だとどのような意味を持つのか，負の値だとどうなのかを理解する。ここまでは箱ひげ図から読み取れる。そして，散布図を読み取り，負の相関があることが分かるので，二次活動の差（横軸）が正の方向に大きくなればなるほど，三次活動の差の値は小さくなる（縦軸はより下の方向に位置する）ことを読み取る。

▶差が大きいというのは絶対値を用いた話だが，今回は差が正負であることに意味を持っているので，絶対値では表していない。−50よりも−150の方が値としては小さいが，差としては大きいといえる。

今回は二次活動の時間の差と三次活動の時間の差に負の相関があるので，二次活動の時間の差（横軸）の値が大きくなれば，三次活動の時間の差（縦軸）の値が小さくなる。

例）　二次活動：65　三次活動：－64
　　　二次活動：145　三次活動：－148

したがって，二次活動の時間の差が大きな都道府県は，三次活動の時間の差の値が小さくなる傾向にあるので，「いる妻＜いない妻」となり，③が適当である。その反対の②は不適当である。

68 生徒会のアンケート調査 (p.146)

解答 問1 ア ①　問2 イ ③　問3 ウ ⓪　問4 エ ②
問5 オ ③　問6 カ ③　問7 キ ①　問8 ク ②
問9 ケ ②

compass
- アンケートデータを分析する際に，尺度を利用し適切に「はかる」ことが必要である。「はかる」という言葉には測る，計る，量るというように様々な“はかり方”があることに注意してほしい。
- この問題を解く際に，どのような回答が返ってくるかを想像することや，アンケートの目的を理解することが求められる。

解説

問1

ア ⓪ この後の文章で，食べる頻度を問うているため，あまり食べないということは問題ではない。

① 「どちらでもない」という選択肢を追加することで，この問題は解消される。よって，適当である。

② アンケートでは，数日後に変化するような内容を調査することがある。時間経過による意見の変化や状況の変化を調べることが調査の目的なのであれば適切な方法となるが，今回はそういった目的が書かれているわけではないため，不適当である。

③ スナック菓子が主食かどうかと，この質問から得られるものに関連性はない。

▶アンケートを配られた人全員が答えられるように質問を作成する必要がある。

問2

イ ⓪ 折れ線グラフは，グラフの傾きによりどのくらい変化したかを可視化することに適している。主に時系列のデータで使われることが多い。今回，収集するデータは折れ線グラフで作成しても構成比は分からない。よって，不適当である。

① ヒストグラムは，そのデータの分布を描画するグラフである。今回，収集するデータは質的データ（数値ではないデータ）であるから，ヒストグラムでは表せない。また，二つのデータの構成比を表すグラフではない。よって，不適当である。

② 箱ひげ図は，ヒストグラムと同様に質的データを表すには向いていない。よって，不適当である。

③ 今回のように，二つの質問を掛け合わせクロス集計したデータの構成比を表す際には帯グラフが適切である。

④ 散布図は二つのデータの関連性を表すグラフであるが，あくまで連続した変数同士の関係性を表すものであるので，今回のデータを描画するには不適切である。

▶二つのデータの構成比を確認する際には，帯グラフのほかに積み上げ棒グラフなども有効である。

問 3

ウ ⓪ 順序尺度であるため，最頻値，中央値については意味がある。また，間隔については等しいとは限らないため，平均値には意味がない。

① 名義尺度である。番号で区別することによって，質的データを区別する。今回は出席番号なので，最頻値や平均値に意味がない。

② 間隔尺度の場合，2倍などにしても意味がない。

③ 比例尺度で，比率や代表値に意味がある。

名義尺度を用いた分析について，「あなたの行きたい国はどこですか？」という質問に「1. アメリカ　2. 中国　3. イタリア」という名義尺度を用いた場合，最頻値に意味があるデータになる。どのような回答が返ってくるのかを想像したうえで，適切に分析する必要がある。

③偏差値や，3時15分のように表した時間のことを間隔尺度という。例えば，3時15分を二倍することはできない（二時間と表した場合は比例尺度になり，2倍にすると4時間になる）。

問 4

エ 平均値の特徴は，極端に大きすぎる値や，小さすぎる値に影響されやすい。今回お小遣いをもらっていない人は0（円）と回答しているため，平均値に影響がある可能性がある。

⓪ 高校生だからという理由は，平均値を用いることと関係がない。

① 中央値の説明であるため不適当である。

③ 分散が大きい場合，データの散らばりが大きいことが考えられるが，極端に大きいデータがあるのか，極端に小さいデータがあるのかがわからないため，必ず小さくなるとは限らない。

問 5

オ ⓪ 散布図を作成する際に，使用するデータを絞って分析することはあるが，使わなかったデータを破棄してはいけない。

① 折れ線グラフは時系列データに用いるグラフである。

② お小遣いをもらっていない人の金額と，休日に友人と外出する時間とで散布図を作成する場合，金額がすべて0になるので，散布図にならない。

③ お小遣いをもらっていない人の休日に友人と外出する時間のデータはあるので，ヒストグラムが作成でき，分布を把握することができる。

問 6

カ 異常値を処理する場合は，欠損値と同様に，異常値が発生した原因を特定し，適切な方法で処理をしなければならない。平均値や最頻値，中央値で補完する場合や，外れ値として扱う場合などがある。分析するデータや研究内容などによって処理方法は異なるが，いずれも分析結果を公正かつ適切に報告する必要がある。よって，⓪①②は適当である。

③ 異常値を無視することで，データに偏りが生じ適切な分析ができない場合があるので不適当である。

異常値・欠損値・外れ値などが分析結果にどのように影響を与えるのかは，比較してみないと分からない。よって，いかなる場合でもこうすればよいというのは決まっていない。だからこそ，様々な観点から分析しなければならない。

問 7

キ 標準偏差の2倍以上離れたものを外れ値とするため，2.0以上か，－2.0以下の点の個数を数えればよい。よって，二つである。

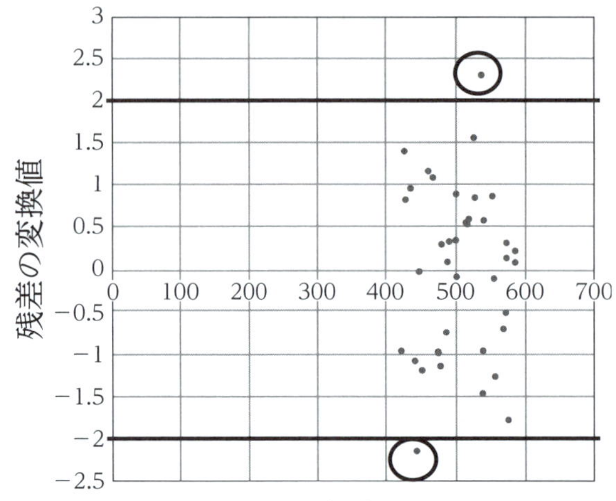

点Qから横軸に垂線を引き，回帰直線と交わった点を考える。予想される睡眠時間を確認すると430付近である。また，回帰直線より縦軸方向で上側にある推定値は，実際の値より小さくなる。反対に，回帰直線より縦軸方向に下側にある推定値は，実際の値より大きくなる。点Qは回帰直線よりも上側にある。よって，推定値は実際の値より小さくなる。したがって，残差は正の値を取るため，残差プロットでも縦軸方向で正の値を取る。残差プロットの横軸が430付近にあり，縦軸方向に正であるBが適当である。

回帰直線の上側にあるものは残差プロットの横軸より上側に，
回帰直線の下側にあるものは残差プロットの横軸より下側に位置することが多い。

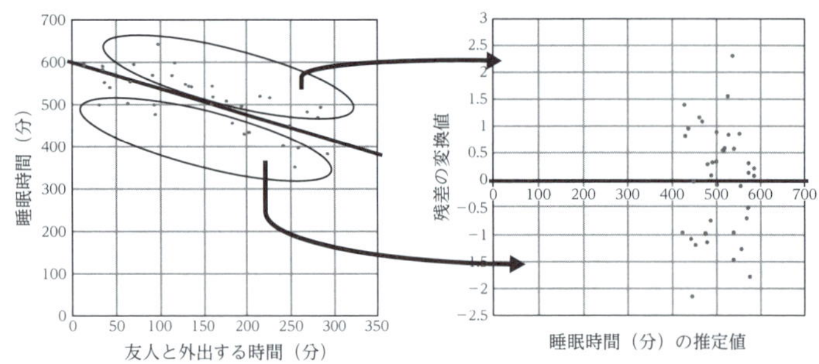

問 8

ク 散布図の結果から求めたい因果関係は「睡眠時間」「友人と外出する時間」の二つのうち，どちらが原因で，どちらが結果なのかである。そのため，⓪①③は適当である。②は，「友人と外出する時間」の減少にしか言及していないため，今回の趣旨とは異なる。

問 9

ケ ⓪①③は，テキストデータを解析する際に用いられる手法である。

② 不満な点を聞いているので，肯定的な意見を排除して考えることもあるが，そのあとの文字数と文字の画数の相関関係は関係がないため不適当である。

- 残差＝実際のy座標－推定値で求められるので，回帰直線の上側にあれば，残差は正，下側にあれば負となる。
- 残差プロットの横軸は推定値であり，縦軸は残差である。変換値を用いているが，残差の正負は変わらない。すなわち，散布図で回帰直線より上側にあれば，残差プロットでも横軸より上側にあるといえる。
- 残差の変換値の計算方法は以下の通りである。（残差－残差の平均値）÷残差の標準偏差

融合01 公開鍵暗号方式 (p.150)

解答 問1 ア ⓪ 問2 イ ① ウ ⑦ エ ⑨
問3 オ ② 問4 カ ③

compass ●情報の問題では幅広い題材が扱われることが多い。その題材について問題文において初めて知る，というケースは十分に予想される。そのような場合でも，問題文をよく読み論理的に考えれば解答することができる問題となっているはずなので，あわてずによく読むことが大切である。

解説

問1

ア 公開鍵暗号方式では，暗号化は誰でもできるが，復号は特定の人しかできないという方法である。この意味を考えれば，暗号化は公開鍵で行い，復号は秘密鍵で行う，と理解しやすい。

▶南京錠をイメージしておくとよい。南京錠（公開鍵）をかけることは誰でもできるが，開けることは南京錠の鍵（秘密鍵）を持っている人しかできない。

問2

イ 会話文から，公開鍵を3から順に奇数で割る，つまり **i** で割るという手順が必要であることが分かる。6行目は，公開鍵を **i** で割った余りを求めているため，5行目は公開鍵を **i** で割った商を計算していると推測できる。
したがって，商を計算する演算子が入ることが分かる。よって，①「/」(スラッシュ)が入る。

ウ 空欄 ウ の条件が満たされた場合に，秘密鍵などを表示しているため，ここには「割り切れた場合」という条件が入ることが分かる。割り切れるというのは余りが0と等しい場合であり，等しいことを表す比較演算子は「==」であるため，**r==0** が空欄に入る条件であることが分かる。

エ 素因数分解をした二つの数字が秘密鍵である。変数 **koukai_kagi** を変数 **i** で割っているので，割り切れた場合，素数の一つは **i**，もう一つは商である **q** となる。

▶プログラムには，計算や値の比較などが含まれていることが多い。そのため，代表的な演算子と比較演算子は知っておいた方がスムーズにプログラムを読み解くことができる。

問3

オ プログラムの3行目より，このプログラムは最初に3で公開鍵を割って，次に5，と順に奇数で割り切れるまで繰り返す，というアルゴリズムとなっている。そのため，公開鍵が3以上の奇数で割り切れない数である場合，ループが無限に続き，プログラムが永久に終了しなくなる。この問いでは，適当でないものを問われているため，選択肢のうち3以上の奇数で割り切れるものが適当である。

⓪ 1は，3以上の奇数で割っても割り切れることはないため，無限ループとなる。

① 4.7も，3以上の奇数で割っても割り切れることはないため，無限ループとなる。

② 3以上の素数は，その数で割ったときに割り切れるため，そこで繰り返しは終了となる。

③ 2のべき乗数は，3以上の奇数で割っても割り切れることはないため，無限ループとなる。

▶共通鍵を安全に送信するためには，公開鍵方式によって共通鍵を暗号化した上で送信したり，インターネット以外の物理的な手段によって送信したりするなどの方法が必要になる。

▶共通鍵を安全に共有する方法として，量子力学を利用した量子鍵配送という方法が研究されている。

したがって，選択肢のうちで無限ループとならないのは②となる。

問 4

カ　暗号化の手段が共通鍵暗号方式しかなく，通信手段がインターネットしかなく，かつ事前の情報を共有する手段もない場合，どうしても共通鍵をインターネット上で送信する必要が生じる。その際に，安全に共通鍵を送信する方法がないため，安全に通信を行うことは原理的にできないことになる。

融合02 パリティビット (p.152)

解答

問1 ア ③　問2 イ ②　問3 ウ ①　問4 エ ③
問5 オ ③　問6 カ ①　問7 キ ②　問8 ク ①
問9 ケ ②　問10 コ ②　問11 サ ③
問12 シ ①　問13 ス ④ セ ③　問14 ソ ③ タ ④
問15 チ ⓪ ツ ②　問16 テ ⓪
問17 ト ① ナ ⓪　問18 ニ ③
問19 ヌ ①　問20 ネ ⓪

compass
- パリティチェックとは，データに含まれる「1」の個数が，偶数か奇数かを表すパリティビットを付与することで，データの誤りを検出する手法のことである。
- パリティチェックのアルゴリズムについて理解するとともに，条件分岐，繰り返し，配列(リスト)などを用いて，パリティチェックをプログラムで表現する力が求められる。

解説

問1

ア　TCP/IP の各層の機能は次の通りである。よって，正解は③となる。

階層	名称	機能
4層	アプリケーション層	WWW やファイル転送，電子メールなどが動作できるようにデータの処理を行う。
3層	トランスポート層	通信されたデータが確実に効率よくやり取りするための処理を行う。
2層	インターネット層	送信先のコンピュータのアドレスをもとに，データの通信経路の選択などを行う。
1層	ネットワークインタフェース層	データを通信媒体に適合した電気信号や光信号に変換して送受信を行う。

▶TCP/IP の四つの層の名称と機能に加えて，各層の代表的なプロトコルを覚えておきたい。
【例】
4層：HTTP，SMTP，POP など
3層：TCP，UDP など
2層：IP など
1層：イーサネットなど

問2

イ　16進数の1桁は，2進数の4桁に該当する。16進数の10桁を2進数に変換すると，10桁×4＝40桁となる。よって，正解は②となる。

▶2進数の4桁が，16進数の1桁に該当する。

問3

ウ　図2の1行目は16ビットから13ビットに圧縮できるため，圧縮率は13÷16×100≒81.3% である。また，2行目以降も「0→1→0」で構成されており，圧縮すれば1行目と同じ13ビットになる。つまり，1行目の圧縮率は画像全体の圧縮率と等しい。よって，正解は①となる。

▶すべての行のビットを用いて計算しても，答えは同じになる。
208÷256×100≒81.3%

問4

エ　7ビットのデータ「0011001」において「1」の数は奇数である。ここでは，偶数パリティにより「1」の数を偶数にするため，データの最後に「1」を付与する。よって，正解は③となる。

▶奇数パリティの場合は，データの最後に「0」を付与して「00110010」とする。

問5

オ　もしデータに2ビットの誤りが発生して，それぞれ反転した場合，データの「1」の個数は，偶数・奇数で変化がなく，誤りを検出することができない。よって，正解は③となる。

▶偶数個のデータの誤りが発生した場合，全体の「1」の個数の偶数・奇数に変化はない。

問 6

カ プログラムの(3)〜(6)行目では，変数iを1ずつ増やしながら，50%の確率で配列Dataの要素に「1」を代入し，仮想のデータを作成している。なお，(1)行目で配列Dataのすべての要素に「0」を格納して初期化しているため，(5)行目で配列Dataの要素に代入する値は「1」となる。これらを踏まえると，(5)行目には「Data[i] = 1」が当てはまる。よって，正解は①となる。

▶「乱数()」が0以上1未満の乱数(実数)を発生させるため，確率を50%にするには，半分の「0.5未満」を条件式にする。

問 7

キ プログラムの(7)行目では，配列Dataの最後の要素であるData[7]をパリティビットとしている。また，(6)行目では，変数kosuを使用して配列Dataの「1」の個数を数えている。ここでは配列Dataの「1」の個数が偶数であれば「0」を，奇数であれば「1」をパリティビットとして付与していることから，「kosu % 2」でパリティビットを求めることができる。よって，正解は②となる。

▶配列の添字は0から始まるため，8個の要素を持つ配列Dataの最後の要素はData[7]となる。

問 8

ク プログラムの(8)行目で発生させた乱数（整数）に従い，(10)〜(13)行目では，データに擬似的にノイズを発生させている。ノイズが発生すると，ビットの「0」と「1」が反転するため，条件式には「Data[noizu] == 0」が当てはまる。よって，正解は①となる。

▶「範囲乱数(最小，最大)」の「最大」の値を変更することで，ノイズが発生する確率を調整することができる。

問 9

ケ 送信データの中にノイズ（0と1の反転）が含まれる確率は，プログラムの(9)行目の条件式に着目して考える。変数noizuには，「範囲乱数()」により0〜8の乱数（整数）が代入されており，(9)行目から，変数noizuが8より小さいとき（変数noizuが0〜7のとき）に「0」と「1」の入れ替えが発生する。つまり，送信データの中にノイズが含まれる確率は8/9≒88.9%である。よって，正解は②となる。

▶「範囲乱数()」で発生する値は整数であるため，(9)行目の条件式「noizu < 8」は「noizu <= 7」と同等である。

問 10

コ プログラムの(3)(4)行目では，変数iの値を1ずつ増やしながら，配列Dataの「1」の個数を数え，変数kosuに代入しているため，(4)行目はkosu = kosu + Data[i]が当てはまる。よって，正解は②となる。

▶データは0か1のどちらかであるため，すべて加算することで1の個数を数えられる。

問 11

サ プログラムの(5)〜(8)行目から，(5)行目の条件式が真の場合はデータに誤りがあり，偽の場合はデータに誤りがないことが分かる。図5のプログラムは偶数パリティによってパリティチェックを行っているため，データにおける「1」の個数が偶数の場合は「誤りなし」，奇数の場合は「誤りあり」となる。そのため，(5)行目には，真の場合に「誤りあり」となる条件式，つまり「変数kosuを2で割った余りが1」を表す「kosu % 2 == 1」が当てはまる。よって，正解は③となる。

▶もし真と偽の処理が逆になっていれば，(5)行目の条件式は「kosu % 2 == 0」となる。

問 12

シ　1次元のパリティチェックでは，1ビットまでの誤りを検出することができるが，誤りの位置は分からないため，誤りの訂正をすることはできない。一方，2次元のパリティチェック（水平垂直パリティ）では，水平方向に加えて垂直方向からもパリティビットを加えることができるため，1ビットまでの誤りを検出・訂正することが可能になる。ただし，2ビット以上の誤りが発生した場合，誤りの位置によっては検出が可能であるが，誤りの訂正はできない。

▶もしデータに4ビットの誤りがある場合，誤りが発生した位置によっては，1ビットも検出できないこともある。

問 13

ス・セ　図7は偶数パリティであるため，水平方向および垂直方向の「1」の個数が偶数でない行と列が重なるビットに誤りがあると判断できる。それぞれ行と列の「1」の個数を数えると，4行目が3個，3列目が1個であるため，4行3列目のビットに誤りが発生していると考えられる。よって，正解は ス が4，セ が3となる。

▶行と列を逆にしないように注意する。

問 14

ソ・タ　問題文から，2次元配列 Data[i, j] では，「i」が行，「j」が列を示していることが分かる。ただし，2次元配列の添字が0から始まることに注意すると，4行5列目は，Data[3, 4] と表すことができる。よって，正解は ソ が3，タ が4となる。

▶2次元配列の表記のルールは，プログラミング言語によって異なる。

問 15

チ・ツ　プログラムの(6)～(13)行目では，変数 i と j をそれぞれ1ずつ増やしながら，水平方向と垂直方向に対して偶数パリティによりパリティビットを最後の要素に格納している。(9)～(11)行目の繰り返しにおいては，変数 j が1ずつ増えているため，(10)行目の Data[i, j] は水平方向のチェック，(11)行目の Data[j, i] は垂直方向のチェックを行っている。変数 kosu_yoko には水平方向の「1」の個数，変数 kosu_tate には垂直方向の「1」の個数が代入され，チ は水平方向の最後の要素である Data[i, 4]，ツ には垂直方向の最後の要素である Data[4, i] が当てはまる。よって，正解は チ が⓪，ツ が②となる。

▶変数 kosu_yoko は「横方向の個数」，変数 kosu_tate は「縦方向の個数」を意味するように，プログラムの変数名からその意味が想像できることもある。

問 16

テ　プログラムの(14)(15)行目では，0～4の乱数（整数）を発生させ，それぞれ変数 noizu_tate と noizu_yoko に代入している。この二つの乱数は，データの誤りの位置を意味しており，乱数の値がそのまま2次元配列の要素になる。ただし，問題文に「ノイズはパリティビットを除くデータに対してのみ発生するものとする」とあるため，どちらかの乱数が4の場合はノイズが発生しない。つまり，(16)行目では noizu_tate < 4 と noizu_yoko < 4 の両方の条件式を満たす必要があるため，これらを「and」（かつ）でつなぐ。よって，正解は⓪となる。

▶and は「かつ」，or は「または」，not は「でない」を意味する。なお，これらの論理演算子は，プログラミング言語によって表記が異なる。

問 17

ト・**ナ** プログラムの **(16)** 行目の条件式を満たした場合（二つの乱数がともに５未満であった場合）に，**Data[noizu_tate, noizu_yoko]** のデータを反転する。**(17)** 行目の条件式は「(反転させる位置の)ビットが０ならば」であるため，真の場合は「**1**」に，偽の場合（ビットが１のとき）は「**0**」にする。よって，**ト** は①，**ナ** は⓪となる。

▶偽の場合の処理を実行するのは，反転させる位置のビットが１であった場合である。

問 18

ニ プログラムの **(14) (15)** 行目において **0〜4** の乱数（整数）を発生させており，**(16)** 行目の条件式から，ノイズ（**0** と **1** の反転）が発生するのは二つの乱数が **0〜3** であることが条件だと分かる。範囲乱数 **(0, 4)** が **0〜3** になる確率は4/5 = 0.8であるため，送信データの中にノイズが含まれる確率は4/5 × 4/5 = 0.64である。よって，正解は③となる。

▶「範囲乱数 ()」により発生する乱数 (整数) の範囲が０から始まっていることに注意する。

問 19

ヌ プログラムの **(4)〜(13)** 行目では，変数 **i** により行／列を固定し，変数 **j** により「**1**」の個数を数える処理をしている。まず，**(4)〜(9)** 行目において，変数 **i** と **j** を **1** ずつ増やしながら，行と列それぞれの「**1**」の個数を変数 **kosu_yoko** と **kosu_tate** に数えている。その後，**(10)〜(13)** 行目において，変数 **kosu_yoko** が奇数であった場合は，変数 **noizu_tate** に誤りがあった行数を記録している。同様に，変数 **kosu_tate** が奇数であった場合は，変数 **noizu_yoko** に誤りがあった列数を記録している。なお，記録する行数と列数はいずれも変数 **i** であるが，**(17)** 行目では「**noizu_tate** 行 **noizu_yoko** 列」と表示されるため，「**i + 1**」とする。よって，正解は①となる。

▶プログラムの **(8) (9)** 行目における Data[i ,j] と Data[j, i] の違いに注意する。下の図を参考に，変数 i と j が行と列のどちらを表しているのかをイメージする。

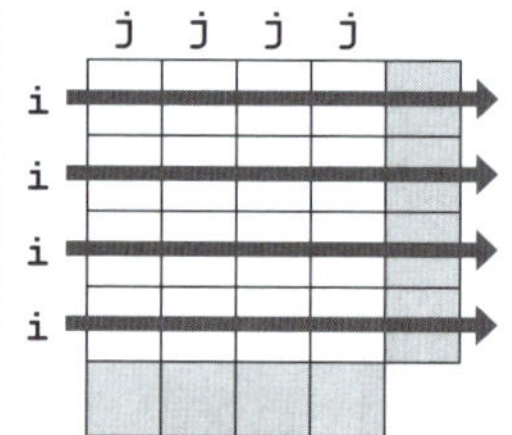

kosu_yoko = kosu_yoko + Data[i, j]

kosu_tate = kosu_tate + Data[j, i]

問 20

ネ プログラムの **(14)〜(17)** 行目では，変数 **noizu_tate** と **noizu_yoko** に記録されているデータに誤りがあったかどうかを判断する。まず，**(2) (3)** 行目において，変数 **noizu_tate** と **noizu_yoko** には **0** が代入されて初期化されている。次に，**(4)〜(13)** 行目の処理では，もしデータに誤りがあれば，行数（行番号：**1〜4**）と列数（列番号：**1〜4**）が記録されている。データに誤りがなければ，行数と列数は **0** のままである。つまり，**(14)** 行目の条件式は，「**noizu_tate == 0**」が当てはまる。なお，問題文には「データに発生する誤りは１箇所のみとする」とあるため，もしデータに誤りがあった場合は，変数 **noizu_tate** と **noizu_yoko** はどちらも **1** 以上となる。そのため，データに誤りがないという判定には，どちらか一方の変数が **0** であることを調べればよい。よって，正解は⓪となる。

▶このプログラムは，データの誤りが１ビットであることを前提に作成されている。そのため，**(14)** 行目を「noizu_yoko == 0」に変更しても問題なく動作する。

模擬問題

p.160 **第1問** 小問集合

問1 Society5.0の社会に関する次の問い（a・b）に答えよ。

a Society5.0❶の社会を生きるうえでの注意や判断として適当なものを，次の⓪～⑤のうちから二つ選べ。ただし，解答の順序は問わない。
［ア］・［イ］

⓪ バーコード決済をする際のバーコードは個人のアカウントと紐づいているため，他人に使用されることがあっても問題はない。

① 写真をＳＮＳなどにアップする際，ピースをした姿の写真などは，指紋や虹彩が悪用される可能性があるため，画質を落として投稿するなどの工夫が必要である。

② 不正な取引があったため，記載のURLなどからアカウント情報を更新することを勧める内容のメールが届いたら，基本的にはアカウント更新をするべきである。

③ 生成AIを使用する際，データ数が少ない個人情報は入力しても学習されないので，個人に関することで使用することは効果的な結果を得られない。

④ 常にスマートフォンのことが頭から離れない，などの様々なテクノストレスの対応としては，休息，休養を取って長時間の作業をしないようにすることがあげられる。

⑤ デジタルトランスフォーメーションを進めるためには，将来開発される情報技術を予想しながら，物事のやり方は変えずに慎重に進めることが重要とされる。

❶Society5.0は，サイバー空間（仮想空間）とフィジカル空間（現実空間）を高度に融合させたシステムにより，経済発展と社会的課題の解決を両立する，人間の新しい情報社会のことをいう。

解答 ［ア］・［イ］ ①・④（順不同）

解説 ［ア］・［イ］ ⓪ 不適当である。個人のアカウントと結び付いており，他人に使用された場合は，自分に支払い請求が来てしまうため，バーコード決済時に使用するバーコードの取り扱いは注意を要する。

① 適当である。高画質だと指紋や虹彩を使われてしまうため，画質を落として扱うとよい。

② 不適当である。フィッシング詐欺の可能性があるため，安易に開くべきではない。

③ 不適当である。入力したデータは，AIのモデルの学習に使用されることがあるため，個人情報は入力するべきではない。

④ 適当である。スマートフォンやパソコンは，適切な使用時間を守って使用することが大切である。

⑤ 不適当である。デジタルトランスフォーメーションを進めるためには，物事ややり方を変えながら進めることが重要である。

b　個人情報の保護と管理に関することに行われていることとして最も適当なものを，次の⓪～③のうちから一つ選べ。 ウ

⓪　商品の申し込み時に「情報メールを受け取る」欄にチェックボタンを入れてもらうことで利用者から登録してもらい，申し込み時に入力されたメールアドレスに情報メールを送信する。このような情報提供の方法をオプトイン❶方式という。

①　人種，信条，病歴などの要配慮個人情報を含む個人情報の取得にあたっては，利用者がサービスの中止を事業者に伝えるまでサービスを提供し続ける方式であるオプトアウト❷で提供することができる。

②　友人と一緒に写真を撮り，それをSNS上にアップする際は，肖像権の問題があるため本人の承諾を得たうえで，写真に写りこんだ建物やものの所有者にも許可を取る必要がある。

③　個人情報の保護に関する法律では，個人情報を第三者へ提供するときは，人の生命・身体・財産の保護に必要な場合も必ず本人の同意が必要である，と定められている。

❶利用者がサービスを利用する意思を事業者に伝えるまでサービスを提供しない方式。

❷利用者がサービスの中止を事業者に伝えるまではサービスの提供を続ける方式。

解答　ウ　⓪

解説　ウ　⓪　適当である。情報メールを受け取るにチェックを入れることで，サービスを利用する意思を伝えたことになる。

①　不適当である。要配慮個人情報を取得する際は，原則として本人の同意が必要なため，オプトアウト方式で情報提供することはできない。

②　不適当である。肖像権の問題に関する記述は正しく，自分以外の人が写った写真をSNS上にアップする際は，承諾を得る必要がある。しかし，建物などの建築物に関しては自由利用の範囲であるため，商用利用でなければ許諾の必要はない。

③　不適当である。人の生命・身体・財産の保護に必要な場合に限っては，本人からの同意を得ることが難しい場合に同意なく提供することが認められることがある。

問2　次の文章の空欄 エ ， オ に入れるのに最も適当なものを，後の解答群のうちから一つずつ選べ。また， カ キ に当てはまる数値をマークせよ。

インターネットを用いて様々なデータを恒常的にやり取りしている背景には，圧縮という技術があり，理解が簡単な圧縮技術としてはランレングス圧縮というものがある。

前振り

同じものが連続している部分に着目して圧縮する方法である。例えば，図1に示すような画像で考える。白いマスを「0」，色の付いたマスを「1」としたとき，1行目は「0000000110000000」となる。これをランレングス圧縮する場合，「0」は7個，

ランレングス圧縮に向けた画像のデジタル化の説明

「1」は2個，「0」は7個，と並んでいるので，「0727」という情報があればよい。ここで，個数の部分を4ビットの2進数で表現するために「個数－1」とすると，「0727」は，「0 0110　0001　0110」と表現できる。こうすることで，元々16ビットであったデータが13ビットに減った。1行目だけに着目すれば，圧縮率は約81.3％である。

ランレングス圧縮の仕組みの説明と圧縮率の計算方法
圧縮率
＝圧縮後のデータ量÷圧縮前のデータ量

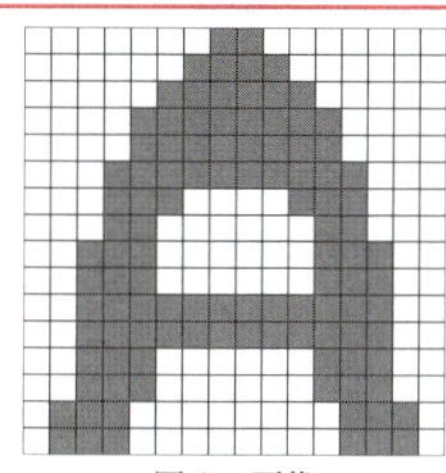

図1　画像

しかし，この圧縮方法は エ 。より実用的な圧縮方法としてはハフマン符号化というものがある。出現頻度に着目して圧縮する方法である。例えば，「A」を「00」，「B」を「01」，「C」を「10」，「D」を「11」と置き換えるものとする。すると，「ABBAABACDA」は「00010100000100101100」となる。ハフマン符号化では，

ハフマン符号化に向けた画像のデジタル化の方法の説明

この数値への置き換えを出現率が高いデータには短い数値を，低いデータには長い数値を割り当てることで効率よく圧縮を行っている。「A」の出現頻度は5回，「B」の出現頻度は3回，「C」の出現頻度は1回，「D」の出現頻度は1回なので，❶「A」を「0」，「B」を「10」，「C」を「110」，「D」を「111」と置き換えるものとする。よって， オ と表現できる。その際の圧縮率は カ キ ％となる。

ハフマン符号化の仕組みの説明と圧縮率の計算

❶直前のハフマン符号化に向けた画像のデジタル化では，AからDを単純に数値割り当てしているが，その割り当て方を出現頻度によって変えていることを理解できるとよい。

「カット＆ラベリング」のすすめ

共通テスト形式の問題は，状況説明や用語の説明などを加えている関係で，長文であることが多く，問いの内容などが直観的に理解しづらいことが多い。そこで，説明の区切りごとに文章を「カット」し，何を記述しているかを「ラベリング」することで，問いおよび解答群と照らし合わせて冷静に解答することができる。

模擬問題の解説では，長文問題については，カット＆ラベリングの手法を用いて展開していく（詳しくは後見返しで説明している）。

エ の解答群

⓪ 例のような画像だと「0」と「1」に置き換えられるので圧縮できるが，文字だと置き換え❶が難しいのでそもそもこの圧縮方法が使えない

① 文字のように連続するデータが少なくなると圧縮率が低い❷という欠点がある

② 画像のようなデータ量が大きくなるものほど圧縮率が高くなるが，文字のようなデータ量が小さいものは圧縮率が低くなるという欠点がある

③ 複雑な画像や文字であればあるほど圧縮率は高くなるが，圧縮作業に時間がかかるという欠点がある

オ の解答群

⓪ 00010100000100101100

① 101010110111

② 00101000000100011011100

③ 01010001001101110

❶文字のデジタル化は画像のデジタル化とは異なり，文字コードを使用している。「0」と「1」に置き換えることは可能である。

❷画像の場合も，色の変化が大きい画像は圧縮率が低くなる。

解答 エ ① オ ③ カキ ⑧⑤

解説 エ ⓪ 文字をデジタル化する場合，文字コードに当てはめてデジタル化するため，数値に置き換えることができ，同様の圧縮方法を使うことはできる。

① 図1のような同じ色が連続するような画像は圧縮率が高くなる。一方，文字コードは同じ数値が連続しないことが多いため，圧縮率は低くなる。

② データ量の大小によって圧縮率が変わるわけではない。

③ 複雑な画像であるほど数値の変化が変則的になるため，連続して同じ数値が現れることが減り，圧縮率は低くなる。圧縮作業にかかる時間は，圧縮方法やデータ量にかかわる。

オ 「A」は「0」に置き換えられると記述があるため，「1」から始まっている①は不適当である。次の文字は「B」であるが，「10」に置き換えることができるため，「010」と続く。これに当てはまるのは③である。

カキ ハフマン符号化を用いる前の数値は20ビットであり，ハフマン符号化を用いた後の数値は17ビットである。

圧縮率は（圧縮後のデータ量）÷（圧縮前のデータ量）で求めることができるため，

$17 \div 20 = 0.85$

よって，85%である。

データの圧縮方法は他にも様々あるが，ランレングス圧縮やハフマン符号化は考えやすく，古くから行われている圧縮方法であるため，知識として持っておくとよい。ランレングス符号化の本文に書かれている圧縮率の計算方法を理解することができれば，圧縮率の計算は簡単に導けるが，圧縮率の計算方法は事前にしっかりと押さえておこう。

問3　次の文章の空欄 ク に入れるのに最も適当なものを，後の⓪～③のうちから一つ選べ。

HTML を用いて Web ページを作成する際は，様々なことに配慮して作成する必要がある。提供されている情報に問題なくアクセスし，利用できることを Web アクセシビリティと呼ぶ。以下は，その際に注意をするべき事例の一部である。

Ⅰ：人の色覚には多様性があり，誰でも同じように色を識別できるとは限らない。見分けにくい色の組合せの例としては，「暖色系どうし」や「明度が近い色どうし」などがある。それに対して見分けやすい色の組合せは，「暖色系と寒色系」などがある。

Ⅱ：色の違いだけでは情報を区別し，認識することができない人もいるため，他の視覚情報を提供するなどの工夫も必要である。例えば，強調したい部分の色を変えるだけではなく，※などの記号を入れる，フォントサイズを大きくするなどがある。

Ⅲ：視覚に障がいがある人や高齢者のためには，Web ページの内容を理解するために音声読み上げ機能を利用することがある。HTML ファイルに❶alt 属性を設定することで指定したテキストを読み上げ，画像を見ることができなくてもどのような画像かを認識することができるなどの工夫をする。

```
<!DOCTYPE html>
<html lang="ja">
 <head>
  <title> 見本 </title>
  <style>
❷ body{background:#00FF00;}
❸ h1{color:#FF0000;}
❹ em{color:#0000FF;}
  </style>
 </head>
 <body>
  <h1> 見本2</h1>
❺ <p><img src="gazou.jpg" alt=" 見本3"></p>
❻ <p><em> 見本4</em></p>
❼ <p> 見本5</p>
 </body>
</html>
```

図2　見本の HTML ファイルの記述

この問題が Web アクセシビリティの問題であるということの前振り

色相が近い色を扱う場面には注意を向けることが書かれている

色覚に障がいがある人などのために色以外に区別する要素を入れる必要性がある

視覚に障がいがある人に向けて音声で補助する機能が HTML にはあり，alt を使用する

❶この部分の説明が❺の記述として表すことに気付きたい。

❷背景色を指定している CSS であり，「00FF00」より真ん中2桁が「F」であるため，背景色は緑色であることが分かる。

❸「h1」は最上位の見出しを表す。「color」が指定されていることから，<h1> で挟まれた文字の色を変えるタグだと考えられる。また，「FF0000」より左2桁が「F」であるため，赤色になることが分かる。

❹<em> で囲まれた文字を斜体に変えるタグである。「color」が指定されており，「0000FF」より右2桁が「F」であるため，青色になることが分かる。斜体になることよりも，青色になることを押さえておきたい。

❺「alt」が指定されているため，本文Ⅲにもある通り，視覚に障がいがある人に配慮した設定となっている。

❻❹の設定がされており，「見本4」という文字は青色で表示される。

❼<p> で囲まれた文字は一つの段落を表す。ここでは，特に色の指定や読み上げ機能に対応していないことを確認しておきたい。

また，図2は見本となるHTMLの記述である。それぞれの記述の簡単な説明は次の**あ**～**え**の通りである。

あ：6行目は，背景色を示している。

い：#000000は，前から順に2桁ずつが赤，緑，青を表している。00なら暗い色，FFなら明るい色を表現している。12行目は見本2という文字が赤色で表示されていることになる。特に指定がなければ黒色の文字が表示される。

う：7，8行目は，<h1>と<em>で囲まれた文字を指定の色に変える意味である。

え：13行目は画像の表示をする。また，alt属性が設定されている。

デザインの観点で問われている問題のため，HTMLに関する知識部分を補う説明

ここで次の図3のHTMLに対して，［ク］といえる。

上段の説明と図2を照らし合わせたうえで図3を見ることで，どの箇所にデザイン的な問題があるかを見つける。

```
(1) <!DOCTYPE html>
(2) <html lang="ja">
(3)  <head>
(4)   <title>日本の名所紹介</title>
(5)   <style>
(6)   body{background:#3333EE;}
(7)   h1{color:#FF0000;}
(8)   em{color:#0000FF;}
(9)   </style>
(10)  </head>
(11)  <body>
(12)  <h1>日本の名所紹介</h1>
(13)  <p>※印はおすすめ，青色はグルメ</p>
(14)  <p>※浅草<img src="tokyo.jpg" alt="浅草"></p>
(15)  <p><em>道頓堀</em><img src="osaka.jpg" alt="道頓堀"></p>
(16)  <p>鳥取砂丘<img src="tottori.jpg"></p>
(17)  </body>
(18) </html>
```

図3　日本の名所のHTMLファイルの記述

❶背景の色が青色系統であることを確認しておく。

❷<em>で囲まれた文字が青色になることを確認しておく。

❸<h1>で囲まれているため，「日本の名所紹介」という文字は赤色で表示される。

❹※印が付いている，alt属性の指定が施されていることから，視覚に障がいがある人に対する配慮が施されている。

❺<em>に囲まれているため，「道頓堀」という字は青色で表示される。

❻alt属性が指定されているため，視覚に障がいがある人に対する配慮が施されている。

❼画像を使用しているが，alt属性は使用されていない。

［ク］の解答群

⓪ 色の区別がしにくい人にとっても，おすすめやグルメの場所は認識しやすい状態になっている

① フォントや背景の色は見分けやすい色の組み合わせになっている

② 16行目の鳥取砂丘は，視覚に障がいがある人には画像があることが伝わらない

③ 特に問題はなく，デザイン面に関してよいWebサイトになることが予想される

解答　［ク］ ②

解説　［ク］ ⓪ 背景色が青色系統であり，<em>タグも青色であることから，<em>タグが使用されている部分は色の区別がしにくい人に対し，グルメの場所は認識しにくい状態になっている。

① <em>タグと背景色が同系色であることから，フォントや背景の色は見分けにくい状態であるといえる。

② alt属性が指定されていないため，読み上げ機能を使用したときにどのような画像があるのかが読み上げられない。視覚に障がいがある人は画像があることに気付けない場合もある。

③ ⓪や①での指摘があるため，問題がないとはいえない。

図2やその説明をしっかりと読んだうえで，デザインの面でどこに問題があるかを見つけたい。HTMLに対する知識があれば，よりスムーズに本文や図を理解できる。

問 4　次の文章の空欄 ケ ・ コ に入れるのに最も適当なものを，後の解答群のうちから一つずつ選べ。

ピクトグラムが担う役割としては，言語や文化の違い，知識の有無にかかわらず，いかに情報を的確に伝達するかというものがある。

さらに，分かりやすいピクトグラム，よいピクトグラムを目指すためには，様々な観点が必要とされている。例えば，以下の点があげられる。

○すべての人に意味が正しく伝わること ❶
○視認性に優れていること ❷
○公共性を持ったデザインであること ❸

以下の四つのピクトグラムは，現在新しいデザインが考えられたり，すでに新しいデザインが使用されたりしているデザインのピクトグラムである。その中でも ケ ということで， コ については，新しいデザインが作成された。

図 4　様々なピクトグラム

❶「言語や文化などの違いがあっても伝わるようなものである」という意味。

❷「視認性とは見やすさを意味するため，複雑すぎないデザインであることがよい」という意味。

❸公共性という言葉の意味は難しいが，ここでは，人と人がかかわる中で使われるデザインである，と解釈する。

ケ の解答群

⓪ このマークが示すものを知っている人はこのマークが何を意味するか認識できるが，知らない人は別のものに認識することも考えられるので，このマークの下に名前を表記することで誰でも分かるマークに変わる

① 男女の役割分担が分かりにくいため，一方は赤色，残りは青色にすることで，トイレなどと同様にすぐに男女の違いを認識することができる

② 文字が何を意味するものなのかが分からず伝わりにくいので，文字以外に車の絵を入れることでより分かりやすくするように変えればよい

③ 実際には有彩色を使用したピクトグラムであるが，販売店であることを示すような解釈もできてしまうので，白黒で作成すればよい

コ の解答群

⓪ 手荷物受取所マーク

① 駐車場マーク

② 受付マーク

③ 温泉マーク

解答 ケ ② コ ①

解説 ケ ⓪ 名前を表記する際言語を使用するため，使用した言語が理解できるかどうかによって，ピクトグラム自体の認識が限定されてしまう。

① 図４のピクトグラムの中には，男女を区別する場面で使用が想定されるピクトグラムがあるとは考えにくい。

② 図４のピクトグラムの中で文字が使われているものは一つだけあり，右上のものを示していることが読み取れる。この文字が何を表しているかを知っているかどうかにより，ピクトグラムの認識が限定されてしまう。絵を入れることはその認識を広めてくれる手法である。

③ 有彩色の使用の有無により，販売店かどうかの解釈ができるという記述は適切とは考えにくい。

コ ⓪ 図４の左下のピクトグラムであると推測できるが， ケ であげられている問題点と適合するものがない。

① 図４の右上のピクトグラムであると推測できる。 ケ であげられている問題点と適合するものがある。

② 図４の右下のピクトグラムであると推測できるが， ケ であげられている問題点と適合するものがない。

③ 図４の左上のピクトグラムであると推測できるが， ケ であげられている問題点と適合するものがない。

ケ と コ の解答群で結び付けながら考えると答えを導き出しやすくなる。

p.168

第2問 二次元コード／光の３原色

A　次の生徒（S）と先生（T）の会話文を読み，後の問い（問１～３）に答えよ。

S：先日の二次元コードについての授業を受けてから，街中にある色々な物で情報を表現できないかと考えていました。

T：それで何か思いつきましたか？

S：はい，点字ブロックには突起がありますが，これを使ってはどうかと考えました。道路にある点字ブロックには２種類のものがありますが，そのうちの点状の突起があるブロックは，縦横それぞれ５個の合計25個の突起がありました。この突起の色が通常のものと黒くしたもので二つの状態，つまり０と１を表現できるのではないかと考えました。

前振り

T：なるほど，では通常の突起を０とし，黒い突起を１とすると，25個の突起のある点字ブロックで最大で何通りの状態を表現できるかな？

S：えっと，［ア］かな。

25個の突起で表現できる状態

T：惜しい。ブロックは正方形であり，❶四つの向きから見ることができることを忘れているよ。

S：えっ？どういうことですか？

T：では，簡単のために突起を縦横それぞれ２個にしたブロックで考えてみよう。

S：はい。

T：このブロックでは，黒い突起の数に注目すると，図１のように黒い突起が０～４個のパターンがあることが分かります。

黒の突起が0個の一例	黒の突起が1個の一例	黒の突起が2個の一例	黒の突起が3個の一例	黒の突起が4個の一例
○○ ○○	●○ ○○	●● ○○	●● ●○	●● ●●

図１　突起が縦横それぞれ２個のブロックのパターン例

❶25個の突起は，一列に並んでいるわけではない。突起は5×5（縦横各５個）に並んでおり，点字ブロックは地面や床面に敷設されている。お互いに違うものだと思っても，見る向きによっては同じパターンになることもある。

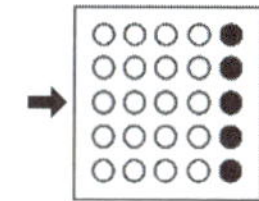

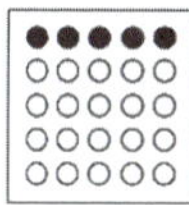

左のブロックを矢印の向きから見ると右のブロックと同じパターンである。

4個の突起のパターン例について

解説　**二次元コード**

横方向にしか情報を持たないバーコードに対し，横方向と縦方向に情報を持つ表示方式のコードのことである。「QRコード」は，デンソーウェーブが開発した二次元コードの商標である。

なお，令和７年度大学入学共通テスト試作問題の第２問に，二次元コードに関する出題がある。

点字ブロック

点字ブロックは，正式名称を「視覚障害者誘導用ブロック」といい，視覚障がい者を安全に誘導するために地面や床面に敷設されているブロック（プレート）のことである。視覚障がい者が足裏の触感覚で認識できるように，ブロックの表面には突起が付けられており，ブロックには，線状の「誘導ブロック」と点状の「警告ブロック」の２種類がある。

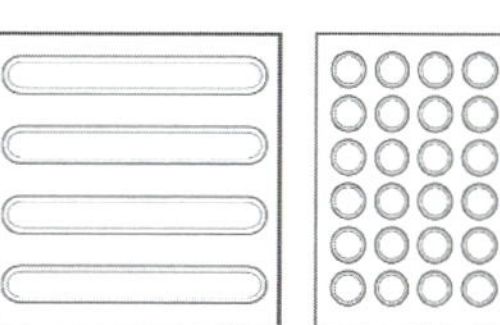

誘導ブロック　警告ブロック

T：ここで，黒の突起が１個の場合を考えてみましょう。図２の①と②は，一見違うパターンに見えると思います。

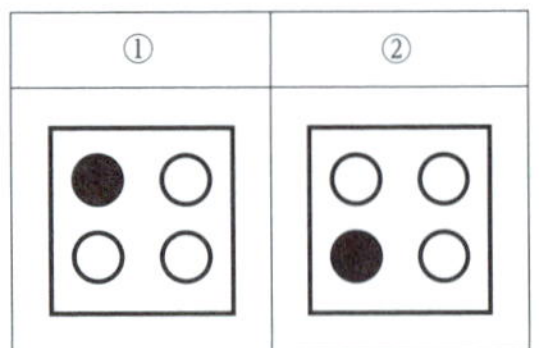
図２　黒の突起が１個の場合のパターン

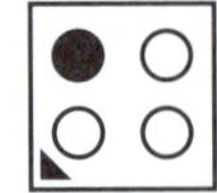
図３　マーク付きブロック

S：はい，その通りです。

T：ところが，これらのブロックは，見る向きによっては同じものに見えます。①のブロックをこの図の下の方から見ると②とは違うもののように見えるけれども，90度右を向いて，つまり，図の左の方から見ると同じものに見える。このように，これらのブロックは，回転の中心の周りを90度回転させるとお互いが重なるのです。

S：そうか，ブロックに上下左右の区別が付くようなマークがないから，これらは同じものと考えられるのですね。

T：そうです。これらのパターン群は，マーク付きブロックで区別された［イ］個のパターンが一つとして数えられるのです。

90度回転させると重なるパターン

さらに，もう一つ，これらとは違ったパターン群もあります。それは，黒の突起が２個の場合で，回転の中心の周りを90度回転させるとお互いが重なり，180度回転させたときは自分自身と重なるものです。これらは，マーク付きブロックで区別された［ウ］個のパターンが一つとして数えられます。

90度回転させるとお互いが重なり，かつ180度回転させると自身と重なるパターン

S：マーク付きブロックでは，見ている向きを区別できて，最大で［エ］［オ］通りの状態を表せますが，重複するパターン数を除いていくことにより，マークのないブロックの最大パターン数を計算することができるのですね。

T：その通り。

S：えっと…，マークのないブロックの最大パターン数は，［カ］通りと求められました。

縦横それぞれ２個の突起のブロックの最大パターン数の計算

T：正解です。では，25個の突起のある点字ブロックの場合は，どう言えるでしょうか。

S：同様に，見ている向きを区別できないので，［　キ　］のですね。

T：その通りです。

25個の突起のある点字ブロックでの最大パターン数

解説　**180度回転させると自分自身と重なる**

ブロックを図形であると考えた場合，「180度回転させると自分自身と重なる」とは，「点対称の図形」であるということである。

問1　空欄 [ア] に当てはまる文として最も適当なものを，次の⓪～③のうちから一つ選べ。

⓪　0と1の2通りが25個なので，2×25＝50の50通り

①　0と1の2通りが横に5個並ぶので2^5通り，さらに縦に5つ並ぶので，合計は2^5×5通り

②　0と1の2通りが25個なので2^{25}通り

③　0と1の2通りが縦に5個，横に5個並んでいるので，2×5×5＝50通り

問2　空欄 [イ] ～ [カ] に当てはまる数字をマークせよ。

問3　空欄 [キ] に当てはまる文として最も適当なものを，次の⓪～③のうちから一つ選べ。

⓪　[ア] の数の4倍になる

①　[ア] の数の$\frac{1}{4}$になる

②　[ア] の数の4倍より少し多い数になる

③　[ア] の数の$\frac{1}{4}$より少し多い数になる

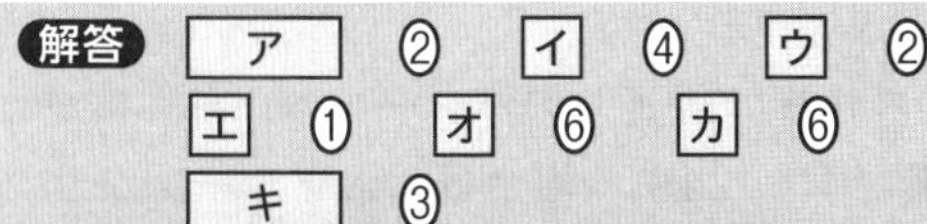
解答　[ア] ②　[イ] ④　[ウ] ②
[エ] ①　[オ] ⑥　[カ] ⑥
[キ] ③

解説　[ア] 生徒は，25個の突起を，通常（0）または黒（1）の突起にする場合の数を考えた。ただし，違ったものと思っても，点字ブロックの性質上，見る向きによっては同じに見えることがあることを見逃していた。例えば，25桁の2進数では，各桁に0または1を置くことになるので，これにより表現できるのは2^{25}通りの数値（状態）である。これは，0または1を何度使ってもよい「重複順列」になる。ところが，点字ブロックは地面や床に敷設されているため，ある向きから見ていたときには違っていても，見る向きが変わると同じものに見えるものがある。

[イ] 黒の突起が1個の場合，マーク付きで区別されるのは次の4個のパターンである。

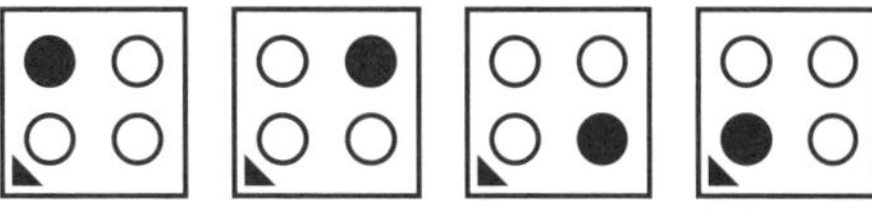

[ウ] 「90度回転させるとお互いが重なり，かつ180度回転させると自分自身と重なるパターン」は，次の2個のパターンである。

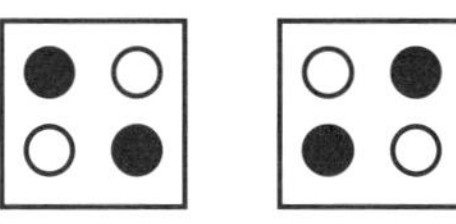

[エ]・[オ] マーク付きブロックでは，見る向きによる重複はないので，2^4＝16通りとなる。

カ 黒の突起が0個～4個のすべてのパターンは，次の通りになる。そのうち実線で囲んだパターンは，90度回転させるとお互いが重なるグループ（Aグループ），また，破線で囲んだパターンは，90度回転させるとお互いが重なり，かつ180度回転させると自分自身と重なるグループ（Bグループ）である。そこで，重複を除くと最大パターン数は6となる。

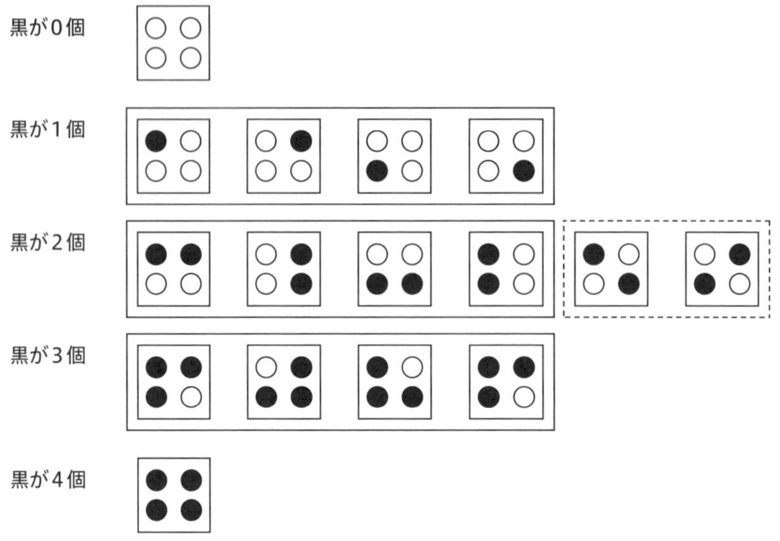

キ 25個の突起があるブロックでも同様に考えられる。2^{25}通りのパターンのうち，黒が0個と25個の場合は，それぞれ1パターンあり，黒が1～24個の場合は，AグループかBグループのパターンがある。よって，もし，2^{25}通りすべてのパターンがAグループならば重複を除くと$\frac{1}{4}$になるが，黒が0個と25個のパターンや重複を除くと$\frac{1}{2}$になるBグループがあるので，「$\frac{1}{4}$より少し多い数」になるといえる。

B　次の文章を読み，後の問い（**問1～3**）に答えよ。

赤と緑と青の三つのLEDライトがある。これらのLEDライトは，図4のように暗室の中で，白い紙の上の同じ場所を照らすように固定されている。

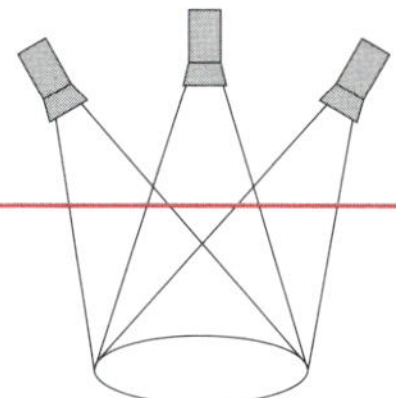

図4　赤と緑と青のLEDライト

LEDライトのセッティング状況

また，赤のLEDライトは，計測をスタートすると同時に点灯し，3秒間点灯してから1秒間消えて，また3秒間点灯してから1秒間消えるということを繰り返す。緑のLEDライトは，計測をスタートすると同時に点灯し，2秒間点灯してから3秒間消えて，また2秒間点灯してから3秒間消えるということを繰り返す。青のLEDライトは，計測をスタートすると同時に点灯し，1秒間点灯してから2秒間消えて，また1秒間点灯してから2秒間消えるということを繰り返す。

LEDライトの点滅の周期について

問1　次の文章の空欄 ク ・ ケ に当てはまる数字をマークせよ。

計測をスタートすると同時に，赤と緑と青のLEDライトは，それぞれのサイクルで点滅を繰り返すが， クケ 秒後に，はじめて最初の状態に戻る。つまり，赤・緑・青のLEDライトのそれぞれの点灯が，計測スタートと同じ状態になる。

LEDライトの点滅が初期状態になるのは何秒後か

また，LEDライトの混色により，シアン，マゼンタ，イエローを作ることができ，赤と緑と青の三つのLEDライトがすべて点灯したときは，白になった。なお，赤と緑と青の三つのLEDライトがすべて消灯したときは，黒を表現したものとする。このとき，これらの三つのLEDライトにより表現できた色数は，全部で8色になった。

三つのLEDライトの消灯時を「黒を表現したもの」と定義

解答　ク ⑥　ケ ⓪

解説　**光の3原色の混色**

この問いは，光の3原色に関するもので，その組合せによって作り出される色を覚えていた方がよい。3原色の混色を次のように覚えよう。

①三つの円のうち，上の円から反時計回りに，RGBとかく。

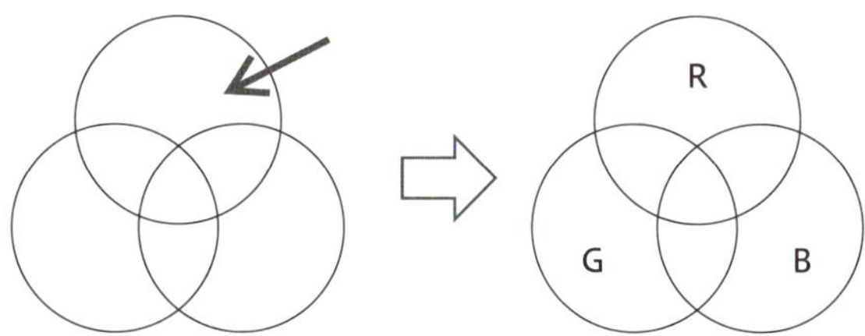

②二つの円の重なった部分のうち，下から反時計回りに，CMYとかく。

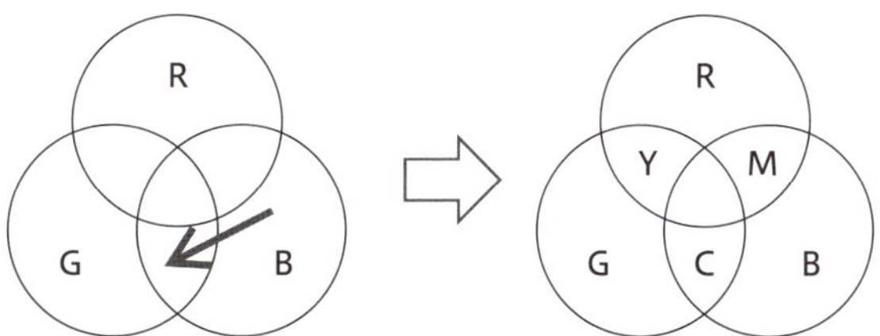

③ここでは「反時計回り」したが，「時計回り」に揃えても同様である。
　また，色の3原色についても同様に考えることができる

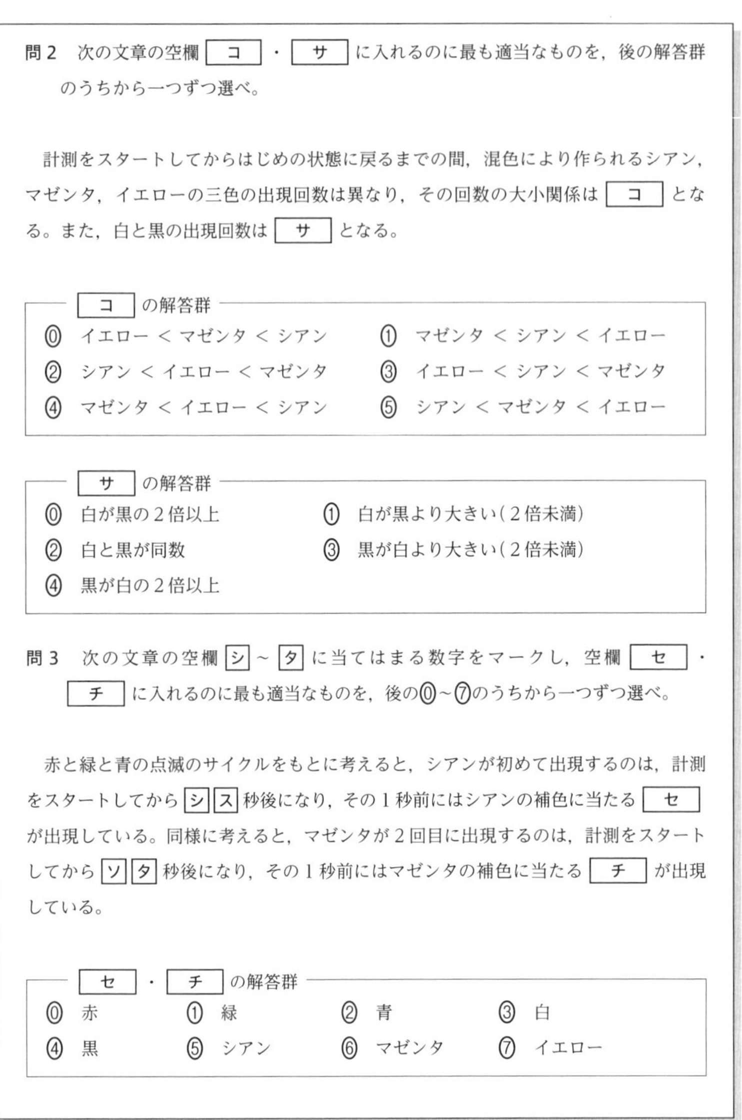

問 2　次の文章の空欄 コ ・ サ に入れるのに最も適当なものを，後の解答群のうちから一つずつ選べ。

計測をスタートしてからはじめの状態に戻るまでの間，混色により作られるシアン，マゼンタ，イエローの三色の出現回数は異なり，その回数の大小関係は コ となる。また，白と黒の出現回数は サ となる。

コ の解答群

⓪ イエロー ＜ マゼンタ ＜ シアン　① マゼンタ ＜ シアン ＜ イエロー
② シアン ＜ イエロー ＜ マゼンタ　③ イエロー ＜ シアン ＜ マゼンタ
④ マゼンタ ＜ イエロー ＜ シアン　⑤ シアン ＜ マゼンタ ＜ イエロー

サ の解答群

⓪ 白が黒の２倍以上　① 白が黒より大きい（２倍未満）
② 白と黒が同数　③ 黒が白より大きい（２倍未満）
④ 黒が白の２倍以上

問 3　次の文章の空欄 シ ～ タ に当てはまる数字をマークし，空欄 セ ・ チ に入れるのに最も適当なものを，後の⓪～⑦のうちから一つずつ選べ。

赤と緑と青の点滅のサイクルをもとに考えると，シアンが初めて出現するのは，計測をスタートしてから シ ス 秒後になり，その１秒前にはシアンの補色に当たる セ が出現している。同様に考えると，マゼンタが２回目に出現するのは，計測をスタートしてから ソ タ 秒後になり，その１秒前にはマゼンタの補色に当たる チ が出現している。

セ ・ チ の解答群

⓪ 赤　① 緑　② 青　③ 白
④ 黒　⑤ シアン　⑥ マゼンタ　⑦ イエロー

解答 コ ⑤
サ ②
シ ①　ス ⑤　セ ⓪
ソ ①　タ ②　チ ①

解説 ク・ケ　それぞれのLEDライトは，点灯と消灯を合わせた時間を周期として繰り返す。赤のライトは，３秒間点灯して１秒間消灯，緑のライトは，２秒間点灯して３秒間消灯，青のライトは，１秒間点灯して２秒間消灯なので，それぞれの周期は，赤が４秒，緑が５秒，青が３秒となる。違った周期が，最初の状態に揃うのは，これらの最小公倍数である60秒後である。

コ シアンは緑と青，マゼンタは赤と青，イエローは赤と緑の混色により作られる。組合せる二色の点灯している割合が大きいほど，混色の色が観察される時間が長くなる。赤，緑，青の点灯している割合は，点灯時間と消灯時間から次のように求められる。

赤：$\frac{3}{3+1}=\frac{3}{4}$，緑：$\frac{2}{2+3}=\frac{2}{5}$，青：$\frac{1}{1+2}=\frac{1}{3}$

よって，割合が大きいのは，赤と緑，赤と青，緑と青の組合せ順になり，これは，イエロー，マゼンタ，シアンの順である。

サ 白は赤と緑と青の混色により作られ，黒はすべての色が消灯して作られる。よって，それぞれの出現割合は次のようになる。

白：$\frac{3}{4}\times\frac{2}{5}\times\frac{1}{3}=\frac{1}{10}$

黒：$\frac{(4-3)}{4}\times\frac{(5-2)}{5}\times\frac{(3-1)}{3}=\frac{1}{4}\times\frac{3}{5}\times\frac{2}{3}=\frac{1}{10}$

シ・ス・セ シアンが出現するのは，緑と青の二つのライトが同時に点灯し，かつ赤のライトが消灯しているときである。
まず，緑と青の二つのライトのみが初期状態に戻るのは，二つの周期，緑が５秒，青が３秒であることから，５×３＝15秒と求められる。
また，緑と青の二つのライトが同時に点灯するのは，それぞれの点灯している割合から，次のように求められる。

$\frac{2}{5}\times\frac{1}{3}=\frac{2}{15}$

よって，初期状態に戻る15秒間に２回は同時に点灯するので，このときの赤のライトの様子を確認すればよい。

	0	1	2	3	4	5	6	7	8	9	10	11	12	13	14	15
赤(R)	○	○	○		○	○	○		○	○	○		○	○	○	
緑(G)	○	○				○	○				○	○				○
青(B)	○			○			○			○			○			○

表より，15秒後にシアンがはじめて出現する。なお，シアンの補色は赤である。

ソ・タ・チ マゼンタが出現するのは，赤と青の二つのライトが同時に点灯し，かつ緑のライトが消灯しているときである。
まず，赤と青の二つのライトのみが初期状態に戻るのは，二つの周期，赤が4秒，青が3秒であることから，4 × 3 = 12秒と求められる。
また，赤と青の二つのライトが同時に点灯するのは，それぞれの点灯している割合から，次のように求められる。

$$\frac{3}{4}\times\frac{1}{3}=\frac{3}{12}$$

よって，初期状態に戻る12秒間に3回は同時に点灯するので，このときの緑のライトの様子を確認すればよい。

	0	1	2	3	4	5	6	7	8	9	10	11	12
赤(R)	○	○	○		○	○	○		○	○	○		○
緑(G)	○	○				○	○				○	○	
青(B)	○			○			○			○			○

表より，12秒後にマゼンタが2回目の出現をする。なお，マゼンタの補色は緑である。
なお，初期状態に戻る12秒間の中で3回は同時に点灯するが，必ずしもその点灯タイミングが均等であるとは限らないので，分母は12のままにして，この分数の約分はしない。

第3問 プログラミング

問１　次のＡさんとＢさんの会話文を読み，空欄 ア ～ オ に入れるのに最も適当なものを，後の解答群のうちから一つずつ選べ。

Ａ：情報の授業の課題で出た「三角形ができる確率を求めるプログラム」ってもうできた？

Ｂ：乱数を使って三辺の長さを決めた三つの直線を用意し，それで三角形ができる確率を求める問題だよね。もうできたの？

Ａ：とりあえず，１回だけ三角形になるか判断するプログラムを作ってみたんだけど，合っているか見てくれないかな。

Ｂ：もちろんいいよ，プログラムを見せてくれるかい。

前振り

Ａ：これがプログラムだよ。**1** から **5** までの乱数を使って三辺 **a**，**b**，**c** を作成して， ア に並べ替えた後，❶もし イ であれば三角形ができるって考えたんだ。ちなみに，❷乱数(**x**, **y**) は **x** から **y** までの整数の中からランダムに数値を返す関数，交換(**x**, **y**) は変数 **x** と **y** の値を入れ替える関数だよ。

プログラム流れと関数「乱数」「交換」の説明

❶**a** = **b** = **c** の場合は正三角形となる条件である。また，**a** + **b** = **c** では三辺がちょうど一つの直線上にくるため三角形はできない。

❷乱数を発生させる関数はプログラミング言語によって異なる。例えば，１～5からランダムに整数を発生させて変数 **a** に代入し，変数 **a** の値を表示したいとき，Pythonであれば次のように記述する。

```
import random
a = random.randint(1,5)
print(a)
```

```
a = 乱数(1, 5)
b = 乱数(1, 5)
c = 乱数(1, 5)
もし a > b ならば：                ❸
└ 交換(a, b)
もし b > c ならば：
└ 交換(b, c)
もし [ ウ ] ならば：
└ [ エ ]
もし [ イ ] ならば：
│ 表示する(a, b, c, "で三角形ができます")
そうでなければ：
└ 表示する(a, b, c, "で三角形はできません")
```

図１　１回だけ三角形ができるか判定するプログラム

❸この並べ替えは，バブルソートの要素が三つの場合と考えることができる。

Ｂ：うん，これで問題なく動作すると思うよ。ちなみに，プログラムで使っている関数「交換」は，どのような中身になってるの？

Ａ：これが交換(**x**, **y**) のプログラムだよ。

Ｂ：なるほど，変数 **z** を利用して値を入れ替えているんだね。

関数「交換」の中身の説明

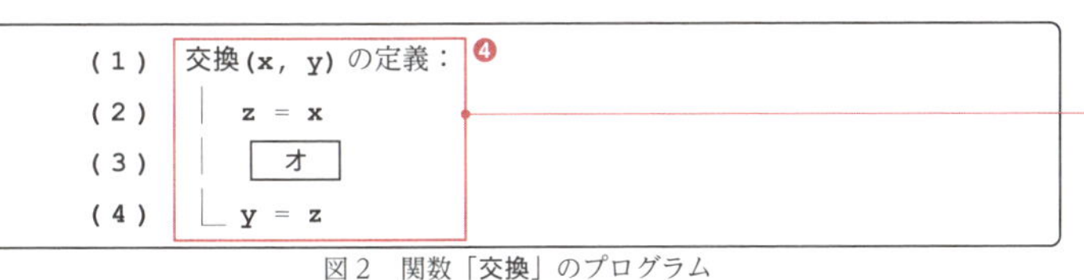

```
交換(x, y) の定義：   ❹
│ z = x
│ [ オ ]
└ y = z
```

図２　関数「交換」のプログラム

❹この変数の値の交換手法は様々なプログラムで多用されるため，流れをしっかり理解しておきたい。

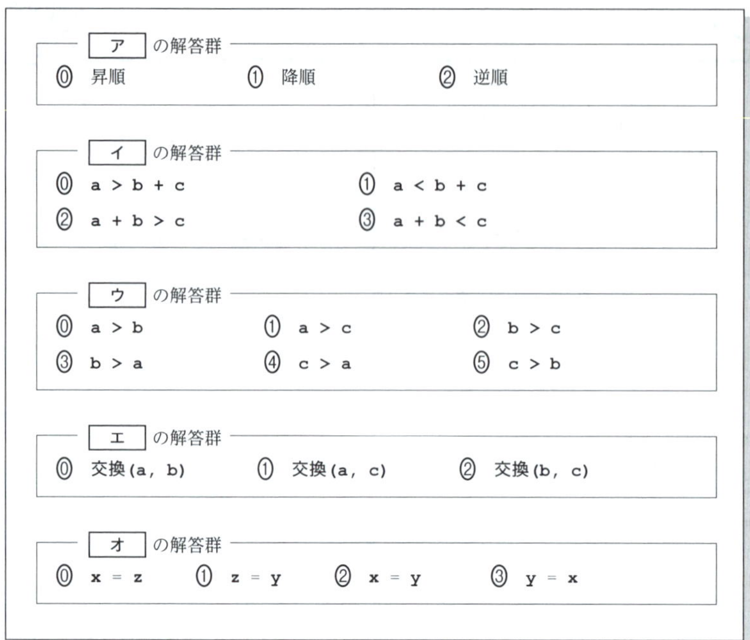

ア の解答群

⓪ 昇順　① 降順　② 逆順

イ の解答群

⓪ a > b + c　① a < b + c

② a + b > c　③ a + b < c

ウ の解答群

⓪ a > b　① a > c　② b > c

③ b > a　④ c > a　⑤ c > b

エ の解答群

⓪ 交換(a, b)　① 交換(a, c)　② 交換(b, c)

オ の解答群

⓪ x = z　① z = y　② x = y　③ y = x

解答 ア ⓪　イ ②　ウ ⓪　エ ⓪

オ ②

解説 ア ・ イ 図1のプログラムは，一回だけ三角形ができるか判定するプログラムであり，問題文から，1から5までの乱数を使って三辺 **a**，**b**，**c** を作成していることが分かる。この処理は，プログラムの **(1)**～**(3)** 行目がこれに該当する。

```
(1)　a = 乱数(1, 5)
(2)　b = 乱数(1, 5)
(3)　c = 乱数(1, 5)
```

ここで，三角形ができる条件を考える。上のプログラムで三辺 **a,b,c** をランダムに作成するが，例えば，**c** を三角形の底辺としたとき，次のようなパターンが考えられる。

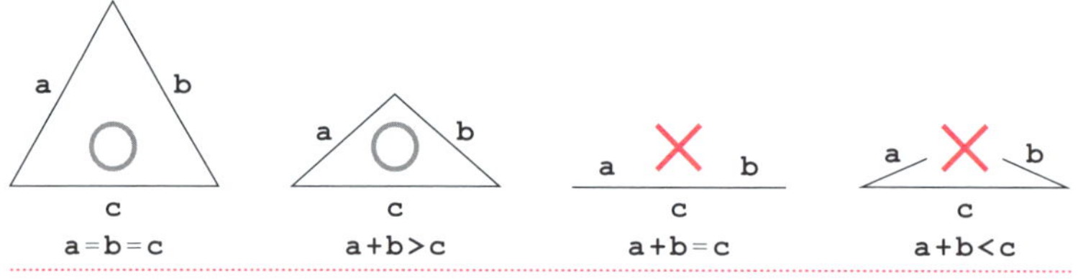

辺a，bの長さを短くしていくと…

上の図から，**a + b** ≦ **c** の場合（例えば，**a** = **1**，**b** = **2**，**c** = **4** など），三角形ができないことが分かる。逆にいえば，**a + b > c** の場合（例えば，**a** = **5**，**b** = **4**，**c** = **3** など），三角形ができるといえる。

ただし，**c** を底辺として考えた場合，つまり **c** が三辺の中で一番大きい場合の話である。同じ三辺1, 2, 4の場合（三角形はできない）でも，**a** = **1**，**b** = **2**，**c** = **4** では **a + b > c** を満たさないが，**a** = **4**，**b** = **2**，**c** = **1** とすると条件を満たし，三角形ができることになってしまう。そのため，**a,b,c** から最も大きな値を見つけ出すか，**a,b,c** を並べ替えるかしなければいけない。

もし [ア] が⓪「昇順」であるとした場合，a,b,c のうち c が最も大きな値になるため，[イ] は②「a + b > c」となる。一方，もし [ア] が①「降順」であるとした場合，a,b,c のうち a が最も大きな値になるため，[イ] は①「a < b + c」となる。なお，[ア] が②「逆順」であるとした場合，どの変数が最も大きな値になるのか分からないため不適当である。このように，[ア] の選択肢としては昇順か降順の 2 パターンが考えられる。この段階ではどちらが正解か分からないが，(4)(5) 行目のプログラムで，「もし a > b ならば，a と b を交換する」とあるため，昇順に並べ替えようとしていることが分かる。つまり，[ア] が⓪，[イ] が②となる。

[ウ]・[エ] プログラムの (4)～(9) 行目を次に示す。問題文の通り，「交換 (x,y)」は変数 x と y の値を入れ替える関数である。

```
(4)  もし a > b ならば：
(5)  └ 交換 (a, b)
(6)  もし b > c ならば：
(7)  └ 交換 (b, c)
(8)  もし [ ウ ] ならば：
(9)  └ [ エ ]
```

条件式が (4)(6)(8) 行目に三つあり，条件式の内容で二つの変数の値を交換していることが分かる。まず，(4) 行目では，a > b を満たすとき変数 a と b の値を交換している。次に，(6) 行目では，b > c を満たすとき変数 b と c の値を交換している。この段階で，a,b,c のうち最も大きな値が c になっていることになるが，b と c が交換された場合，a < b となっているとは限らない。そのため，改めて a > b であれば a と b を交換する必要がある。つまり，[ウ] には⓪「a > b」，[エ] には⓪「交換 (a,b)」が当てはまる。

[オ] ここでは関数である「交換 (x,y)」のプログラムが問われている。次に「交換 (x, y)」のプログラムを示す。

```
(1)  交換 (x, y) の定義：
(2)  │ z = x
(3)  │ [ オ ]
(4)  └ y = z
```

二つの変数の値を交換する場合，一時的に片方の変数を保管する変数が必要となり，ここでは変数 z を使用している。二つの変数の値を交換する手順は次の手順①～③となる。

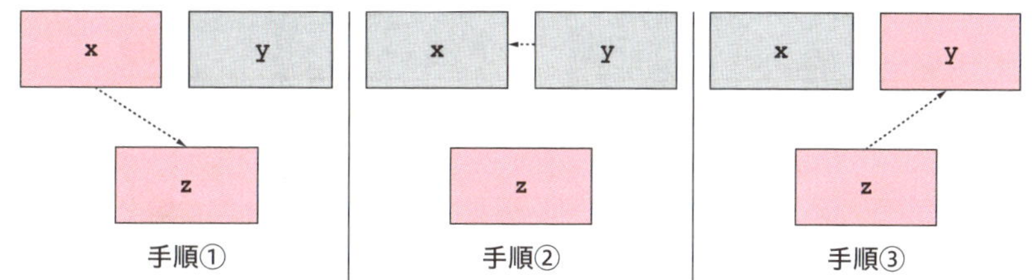

手順①　手順②　手順③

まず，プログラムの (2) 行目（手順①）で変数 x の値を変数 z に代入する。次に，プログラムの (3) 行目（手順②）で変数 y の値を変数 x に代入する。最後に，プログラムの (4) 行目（手順③）で変数 z の値を変数 y に代入し，二つの変数の値の交換が完了する。よって，[オ] は②「x = y」となる。

問2　次の文章の空欄［カ］～［ク］に入れるのに最も適当なものを，後の解答群のうちから一つずつ選べ。また，空欄［ケ］に当てはまる数字を⓪～③のうちから一つマークせよ。

A：さっきの「1回だけ三角形ができるか判定するプログラム」を繰り返し実行するためにはどうしたらいいかな。

B：図1のプログラムの（1）～（9）行目はそのまま使えそうだから，これを繰り返しのブロックの中に再利用できそうだね。

プログラムの修正と再利用の説明

A：あと，三角形ができた確率を求めないといけないから，繰り返しの中で三角形ができた回数をカウントする必要がありそうだね。これには❶変数 seiko を使うことにするよ。

B：そうだね，これらを踏まえてプログラムを作成してみようか。とりあえず，繰り返しの回数は100回にしておくよ。

❶このように変数名から処理の内容を推測できる場合も多い。

変数 seiko と繰り返し回数の説明

```
( 1 )      kaisu = 100
( 2 )      seiko = 0
( 3 )      i を 1 から kaisu まで 1 ずつ増やしながら繰り返す：
( 4 )~(12) │ 【図 1 の ( 1 ) ～ ( 9 ) 行目】
(13)       │ もし［イ］ならば：
(14)       └ └ seiko = ［カ］
(15)❷     表示する("成功した回数：", seiko)
(16)       表示する("失敗した回数：", ［キ］)
(17)       表示する("三角形ができる確率：", ［ク］)
```

図3　三角形ができる確率を求めるプログラム

❷このようにプログラムによるシミュレーションでは，最後にシミュレーション結果を表示させることが多い。プログラムで定義されている変数をうまく活用して，シミュレーション結果を求める。

A：とりあえず，図3のプログラムを5回実行してみたけど，三角形ができる確率は0.54，0.62，0.50，0.49，0.52になったよ。意外にも，三角形ができる確率はそこまで高くないんだね。

B：本当だね。ただ，確率に結構ばらつきがありそうだね。プログラムの繰り返す回数を増やしてみて，確率のばらつきの度合いについて調べてみたら面白いかもね。

A：確かに面白そう。やってみるね。

プログラムの実行結果の説明とプログラムの改良の提案

この後，AさんとBさんは図3の（1）行目の❸繰り返し回数を10回，100回，1000回，10000回と変化させながら，シミュレーションを10回ずつ実行した。次の折れ線グラフは，10回，100回，1000回，10000回における三角形ができる確率の変化を表したものである。このうち，繰り返し回数が1000回であると考えられるグラフは［ケ］である。

シミュレーションとグラフの説明

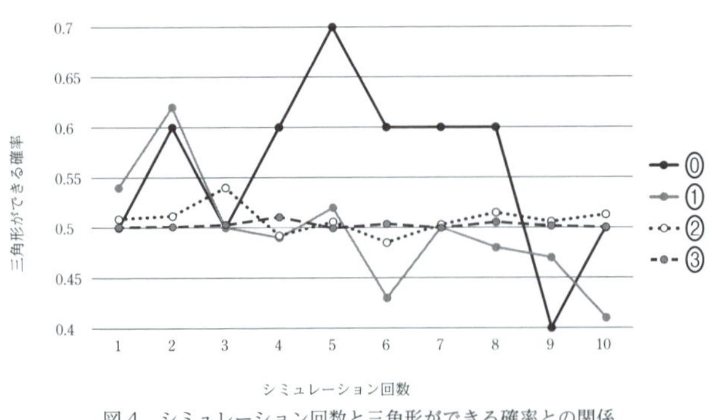

図4　シミュレーション回数と三角形ができる確率との関係

❸シミュレーション回数を増やすほど，シミュレーション結果（この場合は三角形ができる確率）は“真の値”に近づき，グラフのばらつきは小さくなる。

カ の解答群

⓪ seiko + i　　① seiko + 1
② kaisu + i　　③ kaisu + 1

キ の解答群

⓪ seiko + kaisu　　① kaisu + seiko
② seiko - kaisu　　③ kaisu - seiko

ク の解答群

⓪ seiko * kaisu　　① kaisu * seiko
② seiko / kaisu　　③ kaisu / seiko

解答 カ ①　キ ③　ク ②　ケ ②

解説 カ 問1の「1回だけ三角形ができるか判定するプログラム」を使用して，図3の「三角形ができる確率を求めるプログラム」を作成している。なお，問題文にあるように，問1の「1回だけ三角形ができるか判定するプログラム」は，図3の **(4)**～**(12)** 行目に該当する。

```
(1)        kaisu = 100
(2)        seiko = 0
(3)        i を 1 から kaisu まで 1 ずつ増やしながら繰り返す：
(4)~(12)   │ 【図 1 の (1)～(9) 行目】
(13)       │ もし [ イ ] ならば：
(14)       └ └ seiko = [ カ ]
```

(1) 行目で変数 **kaisu** に100を代入しているが，これは **(3)**～**(14)** 行目を見ると分かるように，三角形ができるかどうかを判定する回数である。また，**(13) (14)** 行目から イ の条件式「**a + b > c**」によって **(14)** 行目の処理が行われていることが分かる。イ の条件式は三角形ができる場合であり，三角形ができた回数を変数 **seiko** にカウントしていることが予想できる（これは変数名からも推測できる）。つまり，カ には変数 **seiko** の値を1増やす①「**seiko + 1**」が当てはまる。

キ・ク プログラムの **(15)**～**(17)** 行目を次に示す。**(15)** 行目では「成功した回数」，**(16)** 行目では「失敗した回数」，**(17)** 行目では「三角形ができる確率」を表示している。

```
(15)   表示する(" 成功した回数：", seiko)
(16)   表示する(" 失敗した回数：", [ キ ])
(17)   表示する(" 三角形ができる確率：", [ ク ])
```

まず，**(15)** 行目の「成功した回数」では，変数 **seiko** の値をそのまま出力していることが分かる。次に，**(16)** 行目の「失敗した回数」は，「全試行回数から成功した回数を引いた値」となるため，キ には③「**kaisu - seiko**」が当てはまる。次に，**(17)** 行目の「三角形ができる確率」は，「成功した回数 / 全試行回数」で求めることができるため，ク には②「**seiko / kaisu**」が当てはまる。

ケ　図3の (1) 行目の繰り返し回数（変数 **kaisu**）を10回，100回，1000回，10000回と変化させながら，シミュレーションを10回ずつ実行した結果のうち，1000回のグラフを選択する問題である。このようなプログラムに乱数を使用するシミュレーションでは，シミュレーション回数によって結果にばらつきが生じるが，シミュレーション回数を増やすほど，結果はある一定の値（この場合は三角形ができる確率である約0.5）に近づく。

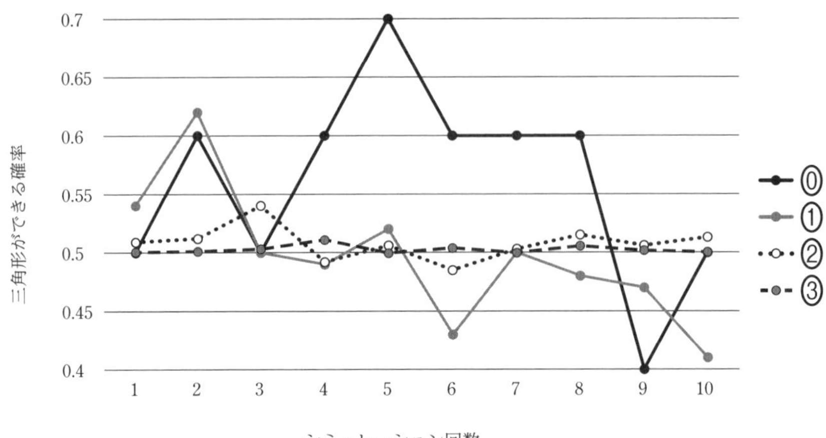

図4を見ると，⓪～③のグラフそれぞれである程度のばらつきがあるが，ばらつきが大きい順に⓪→①→②→③となっていることが分かる。つまり，⓪が10回，①が100回，②が1000回，③が10000回シミュレーションを繰り返した結果であると考えられる。そのため，繰り返し回数が1000回であるグラフは②と考えられ，ケ は②となる。

問3　次の文章の空欄 **コ** ～ **ス** に入れるのに最も適当なものを，後の解答群のうちから一つずつ選べ。ただし，空欄 **シ** ・ **ス** は解答の順序は問わない。

A：今回は一辺が 1 から 5 までの乱数とした結果だから，一辺の最大値が変化すると，三角形ができる確率も変わってくるんじゃないかな？

B：そんな気がするよね。じゃあ，一辺の最大値を 3，4，…，10 と変化させてみて，同じように三角形ができる確率について調べてみようか。

A：あと，一辺の最大値が増えると三角形の面積も大きくなるだろうけど，どのくらいの割合で変化していくのか調べてみたいね。

B：よし，それも併せてシミュレーションしよう。配列 **Menseki** に三角形の面積を順番に格納して，最後に平均値を出力することにするよ。

A：プログラムの (17) 行目の❶「**三角形の面積(a, b, c)**」が三辺 **a, b, c** の三角形の面積を求める関数ということ？

B：そうだね。ちなみに，(18) 行目の❷「**Menseki.追加(s)**」は，配列 **Menseki** の最後尾に変数 **s** の値を要素として追加する処理を表しているよ。

```
(1)  kaisu = 10000
(2)  seiko = 0
(3)  goukei = 0
(4)  Menseki = []
(5)  i を 1 から kaisu まで 1 ずつ増やしながら繰り返す：
(6)~(14) │ 【図1の(1)~(9)行目】
(15) │ もし [ イ ] ならば：
(16) │ │ seiko = [ カ ]
(17) │ │ s = 三角形の面積(a, b, c)
(18) └ └ Menseki.追加(s)
(19) i を 0 から [ コ ] まで 1 ずつ増やしながら繰り返す：
(20) └ goukei = goukei + Menseki[i]
(21) 表示する("三角形の面積の平均：", [ サ ])
```

図5　三角形ができる確率と三角形の面積の平均を求めるプログラム

次のグラフは，一辺の最大値が 3，4，…，10 における「三角形になる確率」と「三角形の面積の平均」を表したシミュレーション結果である。このグラフから読み取れることは **シ** ・ **ス** である。

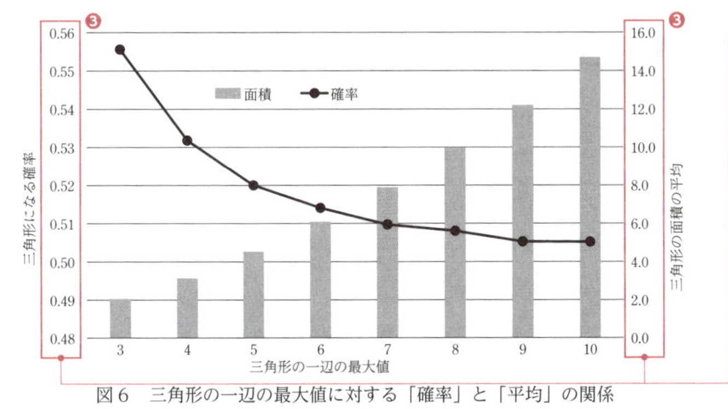

図6　三角形の一辺の最大値に対する「確率」と「平均」の関係

❶プログラムには直接関係ないが，三辺から三角形の面積を求めるには，次の「ヘロンの公式」を使用する（三辺を a,b,c としたとき，三角形の面積は S で求められる）。

$$S = \sqrt{s(s-a)(s-b)(s-c)}$$

ただし，

$$s = \frac{a+b+c}{2}$$

とする。

プログラムの改良の提案と関数「三角形の面積」の説明

❷配列に要素を追加する方法はプログラミング言語によって異なる。例えば，配列 A の最後尾に 5 を加え，配列 A を表示したいとき，Python であれば次のように記述する。

```
A = [1, 2, 3, 4]
A.append(5)
print(A)
```

シミュレーション結果とグラフの説明

❸折れ線グラフや棒グラフなど複数のグラフが合わさっているグラフのことを複合グラフという。複合グラフの場合，縦軸に複数の目盛りがくるため，どのグラフの目盛りかを適切に判断することが重要となる。

［コ］の解答群

⓪ seiko　　① seiko - 1
② kaisu　　③ kaisu - 1

［サ］の解答群

⓪ goukei / kaisu　　① goukei / (kaisu - 1)
② goukei / seiko　　③ goukei / (seiko - 1)

［シ］・［ス］の解答群

⓪ 一辺の最大値を増やすと三角形になる確率は 0 に近づいていく
① 三角形になる確率が増えると三角形の面積の平均も増える
② 一辺の最大値を増やすと三角形の面積は線形で増えていく
③ 三角形になる確率は一辺の最大値の増加に伴い0.505に近づいていく
④ 一辺の最大値を増やしても三角形になる確率はほとんど変化しない
⑤ 三角形の面積は一辺の最大値の増加に伴い非線形で増加している

解答　［コ］①　［サ］②　［シ］③　［ス］⑤
※［シ］・［ス］は順不同

解説　［コ］・［サ］　問２のプログラムを修正して，三角形の面積を求めて配列に格納するプログラムを追加している。なお，後に［シ］・［ス］で一辺の最大値を3, 4 ,…,10と変化させてシミュレーションしているが，一辺の最大値を変化させるプログラムは図５には含まれていない。

図５のプログラムの **(3)** 行目で，変数 **goukei** に **0** を代入している。また，**(4)** 行目では空の配列 **Menseki** を作成している。

```
( 3 )      goukei = 0
( 4 )      Menseki = []
```

さらに，**(15)**～**(18)** 行目の条件分岐において，**(17)** 行目で三角形の面積を求めて変数 **s** に代入し，それを **(18)** 行目で配列 **Menseki** の最後尾に追加していることが分かる。

```
( 1 )      kaisu = 100
( 2 )      seiko = 0
( 3 )      i を 1 から kaisu まで 1 ずつ増やしながら繰り返す：
( 4 )~(12) │ 【図 1 の ( 1 )～( 9 ) 行目】
(13)       │ もし ［イ］ ならば：
(14)       └ └ seiko = ［カ］
```

```
( 5 )      i を 1 から kaisu まで 1 ずつ増やしながら繰り返す：
( 6 )~(14) │ 【図 1 の ( 1 )～( 9 ) 行目】
(15)       │ もし ［イ］ ならば：
(16)       │ │ seiko = ［カ］
(17)       │ │ s = 三角形の面積 (a, b, c)
(18)       └ └ Menseki. 追加 (s)
```

(15)～**(18)** 行目の繰り返しがすべて終了した段階では，配列 **Menseki** に三角形ができた回数だけの三角形の面積が格納されている。ここで，問題で問われている **(19)**～**(21)** 行目を次に示す。

```
(19)       i を 0 から ［コ］ まで 1 ずつ増やしながら繰り返す：
(20)       └ goukei = goukei + Menseki[i]
(21)       表示する(" 三角形の面積の平均：", ［サ］)
```

(19) (20) 行目では，配列 **Menseki** の値を一つずつ変数 **goukei** に加算していることが分かる。この配列 **Menseki** には，三角形ができた回数だけの三角形の面積が格納されているため，配列 **Menseki** の要素数は変数 **seiko** の値と等しい。ただし，**(19)** 行目の繰り返しで使用される変数 i は **0** から始まっているため， コ には① 「**seiko - 1**」が当てはまる。また，**(21)** 行目の「三角形の面積の平均」は「三角形の面積の合計 / 三角形ができた回数」で求めることができるため， サ には② 「**goukei / seiko**」が当てはまる。

シ ・ ス 問２のプログラムを修正して，三角形の面積を求めて配列に格納するプログラムを追加している。
図６のグラフでは，横軸は「三角形の一辺の最大値」，縦軸（折れ線グラフ）は「三角形になる確率」，縦軸（棒グラフ）は「三角形の面積の平均」を表しており，このグラフから読み取れることを選択する。

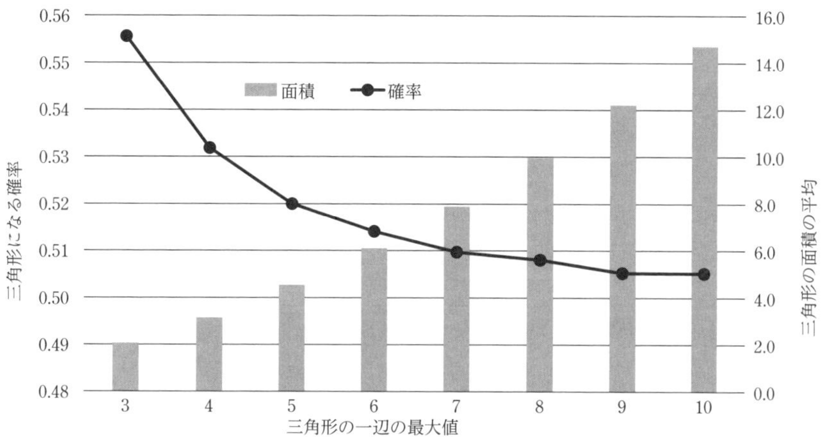

⓪ 不適当である。三角形の一辺の最大値（横軸）を増やすと，三角形になる確率（折れ線グラフ）は0.50 ～ 0.51の間に近づいていることが分かる。

① 不適当である。三角形の一辺の最大値（横軸）を増やすと，三角形になる確率（折れ線グラフ）は減少し，三角形の面積の平均（棒グラフ）は増加している。

② 不適当である。三角形の一辺の最大値（横軸）を増やすと，三角形の面積の平均（棒グラフ）は線形ではなく非線形（曲線）で増加している。例えば，三角形の一辺の最大値（横軸）が３から４に増加したとき，三角形の面積の平均（棒グラフ）は1.0程度の増加であるが，三角形の一辺の最大値（横軸）が７から８に増加したとき，三角形の面積の平均（棒グラフ）は倍の2.0程度の増加であるため，線形ではないことが分かる。

③ 適当である。三角形になる確率（折れ線グラフ）は，三角形の一辺の最大値（横軸）の増加に伴い0.505に近づいている。

④ 不適当である。三角形の一辺の最大値（横軸）を増やすと，三角形になる確率（折れ線グラフ）は減少していることが分かる。

⑤ 適当である。三角形の面積の平均（棒グラフ）は，三角形の一辺の最大値（横軸）の増加に伴い非線形で増加している（②の解説を参照）。

p.180 第4問 データの活用

次の表1は，国が実施した生活行動に関する調査統計をもとに，都道府県別に，趣味や娯楽の行動者率を表したものの一部である。ここでは，30歳から49歳までの人を表1－A，50歳から69歳までの人を表1－Bとしている。行動者率とは，対象人口のうち特定の行動をした人の割合のことである。

表1-A　30歳から49歳までの人の趣味や娯楽の行動者率

都道府県	演芸・演劇・舞踊鑑賞	映画館での映画鑑賞	映画館以外での映画鑑賞	音楽鑑賞	邦楽	カラオケ	料理・菓子作り	園芸・庭いじり・ガーデニング	読書(マンガを除く)	マンガを読む	キャンプ
北海道	6.4%	40.5%	69.5%	77.9%	4.8%	26.9%	27.9%	18.5%	34.4%	62.2%	16.2%
青森県	4.2%	38.1%	65.8%	76.9%	6.1%	24.4%	21.9%	16.4%	26.4%	58.3%	10.8%
岩手県	4.7%	33.0%	64.6%	75.2%	4.5%	20.8%	25.1%	16.1%	28.0%	58.8%	7.1%
宮城県	7.8%	46.7%	70.5%	78.8%	4.5%	23.3%	29.0%	18.3%	37.4%	64.8%	10.6%
大分県	5.9%	41.9%	64.3%	75.4%	5.4%	20.1%	24.1%	16.7%	29.7%	56.7%	9.6%
宮崎県	4.5%	37.5%	64.0%	76.3%	4.8%	24.0%	23.7%	18.6%	28.2%	56.8%	9.6%
鹿児島県	5.8%	43.4%	68.9%	74.5%	5.8%	28.5%	29.1%	20.3%	35.5%	61.0%	12.4%
沖縄県	3.8%	35.4%	67.6%	75.2%	8.9%	20.8%	22.5%	14.8%	29.5%	54.9%	7.2%

表1-B　50歳から69歳までの人の趣味や娯楽の行動者率

都道府県	演芸・演劇・舞踊鑑賞	映画館での映画鑑賞	映画館以外での映画鑑賞	音楽鑑賞	邦楽	カラオケ	料理・菓子作り	園芸・庭いじり・ガーデニング	読書(マンガを除く)	マンガを読む	キャンプ
北海道	4.9%	14.0%	51.8%	44.1%	1.6%	8.6%	16.2%	44.6%	33.9%	20.8%	4.6%
青森県	4.2%	15.9%	47.6%	37.2%	1.1%	5.5%	13.9%	46.0%	30.1%	17.5%	2.9%
岩手県	6.2%	12.8%	45.2%	37.9%	1.9%	7.5%	15.8%	52.9%	31.5%	17.6%	2.4%
宮城県	7.2%	17.4%	47.0%	44.0%	2.0%	6.7%	16.1%	47.3%	37.9%	21.1%	2.8%
大分県	7.4%	18.4%	46.3%	41.9%	2.2%	8.6%	16.2%	47.8%	29.9%	17.6%	1.7%
宮崎県	5.6%	11.5%	44.3%	39.5%	1.6%	7.5%	16.5%	52.5%	28.5%	13.9%	2.9%
鹿児島県	4.0%	14.3%	43.1%	39.3%	1.3%	9.1%	15.4%	53.2%	28.9%	14.8%	2.9%
沖縄県	5.2%	17.7%	50.2%	42.4%	3.9%	11.6%	16.3%	42.9%	30.0%	17.5%	2.0%

太郎さんたちは，表1-Aと表1-Bを用いて，年代によって趣味や娯楽に関係があるのかについて分析することにした。ただし，表1-Aおよび表1-Bに一か所でも欠損値があった場合，適切に処理をしたものを全体として分析する。なお，以下については外れ値も考えるものとする。

問1　太郎さんたちは，これらのデータから次のような仮説を考えた。表1-A，および表1-Bのデータだけからは分析できない仮説❶を，次の⓪～③のうちから一つ選べ。 ア

⓪ 30歳から49歳までの人の方が，50歳から69歳までの人と比べ，「音楽鑑賞」の行動者率が少ないのではないか。

① 「カラオケ」の行動者率が多い都道府県ほど，「音楽鑑賞」の行動者率が多いのではないか。

② 「キャンプ」の行動者率が多い都道府県ほど，自家用車を保有している割合は多いのではないか。

③ 30歳から49歳までの人の方が，50歳から69歳までの人と比べ，「マンガを読む」の行動者率は少ないのではないか。

❶ある物事を考えるために最も確からしいことである。今回は表1-A，表1-Bのデータだけから分析するため，表1-A，表1-Bにないデータを用いて分析はできない。

解答 ア ②

解説 ア ② 不適当である。自家用車を保有しているかどうかのデータがないため分析できない。

⓪①③ 反対にこの三つの選択肢は，表1-A，表1-Bにデータがあるので分析することができる。

仮説の段階なので，真偽は分からない。分析を行うことで，仮説を解明していくことになる。

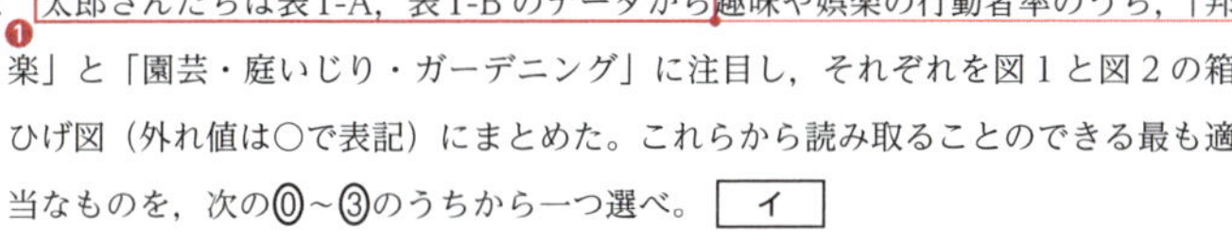

問2 太郎さんたちは表1-A，表1-Bのデータから趣味や娯楽の行動者率のうち，「邦楽」と「園芸・庭いじり・ガーデニング」に注目し，それぞれを図1と図2の箱ひげ図（外れ値は○で表記）にまとめた。これらから読み取ることのできる最も適当なものを，次の⓪～③のうちから一つ選べ。 [イ]

❶表1-A：30歳から49歳までの人
表1-B：50歳から69歳までの人

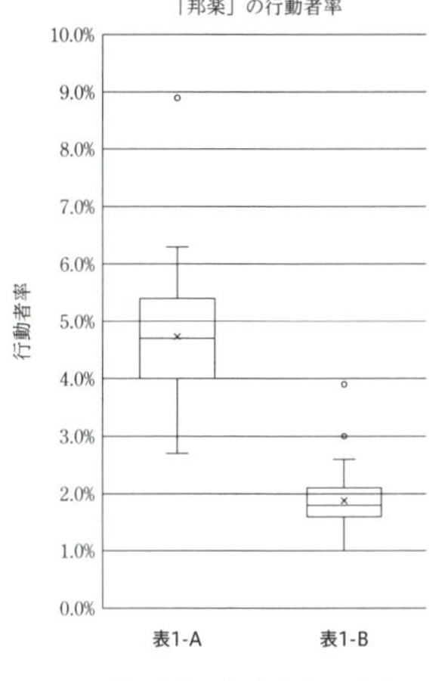

図1 「邦楽」の行動者率の分布

「園芸・庭いじり・ガーデニング」の行動者率

図2 「園芸・庭いじり・ガーデニング」の行動者率の分布

⓪ すべての都道府県において「邦楽」の行動者率は表1-Aの方が多い。

① 「園芸・庭いじり・ガーデニング」の行動者率が30%以上の都道府県は，表1-Bにおいてはすべての都道府県で，表1-Aにおいては25%以上である。

② 「邦楽」の行動者率が5%以上の都道府県は，表1-Aでは全体の75%以上であり，表1-Bにおいては一つもない。

③ 「園芸・庭いじり・ガーデニング」の行動者率が30%以下の都道府県は，表1-Aにおいてはすべての都道府県で，表1-Bにおいては一つもない。

❷箱ひげ図のおさらい

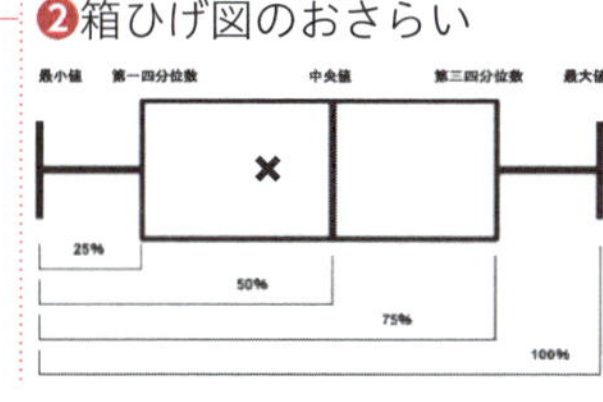

解答 [イ] ③

解説 [イ] ③ 「園芸・庭いじり・ガーデニング」の行動者率は，表1-Bにおいてはすべての都道府県が30%以上である。また表1-Aについては，外れ値を含めたすべての都道府県が30%未満であるので適当である。

⓪ 「邦楽」の行動者率において，表1-Bの外れ値は表1-Aの最小値を上回っている。すべての都道府県であるので外れ値も含めて考えないといけない。

① 「園芸・庭いじり・ガーデニング」の行動者率が30%以上の都道府県は，表1-Bにおいてはすべての都道府県が30%以上であるが，表1-Aはすべての都道府県が30%未満である。

② 「邦楽」の行動者率が5%以上の都道府県は，表1-Aにおいては中央値と第三四分位数の間なので，50%以上75%未満である。よって，不適当である。表1-Bにおいては，すべての都道府県の行動者率が5%未満である。

問 3　花子さんたちは，表1-Aについて，「邦楽」の行動者率と「園芸・庭いじり・ガーデニング」の行動者率との関連を調べることにした。次の図3は，表1-Aについて「邦楽」と「園芸・庭いじり・ガーデニング」の行動者率を散布図で表したものである。

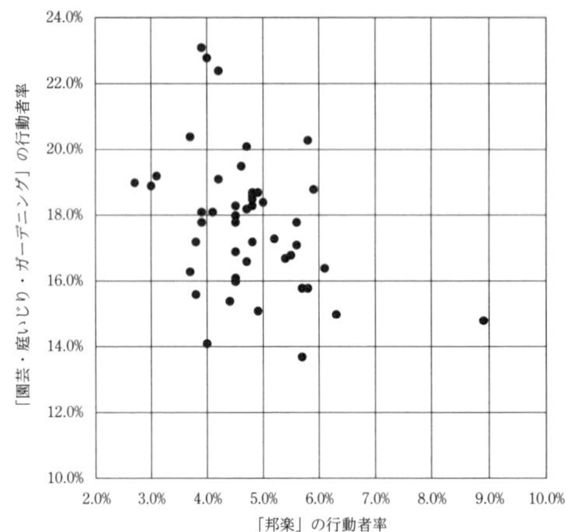

図3 「邦楽」と「園芸・庭いじり・ガーデニング」の行動者率の関係

都道府県単位でみたとき，「邦楽」の行動者率と「園芸・庭いじり・ガーデニング」の行動者率の間には，全体的に弱い負の相関があることが分かった。この場合の負の相関の解釈として最も適当なものを，次の⓪～③のうちから一つ選べ。なお，ここでは，データの範囲を散らばりの度合いとして考えることとする。 ウ

⓪ 「邦楽」の行動者率の方が，「園芸・庭いじり・ガーデニング」の行動者率より散らばりの度合いが大きいと考えられる。

① 「邦楽」の行動者率の方が，「園芸・庭いじり・ガーデニング」の行動者率より散らばりの度合いが小さいと考えられる。

② 「邦楽」の行動者率が高い都道府県ほど，「園芸・庭いじり・ガーデニング」の行動者率が高い傾向がみられる。

③ 「邦楽」の行動者率が高い都道府県ほど，「園芸・庭いじり・ガーデニング」の行動者率が低い傾向がみられる。

解答 ウ ③

解説 ウ ③ 負の相関の解釈として，片方のデータが増加すれば，もう一方のデータが減少する傾向があるということなので適当である。

② 正の相関の解釈なので，不適当である。

⓪① 負の相関の解釈ではないので，不適当である。相関があるかないかというのは，二つのデータがどう動くのかということである。一方で，データの散らばりというのは，各データが平均値よりどのくらい離れているかを表している。二つのデータの散らばりの大小（標準偏差）が直接的に負の相関に直結するとは限らない。

相関係数は共分散を二つの変数の標準偏差で割るが，相関は変数間の動きの関連性を示し，散らばり（標準偏差）は個々の変数の分布の広がりを示す。これらは別々の統計的特性である。

問 4　太郎さんは「邦楽」の行動者率と，「園芸・庭いじり・ガーデニング」の行動者率の間に見られる相関関係が弱い負の相関である原因について興味を持った。疑似[1]相関の解釈として最も適当なものを，次の⓪～③のうちから一つ選べ。ただし，データＡとは邦楽および園芸・庭いじり・ガーデニングの行動者率以外のデータである。また，各都道府県のデータであり，異常値や欠損値がある場合は適切に処理されているものとする。［エ］

⓪　各都道府県の「邦楽」の行動者率とデータＡに正の相関があり，「園芸・庭いじり・ガーデニング」の行動者率とデータＡにも正の相関があるので，「邦楽」の行動者率と，「園芸・庭いじり・ガーデニング」の行動者率に負の相関がある。

①　各都道府県の「邦楽」の行動者率とデータＡに負の相関があり，「園芸・庭いじり・ガーデニング」の行動者率とデータＡに正の相関があるので，「邦楽」の行動者率と，「園芸・庭いじり・ガーデニング」の行動者率に負の相関がある。

②　各都道府県の「邦楽」の行動者率とデータＡに負の相関があり，「園芸・庭いじり・ガーデニング」の行動者率とデータＡに負の相関があるので，「邦楽」の行動者率と，「園芸・庭いじり・ガーデニング」の行動者率に負の相関がある。

③　各都道府県の「邦楽」の行動者率とデータＡに相関関係がないが，「園芸・庭いじり・ガーデニング」の行動者率とデータＡに負の相関があるので，「邦楽」の行動者率と，「園芸・庭いじり・ガーデニング」の行動者率に負の相関がある。

[1] 二つのデータの間に相関関係がある場合，他の因子が関係している場合がある。相関関係があったとしても，因果関係があるとは限らない。

解答　［エ］　①

解説　［エ］　疑似相関というのは，二つの要素に因果関係がないが，他の要因によって相関関係があることを指す。今回の場合，片方のデータと他のデータＡに負の相関があり，もう一方のデータと他のデータＢに正の相関があれば，疑似相関として負の相関になる。よって，①が適当である。

⓪のとき，「邦楽」と「園芸・庭いじり・ガーデニング」には正の相関が現れる。
②のとき，「邦楽」と「園芸・庭いじり・ガーデニング」には正の相関が現れる。
③のとき，片方に相関関係がないため，疑似相関とはいえない。

各選択肢を簡単な例で表すと，以下の通りである。

⓪
アイスの売り上げ×気温　→　正の相関
水着の売り上げ×気温　→　正の相関
アイスの売り上げ×水着の売り上げ　→　正の相関

①
アイスの売り上げ×気温　→　正の相関
灯油の売り上げ×気温　→　負の相関
アイスの売り上げ×灯油の売り上げ　→　負の相関

②
おでんの売り上げ×気温　→　負の相関
灯油の売り上げ×気温　→　負の相関
おでんの売り上げ×灯油の売り上げ　→　正の相関

太郎さんたちは都道府県別にみたときの❶「園芸・庭いじり・ガーデニング」の行動者率を「邦楽」の行動者率で説明する回帰直線を求め，図3の散布図にかき加えた（図4）。その結果，回帰直線から大きく離れている県が多いことに気づいた。自分たちの住むP県がどの程度外れているのかを調べようと考え，❷実際の行動者率から回帰直線により推定される行動者率を引いた差（残差）の程度を考えることにした。❸残差を比較しやすいように，回帰直線の式をもとに「園芸・庭いじり・ガーデニング」の行動者率（推定値）を横軸に，残差を平均値 0，標準偏差 1 に変換した値（変換値）を縦軸にしてグラフ（図5）を作成した。参考にR県がそれぞれの図でどこに配置されているかを示している。

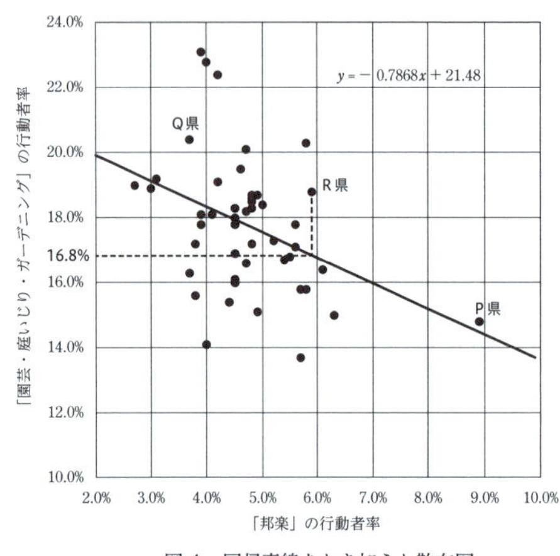

図4　回帰直線をかき加えた散布図

問5　次の文章中の オ に当てはまる数字を記入せよ。

図4と図5から読み取ることができることとして，❹平均値から標準偏差の2倍以上離れた値を外れ値とする基準で考えれば，外れ値となる都道府県の数は オ 個である。

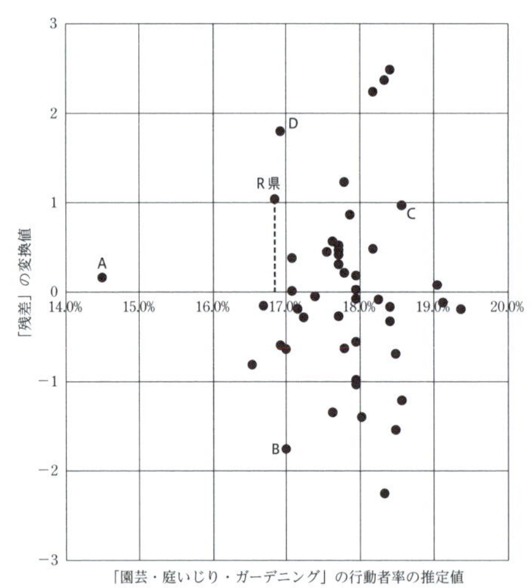

図5　「園芸・庭いじり・ガーデニング」の行動者率（推定値）と残差の変換値との関係

❶回帰直線とは，二つの変数間の関係を直線的な形で表現したものである。$y = ax + b$ の形で表し，y は予測したい目的変数，x は予測のために使用する説明変数である。
今回は
$y = -0.7868x + 21.48$
であり，x に任意の値を入れたときの，「園芸・庭いじり・ガーデニング」の行動者率の予測値が求められる。

❷実際の値とは，各散布図の点の一つひとつであり，予測値は回帰直線から推定される値である。
R県の実際の値（縦軸の値）から，
R県の予測値（16.8％）を引いた値を
残差と呼ぶ。

❸残差の変換値の計算方法は
（残差 − 残差の平均値）÷ 残差の標準偏差
で計算する。

❹平均値が 0 で標準偏差が 1 である。
標準偏差の 2 倍であるから 2 以上の都道府県と −2 以下の都道府県が該当する。

解答　オ　④

解説　オ　標準偏差の2倍を基準とするので，縦軸が2以上の都道府県と，−2以下の都道府県の個数を数えると，四つである。

問6　図中のP県はⅠに対応しており，Q県はⅡに対応している。今回の基準に従えば，P県はⅢと判断し，Q県はⅣと判断した。

（1）ⅠとⅡの組合せとして最も適当なものを，次の⓪～ⓑのうちから一つ選べ。
カ

	Ⅰ	Ⅱ
⓪	A	B
①	A	C
②	A	D
③	B	A
④	B	C
⑤	B	D

	Ⅰ	Ⅱ
⑥	C	A
⑦	C	B
⑧	C	D
⑨	D	A
ⓐ	D	B
ⓑ	D	C

（2）ⅢとⅣの組合せとして最も適当なものを，次の⓪～③のうちから一つ選べ。
キ

	Ⅲ	Ⅳ
⓪	外れ値である	外れ値である
①	外れ値である	外れ値ではない
②	外れ値ではない	外れ値である
③	外れ値ではない	外れ値ではない

解答　カ　①　キ　③

解説　カ・キ　P県から横軸に垂線を引き，回帰直線と交わった点の縦軸は14%～15%である。

Q県は18%～19%である。図5において，横軸の推定値が14%～15%なのはA，18%～19%なのはCである。

どちらも残差の変換値は2より小さく，−2より大きいので外れ値とはいえない。

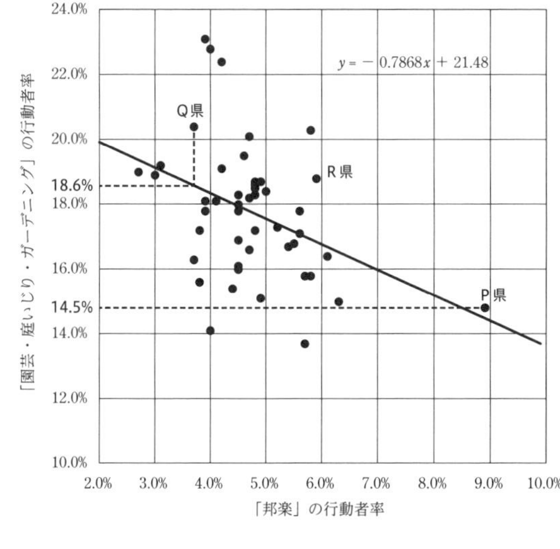

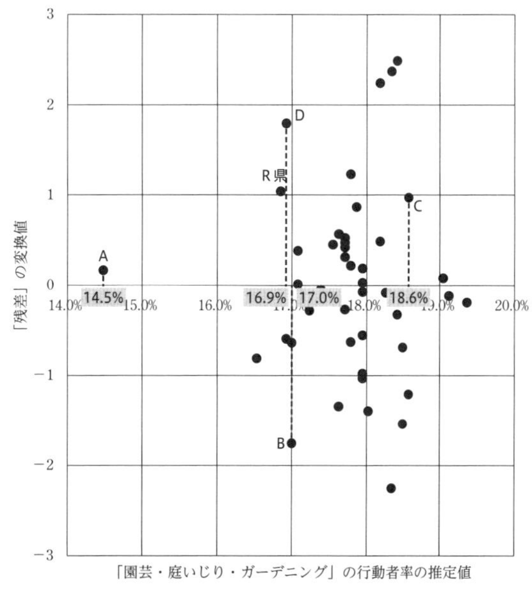

24 (04) ②